U0107367

eye

守望者

——

到灯塔去

CONSTELLATION OF
GENIUS

天才群星闪耀
1922，现代主义元年

1922

MODERNISM YEAR ONE

［英］凯文·杰克逊 著 唐建清 译

KEVIN JACKSON

南京大学出版社

纪念汤姆·卢伯克
最好的工匠[1]

我们必须避免采用新的音乐形式,因为那会使我们所珍视的一切处于危险之中。正如达蒙所说(我也相信),如果不改变社会最基本的法律和习俗,音乐的模式永远不会改变。

——柏拉图《理想国》卷四

目 录

致　谢

我的朋友和同事马克·布斯、乔卡斯塔·汉密尔顿和彼得·斯特劳斯都尽心尽力地帮助我，让此书得以问世。我的感激之情难以言表。

在我写作此书的数年之间，我所有其他的朋友中，伊恩·欧文是信息、珍本、引文、智慧和脑力支持的最不知疲倦的提供者。

还要感谢：

已故吉尔伯特·阿代尔（安息吧）、伊恩·阿里斯特、帕米拉·艾伦、莫希特·巴卡亚、乔·班纳姆、阿拉斯泰·布罗奇、凯特·巴塞特、约翰·道·巴克斯特和玛丽·道·巴克斯特、托比亚斯·比尔、安妮·比尔森、西蒙·布莱克本教授、彼得·布莱格瓦德、杰奎·布罗克、凯特·博尔顿、乔纳森·伯特、皮特·卡彭特、库登一家、理查德·科恩、安妮·邓南-佩奇教授、亨特·爱默生、蒂格·芬奇、弗朗西斯·菲茨吉本（法律顾问）、克里斯托弗·弗赖林爵士、菲利普·弗伦奇、亚历山大·菲吉斯-沃克、斯派克·盖林格、马克·戈多夫斯基、科林·格兰特、理查德·汉弗莱斯、马格努斯·欧文、罗伯特·欧文、玛丽-卢·詹宁斯博士、格林·约翰逊博士和艾维-约翰逊博士、菲利普·格温·琼斯、加里·拉克曼、单·兰卡斯特、安妮·利昂博士、尼克·莱扎德、凯文·洛德、已故汤姆·卢伯克（安息吧）、

i

凯文·麦克唐纳、罗伯·麦克法兰、菲奥娜·麦克莱恩、罗杰·米歇尔、黛博拉·米尔斯、科林·明钦、艾伦·摩尔、金·纽曼、西蒙·尼古拉斯、查理·尼古尔和莎莉·尼古尔、霍莉·奥尼尔、克里斯托弗·佩奇教授、帕森斯一家、谭雅·佩索托、戴维·佩里、马克·皮尔金顿、玛泽娜·波格扎利、托比·庞德、普勒斯顿一家、尼克·兰金、戴维·里克斯博士和凯蒂·里克斯博士、史蒂芬·罗默教授、马丁·罗森、罗亚尔一家、乔纳森·索迪教授、马库斯·塞奇威克、谢泼德·巴伦一家、伊恩·辛克莱尔、汤姆·萨特克利夫、彼得·斯瓦布博士和安德鲁·麦克唐纳博士、巴拉特·丹顿博士、大卫·汤普森、马丁·沃伦教授、玛丽娜·华纳教授、丽莎·威廉姆斯、克莱夫·威尔默、路易丝·伍兹、大卫·耶茨和琳达·耶茨。

而没有我妻子克莱尔，则一无所有。

凯文·杰克逊

2012 年 6 月 8 日

导言：1922 那年

美国诗人埃兹拉·庞德将 1922 年称为新时代元年。在他看来，上一个时代——他称之为基督教时代——于 1921 年 10 月 30 日结束了：这一天，詹姆斯·乔伊斯写下了《尤利西斯》的最后几句话。庞德建议所有开明人士从此以后都应该采用他的新历法。有一段时间，他甚至在信上写日期时注明 *p. s. U*——*post scriptum Ulixi*（《尤利西斯》之后）。这只是一时兴起。随后，公元 1922 年，贝尼托·墨索里尼的法西斯分子控制了意大利。他们也开始采用新历法；而庞德，这位墨索里尼的崇拜者，放弃了乔伊斯式纪年，转而采用了意大利式。

他是在拿《尤利西斯》作为时代终结者的特性开玩笑吗？某种意义上，是的。庞德还很年轻——1922 年他才三十七岁——精神上更年轻，喜欢戏弄和挑衅，甚至激起愤怒。但他认为世界在 1922 或至 1922 年初已经彻底改变，这个观点并非完全愚蠢——至少，当几十年后，学者们开始回顾那些令人陶醉的、无与伦比的日子，并评估它们的深远意义时，情况确乎如此。早在 20 世纪结束之前，人们已经普遍认为，1922 年无疑是文学现代主义的神奇之年。这一年，《尤利西斯》开始出版，而 T. S. 艾略特的《荒原》已经问世：这是 20 世纪最具影响力的英语小说和 20 世纪最具影响力的英语诗歌。尽管文学品味几经变革，但这两部作品仍然是现代文学开端的双塔，甚至可以说是现代性本身。

当然，并不是每个人都同意以 1922 年来划界。对于从前现代到现代的假想过渡期，还有其他选项，比如 1910 年，正如弗吉尼亚·伍尔夫在其著名的文章《贝内特先生与布朗夫人》（"Mr Bennett and Mrs Brown", 1924）中所宣称的："在 1910 年 12 月，或大约那个时期，人性改变了。"另一位现代小说家 D. H. 劳伦斯坚持认为："旧世界终结于 1915 年。"（他在其澳大利亚题材的小说《袋鼠》中提出了这个日期，此书写于……1922 年。）在 20 世纪初的几十年里，认为旧世界已死、新世界已诞生或即将来临的说法相当流行。关于"现代"的起始，有各种断言：始于 1896 年雅里（Jarry）的《乌布王》的首次演出（"我们之后，是野蛮之神"，W. B. 叶芝写道，他目睹了那个喧嚣的夜晚）；始于 1899 年弗洛伊德的《梦的解析》；始于 1905 年爱因斯坦提出"狭义相对论"；始于 1907 年毕加索的《阿维尼翁的少女》；始于 1913 年斯特拉文斯基的《春之祭》；始于 1914 年第一次世界大战爆发（再也不会这么天真了）；始于 1917 年的"十月革命"。

正如上述列举所示，现代文学在实验性方面明显落后于其他艺术。当时成功的小说家包括高尔斯华绥、贝内特和吉卜林等人：这些大师的写作属于朴素、严肃的类型，追求完全抹去自我的状态。即使是写思想小说和科幻小说的威尔斯（H. G. Wells），也用老套的风格来描写奇妙的未来。除了庞德提携和召唤的少数放荡不羁的灵魂外，诗人大都渴望以乔治时代[1]的方式写作——写简短、正规、怀旧的诗，浸淫于英国的乡村生活。豪斯曼

---

1 指英国乔治五世（George V, 1910—1936）时代。——译注

(A. E. Housman)是这个传统的大神。英语戏剧刚开始赶上易卜生——乔伊斯早期的偶像——但还没有赶上斯特林堡或雅里,萧伯纳诙谐、精巧的戏剧是剧院所能容忍的最大胆的品种了。

让我们尝试想象一下,1922年,一个毫无准备,满足于啤酒、游乐和吉卜林作品的普通读者的反应。突然,闯入一个瘦骨嶙峋、衣着寒酸的爱尔兰人和一个整洁而阴沉的美国人,他们一心要炸毁现实主义小说和乔治时代诗歌所珍视的一切。在乔伊斯的小说中,古老的情节和人物的魅力让位于语言的狂欢。他的文体非但不谦逊,反而因其本身的特征而被视为一种荣耀:极其深奥的哲学术语与来自酒吧、妓院的词语擦肩而过;字里行间充斥着报章和法律用语、宗教教义问答和科学报告、童谣和史诗、黄文和性描写的戏仿及拼凑。语言奋起反抗题材和性格描写的控制,并以自己的力量成为主角。太恐怖了!

更糟糕的是,乔伊斯坚持以前所未有的细节描绘日常生活的方方面面,包括在厕所和床榻上发生的事情……不过,翻看这本书寻找乐趣的人可能很快会气馁:要么被斯蒂芬·迪达勒斯(1904年乔伊斯的一幅肖像)头脑中令人畏惧的深邃沉思所打击,要么对利奥波德·布鲁姆大脑中令人抓狂的古怪联想不知所措(布鲁姆是个不可思议的"尤利西斯"角色,一个温和的戴了绿帽子的中年人,在故事的最后扮演斯蒂芬富有同情心的父亲)。迫不及待想读脏话的读者应该直接看最后一章,布鲁姆的妻子莫莉的长夜梦幻,几乎完全没有标点符号。但有很多性遐想。

至于艾略特的诗:好吧,在词汇方面,它远没有乔伊斯那么不雅——尽管其中确实有一段伦敦腔的对话,很明显是关于堕胎的,还有一个长粉刺的年轻人和一个无精打采的女秘书之间肮脏的一夜情。然而,对传统的诗歌读者来说,它在形式上可能更令人反感,因为乍一看,那不过是一连串不知其详的声音和难以理解的小插曲,因肆无忌惮的抄袭而变得臃肿不堪——有几十行诗是从早期诗歌和其他文学作品中挪用来的,只有上帝知道用了多少种语言,如法语、意大利语、普罗旺斯语和德语,以及——你能相信吗?——梵语……

因此,无论好坏,英语文学终于有了自己的《乌布王》,自己的《阿维尼翁的少女》,自己的《春之祭》。就像雅里一样,艾略特和乔伊斯也创作了故意冒犯他人的淫秽作品,并沉迷于他们自己(明显)的意义缺失。像毕加索一样,他们打破了传统的、由"视角"支配的表现规则,关注性那些难以启齿的方面,迷恋丑陋和原始。像斯特拉文斯基一样,他们唾弃自己的前辈,并追溯几百甚至几千年前的艺术和文明的人类学根源。(艾略特在其诗作的尾注中表明,他深受近代人类学家的影响。)随着艾略特和乔伊斯的出现,英语文学终于进入新世纪,仅仅晚了22年。

★ ★ ★

许多初学现代文学的学生都注意到这样一个非比寻常的事实:《尤利西斯》和《荒原》同属一年,多少有些好奇这意味着什么。(我初次对《尤利西斯》产生好奇心是在十七岁那年,当时我正在伦敦金融城的一家银行做一份无聊的暑期工作——正如我所知道的,艾略特写诗时也一直在苦干——为了逃避到一个更生动的世界里去,晚上贪婪地吞食《尤利西斯》。)这仅仅是文学史上出现的一种巧合——塞万提斯和莎士比亚死在同一天,诸如此类?或者,有某种历史必然性起了作用?

当然，两者都有可能。如果乔伊斯不是被一种迷信驱使，要在四十岁生日那天——1922年2月2日——出版他的大作，他很可能会屈服于拖延的老习惯，频繁修改和扩充校样，以及难免懈怠，那么《尤利西斯》就会被一拖再拖。如果艾略特没有说服罗瑟米尔夫人（Lady Rothermere）为文学季刊《标准》（The Criterion）出资，以刊发他的长诗，那么其诗作在英国的出版也可能同样被推迟。诸如此类。

即使承认了这一点，还有更多问题要考虑。参考书通常会告诉你，这两部作品都表达了第一次世界大战结束后的幻灭感和危机感，所表现的无形式和无政府状态是旧人文主义价值观彻底崩溃的征兆。因此，这些作品肯定会在1922年左右出现，因为它们是衡量1918年之后的世界的第一批重要著作——考虑到创作一部重要作品可能至少需要几年时间。

尽管绝不轻视战争对后续任何事件的影响是明智的，但作为这些作品在历史上不可避免的理由，往往被夸大了。回想一下，艾略特和乔伊斯都没有亲身经历过战争。尽管艾略特的家庭责任感促使他在美国参战后尝试加入美国军队，但他被判定不适合服兵役，只好继续在银行工作。乔伊斯是个和平主义者，也很少关注世界上正在发生的大事，除非影响到他的写作或家庭。在此期间，他去了中立的瑞士，当得知欧洲正在爆发战争时，他喜欢表现出惊讶的样子。《尤利西斯》和《荒原》都包含许多自传性内容，而它们的作者都不是战士。

再回想一下，这两部作品最初的框架都是在战前构思的，虽然作品初稿显然是由更大的文化运动所塑造的（想起艾略特最喜欢的作家约翰·多恩，他曾说：没有人是一座孤岛），但要弄清楚它们是如何表达时代精神的，需要很高的智慧和技巧。例如，在他们成长的时代和文化背景下，体面的年轻人应该宣称信奉基督教，但越来越多聪明、独立的人发现自己不可能发出那样的宣言。

乔伊斯和艾略特都从信奉转变为怀疑——他们都对中世纪的哲学和神学有非常深入的了解，崇敬但丁，研究教父神学——但他们处理和表达危机的方式截然不同。乔伊斯公然抛弃了他的天主教信仰（用心良苦的天主教批评家们有时试图重新夺回他），尽管他对圣托马斯·阿奎那保持了毕生的兴趣；艾略特经历了多年的苦恼，被佛教教义深深吸引，最终成为英国国教的一员。《尤利西斯》记录了一个人远离信仰的成长；《荒原》则表现了一种强烈而痛苦的救赎渴望。

但是，如果乔伊斯和艾略特这样的种子落在贫瘠的土地上，我们可能永远不会听人说起他们。全世界，或者说一小部分重要的人，已经准备好阅读这样的书了。就在几年前，艾略特发表的几首诗被广泛认为是胡言乱语——正如伊夫林·沃的父亲所说，那是一个酒徒的胡言乱语。1922 年，有很多年长的文人坚持认为《荒原》要么是骗人的，要么是疯癫的；当然，他们的蔑视使聪明年轻的叛逆者觉得这首诗更加迷人。英国诗人休·赛克斯·戴维斯（Hugh Sykes Davies）是 1920 年代的一名学生，他回忆说，有位老师拿起他买的那本诗集，怀着越来越惊骇的心情读了几行，说："我的天啊，赛克斯·戴维斯，这真是太变态了。"（这句话在艾略特晚年深刻的保守主义语境下显得更加重口味。）1920 年代，人们对《尤利西斯》的狂热崇拜，很大程度上正是因为它标志着一种极其粗俗的反叛行为。

为什么乔伊斯和艾略特都在 1922 年取得突破？比起把他们解释为时代精神的表现，这个问题有一个更为谦卑的答案。两位作家都将自己事业的起步归功于慷慨、不屈不挠、眼光独到的埃兹拉·庞德。他是一位不安分的有创新精神的年轻诗人，来到文学之都伦敦，对在那儿发现的古板和怯懦感到既有趣又愤怒。他的结论是，需要再来一次文艺复兴。庞德环顾四周，寻找各个艺术领域的新秀，从雕塑到音乐，尤其是在写作领域，他非常兴奋地发现，有两位默默无闻的年轻作家学识渊博、才华横溢。他在战前不久就发现了他俩，立刻前去挖掘。考虑到他当时的工作环境并不乐观，从对天才的发现到发射有七八年时间似乎是合理的。

庞德立即意识到他们的潜力，这是庞德不朽的荣誉——几乎没人这样做过——他无私地投入了大量的时间和精力，在接下来的几年里培养和促进他们的创作。一开始，庞德和乔伊斯的友谊主要通过书信传递，直到乔伊斯接受庞德的建议搬到巴黎，他们才开始见面——1920 年代，巴黎作为无可争议的世界艺术之都，地位早已稳固。

但艾略特当时还是牛津大学的研究生，正在攻读哲学博士学位；他在伦敦多次见到庞德，这位比他略微年长的美国诗人把他介绍给了波希米亚风格的艺术圈。同样多亏了庞德，乔伊斯和艾略特很快对彼此有所了解——艾略特读了发表在《小评论》(*Little Review*)上的《尤利西斯》章节，作品给他留下了深刻印象——但直到 1920 年夏天，他们才见面。

七年前，乔伊斯很穷，他和他的家人常常忍饥挨饿。作为一名辛苦的语言教师，他与出版商进行了长期而徒劳的较量（除了一本诗集，他几乎没有作品出版）。他很可能就这样度过余生：一个穷困潦倒、苦闷不堪的酒鬼，非常清楚自己的非凡才华正在溃烂。

庞德迅速纠正了这一切。他终于找到了出版商，出版了《一个青年艺术家的画像》和其他作品。他读了《尤利西斯》初稿，对乔伊斯大加赞赏，并威逼或利诱编辑——尤其是《小评论》的编辑玛格丽特·安德森（Margaret Anderson）和简·西普（Jane Heap），她们并不需要太多的诱惑——出版这部作品。他为乔伊斯寻找各种各样的赞助人，其中最重要的是富裕而心怀理想主义的编辑哈丽特·肖·韦弗（Harriet Shaw Weaver），她给乔伊斯提供了稳定的收入以维持生计（按 21 世纪的价值计算，多年来她的资助总计约 60 万英镑）；还有富有的纽约律师约翰·奎因（John Quinn），他为乔伊斯和艾略特的手稿支付了可观的费用。

庞德甚至是艾略特更重要的赞助人，不仅在物质方面。乔伊斯最宝贵的财富之一是对自己的天赋和生活中正确的选择有坚定不移的信念，不管环境多么严酷、多么令人沮丧。相比之下，艾略特顾虑重重。他凭直觉（或更恰当的用词是"怀疑"，他早期诗歌的基调充满了隐晦的威胁）知道自己在诗歌方面具有非凡的天赋，但无法确定这种天赋能否持久，也无法确定是否值得付出巨大的努力来发展自己的天赋。

正是庞德告诉他，他早期的诗歌不仅前途无量，而且可能是新兴一代里写得最好的作品；是庞德让他下定决心放弃学业，搬到伦敦去，尽管这会给远在美国的父母带来痛苦。庞德给艾略特忧心忡忡的父母写了一封安慰信，赞扬他们儿子的文学才华，为他生活的剧烈变化辩护，包括他最近和薇薇安·黑格–伍德（Vivien Haigh-Wood）[1] 仓促结婚。庞德还援引自己的

1　她受洗时被命名为薇薇恩（Vivienne），但不知什么原因，她不喜欢这个拼写。她和她的同代人在信件和日记中都使用了薇薇安（Vivien）的拼写，本书也将继续沿用。

职业生涯,证明一个才华横溢的年轻美国文人可以在伦敦过上体面的生活。

在改善艾略特凄惨的物质生活方面,庞德也并非无所作为。他尽量让艾略特会见有影响力或有趣的人,并劝说艾略特写书评。到 1920 年,艾略特作为当时最杰出的评论家之一已经在文学界闻名,尽管像其他评论家一样,他为《泰晤士报文学增刊》撰文是匿名的。艾略特最终放弃了在男子学校教书来养活自己和薇薇安的努力,在伦敦的劳埃德银行找了一份薪水微薄的工作。正是庞德帮助组织了所谓的"天才"(*Bel Esprit*)计划。他设想,艾略特较富有的崇拜者会同意至少在接下来的几年里为艾略特提供固定的年收入。这个计划落空了。但是,如果庞德没有介入呢?

历史的假设游戏价值有限,但我们可以借助早期生活的研究,怀着同情心,来重建对乔伊斯和艾略特的观察方式,从战前的视角预见未来。如果庞德没有干预,乔伊斯很可能会继续过他已经习惯的生活:长期贫困,失业,默默无闻。他的骄傲和怀才不遇的受挫感几乎肯定会使他继续疏远出版商,就像他多年来所做的那样。他的艺术使命感会让他继续写没有人愿意读的故事和小说。他的软弱会使他夜以继日地泡在咖啡馆和餐馆里,寅吃卯粮,酗酒早逝。

当然,还有一些更乐观的可能性:他本可以利用战时在苏黎世做戏剧推广人在当地取得的成功,成为某种戏剧经纪人;他也可以尝试在爱尔兰开一家连锁电影院,这一次要享受他错过的成功;或者,他可能最终说服英语世界某个地方的一所大学,聘请他担任意大利语教授。但他最有可能的命运,则是过一种默默无闻、邋里邋遢、苦不堪言的生活。

艾略特的另类生命,或者说生活,更容易描绘;有时他自己也在思考这类问题。按他的天性,如果他有责任感并忠于家庭,他很可能会回到美国,完成关于布拉德利(F. H. Bradley)的论文,成为一个学者型哲学家,在哈佛或其他著名大学任教。他在这一学科公认的才华可能最终使他成为20世纪最杰出的美国哲学家。他对佛教和其他东方传统日益增长的兴趣可能促使他写出有关非西方思想流派的重要著作。或许缺乏毅力、为人挑剔和不够自信,将使他成为一个声名狼藉不愿出书的人——在研究评估活动之前的那些日子里,这仍然是可能的。更幸福的是,他很可能娶了曾经的恋人艾米丽·黑尔(Emily Hale),年纪轻轻就享受家庭的幸福,而实际上,直到年老和第二次婚姻时,他才获得这种幸福。他会写诗吗?艾略特自己认为,他可能已经被哲学榨干,再也写不出诗来了。

另一方面,如果艾略特决定留在英国,但放弃他的文学抱负,以银行工作——他对银行业务有一种出人意料的天赋——为职业,那他的生活可能不只是一个漫长而痛苦的判决,靠作为一个评论家和诗人得到的小成就偶尔减轻痛苦,还如同地狱。创作《荒原》的那些年,艾略特个人生活的悲苦难以言喻。他遭受各种疾病(头疼、感冒、支气管炎)的折磨,还有过度劳累、忧郁、缺乏意志和偶尔的绝望。然而,与薇薇安相比,汤姆[1]却是健壮的典范。虽然一开始她的活泼和对生活的热情吸引了艾略特,但实际上她的身体状况很差,精神状况更糟。她有很长一段时间卧床不起,汤姆是她的全天候护士。近年来,传记作家(包括雷·蒙克)相当肯定地指出,

---

1　Tom,艾略特的昵称。——译注

她——几乎还在新婚期——就被哲学家伯特兰·罗素（Bertrand Russell）迷住了。《荒原》的手稿中有一些隐晦的线索，暗示艾略特意识到伯蒂和薇芙[1]让他戴了绿帽子。他们的婚姻似乎也缺乏和谐的性生活；薇薇安曾经说过，她一直期待能让汤姆兴奋起来，但她失望了。

难怪艾略特最终精神完全崩溃了。他的雇主很友善，允许他休三个月的病假；1921年的最后几个月，他先待在海边的马尔盖特，然后去了洛桑的一家诊所，这首诗最终在那里完成。《荒原》涉及很多事情——如战争期间伦敦社会的怪异——但其中重要的主题是婚姻的悲哀，尤其是艾略特的婚姻。艾略特曾向一位作家朋友透露，正是他和薇薇安一起生活所带来的精神状态，催生了《荒原》这部作品。至少，他的痛苦结出了非凡的果实。如果没有庞德宝贵的鼓励、忠告和帮助，艾略特可能会在劳埃德银行的业务中衰老干枯，对他糟糕的婚姻守口如瓶，知道的人少之又少。

幸运的是，庞德干预了。数十年后，他的门徒艾略特和乔伊斯逐渐成为公认的巨人。

这么说可能有点轻率：《尤利西斯》和《荒原》之所以成为现代主义文学的双峰，是因为它们是课堂教学的理想素材。毕竟，这两部作品最初就在一些特定的作家、艺术家、富裕的赞助人和最新的文学爱好者中引起了

1　伯蒂（Bertie），罗素的乳名；薇芙（Viv），薇薇安的小名。——译注

反响,影响力远远超出了学术界。如上所述,这两种观点当时都被少数理想主义的年轻人接受,通常是作为对前辈沉闷世界的反抗,或者——回想一下《旧地重游》[1]中的著名场景,一位牛津唯美主义者通过扩音器吟咏艾略特的诗——是对他们更循规蹈矩的同时代人的自满和愚蠢的反抗。

除了在这样的小圈子,这些作品不会一夜之间产生影响。几年来,除了在布卢姆斯伯里和剑桥、牛津等地的侨民区,或美国的小型文学杂志的读者之外,《荒原》几乎不为人所知;《尤利西斯》之所以为大众所熟知,主要是因为《小评论》的编辑涉嫌淫秽而被起诉。在问世的前 11 年里,这部小说一直是部禁书。在美国,1933 年 12 月 6 日之后,出版《尤利西斯》才合法;当时,美国地方法官约翰·M.沃尔西(John M. Wollsey)在审理"美国起诉《尤利西斯》案"时宣布,这部小说并不色情,因此也不淫秽。兰登书屋 1934 年出版了《尤利西斯》的第一个商业版;英国的博德利·黑德(Bodley Head)版出现于 1936 年。所以,《尤利西斯》是本"脏书",而《荒原》使那些仍然生活在乔治时代精神世界里的人感到困惑或厌恶。

然而,这是常见的现代文学故事——比如说,对波德莱尔《恶之花》和福楼拜《包法利夫人》的审判——一代人觉得可耻的禁书成为下一代人的必读书。(同样的事例在现代绘画史上表现得更为戏剧性。)《尤利西斯》和《荒原》真正登上顶峰是在它们被大学接纳之时。当然,这些作品都是天才之作,这是关键。

乔伊斯和艾略特有能力在精挑细选中胜出,这是不言而喻的。他们的杰作是复杂的作品,蕴含着丰富的学识,充满奇思妙想,所需要的关注度远

1　英国作家伊夫林·沃的著名小说。——译注

远高于一般读者通常愿意给予的。在某些方面，它们可以与宗教文本相媲美，比如《塔木德》[1]，因为它们需要"专业"读者在其神秘性和世俗读者之间进行疏解。于是这些作品的批评家就变成了世俗的拉比或牧师：不再是卑微干瘪的人，甚至可能是温和而乏味的学究，就像狄更斯小说里某个可怜的老师。随着现代主义革命的到来，学术型文学批评家的地位越来越重要。在接下来的几十年里，随着大学的不断发展，成千上万的学生认同了这样一种观点，即乔伊斯和艾略特在各自的圈子都名列前茅。

这是一个相当复杂的故事，但主要人物的名字却很容易叫出来。就《荒原》而言，英国最早的学术冠军是理查兹（I. A. Richards）——他是新剑桥英语荣誉学位考试的创始人之一——另两位是他资历较低的同事威廉·燕卜荪（William Empson）和利维斯（F. R. Leavis）。通过共同努力，这三位批评家——通常被归为"剑桥学派"，尽管他们之间的差异和相似之处一样引人注目——不仅改变了英国文学的教学方式，也改变了世界各地文学院系的教学方式。理查兹是其中最年长的一个，也是第一个被艾略特的才华所折服并与这位诗人取得联系的人；他曾试图将艾略特引荐至剑桥大学担任全职教师，但没有成功。

燕卜荪——现在被有些人认为是这个奇怪三人组中最有天赋的——也深受艾略特影响，晚年写了一篇关于《荒原》手稿的令人眼花缭乱的文章，被收入《使用传记》（*Using Biography*），此书另有一篇关于《尤利西斯》的奇文。但是，在将《荒原》推到舞台中央的过程中，发挥最大作用的批评家是利维斯，他论艾略特的重要文章见他 1932 年出版的《英语诗歌的新方

---

1 《塔木德》（Talmud），犹太法典。——译注

向》(*New Bearings in English Poetry*)一书。利维斯对艾略特后来的作品不太感兴趣,但《英语诗歌的新方向》中那篇文章——在利维斯失去影响的今天,此文仍然极具可读性——是让艾略特进入每一所大学以及之后被列入教学大纲的重要一步。

在美国,情况也很类似。艾略特在大学里逐渐取得胜利,所谓的"新批评"也同样攻城略地——从 1940 年代初到 1970 年代,新批评一直是英语文学教学中的主导力量。它的主要人物包括约翰·克罗·兰瑟姆(John Crowe Ransom)——这一运动得名于他 1941 年出版的《新批评》——和他的朋友,以及同为南方人的艾伦·泰特(Allen Tate)和罗伯特·佩恩·沃伦(Robert Penn Warren);之后是布莱克穆尔(R. P. Blackmur)、克林斯·布鲁克斯(Cleanth Brooks)——《精致的瓮》(*The Well-Wrought Urn*, 1947)的作者——以及威姆塞特(William K. Wimsatt)和比尔兹利(Monroe Beardsley),他俩是一篇被广泛阅读的文章《意图谬误》("The Intentional Fallacy")的共同作者。理查兹、燕卜荪和利维斯有时也被称为新批评家,但这是草率的。

英国批评家和他们的美国同行有两个主要的共同之处:一是他们也主张文学作品的精读,几乎相同的学科在剑桥被称为"实用批评",以理查兹的作品命名;二是他们都钦佩艾略特。人们有时说,艾略特启发了新批评,这是有道理的,尽管艾略特自己的文章与他轻蔑地称之为"柠檬挤压派"("lemon-squeezer school of criticism")的批评几乎毫无共同之处。总的来说,新批评是形式主义的——只关心文字巧妙的排列方式,而不关心历史、作者意图或意识形态等问题。(由于燕卜荪批评的一大优势是他对文本中历史的存在和压力的敏锐感知,所以他被视为典型的新批评家似乎有些滑稽。)

作为文学研究的一般路径,这种方法的贫乏令人遗憾。作为一种课堂教学方法,尤其是对那些阅读不多的人来说,它有明显的用途和效果。华兹华斯曾经指出,大诗人创造出一种气氛,得以让人欣赏;艾略特的情况就是如此,新批评派至少擅长展示他诗歌中有些很好的东西。

随着艾略特的声望上升,他的爱尔兰朋友的声望也随之上升。曾经被禁止或嘲笑的作品现在成了教学大纲中的必修课。但成为经典的一部分,意味着安全、舒适,可能还有点枯燥。1922 年读过这些作品的少数人中,没有一个人觉得它们会是经典。

1922 年,是拥有许多了不起的第一、诞生和奠基的一年。旧世界正在消失。新闻报道了奥斯曼帝国的最终崩溃;英国自由主义终结,自由党在 1922 年的大选中被保守党彻底击败;马库斯·加维[1] 的新非洲梦想破灭。华盛顿会议[2] 使英国的制海权——可以追溯到西班牙无敌舰队被英国击败——被正式移交给美国。在艺术世界,达达(Dada)被埋葬了,普鲁斯特去世了。

新的国家、新的政权模式诞生了。世界上第一个法西斯国家在意大利建立。同年年底的一项条约标志着苏维埃社会主义共和国联盟的正式成

---

1 马库斯·加维(Marcus Garvey),出生于牙买加的黑人民族主义者。——译注
2 1918 年 11 月,由美国建议召开的国际会议,亦称太平洋会议。——译注

立。埃及至少从英国获得了正式独立，而英国开始了对巴勒斯坦的托管。经过一场残酷的内战，现代爱尔兰诞生了——叶芝，艾略特和庞德的朋友，被任命为参议员。

毫无疑问，这也是无线电广播的奇迹之年。这一年，广播不再是一种地方性的新奇事物，而是发展为世界性的广播（旧词新意）媒介，美国几乎每天都有电台开播，英国广播公司（BBC）也开始在英国开播。从此，世界上几乎每一所房子都会充斥着无实体的声音；正如休·肯纳（Hugh Kenner）和其他人所指出的，这种体验堪比阅读《荒原》，在那里，不明身份的人来来去去，用各种不同的语言发出神秘的声音。艾略特仿佛预言了这种后来变得司空见惯的经历：转动无线电收音机按钮，窃听陌生而遥远的国度。

电影不再像过去那样新奇，但它的规模和普遍性产生了一些前所未有的影响。尽管好莱坞在1921年和1922年被一系列丑闻严重挫伤，但它继续改变着名望的性质。查理·卓别林深受大众和知识分子的喜爱，是这个星球上最容易被辨认的人，尽管他的声望受到玛丽·皮克福德（Mary Pickford）、道格拉斯·费尔班克斯（Douglas Fairbanks）和鲁道夫·瓦伦蒂诺（Rudolph Valentino）等人的挑战。1922年，卓别林决定从喜剧短片转型，并导演他的第一部真正的故事片《巴黎一妇人》（*A Woman of Paris*）。他并不是唯一试图制作更雄心勃勃的作品的人。

那年年初，冯·施特罗海姆（Von Stroheim）的《愚蠢的妻子们》（*Foolish Wives*）是有史以来最昂贵的电影，但到了年底，它就被壮观的《罗宾汉》（*Robin Hood*）——第一部在好莱坞首映的电影超越了。在英国，一个名叫阿尔弗雷德·希区柯克的不出名的胖小伙子执导了他的第一部故事片《第十三号》(*Number Thirteen*)。华特·迪士尼创立了"欢笑动画公司"(Laugh-a-Gram company),并制作了他最早的动画短片。在魏玛时期的德国,茂瑙(Murnau)的《诺斯费拉图》(*Nosferatu*)和弗里茨·朗(Fritz Lang)的第一部关于犯罪大师马布斯博士(Dr Mabusc)的电影给观众带来了全新的恐怖体验。极受欢迎的《北方的纳努克》(*Nanook of the North*)是世界上第一部纪录片。第一部真正的彩色电影《海逝》(*The Toll of the Sea*)正式上映。在俄罗斯,年轻的吉加·维尔托夫(Dziga Vertov)开始制作他的"电影真理报"(Kino-Pravda)纪录片。

四面八方,以及每个领域都有一股创新的狂热。现代语言哲学可以追溯到维特根斯坦那年出版的《逻辑哲学论》。现代人类学始于马林诺夫斯基(Malinowski)《西太平洋上的航海者》(*Argonauts of the Western Pacific*)的成功出版。康定斯基和克利加入了包豪斯(Bauhaus),并将他们独特的才能添加到那个乌托邦项目中。路易斯·阿姆斯特朗(Louis Armstrong)坐火车从新奥尔良到芝加哥,加入了金·奥利弗乐队(King Oliver's Band),并成为爵士乐史上最伟大的演奏家。非裔美国人的文化随着哈莱姆文艺复兴的第一次高潮而成熟起来。

《尤利西斯》和《荒原》是当年杰出的文学作品,是现代主义作品的日月同辉。而他们所出现的天空——援引美国著名评论家哈里·莱文(Harry Levin)的一个比喻——"天才群星璀璨"。这群天才在这之前无人知晓,此后也无人可与之匹敌。以下篇幅试图找出这些天才星座中最重要的一些星球,并说明乔伊斯和艾略特的代表作是如何在这个星系中出现的。

JANUARY

一月

1月1日

艾略特从洛桑到巴黎的途中。他于 1 月 2 日抵达，与妻子薇薇安团聚，并在巴黎停留了两周。逗留期间，埃兹拉·庞德将艾略特一家介绍给了美国出版商霍勒斯·利夫莱特，他们与詹姆斯·乔伊斯共进晚餐。在大约十天的时间里，庞德和艾略特为《荒原》初稿而紧密合作。1 月中旬，艾略特回到伦敦——回到他在克拉伦斯门花园 9 号的公寓。

★──────────────────────── 好莱坞

工作日一开始，道格拉斯·费尔班克斯就把所有同事召集到一起，宣布："我决定要拍罗宾汉的故事。我们就在好莱坞这里布景。我要称它为《骑士精神》(*The Spirit of Chivalry*)。"在这一充满激情的宣言的听众中，有皮克福德-费尔班克斯外事部门的负责人罗伯特·弗洛里(Robert Florey)。他后来叙述道："我永远也不会忘记道格拉斯宣布这一决定时的铿锵有力。他的拳头捶着一张小桌子。没有人说话。"

费尔班克斯接着解释说，他和妻子玛丽·皮克福德打算买下新的制片厂——圣塔莫尼卡（Santa Monica）原有的杰西·汉普顿制片厂（Jesse Hampton Studio），周边是大片空地，制片人可以在那里重现诺丁汉和狮心王[1]的城堡、舍伍德森林、巴勒斯坦、法国十字军营地……他们会制作成千上万件服装，都是基于真实的年代设计，还有盾牌、长矛……最后，费尔班克斯的弟弟约翰鼓起勇气问了一声，做这一切，影片公司（他担任财务主管）要花多少钱。

"这不是重点！"费尔班克斯回答，"这些事情要做就必须做好，否则就别做！"

到中午，大家都同意了他的观点。《罗宾汉》必须拍。

《罗宾汉》上映时（见10月18日），成本高达140万美元。这是迄今为止好莱坞制作的最昂贵的电影——几乎是之前创纪录的《党同伐异》（*Intolerance*）的两倍，后者花了70万美元。"梦工厂"正进入一个充满雄心、成就和狂妄的新阶段。

巴黎 ────────────────────────────────★

马塞尔·普鲁斯特元旦新年里熬夜参加贵族朋友艾蒂安·德·鲍蒙伯爵和妻子举办的舞会。普鲁斯特现在很有名，也病得很重（事实上，他命不久矣，活不到年底了）。对这位小说家来说，后一种情况再熟悉不过了，用亚历山大·蒲柏（Alexander Pope）的话来说，他的一生可以说是一场"漫

1　指英王查理一世。——译注

长的疾病"。但是,名声仍然是一件新鲜事。[1]

尽管普鲁斯特也有新的烦恼,但只要健康允许,他还是尽可能地享受他的荣誉。1919 年 1 月,他遭受了一次打击,从此再也没有恢复过来:他姑妈宣布,她卖掉了他那幢传奇性公寓,奥斯曼大道 102 号,将其改为一家银行。他不得不在 5 月底搬走,夏天大部分时间都住在洛朗-皮查特街 8 号乙,最后在哈默林街 44 号安顿下来。[2]

然而,他仍然刻苦地修改、校正他的长篇小说文稿,尽管失眠和疲劳使写作状况很糟糕。他向出版商 NRF[3] 求助;出于某种不可细究的原因,他们将修改校样的任务交给了安德烈·布勒东(André Breton)。这位极端超现实主义者在这项工作上极其懒散,但他崇拜普鲁斯特语句的韵律,并会大声朗读给他的信徒听。[4]

---

1 普鲁斯特几年前就声名鹊起。确切地说,是在 1919 年 12 月 10 日下午,龚古尔学院委员会在享用完传统午餐后,打发笑眯眯的莱昂·都德(Leon Daudet)送一封信给普鲁斯特,通知他因《在少女们身旁》获得了 1919 年龚古尔奖,此书 1 月出版。多亏了媒体,普鲁斯特才能享受到现代社会那种喜忧参半的一夜成名。用传记作家乔治·佩因特(George Painter)的话来说,"这个奖项使奋斗了 30 年的普鲁斯特一举成名"。第二天,法国报纸上发表了至少 27 篇重要文章,公众对战后首个龚古尔奖得主的好奇可见一斑。不到一个月,近百篇文章刊发,马塞尔·普鲁斯特的名字为数百万法国报刊读者所熟知。从此时直到他去世,他将在法国国内(以及越来越在国际上)享有盛誉。

2 这将是他最后的住址。他讨厌这个地方,一个五楼的小公寓,或者用他自己的话说,"一间只够放床架的简陋小屋"。他也讨厌公寓里其他地方和周围的噪音,随着他逐渐丢弃更多的家具和其他贵重物品,居室的外观变得越来越像修道院。

3 NRF 即《新法兰西评论》(Nouvelle Revue Française),出版商指伽利玛出版社,两者合二为一。——译注

4 普鲁斯特这部小说的以下两卷分别在 1920 年 10 月 25 日和 1921 年 5 月 2 日出版;与此同时,法国当局在 1920 年 9 月 25 日向这位龚古尔奖得主颁发了荣誉军团十字勋章。

如果普鲁斯特的一些疾病天生就是身心疾病,那么他的作品得到的所有赞许并不能缓解这些疾病。1921 年秋,他经历了一次发作,开始出现尿毒症的症状。10 月初,他意外地过量吸食鸦片和安眠药,导致自己中毒。但他一直在修改作品,只要健康允许,他就继续外出参加社交活动。1922 年 1 月 15 日,他参加了里兹酒店的舞会,在舞会上观看了欣尼斯达尔小姐(Mlle d'Hinnisdael)的时髦新舞步表演。他对此印象深刻:"即使沉浸于 1922 年最新潮的舞蹈,她看起来仍像一枚盾徽上的独角兽!"

巴黎 ★

二十五岁的安德烈·布勒东和妻子西蒙娜(娘家姓卡恩)搬进了位于九区北部枫丹街 42 号一栋不起眼的建筑五楼的一套两居室公寓。[1] 楼下有一家叫"天堂和地狱"的歌舞厅;从那时起,布勒东夫妇就占据了"天堂和地狱"之上的房间。[2]

1922 年,布勒东出版的作品很少,在小圈子外几乎无人知晓。他出生在诺曼底,起初接受培训成为一名医生和精神病学家。"一战"期间,他在南特的一家精神病院度过了他的早期兵役,1916 年 2 月,他在那里遇到了一位特别的年轻士兵雅克·瓦切(Jacques Vaché),后者那怪异的幽默感和强烈的反叛情绪给他留下了深刻的印象。[3]

1　他们于 1921 年 9 月 15 日结婚,实际上仍然是新婚夫妇。
2　在过去的七年里,布勒东始终过着一种漂泊的生活,不是在军营,就是在旅馆,或者住在别人的公寓里。这是这对夫妇第一个真正意义上的家,虽然布勒东后来搬到了楼下,住进了一套稍微大一点的公寓,但枫丹街42号一直是他漫长人生中的住址。
3　1919 年,瓦切死于吸毒过量——可能是自杀——布勒东对痛失友谊深表哀悼。

无论是在瓦切的陪伴下,还是他独自一人时,布勒东开始发展出一种奇异的感觉和一套特殊的话题。他过去的试金石包括兰波、雅里和洛特雷阿蒙(Lautréamont)。[1] 但他对同时代的许多影响也很警觉。其中之一是达达,即无政府主义的反艺术运动,他第一次参加这个运动是 1919 年 1 月,几乎正是瓦切去世的时候。[2] 另一个影响是西格蒙德·弗洛伊德发展起来的理论体系。[3]

　　布勒东开始意识到,他正在创造一种他至今还不能充分定义的东西,而且他也不知道它的名字。[4] 尽管如此,在 1924 年该运动正式诞生的五年前,他仍在召集他团队中的关键成员:苏波(Soupault)、阿拉贡(Aragon)、艾吕雅(Eluard)。[5]

　　与此同时,布勒东满足于与特里斯坦·查拉联手,将达达带到巴黎,发起一系列喧闹的挑衅。稍感平淡无奇的是,他放弃了医学研究,在出版业

1　现代读者对洛特雷阿蒙怪异的散文诗《马尔多罗》(*Maldoror*)的狂热崇拜,很大程度上要归功于布勒东。

2　特里斯坦·查拉(Tristan Tzara),一个重要的达达主义者,在短暂而紧张的一段时间里,成了布勒东生活中瓦切的替代者。

3　精神分析的历史学家通常把它的起源追溯到布勒东出生的那一年,1896 年;弗洛伊德在那之前一年发表了《癔症之研究》(*Studies in Hysteria*)。实际上,1921 年 10 月 10 日,布勒东在新婚蜜月中花了一部分时间去弗洛伊德在贝加斯 19 号的公寓朝圣,但这次会见让他非常失望:他发现这个老人邋里邋遢,庸俗无味,头脑迟钝。

4　"超现实主义"(surrealism,或者为了卖弄学问,加上一个连字符:sur-realism)这个词早在 1917 年就由纪尧姆·阿波利奈尔(Guillaume Apollinaire)在他为芭蕾舞剧《游行》(*Parade*)所写的节目注释中提出来了。《游行》由科克托、萨蒂(Satie)、毕加索和莱昂内德·马辛(Leonide Massine)合作而成,由俄罗斯芭蕾舞团表演。虽然布勒东直到 1924 年才选用此词,但这个名称确实出现在这一现象之前。

5　回顾过去,人们普遍认为,以超现实主义方式创作的第一部作品是由自动写作技术创作的诗集《磁场》(*Magnetic Fields*),出版于 1919 年,还有一本期刊《文学》大约在同一时间出版。

找了份工作。伽利玛出版社不仅雇用了他一段时间,还额外给了他一笔钱,让他帮助普鲁斯特修改他们同意出版的《盖尔芒特家那边》。令这位年轻人吃惊的是,普鲁斯特对他和蔼可亲,并热情欢迎他参加深夜在哈默林街44号举行的长时间编辑会议。

伽利玛的职位没能维持多久,但经过一段时间兼职后,布勒东幸运地找到了工作。他被介绍给六十七岁的雅克·杜塞(Jacques Doucet),一位富有的高级时装设计师,自封为艺术赞助人,是继可可·香奈儿和保罗·波烈(Paul Poiret)之后巴黎最成功的服装设计师。杜塞的私人收藏中有大量的现代手稿和绘画,而且数量在迅速增长,收藏地点位于16区诺西尔街2号。藏品如此之多,需要编目;此外,没有受过教育的杜塞在以后的购买中需要鉴赏家的指点。

他们都认为布勒东是这项工作的理想人选。布勒东认真对待这项工作,充分发挥自己的智慧和才华,并借此帮助他的朋友。他说服杜塞从他的团体成员那里购买初版和手稿,称这是明智之举。(他说得没错。)1922年1月底,路易·阿拉贡决定放弃自己的医学研究,布勒东说服杜塞,让他成为一个理想的联合策展人。有了稳定的收入,布勒东现在负担得起一个家了。

事实上,枫丹街42号的那套公寓不仅仅是一个睡觉的地方。就像马克·波利佐蒂(Mark Polizzotti)所说,这个两居室

> 有某种持久性,并很快获得了传奇的光环……它成为一种象征,就像布勒东本人一样,是超现实主义历史的一部分。正如他女儿后来所说,那是"他的水晶球,他的宇宙"。这里是该团体许多晚间聚会的

场所,也是他各种藏品的展示台。

这里是超现实主义运动的总部。[1]

一搬进来,布勒东就开始给居室布置家具,主要是他"发现的"艺术家或与他有共同爱好的艺术家的画作:如乔治·德·基里科的《孩子的大脑》(*The Child's Brain*, 1914)。这幅画是他第一次在公共汽车上从画廊窗口瞥见的;画给他留下了深刻的印象,他跳下车跑回去更仔细地看。还有马克思·恩斯特、皮卡比亚(Picabia)、曼·雷、德兰(Derain)、马塞尔·杜尚、毕加索、布拉克(Braque)和瑟拉(Seurat)的作品。

他还用来自非洲和大洋洲的艺术品和物品装饰房间——面具、玩偶、雕刻品,这给参观者留下了深刻印象。有游客说:"每幅画、每件物品都散发出一种异常强烈的气息、一种幻觉,无论放在哪里,就像影子一样附在它身上。"总之,枫丹街 42 号成了一个私人博物馆,或者更确切地说,成了一个现代珍奇陈列馆——这里有超现实主义历史上最丰富、最奇特的收藏品。[2]

在搬进新公寓的几个星期里,布勒东养成了一种相当中产阶级的规矩。工作结束后,通常从 5 点半到 6 点半,他会和运动初期的其他成员见面,然后在一家便宜的餐馆吃晚饭。接着,一伙人会回到 42 号,在那里玩游戏并做引导他们获得启示的试验。安德烈和西蒙娜随后上床睡觉,而阿

---

1 人们从漆着数字 1713 的门进入公寓。这是一个视觉上的玩笑:在布勒东的书写中,"1"和"7"交叉,就像 A,"1"和"3"交叉,就像"B"——他姓名的首字母。阿拉贡后来说,布勒东的朋友有时称他为"1713"。

2 据估计,这些藏品达 5300 多件。

拉贡和其他人则在附近的酒吧里闲荡。这种安宁的家庭生活成了滋养布勒东想象力野蛮生长的土壤。

这是一场有待管理的革命。1922 年 1 月 3 日,布勒东在《科莫迪亚》(*Comoedia*)杂志上发表了一篇文章,宣布召开一场"决心捍卫现代精神的国际会议"(见 2 月 17 日)。

1月5日

南乔治亚岛 ────────────────────★

勇敢的南极探险家欧内斯特·沙克尔顿爵士(Sir Ernest H. Shackleton)死于严重的心脏病。他发现,在经历了种种辉煌和磨难之后,他很难适应日常生活;就像丁尼生(Tennyson)笔下的尤利西斯,他希望进行最后一次伟大的航行。[1]

---

1 艾略特提醒读者,沙克尔顿的《南方》(*South*, 1919)第十章是《荒原》第五章第二部分第 360—365 行这一段的来源。沙克尔顿记录了他那帮筋疲力尽的南极探险者的经历,他们产生了一种可怕的幻觉,那就是他们数来数去,总是多一个人。

1月9日

1922 年是广播之年。到那时为止,无线电技术几乎只用于发送和接收一对一的信息——我们现在称之为"窄播"。但在那年的头几个月,一段被称为"广播室"的时期,在美国和世界其他各地,一个又一个电台开始播出。

美国第一个调幅(AM)电台是无线电广播繁荣时期在匹兹堡建成的 KQV – AM 电台,于 1 月 9 日播出。[1]

★ ———————————————— 巴黎

年轻的美国记者欧内斯特·海明威和他的新婚妻子哈德利搬进了莱蒙主教街 74 号五楼的一个小公寓,离孔特雷斯卡普广场(Place Contrescarpe)不远。他们于 1921 年 12 月 22 日,也就是几个星期前到达巴黎,一直住在雅各酒店。在接下来的两年里,他们以巴黎为基地,尽管在此

---

[1] 在接下来的四五个月里,美国各地的许多其他电台迅速加入了这个行列。到那年年底,仅美国就有 500 多家获得牌照的电台,广播已经普及到几乎所有生活在富裕国家的人的生活中,也包括一些贫穷国家的人。

期间，他们在欧洲旅行了很多地方。

在回忆录中，海明威往往会夸大他们在巴黎不无乐趣的贫困程度。他们的公寓只花 250 法郎——按 1922 年的汇率大约是 18 美元——而仅哈德利的婚姻授产就保证他们每年有 3000 美元的收入。另外，海明威是《多伦多每日星报》的驻外记者，有薪水。据他估计，加拿大人或美国人每年 1000 美元就可以生活得很舒适，所以这个收入已经足够了。[1]

在汇率的诱惑下，海明威夫妇有足够的钱雇佣一个女仆。女仆会在早上来帮他们打扫卫生，在他们不上餐馆的晚上为他们做晚餐。不过，他们的公寓有点逼仄，海明威很快就在穆夫塔街租了一间办公室。在巴黎，他有固定的工作时间，因此逃脱了那些来巴黎追求艺术梦想的人的共同命运，那些人最终只是喝着酒高谈阔论他们将要从事的工作。

1月10日

巴黎 ────────────────────★

在布西-达格拉斯街（the Rue Boissy d'Anglas）新开了一家夜总会，名为

1　海明威热情地讲述了当地餐馆里各种各样美味的廉价食物，他和妻子在那里大口吃着烤牛肉、小牛肉、羊肉，或者"只有法国人才会做的"土豆炖厚牛排——每人大约 50 美分，一瓶酒 60 生丁。在城市任何地方乘坐公共汽车的费用相当于 4 美分；一个不错的旅馆房间，两人住一天，大约 12 法郎。

"屋顶之牛"（Le Boeuf sur le Toit）。老板是路易·莫伊斯（Louis Moyses），他以让·科克托、埃里克·萨蒂和达瑞斯·米约（Darius Milhaud）新近合作创作的一部音乐剧为它命名。开业仅几天，这家夜总会就大受欢迎，迅速成为重要的巴黎社交场所，几乎立刻取代了科克托以前常去的"拉加亚"（La Gaya），成为人们碰面的地方。1922年及之后的几年，"屋顶之牛"成了"咖啡社交的摇篮"，其声誉堪比或超过"马克西姆"（Maxim）或"红磨坊"（Moulin Rouge）。对巴黎来说，"咆哮的二十年代"——亦即"疯狂的年代"——从那晚真正开始了。

即使不是他那个时代和他家乡最伟大的天才，科克托也无疑是他那一代最具代表性的人物——他为现代巴黎定下了基调，体现了令人陶醉的时尚精神。他优雅、挑剔、机智、不拘一格、富于幻想，本身就是一个令人愉快的天才，也是一个目光敏锐、精力充沛的人才催化剂。他树敌甚多——布勒东鄙视他，并常常使科克托的生活陷入困境——但也不乏有权势的朋友。他主要的传记作者弗朗西斯·斯泰格穆勒（Francis Steegmuller）认为，科克托"创造"了1920年代的巴黎，尽管这种夸张有点可笑，但并非毫无道理。

例如，人们认为科克托在巴黎掀起了喝美式鸡尾酒（cock-tail）的热潮（人们利用Coct-eau和cock-tail在词语上的相似来打趣）；科克托曾对查理·卓别林的天才表现出极大的热情；科克托聚集并提升了"六人组"：一群崭露头角的年轻作曲家——弗朗西斯·波伦克（Francis Poulenc）、杰曼·泰勒费雷（Germaine Tailleferre）、路易·杜瑞（Louis Durey）、达瑞斯·米约、亚瑟·洪格（Arthur Honneger）和乔治·奥里克（Georges Auric）——这些作曲家虽然通常对科克托作为公关人员的能力心存感激，但有时也会宣称，除了对德彪西的厌恶和对萨蒂的喜爱之外，他们没有什么共同之处。

然后是爵士乐……毫无疑问，巴黎很快就接受了这种新颖的美国音乐，但科克托尽了最大的努力来推广这种萌芽中的新事物——为《倔强日报》（L'Intransigeant）撰写爵士乐评论，邀请伦敦的比利·阿诺德爵士乐队（Billy Arnold），甚至自己在"拉加亚"歌厅的钢琴上即兴弹奏爵士乐。

1922 年，让·科克托庆祝了他三十三岁的生日。他是一个同性恋花花公子，深受奥斯卡·王尔德的影响。1909 年，他出版了一部诗集，首次引起公众关注，当时他还不到二十岁。就在此时，他遇到了俄罗斯芭蕾舞团，并被他们迷住了，成了他们的吉祥物。他受到佳吉列夫（Diaghilev）的启发，转而从事绘画和舞台设计；他也被芭蕾舞团明显的艺术氛围所吸引，为此，斯特拉文斯基这个芭蕾舞演员的忠实粉丝，暴躁地称其为"同性恋的瑞士警卫"。在科克托的艺术发展中，佳吉列夫是一个至关重要的人物；他向这个年轻的巴黎人发出挑战，希望他能有所成就——"让我大吃一惊！"——是佳吉列夫最著名的一句话。

科克托以作品《游行》[1]迎接了挑战，这是他与毕加索[2]、埃里克·萨蒂合作的成果。此作之后，科克托又为舞台增添了更多的诗歌和娱乐元素：原作《屋顶之牛》和悲喜剧《埃菲尔铁塔的已婚夫妇》（Les Mariés de la Tour Eiffel）融合了希腊戏剧传统和当代杂耍。到 1922 年初，他已经成为名人了。

1　它于 1917 年 5 月 19 日在夏特莱剧院（Théâtre du Chatelet）演出——现代主义的里程碑之一——像当时所有像样的先锋作品一样，引发了愤怒的喊声和嘘声；不过，天哪，还不是一场全面失控的骚乱。

2　科克托是 1915 年在救护部队休假期间遇到他的。

但他的私生活并不像他的文学事业那样光彩夺目。他爱上了一个比他年轻得多的男子；事实上，1919 年 6 月，雷蒙·雷迪格（Raymond Radiguet）出现在安茹街 10 号科克托的公寓时，只有十六岁。[1] 在接下来的四年里，直到 1923 年雷迪格死于伤寒，他们的关系既亲密又不稳定。他们曾是肉体上的恋人吗？很难说。雷迪格是个习惯追逐女性的人，时常奋起反抗科克托的母性关怀和对他的非分之想；可能这对恋人从来没有发生过性行为。[2]

《屋顶之牛》的首演之夜为雷迪格的一次小叛逆提供了机会。根据同时代人的记载——分别出自让·雨果（Jean Hugo）和尼娜·哈姆尼特（Nina Hamnett）之手——雷迪格选择在这个本该庆贺的夜晚，上演了一次短暂的叛逃，这让科克托痛苦不堪。尼娜·哈姆尼特晚上 11 点左右到达酒吧，发现一小群穿着时髦的人聚集在科克托和莫伊斯周围：毕加索夫妇、玛丽·比尔博姆（Marie Beerbohm）、玛丽·劳伦辛（Marie Laurencin）……但雷迪格不在。雷迪格想喝更多的烈性酒，也对科克托的行为不满，他去酒吧和罗马尼亚雕刻家康斯坦丁·布朗库西（Constantin Brancusi）会合。布朗库西也有烦恼，于是两个人和哈姆尼特一起去了蒙帕纳斯（Montparnasse）。

闲逛一阵后，布朗库西建议去里昂车站吃杂烩。他们去了，但菜肴不

1　雷迪格试图出版他的第一本诗集；科克托被这位作者的作品和他本人所倾倒，几乎立刻（并正确无误地）认出他是一个真正的天才。

2　尽管如此，我们还是要感谢科克托，他为雷迪格经常混乱和酗酒的生活引入了足够的规则和纪律，使这个小伙子能够写出两部短小却经久不衰的法国文学作品：《肉体恶魔》（Le Diable au Corps）和《奥尔格伯爵的舞会》（Le Bal du comte d'Orgel）。对于雷迪格来说，1922 年主要完成了第一部中篇小说，并创作了第二部的大部分。

合口味,于是两个男人决定去马赛找一家更好吃的。他们丢下哈姆尼特,登上了开往南方的夜车。天知道,当他们到了马赛,发现当地的菜肴也不太符合他们的口味时,就痛饮一顿,然后乘船去了科西嘉岛。他们在一家巨大而寒冷的旅馆里住了大约一星期,喝了几加仑科西嘉白兰地来取暖。十天后,他们终于回到巴黎。科克托很恼火,布朗库西再也没有回到夜总会。

尽管有这种个人的烦恼,但科克托有充分的理由为新夜总会的开张感到高兴。[1]"牛厅"(业内后来的简称)不久就成了科克托的崇拜者和同行必去的社交场所:如莫朗(Morand)和米约、雷迪格、雨果夫妇、皮埃尔·贝尔坦(Pierre Bertin)、皮卡比亚夫妇,以及"六人组"的其他成员。根据科克托自己的说法:"'牛厅'根本就不是酒吧,而是一个俱乐部,是巴黎所有优秀人士——才媛淑女、诗人、音乐家、商人、出版商——聚会的地方,形形色色的人在'牛厅'见面。"[2]

男士戴着黑领带;女人穿上最时尚的设计师设计的衣服:香奈儿、郎万(Lanvin)、维奥内(Vionnet)。波希米亚人和贵族、先锋人士和传统派自由相处,所有来客可以跳舞,和舞池中的漂亮年轻人调情。这个俱乐部激发了至少两本关于那个时期的书——莫里斯·萨克斯(Maurice Sachs)的

---

1 人们广泛猜测和报道他是夜总会业主;但事实并非如此,虽然他确实是夜总会的一块招牌,并沉迷于它所有的愚蠢行为。

2 俱乐部的墙上挂满了科克托和其他画家——即使是毕加索,尽管他在开张之夜后不常来访,也出借了几幅画——的作品,尽管最主要的艺术品是皮卡比亚的巨眼画《卡可基酸酯眼睛》(*L'oeil Cacodylate*, 1921),皮卡比亚邀请了五十名参观者到他的画室,让他们在画布上添加自己喜欢的东西——涂鸦、签名、剪报等——当画布上没有多余的空间时,作品就宣告完成了。

《"屋顶之牛"的岁月》和雅克·查斯特内（Jacques Chastenet）的《当牛爬上了屋顶》（*Quand le Boeuf Montait sur le Toit*）——的灵感，并在无数其他的书中被提及。除了科克托的圈子，被吸引到那里的还有曼·雷和马塞尔·杜尚、威尔士亲王和阿图尔·鲁宾斯坦（Arthur Rubinstein）。后来，它的顾客更加出众：查理·卓别林、可可·香奈儿、约瑟芬·贝克（Josephine Baker）、欧内斯特·海明威和阿迦汗（Aga Khan）。

不出一年，"牛厅"成了巴黎的中心。普鲁斯特尽管病得很重，却不甘心被冷落，要求他的朋友保罗·布拉奇（Paul Brach）陪他一起去那里吃晚饭。那天晚上过得并不开心；一群吵吵嚷嚷的同性恋者喝醉了酒，开始和布拉奇争吵起来，普鲁斯特觉得有必要向其中一个家伙提出决斗。结果，第二天早上，一封低声下气的道歉信让这一举动戛然而止。

1月11日

★─────────────────────── 加拿大

胰岛素首次成功用于治疗糖尿病。

★─────────────────────── 美国

本年度第一部备受瞩目的电影、埃里希·冯·施特罗海姆的《愚蠢的妻子们》已经首映。这是好莱坞迄今为止制作费用最昂贵的电影,这要归因于冯·施特罗海姆大手大脚的作风,这种作风在整个20年代都臭名昭著。最初的预算已高达25万美元,但据他自己估计,最终花费了75万美元。冯·施特罗海姆从不以谦逊著称,但这个估计似乎有些谨慎,因为他的制片厂环球影业(Universal)后来声称,实际成本超过100万美元。[1]

由于冯·施特罗海姆坚持要在加州复制一座巨大而奢华的蒙特卡洛城(Monte Carlo),并配有大型赌场,因此费用飙升至失控也就不足为奇了。在拍摄过程中,年轻的欧文·撒尔伯格(Irving Thalberg)——后来成为好莱坞历史上的一个重要人物,并因菲茨杰拉德的《最后的大亨》(*The Last Tycoon*)而获得不朽的声誉——被任命为制片经理。虽然卡尔·莱姆勒(Carl Laemmle)是《愚蠢的妻子们》唯一的制片人,但毫无疑问,撒尔伯格在约束导演的过度幻想方面发挥了重要作用,并将这部作品以可播放的形式搬上了银幕。[2]

今天看来,《愚蠢的妻子们》最引人注目的是冯·施特罗海姆的极度自恋:他几乎在每个主要场景中都有出现,穿着白色军装和马裤,非常整洁,军官帽总是得意扬扬地歪戴着,脸上戴着无框单片眼镜,嘴里叼着大烟斗。当我们第一次见到他时,他正在吃一份尼采式的早餐:一杯牛血葡萄酒让人大开眼界,大量黏滑的鱼子酱代替了玉米片。就风格而言,这部电

---

1 环球影业试图利用这场财务灾难做宣传,称这部电影是第一部花费超过100万美元的电影。

2 据说冯·施特罗海姆最初想让这部电影放映六到八个小时;现在的DVD版本更容易观看,持续两个小时。

影混合了质朴的、准纪录片式的场景设置(特别是展示蒙特卡洛周围乡村的农民社群)和极具创造性的、偶尔表现主义的镜头,如伪造者的房子被黑白相间的条纹分割——百叶窗投下的阴影——的场景。也许最奇怪的是,电影中受害的女主角经常被看到正在读一部小说。书名:《愚蠢的妻子们》;作者:埃里克·冯·施特罗海姆。[1]

1月12日

★————————————————————————————— 巴黎

科克托——起初,由于雷迪格和布朗库西的冲动南下,他仍然明显地感到紧张不安——与瓦伦丁·雨果和让·雨果共进午餐。据让·雨果回忆,午饭后,埃兹拉·庞德来了——

　　为我们三个朗读并演唱弗朗索瓦·维庸的歌剧……他要我来做

1　冯·施特罗海姆来自奥地利,大约在1915年进入电影界,最初是作为日耳曼文化的技术顾问,后来成为一名演员。他在战争影片中扮演邪恶的德国人,很快就有了"你又爱又恨的人"的名声。他的导演处女作于1919年推出,名为《盲目的丈夫》(Blind Husbands)。在这个阶段,几乎没有人能料到他随后的职业生涯会出现问题——他有暴君的名声,是一个近乎疯狂的完美主义者,他会像击垮预算一样轻松地击垮演员,留下一些受损的杰作。如今,非专业人士记住他,主要是因为他在《日落大道》(Sunset Boulevard)中扮演的半自传式角色马克斯·冯·梅耶林(Max von Mayerling)(见2月2日)。

布景。科克托一直咯咯地笑，就像中世纪和乔治时代的音乐在他看来都很可笑一样。庞德一定注意到了有人在取笑他，所以他再也没有提到布景的事。

雷迪格的缺席也没有人提及。当那个男孩终于回来时，经过一阵短暂的冷淡之后，科克托原谅了他。既然布朗库西不是同性恋，就没有理由说明他和雷迪格是恋人；尽管如此，科克托在他关于现代艺术的任何著作中再也没有提到过布朗库西。

牛津 ★

伊夫林·沃在赫特福德学院（Hertford College）"开始了奖学金生活"。他在前一年的考试中获得了学院的历史奖学金——每年 100 英镑，相当可观的一笔钱。他的大多数同龄人都是在通常的时间，也就是上一年 10 月入校，并且已经建立了友谊，所以沃不得不去别处寻找新朋友；他认为自己是这片奇异的新土地上一个孤独的探险家。他来晚了，也意味着所有的好房间都已客满，他被安排在一楼贮藏室旁边一间昏暗的小房间里。情况不妙，因为这意味着他的房间无论白天黑夜，随时都会被用作酒徒和游手好闲者的便利站。[1]

---

[1] 有一次，臭名昭著的布林登餐饮俱乐部的一名醉酒的会员把头伸进沃敞开的窗户里呕吐——这一事件后来被写进小说《旧地重游》，书中呕吐的贵族是塞巴斯蒂安·弗莱特（Sebastian Flyte），胆小的受害者是查尔斯·莱德（Charles Ryder）。

尽管有这样的烦扰,牛津对年轻的沃来说还是像天堂一样。"我几乎说不出话来,因为我太高兴了。"他在给朋友的信中写道,"生活很美好,牛津是一个人梦寐以求的地方。"这个地方会教他很多与历史无关的课程。他从一个书呆子迅速转变为崭露头角的唯美主义者,学会了骑自行车、抽烟斗,还学会了用必要的牛津俚语说话,包括在单词后面加上-er 或-ers 的习惯,因此 Bodleian 就变成了"Bodder"(牛津伯图)[1]。

以前,沃的生活有节制,现在他开始喝酒,买漂亮的衣服、画作、初版书和其他小玩意儿,这些支出都超出了他的承受能力。在第二学期结束时,为了维持奖学金,他勉强修完了"史前史"课程,完成了最低限度的学习,然后他毅然决定什么也不做,直到 1924 年,毕业考试前几周。这种懒惰的根源之一是他对他的导师、赫特福德学院院长克鲁特韦尔(C. R. M. F. Cruttwell)的憎恨。[2] 院长和大学生之间的这种敌意完全是相互的:克鲁特韦尔称沃是"一个愚蠢的郊区小坏蛋,有自卑感,土得掉渣"。沃召集他的新朋友加入这场持久的冲突,其中包括散布克鲁特韦尔喜欢和狗做爱的谣言。有一次,他从玩具店买了一只毛绒玩具狗,并把它放在从克鲁特韦尔的房间都能看到——或瞄到——的地方。

牛津对沃来说极具吸引力,以至每到复活节,当他不得不和父亲一起

---

1 Bodleian 指牛津伯德雷恩图书馆,"Bodder"即牛津伯图,牛津伯德雷恩图书馆的简称或昵称。——译注
2 沃讨厌这个严厉而难以相处的人,这种情绪在他毕业后持续了很长一段时间:他的前五部小说都有一个令人反感的人物,叫克鲁特韦尔。

在郊区的家里度过时，[1] 就会抱怨自己被逼到了忧郁而疯狂的状态，像一个等待宣判的犯人一样期待新学期的到来。但是，他在牛津大学最初几个月在文学和精神上的陶醉，不过是对漫长暑假之后即将到来的欢乐的一种苍白预期。

1月15日

爱尔兰 ————————————————————————★

根据迈克尔·柯林斯、阿瑟·格里菲斯和温斯顿·丘吉尔等人谈判达成的 1921 年条约，爱尔兰宣布成为自由邦。柯林斯成为爱尔兰临时政府总理。是年经历了一场可怕的内战，柯林斯遇刺，爱尔兰最终独立。这是爱尔兰历史上最血腥的年份。

1　最近，邮政部门改变了居民区的划界，沃的家位于北端路（North End Road）145 号，曾经是可通行的汉普斯特德（Hampstead）的一部分，现在令人遗憾地划到了戈尔德斯格林（Golders Green）。

1月16日

★————————————————————————————————————**伦敦**

拉尔夫·沃恩·威廉斯(Ralph Vaughan Williams)的《田园交响曲》首演。

1月19日

★————————————————————————————————————**巴黎**

弗朗西斯·皮卡比亚(Francis Picabia)提交给"独立展"(Salon des Indépendents)的三幅作品中,只有一幅——《烟草-老鼠/圣居伊之舞》(*Tabac-Rat/Dance of Saint-Guy*)——被接受。他们承认这幅画相当令人吃惊,因为它只是由一个空画框组成,表面拉着一根绳子,画的标题写在固定在绳子的小标签上。皮卡比亚的意图是让作品独立展示,观众可以走在它的后面,并被其他人视为画面的主体;这位艺术家就这样给自己拍照。皮卡比亚利用这个机会进行宣传,向报社发起了一系列的抗议,并把两幅被拒绝的作品——《草帽》和《风流寡妇》挂在"屋顶之牛"的墙上,还有一张曼·雷拍摄的皮卡比亚开车的照片。

1月20日

巴黎 ────────────────────────────────★

在由奥内热(Honegger)作曲、费尔南·莱热(Fernand Léger)布景的音乐舞蹈《溜冰场》(*Skating Rink*)首演的晚上,毕加索夫妇、雨果夫妇和乔治·奥里克共享一个包厢。正如毕加索的一位传记作家所说:"这是自《游行》上演以来最具创意、最令人吃惊的现代主义置景。"和往常一样,传统派观众对这部作品报以嘲笑和抗议,但就在同一天晚上,大西洋彼岸,另一场音乐首演却受到了热烈的欢迎。

纽约 ────────────────────────────────★

由芝加哥作曲家约翰·奥尔登·卡彭特(1876—1951)创作的《疯狂猫:爵士乐哑剧》(*Krazy Kat: A Jazz Pantomime*)在纽约市政厅首演。这是第一次有音乐会作曲家在标题中用到"爵士乐"这个词。作品的上演是人们热切期待的,哪怕只是因为双重的新奇:带有爵士乐元素的芭蕾舞组曲,灵感来自报纸上的连环漫画——乔治·赫里曼(George Herriman)的一只猫、一只鼠、一条狗和一块砖的美丽传奇。而卡彭特的灵感可能来自卡尔·范·韦克滕（Carl van Vechten）在《音乐季刊》（*Musical Quarterly*）上发表的文章《音乐中的猫》。[1] 但卡彭特直接的创作动力来自小女儿金妮（Ginny），她很喜欢这部漫画。

1917 年，卡彭特去洛杉矶旅行，他计划与赫里曼见面，并带着十二岁的金妮一起去。金妮向赫里曼行了个屈膝礼，说："很高兴见到您。"赫里曼微微一笑，答道："卡彭特小姐，你很容易高兴。"四年后，卡彭特写信给赫里曼，问他是否愿意和自己一起创作一部音乐作品。赫里曼回答：

> 我从未想过，我这几个卑微的人物竟会被要求与贵族艺术混在一起，我必须说，这一切使我感到非常震惊。我无法想象疯狂猫（K. Kat）、伊格纳茨鼠（I. Mouse）、警官狗（O. Pupp）和乔·斯托克（J. Stork）为了救我的命，会跳起芭蕾舞并旋转。然而，让我们希望观众们不要从伊格纳茨鼠那里得到暗示，并怀着恶意带上几块砖头。

赫里曼同意写剧本、设计服装和布景。吉尔伯特·塞尔德斯（Gilbert Seldes）后来在他的著作《七种活跃的艺术》（*The Seven Lively Arts*）中写了一篇关于赫里曼的具有开创性的文章；他在卡彭特芭蕾舞剧组担任宣传志愿者，这直接激发了他对流行文化的兴趣。故事很简单：疯狂猫从睡梦中醒来，看到一张舞会海报，就穿上芭蕾舞短裙开始跳舞。乔·斯托克带来了

1　范·韦克滕被斯特拉文斯基 1917 年的作品感动，写了一篇《猫的摇篮曲》（*Berceuses du Chat*）。

一个神秘的包裹,疯狂猫打开,发现是个化妆盒。他/她(疯狂猫的性别是个谜)开始化妆。伊格纳茨鼠不怀好意地晃荡着,但警官狗把这只可恶的老鼠赶走了。疯狂猫跳起了西班牙舞;伊格纳茨鼠装扮成一个墨西哥猫薄荷[1]商人,送给疯狂猫一包猫药。疯狂猫进入一种"出神入化"状态,跳出一段猫薄荷蓝调(Catnip Blues)。伊格纳茨鼠最终猛地扔出了他那永恒的砖块并逃走了。就像在漫画里一样,目瞪口呆的疯狂猫,被砖块砸中那一刻,狂喜地认出了伊格纳茨鼠——伊格纳茨鼠再次证明了他的爱——然后继续睡觉。警官狗在巡逻,世上太平无事。

除了爵士乐的影响,卡彭特的作品与普罗科菲耶夫(Prokofiev)——卡彭特在芝加哥住了很长一段时间,他们成了朋友——拉威尔(Ravel)和"六人组"等最近的作品极为相似,旋律诙谐而又不失辛酸。某种程度上,也是对俄罗斯芭蕾舞的善意戏仿。《疯狂猫》首演受到观众的热烈追捧,他们"喜欢这部作品。他们鼓掌并要求加演"。总的来说,批评家们不冷不热,比较古板的人说卡彭特的音乐和爵士乐本身一样糟糕,而比较时尚的人则说它不是没有爵士乐那么好,而是根本就没有好的爵士乐。甚至一些喜欢这部作品的人也认为,如果换一位明星,效果可能会更好。塞尔德斯说,他认为只有卓别林才能把疯狂猫这个角色演好。

伦敦 ━━━━━━━━━━━━━━━━━━━━━━━━━★

1月中旬,艾略特回到伦敦后不久,就染上了流感,卧床休息;他在床

1　猫薄荷(catnip),其香气能让猫产生幻觉的一种植物。——译注

上给老朋友、文学杂志《日晷》(*Dial*)的编辑斯科菲尔德·塞耶写信。[1] 约翰·哈钦森爵士(Sir John Hutchinson)接替艾略特,担任《日晷》"伦敦来信"栏目的作者,试用了一段时期,但他撰写的一篇专栏文章被删掉了。艾略特同意再次接受这个职位,但他问道,这种批评方式是否可以成为"对伦敦的普遍反思",而不是对特定图书的评论。

他还提到了一首"约450行,分四部分(原文如此)的诗",想知道《日晷》是否有兴趣发表。于是,一连串漫长而又棘手的谈判开始了,直到1922年深秋才得以解决。1月24日,他给安德烈·纪德写了一封热情洋溢的信,还给理查德·科布登-桑德森(Richard Cobden-Sanderson)写了一封商业信函,艾略特最近曾与后者接触,询问他是否有可能担任罗瑟米尔夫人资助的一份杂志的出版商。

★———————————————————————— 爱荷华

克里斯蒂安·纳尔逊(Christian K. Nelson)为"雪糕"(Eskimo Pie)申请了专利。

1　事实上,他是艾略特的一个老朋友,因为他们曾是弥尔顿学院(Milton Academy)的同学,后来又是在哈佛、在牛津的同学:艾略特在莫德林学院(Magdalen College)塞耶的房间里遇到薇薇安。塞耶(1890—1982)来自马萨诸塞州一个富裕的家庭,从来不用担心钱的问题,也没有真正的工作。他从1919年到1925年担任《日晷》的主编,在他的治理下,《日晷》成了美国最有影响力和创新性的杂志。与塞耶的会面促使罗瑟米尔夫人支持杂志《标准》。从1921年起,塞耶住在维也纳,在那里开始接受弗洛伊德的精神分析治疗。这似乎并没有产生多大疗效;他经受了一系列严重的精神崩溃,终于在1930年被证实患有精神病。在接下来的半个世纪里,他一直在看护中度过。此时,塞耶正在维也纳,接受弗洛伊德的精神分析。

1月21日

在皮托(Puteaux)的雅克·维庸(Jacques Villon)花园,曼·雷和马塞尔·杜尚展示了他们最新的电影实验片段。他们将螺旋形装置连接在一个直立的自行车轮子上。这次活动的观摩者之一是亨利-皮埃尔·罗什(Henri-Pierre Roche),他认为实验效果"令人印象深刻,相当神奇"。

弗吉尼亚·伍尔夫写信给 E. M. 福斯特:

> 每个人都在读普鲁斯特。我静静地坐着听他们介绍。这似乎是一次惊心动魄的经历,但我站在悬崖边发抖,怀着一种可怕的念头,等待着自己淹没在水里:我将沉下去,沉下去,沉下去,也许再也上不来了。

和普鲁斯特一样,弗吉尼亚·伍尔夫似乎也濒临死亡。在少数朋友和崇拜者圈子之外,她仍然默默无闻。到那时为止,她的两部小说都卖得很差,尽管她发表了许多评论文章,但大多数都是匿名发表在《泰晤士报文学增刊》上的。她的健康状况很差,医生警告她的丈夫伦纳德(Leonard),她可能活不长了。她在1922年最初几个月的状况确实让他有充分的理由感到恐慌:她被反复发作的严重流感击倒,经常高烧,并患有心脏杂音。上半年的大部分时间,她都待在霍加斯寓所的床上,只是偶尔工作。病情好转后,她帮助流亡作家科特连斯基(S. S. Koteliansky)翻译陀思妥耶夫斯基的作品。与此同时,尽管两人反复争论,伦纳德还是继续和拉尔夫·帕特里奇(Ralph Partridge)一起经营霍加斯出版社(Hogarth Press)。[1]

1月22日

★——————————————————————————罗马

教皇本笃十五世(Benedict XV)去世。

1　帕特里奇和利顿·斯特雷奇(Lytton Strachey)及朵拉·卡灵顿(Dora Carrington)共同生活。

1月24日

　　埃兹拉·庞德给艾略特写了一封重要的信,日期是"萨图尔努斯元年24日"(24 Saturnus An I)。[1] 这封信中的有些短语已进入文学史:

> 此作从"4月"(April)开始……到"平安"(shantih)结束,一气呵成。[2] 总共19页,可以说是英语文学史上最长的一首诗。别想着再多写几页来打破纪录……
>
> 祝贺你,你这个鬼家伙。我被七重嫉妒弄得心力交瘁……
>
> 这毕竟是个极其了不起的文学时期。

　　艾略特26日左右回复:"感谢你的赞美,因为过度压抑了。薇向你表达她的爱,还说如果她意识到英格兰这么血腥,她就不会回来了。"

　　庞德的回信,大约在28日,出乎意料地暗示了乔伊斯的拘谨。艾略特偶尔写几首淫秽的诗,详细描写一个叫金波洛(King Bolo)的人狂野的性行为。艾略特的好朋友似乎大多觉得这些诗很有趣,但庞德提醒说:"如果你

1　看一下庞德为《小评论》1922年春季号写的日期。请注意,后基督教时代的"元年"先于意大利法西斯时代的"元年"。正是这段文字催生了"庞德时代"(Pound Era)这个词,后来由于休·肯纳(Hugh Kenner)的同名著作而闻名于世;但也要注意,庞德适度地使乔伊斯的小说成为新世界秩序的主要文本。(见3月22日)(萨图尔努斯,古代罗马神话中意大利最古老的一位国王。——译注)

2　April和shantih是艾略特长诗《荒原》的首末两个词。——译注

认为这些诗不会扰乱乔伊斯的安息日心神,你可以把这个波洛介绍给他。总的来说,他可能不会被吓到,也躲过一劫。"

1月25日

★───────────────────── 伦敦

弗吉尼亚·伍尔夫四十岁生日。她比詹姆斯·乔伊斯早出生一个多星期(见2月2日)。

1月26日

★───────────────────── 伦敦

阿加莎·克里斯蒂(1890—1976)出版了她的第二部小说《秘密对手》(*The Secret Adversary*)。两年前,她以《斯泰尔斯庄园奇案》(*The Mysterious Affair at Styles*)首次亮相,这部小说向世界介绍了大侦探波洛——她的两个不朽侦探之一。

1月27日

捷克斯洛伐克 ───────────────────────── ★

弗朗茨·卡夫卡的健康状况也很差。他经历了所谓的"崩溃",这是他经历过的最糟糕的事情。他患有严重的失眠症,感觉自己内心的时钟装置与外部世界完全脱节了:"内在时钟以恶魔或邪性的,或在任何情况下非人的速度运行,而外部时钟则以它通常的速度蹒跚而行……"他后来告诉好朋友马克斯·布洛德(Max Brod),觉得自己已处于疯狂的边缘。

和艾略特一样,他的雇主,一家"机构"给了他三个月的病假,[1]这家机构名为布拉格波希米亚州工人事故保险机构,即劳工保险协会。1月27日,在病假的最后期限,他去了靠近波兰边境的冬季度假胜地斯宾德穆尔(Spindelmuhle)。[2]他想通过雪橇运动和登山来恢复体力和脑力,并小心翼翼地尝试学习滑雪。

正是在这里,他开始写他的最后一部重要小说《城堡》。

1　最初的期限是 1921 年 10 月 22 日至 1922 年 2 月 4 日,后来又延长了三个月,至 5 月 4 日,然后又延长至 6 月 8 日;但他的健康状况仍然很差,6 月 7 日他终于决定退休。

2　可怕的预兆:他发现,尽管酒店在早期的通信中正确地拼写了他的名字,但已经提前把他登记为约瑟夫·K。

★——————————————————————————巴黎

杜尚在城里待了七个月后,去了纽约。最初几个月,他靠教法语养活自己,并和一个朋友创办了一家短命的印染公司。与此同时,他继续致力于他独特的职业生涯中的主要作品:《大玻璃》(*The Large Glass*)。

★——————————————————————————巴黎

作家亨利-皮埃尔·罗什(Henri-Pierre Roche)——主要因他的小说《儒尔和吉姆》(*Jules et Jim*)为人所知——出席了罗马尼亚雕塑家康斯坦丁·布朗库西举办的愉快晚宴:

在布朗库西家晚餐,太棒了。有著名的醋蒜冻豆泥。有烤牛排。他无处不在,做饭、上菜,什么事都做……有两把小提琴。布朗库西和萨蒂轮流表演二重奏,互相取笑。我们笑得下巴酸痛。为更多的人准备的快步舞。布朗库西很灵巧。好人和了不起的人:他和萨蒂。

1月29日

塞耶从维也纳哈普斯堡2号写信给艾略特,催促他赶快为4月号的《日晷》写一份稿件,并奉承艾略特:"……请允许我说,你是《日晷》最受欢迎的驻外记者,不知疲倦的庞德也不例外。请马上写那份该死的稿件。"他还为艾略特的长诗(未看到手稿)在杂志上发表提出150美元的报价。

1月31日

伦敦   ★

伯特兰·罗素写信给他的前任情人奥托琳·莫雷尔(Ottoline Morrell),记录了自从1921年11月16日他的第一个儿子约翰·康拉德(John Conrad)[1]出生后,他生活中发生的变化——他想,这大概是他一生中最幸福的日子,因为他二十年来的大部分时间都渴望当父亲。他告诉她,他"很惊讶地发现,一个人可以对一个至今还只是被贪吃和胃痛刺激着活动的小家伙倾注如此热烈的感情"。这种陌生的幸福感被证明是持久

1　这个男孩的中间名是为了向罗素长期仰慕的小说家约瑟夫·康拉德致敬。

的,在接下来的几年里,约翰一直是罗素情感生活的中心。

罗素 1922 年 5 月 18 日将满五十岁,他在前一年花了很多时间在北京讲授哲学。[1] 这次旅行由情人多拉·布莱克(Dora Black)陪同,当他们 1921 年 8 月 26 日回到英国时,多拉已经怀孕好几个月了。罗素迅速与第一任妻子艾丽丝(Alys)离婚,并于 9 月 27 日与多拉结婚。

罗素、多拉和约翰·康拉德现在住在切尔西悉尼街的一幢带阳台的小房子里,里面的装饰性地毯是他们最近从中国带回来的,木制家具则是罗素 1919 年从路德维希·维特根斯坦那里买的。罗素声称,除了写作和对儿子的宠爱,他几乎什么都没做。其实,他也享受着相当充实的社交生活,包括经常在布卢姆斯伯里与伍尔夫一家、约翰·梅纳德·凯恩斯(John Maynard Keynes)和奥托琳·莫雷尔共进晚餐——这让天真的多拉感到担忧。他和儿子在一起的真正快乐被他对"科学"育儿的新狂热所破坏(甚至可以说是毒害):换句话说,按照约翰·B.沃森(John B. Watson)所倡导的行为主义教义抚养孩子,罗素 1918 年开始研究他的著作。[2]

1　这是他很享受的一次经历,尽管在这期间他患了一些严重的疾病,其中包括肺炎,几乎要了他的命。

2　沃森在 1921 年 12 月的论文中描述了他如何成功地(现在看来,这种自满口吻就算不可怕,也是不祥的)教会一个 11 个月大的婴儿害怕一只白鼠,这给罗素留下了深刻的印象。借鉴沃森的观点,他得出结论,无论如何都不应该让孩子知道自己在父母心中的重要性,以及自己可能对父母施加的影响。简而言之,他得出的结论是,应该严厉地对待孩子,以克服他们对暴政的偏好,从而培养他们成为更好、更无私的成年人。

　　许多年后,罗素的第二个孩子,女儿凯瑟琳·简(Katharine Jane,生于 1923 年),回忆起这个善意的政策时有些苦涩。

巴黎 ★

　　雨果夫妇家。瓦伦丁·雨果,娘家姓格罗斯(Gross),是一位画家,但更著名的是作为当时的大美女,正如斯泰格穆勒在他的科克托传记中所写的,是"全巴黎的一件装饰品"。科克托称她为"他的天鹅"。她丈夫让是维克多·雨果(Victor Hugo)的后裔,她于1919年8月结婚,在科克托从前线回来后,让和他成了朋友。这对夫妇经常为诗人和他的崇拜者举办晚会。科克托大声朗读即将完成的《肉体恶魔》手稿。听众中有毕加索和奥尔加(Olga)、博蒙夫妇,还有雷迪格。博蒙夫人睡着了,其余的人都很震惊。他们一致认为,科克托一直以来都是对的:这部小说是天才之作。

FEBRUARY 二月

2月1日

W. B. 叶芝的父亲 J. B. 叶芝(J. B. Yeats)去世。他临终前对陪伴他的福斯特夫人说的最后几句话是："记得你答应过早上让我坐一会儿。"大约两周后,叶芝告诉他的朋友奥利维亚·莎士比亚(Olivia Shakespear)——小说家,也是多萝西·莎士比亚(Dorothy Shakespear)的母亲,多萝西与埃兹拉·庞德交往五年,于 1914 年完婚——他认为父亲死得安详。

2月2日

T. S. 艾略特与罗瑟米尔夫人在圣约翰伍德(St John's Wood)马戏团路 58 号共进晚餐,讨论他们计划出版的杂志,但尚未确定刊名。杂志最终命名为《标准》(*The Criterion*)。

巴黎 ★

这一天不仅是詹姆斯·乔伊斯的四十岁生日,也是《尤利西斯》最终出版的日子,书印了 1000 本。乔伊斯很清楚,这是一个回文结构的日子:2/2/22。

前一天,印刷商达朗蒂埃(Darantiere)写信给西尔维娅·比奇(Sylvia Beach),向她保证会邮寄三本精装本,并且几乎肯定会在中午到达巴黎。乔伊斯处于高度紧张的状态,担心邮寄太冒险了,他让西尔维娅·比奇给印刷厂发了一份电报,指示他们把这三本书交给巴黎-第戎快车的售票员,快车将于早上 7 点到达巴黎。她按时起了个大早,去火车站等候,收到了一个包裹,里面只有两本而不是三本书。她给了乔伊斯一本,从上午 9 点起,她将另一本放在莎士比亚书店(Shakespeare and Company)[1] 展出。一整天,人们涌进店里,凝视着这个期待已久的奇迹,祝贺电报也如雪片般飞进乔伊斯的公寓。

那天晚上,乔伊斯和诺拉(Nora)、乔治(Giorgio)、露西娅(Lucia)在他最喜欢的法拉利餐厅(Ferrari's)为《尤利西斯》和他的生日庆祝。其他客人是最近结识的美国朋友:画家麦伦(Myron)和海伦·纳丁(Helen Nutting)、插图画家理查德·华莱士(Richard Wallace)和他的妻子,还有海伦·基弗(Helen Kieffer),约翰·奎因律师事务所合伙人的女儿。(是华莱士夫人无意中将小说的最后几句话提供给了乔伊斯——他偶然听到她和一位年轻

1　书店最近搬到奥德翁街(Rue de l'Odéon)12 号。

的美国画家谈话,她用不同的声调一遍又一遍地重复"是的"这个词。)乔伊斯戴上了一枚新戒指——这是他长久以来对自己的承诺,但他的行为中没有什么欣喜若狂的迹象,他好像患上了作家产后抑郁症。他脸色阴沉,叹息着,很少说话;他点了菜,但几乎没碰;他一直将《尤利西斯》放在包装纸里,直到吃完甜点后,他才满足客人的要求,在桌上打开这本书。

按照他的要求,这本书用"希腊色"装订——纯白的字体印在蓝色封面上:《荷马史诗》中大海中的白色岛屿。有人提议举杯庆贺,乔伊斯语气温和了一些,似乎深受感动。[1] 大家转到韦伯酒吧(Café Weber)继续喝酒,乔伊斯的兴致高起来;他们一直待到酒吧打烊,他——跟往常一样——很乐意到别的地方去继续喝酒,但诺拉坚决把他拉上出租车回家去了。海伦·纳丁为有幸见证这个重要的夜晚而感谢他;他握着她的手,好像要吻它,但随即又放下了。

★ ———————————————————— 瑞士穆佐

奥地利波希米亚诗人莱内·马利亚·里尔克(Rainer Maria Rilke,生于1875 年)听到一个像是来自天堂的声音,说着德语,可以翻译成:"哦,俄耳甫斯在歌唱!哦,耳朵里的大树!"[2] 这也许是超自然的,也许只是他无意识的流露,似乎为里尔克的想象打开了一扇门。经过一段漫长的沉寂期之后,他又开始写诗了,而且速度让他自己吃惊。在 2 月 2 日到 5 日的三天

1　两个服务员被大伙的祝贺所吸引,问乔伊斯是不是"这首诗"的作者,并把那本书借走一会给老板看。

2　里尔克诗作《致俄耳甫斯的十四行诗》中的诗句。——译注

时间里,他写了一组以俄耳甫斯为主题的十四行诗的前半部分。[1]

他将十四行诗放在一边,突然意识到有些新诗——或者更确切地说,是一些日常被忽视的诗——也急于要写出来。2月7日,他写了首《第七挽歌》("Seventh Elegy"),这是他十年前开始创作的一首挽歌,当时他住在的里雅斯特附近的杜伊诺城堡。在这之后,他又写了《第八挽歌》,然后又回到了他1913年放弃的《第六挽歌》。2月11日,他写了一封热情洋溢的信给他的前任情人、如今忠实的朋友露-安德烈亚斯·萨洛米(Lou-Andreas Salome):"……此时此刻,2月11日星期六下午6点。在完成最后一首挽歌,《第十挽歌》之后,我放下了笔。"15日,他又开始写十四行诗,并在八天后完成。

在短短21天内,里尔克完成了20世纪最重要、最具影响力、最不朽的两首组诗:《杜伊诺哀歌》(Duino Elegies)和《致俄耳甫斯的十四行诗》(Sonnets to Orpheus)。

好莱坞　　　　　　　　　　　　　　　　　　　　　★

早晨7点30分,多产电影导演威廉·德斯蒙德·泰勒(William Desmond Taylor)的尸体被发现躺在他位于好莱坞富豪社区西湖公园的小别墅门外街道上。很快有人围观;其中一名旁观者自称医生,草草检查了一下尸体,然后就跑开了,匆忙宣布泰勒是自然死亡。当天晚些时候进行的尸检显示,泰勒背部中枪,在尸体被发现十或十一小时前死亡。警方调

---

[1] 他最近一直在翻译米开朗基罗的十四行诗,这无疑是有帮助的,但仍然……

查发现了几个可能的凶手,也向那些能从新闻报道的字里行间看出泰勒是双性恋的人表明了这一点。

这个案子成了臭名昭著的励志小说和一部电影大片的题材。[1] 最重要的是,它使已经被"胖子"阿巴克尔(Arbuckle)丑闻点燃的火焰火上浇油。1921 年劳动节的那个周末,年轻女演员维吉娜·拉普(Virgina Rappe)在阿巴克尔举办的一场疯狂派对上受伤致死。一方面,泰勒谋杀案使美国(及全世界)媒体掀起了一场欢快的扒粪运动,一心要把好莱坞描绘成一个充斥着淫乱、吸毒、堕落和颠覆的巴比伦;另一方面,好莱坞设法安抚守法公民:电影业是一个正直、正派、健康的行业,其产品完全适合家庭娱乐。美国各地爆发了声势浩大的反好莱坞运动,民众开始抵制好莱坞电影,从而对票房造成了灾难性的影响。[2]

主要制片人意识到,好莱坞必须做的不仅仅是宣称自己是无辜的,还迫切需要在政府介入之前整顿好行业秩序。他们联合起来成立了美国电影制片人暨发行商协会[3],当选这一协会掌门的多半是权威人物。如威尔·海斯(Will H. Hays),一名强烈同情共和党的律师,曾任美国邮政局长,并在 1930 年担任沃伦·G. 哈丁(Warren G. Harding)总统竞选活动的负责人。

1　比利·怀尔德(Billy Wilder)的《日落大道》(*Sunset Boulevard*, 1950),书中黑人女主角叫诺玛·德斯蒙德(Norma Desmond),隐约呼应了威廉·德斯蒙德·泰勒的中间名,以及泰勒的密友或情人,甚至凶手梅尔·诺曼德(Mabel Normand)的中间名。

2　据《每日邮报》(*Daily Mail*)报道,截至该年年底,约 65% 的美国影院被迫关闭,尽管这可能有些夸张,但毫无疑问,当其他形式的流行娱乐蓬勃发展时,电影正面临着一个意想不到的衰退的危险。

3　指 Motion Picture Producers and Distributors of America,这个协会 1945 年更名为美国电影协会(Motion Picture Association of America),并沿用至今。

海斯生性迟钝，1922 年，他薪金丰厚——高达 15 万美元——主要工作是在美国各地巡回演讲，怒斥政府对电影的审查是彻头彻尾的反美国行为，大声宣称电影产业必须履行其公民责任。这个策略奏效了，电影得救了，但也付出了代价。1930 年，海斯向制片人提出的建议被作为明确的准则加以实施，直到 1968 年，海斯准则（Hays Code）一直制约着所有的好莱坞电影制作。[1]

2 月 3 日

伦敦 ——————————————————————————★

沃德豪斯（P. G. Wodehouse）——20 世纪最受欢迎的喜剧作家之一，至今仍被广泛认为是最好的作家之一——出版了一本关于高尔夫球手出轨行为的喜剧小说集《卡斯伯特的击球》（*The Clicking of Cuthbert*）。正是此书介绍了他作品中反复出现的人物，"老会员"（Oldest Member）。

---

[1] 1922 年其他地方也实行了电影审查制度——例如在英国，英国电影审查委员会（British Board of Film Censors）的负责人起草了一套分级制度和一系列指导方针，旨在使全国统一标准。当年关于电影审查的最大争论是由玛丽·斯特普斯（Marie Stopes）的电影引起的，这就是关于避孕的《婚姻之爱》（*Married Love*）；这部电影最终被定为《婚姻生活》（*Married Life*）。

2月4日

—————————————————————————————— 瑞士

欧内斯特·海明威在雷萨凡(Les Avants)报道瑞士旅游业的衰退,主要与汇率有关,只有五法郎兑一美元。海明威强调,后果是战前挤满了度假者的旅游胜地,现在就像废弃的内华达州(Nevada)新兴城镇。他总结说,这个国家正在为其战时的中立付出无法预料的代价。

2月5日

★————————————————————————————— 明尼阿波利斯

第一版《读者文摘》(*Reader's Digest*)由德威特·华莱士(DeWitt Wallace)和莱拉·华莱士(Lila Wallace)编辑。德威特·华莱士在法国服兵役时被弹片炸伤,在医院康复期间,他萌生了创办一份杂志的想法。这份杂志将其他来源的文章收集起来,并以浓缩或简化的格式再版。他花了大约六个月的时间独自在明尼阿波利斯公共图书馆工作,学会将更复杂的散文精简成简单易懂的版本。莱拉当时是他一个朋友的朋友,当他向莱拉展示一期杂志的模板时,她的反应非常积极,于是他在 1921 年秋天向她求婚。

华莱士夫妇把他们的杂志放在地下酒吧的一间地下室里,雇地下酒吧的女孩来帮他们干活。[1]《读者文摘》的成功出乎所有人的意料,多年来,它一直是美国发行量最大的消费类杂志。[2] 它也是美国最富裕公民中读者人数最多的出版物。它有无数的衍生产品,包括一系列"缩写本"——首先是把那些不太复杂的书加以简化(《尤利西斯》从未在列)。华莱士夫妇是右翼新教徒共和主义者,并且是强烈的反共主义者;在杂志创办的早期,他们经常发表文章,对天主教徒和犹太人持负面看法,并表达对欧洲极权政府崛起的认同。

2 月 6 日

华盛顿特区 ────────────────── ★

自 1921 年 11 月 12 日开始举行的华盛顿海军会议有了结论。这是在美国领土上举行的第一次国际军事会议,也被认为是第一次现代裁军会

---

1 后来,《读者文摘》搬到了纽约的查巴克(Chappaqua)。
2 目前,它每期的平均发行量仍超过 700 万份,特许发行的本地版在约 100 个国家蓬勃发展。

议——由谈判代替冲突的成功模式。在宪政纪念堂（Memorial Continental Hall）举行的会谈主要目的是限制日本海军在太平洋的势力范围。但这次会议也被视为标志着英国在世界范围内海军霸权时代的结束。心照不宣地，会议把这种海上霸权交给了美国。

★─────────────────────────────────── 巴黎

诗人、登山家、国际象棋魔王、"法师"以及魅力大师阿莱斯特·克劳利（Aleister Crowley）——又名"野兽666"（Beast 666）——从他在西西里岛的希法卢（Cefalù）的公社出发，途经那不勒斯，来到巴黎。2月14日，他前往枫丹白露，在一家叫"蔚蓝卡德安"（Au Cadran Bleu）的旅馆登记入住。[1]他的计划是用自我强制的方法来治愈自己强烈的海洛因瘾。像以往一样，他对自己的智力和体能都过于自信，期望自己能在一周左右的时间内痊愈，但一个月后，他仍在服用"额外"剂量的海洛因。[2]

是该控制的时候了，起初他做得还算不错。方法很简单：减少饮酒、定期散步、合理饮食，把一天分为开放（吸食）和封闭（戒毒）的时段。然后每天减少开放时段。开头几天他对自己相当严格。之后，他开始松懈，他非

─────────────────

1 同年晚些时候，枫丹白露成为当时另一位著名法师乔治·葛吉夫（George Gurdjieff）的基地。

2 至少有两年时间，克劳利一直吸食大量的海洛因和可卡因。他每天的摄入量大概是早上三到四剂，然后勉强从床上起来，接着几乎一整天都要反复服用，大约四到五粒。除了每天的剂量，他每周还会吸食两到三次可卡因。长期吸毒破坏了克劳利强健的体质：在日记中，他抱怨呕吐、腹泻、失眠和全身持续发痒。海洛因同样严重损害了他的心智：他变得无精打采，对一切都感到厌烦，不再刮胡子，不再洗脸，也不再像往常那样热衷于吃喝。

常清楚,只要猛吸一口,他的戒毒痛苦就可以迅速缓解。他开始看到已故朋友的鬼魂在他周围飘浮……于是进一步松懈。

莉娅,他最近的情妇,或者,他喜欢这样称呼她,他的"荡妇",也跟他在一起。莉娅也是个瘾君子,身体很差:她体重下降,夜间盗汗,咳血。她想去瑞士寻求治疗;克劳利对此不太认同,在查阅了《易经》(*I Ching*,克劳利称为 *Yi King*)后,他决定去伦敦。他穿上了苏格兰高地的地方服饰,[1] 脸上涂了彩绘,和莉娅一起动身回家乡去了。他名下只有 10 英镑。这次旅行以极其滑稽的方式开始:在到达布洛涅(Boulogne)渡口附近的哈代洛尔(Hardelol)时,克劳利被误认为是一个金融诈骗犯,遭到逮捕。他向他们展示了一本关于喀喇山脉(Chogo-Ri)探险的书,里面有他的照片,最终证明了自己就是著名诗人和登山家阿莱斯特·克劳利。他非常喜欢这个小插曲。

罗马 ────────────────────────── ★

红衣主教阿基里·拉蒂(Achille Ratti)接替已故教皇本笃十五世,成为第 259 任教皇庇护十一世(Pius XI)。

1　不仅是他最好的,也是他唯一体面的服装;他最近从清洁工那里找到了这套自 1914 年以来就一直不见踪影的服装。

2月8日

★————————————————————————————————莫斯科

俄罗斯秘密警察组织"契卡"（Cheka）正式重组为 GPU，即 NKVD 的一个分支——NKVD，也就是 Narodnyy Komissariat Vnutrennikh Del 的缩写，或称内务人民委员会或内务部。

★————————————————————————————————巴黎

海明威夫妇、格特鲁德·斯坦因（Gertrude Stein）及其同伴爱丽丝·B.托克拉斯（Alice B. Toklas）在他们位于花园街 27 号的工作室喝茶。几天前，海明威给斯坦因寄了一封他们共同的朋友舍伍德·安德森（Sherwood Anderson）写的介绍信。喜欢安德森的斯坦因热情地做了回应。海明威对斯坦因的沙龙已经有所了解——几乎所有了解美国侨民先锋主义（avant-gardism）最新知识的人都如此；她是个传奇人物。作为作家——海明威很快就会充满热情地崇拜，并力所能及地进行鼓吹——斯坦因除了自己的作品之外，还以慷慨款待来访的作家、作曲家和艺术家而闻名：威廉·卡洛斯·威廉姆斯（William Carlos Williams）、卡尔·范·韦克滕、保罗·鲍尔

斯(Paul Bowles)、朱娜·巴恩斯(Djuna Barnes)······ 1

斯坦因今年四十八岁,足以做海明威的母亲了;在其他方面,他们也是奇怪的一对,但很快他们就聊得很融洽、很投入,彼此都为认识对方感到高兴。几周后,海明威写信给安德森,说他们俩"像兄弟一样"相处得很好,而斯坦因告诉安德森,她觉得海明威很"迷人"。海明威开始定期去她的工作室,或者下午和斯坦因在卢森堡公园散步。她开始指导他:关于写作、关于绘画、关于作家可以从画家那里学到什么。她告诉海明威,她对塞尚的研究深刻地影响了她自己的创作,而海明威后来声称,塞尚是影响他的主要画家之一。

1922 年,海明威正式开始了他的作家生涯;他的两位最重要的导师是格特鲁德·斯坦因和另一位他几周后在巴黎见到的美国人:埃兹拉·庞德。

---

1 几十年后,海明威终于在《流动的盛宴》中写下了他在花园街 27 号度过的时光,他对自己这位一时的导师不再抱有幻想,但他身体上的舒适和精神上的敬畏都幸存了下来。他想起了那些茶、美味的小吃、李子和覆盆子甜酒;想起无与伦比的现代绘画收藏,从波纳尔、塞尚和雷诺阿开始,到格里斯(Gris)、马蒂斯,以及——尤其是——毕加索结束。有毕加索的裸体画、用立体派的方式完成的风景画,还有毕加索对这位名媛本人的著名画像。

2月9日

自 1921 年以来执政的社会党改良派、总理伊万诺·博诺米（Ivanoe Bonomi）离职时，感到国家变得如此混乱，实际上已经无法治理。他的继任者路易吉·法克塔（Luigi Facta）只留任了几个月，当墨索里尼掌权时，博诺米已退出政坛好几年了。1944 年，盟军接管意大利时，他再次成为总理，并监督意大利从法西斯主义向民主政体转变。

2月11日

《四月的雨》，由艾尔·乔森（Al Jolson）演唱，成为美国最畅销的唱片。

2 月 11 日至 18 日，在市政剧院举行了现代拉美文化中最重要的文化活动之一"现代艺术周"，向世界介绍巴西现代艺术的成就。它的主要组织者是画家埃米利亚诺·迪·卡瓦尔康蒂（Emiliano di Cavalcanti）和诗人马里奥·德·安德拉德(Mário de Andrade)——后者的主要作品《幻觉之城》(Paulicéia Desvairada)在闭幕之夜由诗人朗读,并于当年晚些时候首次出版。

并不是所有参加活动的人都支持现代精神。有很多人起哄、发出嘘声和嘲笑。其中一名享有世界声誉的参与者是作曲家海托尔·维拉-罗伯斯(Heitor Villa-Lobos),他被称为拉美音乐界最重要的人物。维拉-罗伯斯和他的音乐家们向经常反对他的听众们演奏了一些作品——包括他的表现巴西城市生活的《象征四重奏》(Quarteto simbolico)。[1]

不过,如果说维拉-罗伯斯是巴西以外最知名的艺术家,那艺术周的联合负责人德·安德拉德(1893—1945)则是最有才华的。德·安德拉德无疑是他的国家有史以来最伟大的学者,他在不同时期或同时还是诗人、小说家、摄影师、记者和民族音乐学的先驱。他1922年的组诗《幻觉之城》被称为拉美文学的《荒原》。形式上,它与艾略特的作品很相似,由很多有力而神秘的短语组成,没有规律的节奏和韵律,这些似乎都是圣保罗(São Paolo)居民或这座城市现身说法。[2]

---

[1]　这位作曲家因脚部感染疼痛不已,只得穿一只拖鞋上台,这有损他的体面。

[2]　安德拉德的其他重要文学作品,如小说《马库奈玛》(Macunaima, 1928)被称为拉丁美洲的《尤利西斯》,既是对现代城市生活的描述,也是对巴西混合语言遗产的强烈关注,巴西的各种本土语言与帝国语言葡萄牙语不断相互影响。这部小说的复杂性在一定程度上可以归因于德·安德拉德模棱两可的社会地位:尽管他的家族都是富有的地主,但他是一个黑白混血儿,而不是欧洲白人后裔。
　　他最早探索本土音乐形式时,只带了一本采风的笔记本,但后来,在他成为圣保罗音乐学院音乐和美学教授后,他利用录音设备建立了一个规模很大的巴西本土音乐音响图书馆——可以与美国的艾伦·洛马克斯(Alan Lomax,美国国会图书馆民歌档案馆馆长——译注)的事业相提并论。尽管德·安德拉德的名声在他生命的最后几年有些受损,但他早已恢复名誉,被认为是他所在国家最伟大的作家之一。

2月11日晚上,年轻的贝托尔特·布莱希特(Bertolt Brecht)——尽管到那年年底,他已成为同时代人中最著名的剧作家,但当时他仍然默默无闻——读了古斯塔夫·福楼拜的一本书信集,越读越生气。12日,他在不定期的日记中写道:

> 这些出自一个疯子的前方来信令人难以置信。他以为自己是谁?多么讨厌、顽固、偏执的高卢人啊!这是一份多么有奉献精神的工作啊!这个老顽固对他的材料一定很有把握,竟敢冒这么大的风险投入这么多精力!……1

2月14日

芬兰内政部长海基·里塔沃里(Heikki Ritavuori)在离开住宅时被一

1　根据埃德蒙·威尔逊在《阿克塞尔城堡》(*Axel's Castle*)及其他场合对现代主义文学的定义,这场运动的主要作家所共有的财产之一是古斯塔夫·福楼拜。贝托尔特·布莱希特很难符合现代主义的同样的标准,因此可以预料,他对这位法国小说家的看法有所不同。

名刺客开枪打死。凶手是个患有精神疾病的年轻人,也是个富裕家庭的败家子,他在读了右翼媒体的文章后,相信里塔沃里是个叛徒,对国家构成威胁。这个年轻人以精神不健全为由被从轻判处。几乎没有任何政治谋杀事件的芬兰,对里塔沃里的死感到震惊,以至于他的许多重大成就都被这意外身亡所笼罩。

伦敦 ★

弗吉尼亚·伍尔夫仍在病中,她羡慕地注意到"K. M. ——凯瑟琳·曼斯菲尔德(Katherine Mansfield)——将在下周华丽亮相"。确实:《花园酒会》(*The Garden Party and Other Stories*)即将由康斯特布尔出版社(Constable)出版。这使伍尔夫更加苦恼,因为"……我得把《雅各的房间》(*Jacob's Room*)——她最新的小说——拖到 10 月;然而不知怎的,我担心到那时,它对我来说会是无趣的杂耍"。

她的床被搬到了客厅的壁炉前。她写了一点东西,读了很多书,还接待客人——包括她以前的恋人克莱夫·贝尔(Clive Bell),她重新和他调情。

2月15日

★———————————————————————— 巴黎

《芝加哥论坛报》(*Chicago Tribune*)欧洲版首次发表了《尤利西斯》的重要评论；书评作者是乔治·雷姆(George Rehm)。"《尤利西斯》，"他写道，"几年来，人们一直屏住呼吸或满怀希望好奇地等待着，现在它终于出现了。"[1]

虽然雷姆对乔伊斯很有同情心，也说了几句适合做宣传的话——"作品理解力强、知识渊博、表达生动"——但到最后，很明显，他不知道如何解读这本书。他逃避了批评家的最终裁决责任，只是简单地宣称，需要用几代人的时间来确定《尤利西斯》"是杰作还是烂书"。

1　从此文可以看出，雷姆是个极其笨拙、自命不凡的作家，他的文章充满了各种各样的隐喻："总的来说，(乔伊斯)受到……高度道德而又麻木不仁的康斯托克分子(Comstockery，主张对黄色作品进行严厉查禁的人——译注)的谴责，这些人专横无情，拒绝每一次为了摆脱审查制度下令人窒息的限制而进行的勇敢尝试。"有时，他的评论几乎毫无意义："环绕着文学半球的所有已知边界，都已被抛到世俗批评的冷嘲热讽中。"

海牙 ────────────────────────────────── ★

常设国际法院(The Permanent Court of International Justice)建立。

英格兰 ────────────────────────────── ★

马可尼公司(Marconi Company)开始从埃塞克斯进行无线电传输实验。

美国 ────────────────────────────────── ★

"第一国家影业"(First National)发行了最新的"短片"[1]《警察》(Cops),编剧和导演是巴斯特·基顿(Buster Keaton),他也曾担任主演。同年,基顿又发布了五部短片:《妻子的亲戚》(My Wife's Relations,6 月 12 日)、《铁匠》(The Blacksmith,7 月 21 日)、《冰封的北方》(The Frozen North,8 月 3 日)、《白日梦》(Day Dreams,9 月 28 日)、《电气化房子》(The Electric House,10 月 19 日)。

即使仅从数量上看,这也是令人印象深刻的发行速度;再想想基顿两个儿子中的大儿子詹姆斯是在那年出生的,所以有很多事情会让他分心。

───────────────────

1　"短片"(two-reeler),通常放映两卷胶片,长度在半小时以内,多为喜剧性默片。——译注然而,这六部短片也包括基顿的一些形式非常好的作品——它们闪耀着才华的光芒,部分来自创造性的挫折。到目前为止,他已经对"短片"在经济和艺术上的局限性感到不满,开始考虑执导故事片。[1]

　　基顿以极快的速度学会了电影拍摄技巧,而他成为明星的速度也几乎同样快。1917 年,他才第一次出现在银幕上,在阿巴克尔喜剧工作室制作的《屠夫男孩》(*The Butcher Boy*)中作为"胖子"罗斯科·阿巴克尔的助手。仅仅三年之后,他就已经开始编写和导演自己的电影了——实际上比这个时间还短,因为基顿加入了第 40 步兵团,并在战争的最后几个月和 1919 年的头几个月为国效力。

　　到那年年底,制片人约瑟夫·申克(Joseph Schenck)已经成立了一家公司,专门量身打造基顿主演的作品;他买下了以前卓别林的制片厂,并于 1920 年 1 月重新运行,更名为"基顿制片厂"。在接下来的几年里,申克将他的电影注册在各种不同的公司名下,直到《冰封的北方》上映,之后又以巴斯特·基顿制片公司(Buster Keaton Productions Inc.)的名义发行。但申克最重要的创新是让基顿摆脱了所有的财务焦虑。基顿回忆说,他的合同"给我每周 1000 美元,外加电影所获利润的 25%"。收入不错,但更棒的是

1　他在 1923 年导演他的第一部长片《三个时代》(*The Three Ages*)之前,新拍的短片只有两部——《热气球》(*The Balloonatic*,1923)和《爱巢》(*The Love Nest*,也是 1923 年,影片丢失)。

　　然后,优秀的作品源源不断:《待客之道》(*Our Hospitality*, 1923)、《小私家侦探》(*Sherlock Junior*, 1924)、《航海家》(*The Navigator*, 1924)……1926 年,最伟大的喜剧电影之一《将军号》(*The General*)。到 1929 年,他已经完成了十几部电影,几乎都很出色,有一些非常优秀。这些影片如此有趣,有时会分散观众的注意力,甚至敏锐的观众也不会注意到基顿惊人的导演天赋。后人的看法则更为到位:最近的一项调查将基顿排在最佳导演的第七位。

不用管琐碎的事务。从此,基顿可以专注于艺术。

"巴斯特"[1]约瑟夫·弗朗西斯·基顿(Joseph Francis Keaton)成长于一个演艺世家,完全逃脱了正规教育。他生于 1895 年 10 月 4 日,当时他父母还在从事医药巡展演出工作;基顿四岁时,他们终于进入了纽约胡宾博物馆(Hubin's Museum)的杂耍世界。到这个阶段,小基顿已经是一名经验丰富的戏班演员了。[2]

五岁时,他就成了一名技术娴熟、多才多艺的杂技演员,同时也是一名早熟、富于创造力的喜剧演员——难怪许多观众认为他根本不是一个孩子,而是一个成年侏儒。天才需要运气;基顿的幸运之处在于,从三岁到二十一岁,他的家庭关系最终破裂(问题出在基顿的父亲身上,他是个酒鬼)。他生活的中心任务就是试图让人们笑,好像他们以前从来没有笑过。

巴斯特有票房保证,他被舒伯特公司以一周 250 美元的薪水请去参加他们的一场演出。不过,多亏一次与阿巴克尔的偶遇,他选择了电影,虽然起薪低得多(40 美元),但所赌的未来是光明的,而歌舞杂耍的前景则很黯淡。基顿后来回忆说,他的经纪人对这一明显不够慎重的举动给予鼓励:"尽你所能去了解这个行业,巴斯特,让钱见鬼去吧。电影是新生事物,相信我。"巴斯特学习又学习。对他而言,阿巴克尔是个好老师,虽然能力有限,但他热爱这个人,并且在阿巴克尔因 1921—1922 年臭名昭著的过失杀

1　"巴斯特"(Buster),基顿的外号,意为"翻滚者",后用作艺名。——译注

2　六个月大的时候——或更合理的说法是十八个月大,他从一家剧院寄宿公寓的楼梯上摔下来,毫发无伤,后来哈里·胡迪尼(Harry Houdini)给他取了"巴斯特"(Buster)这个外号。胡迪尼见到这个摔倒的孩子,说,"这真是个翻滚者(buster)!"——"buster"也是个舞台术语,指特别猛烈的翻滚。

人案而垮台后的很长一段时间里，仍然对他钦佩有加。[1]

学生很快超过了老师。许多批评家认为，《屠夫男孩》之后，阿巴克尔的作品变得越来越成熟，这主要归功于基顿的存在——不断完善老题材，推陈出新。当基顿 1920 年开始导演自己的电影时，[2] 这些影片使阿巴克尔的作品显得有些粗糙。现在基顿开始塑造他的主要银幕形象，与卓别林的流浪汉相对应，让我们称之为"斯多葛系列"（the Stoic）。斯多葛第一次露面是在影片《一周》(*One Week*, 1920) 中。这部电影讲述的是一个自己用工具动手建造房子的失败尝试，通常被认为是基顿的第一部杰作。[3]

---

1 他一直将阿巴克尔的照片挂在墙上，直到生命的尽头。

2 他作为编剧和导演的处女作是《暗号》(*The High Sign*)，拍摄于 1920 年，但直到 1921 年才发行。

3 基顿的艺术黄金时代并未延续到 1920 年代，尽管他活到了 1966 年，在他的个人简历中加入了几十部电影、广播和电视节目、剧本和公开演讲。在这几十年里，他赔钱，也赚钱——他在电视上赚的钱比他的任何影片都多——但直到他生命的最后，他的表演很少为他带来身后的荣耀，也许除了他在《日落大道》中的客串。他的传记作者大卫·罗宾逊(David Robinson)对他的评价严厉但不失公正："三十三岁时，基顿的创作生涯实际上已经走到了尽头。"但他取得了最后的胜利。令他吃惊的是，他受到邀请出现在一部简短、无声、相当恐怖的电影中，名字就叫《电影》(*Film*)。这部奇特的作品由一个没有经验的文学家艾伦·施耐德(Alan Schneider)执导，而编剧是詹姆斯·乔伊斯以前的朋友兼秘书塞缪尔·贝克特(Samuel Beckett)。

2月17日

　　叶芝写信给奥利维亚·莎士比亚,部分原因是为了告诉她,他妻子"乔治"——以前称乔琪·海德-里斯(Georgie Hyde-Lees)——刚回爱尔兰,在都柏林为他们租了一幢大而优雅的乔治时代风格的房子(梅里翁广场 82号)——刚好在他们的经济能力范围内,尤其是乔治把顶楼租给了一对房客。叶芝很高兴:

> 当我想起一首关于惠灵顿公爵的街头民谣时,我感到非常自豪:
> 在梅里翁广场
> 这位高贵的英雄在举国的欢呼声中
> 首先吸了口气。

叶芝告诉她,他并不为爱尔兰的现状感到不安,他相当确信几个月内一切都会好转。

安德烈·布勒东曾提议3月底召开"巴黎会议"——"坚决捍卫现代精神的国际会议"(International Congress for the Determination and Defence of the Modern Spirit)——但由于筹备过程引发了许多激烈的冲突,他不得不在丁香园(Closerie des Lilas)召开紧急会议。这是蒙帕纳斯的一家酒吧餐厅,深受几代巴黎艺术家、知识分子和波希米亚人的喜爱;在这个时期,为海明威、曼·雷、毕加索和其他人所钟爱。布勒东最初的意图之一是抗议他所说的许多当代艺术家怯懦地回归美和工艺的传统观念,为此,他强调不同学派的现代精神的共同之处,从印象主义、象征主义到立体主义和未来主义,再到达达主义。但他另一个未明说的意图就没那么高尚了。布勒东厌倦了生活在特里斯坦·查拉的阴影下,他自己想成为领袖。用传记作家马克·波利佐蒂的话来说,这意味着"将达达——及查拉——彻底扔进知识的垃圾堆"。

许多参加会议的人——一群令人印象深刻的艺术家,包括科克托和意大利未来主义者马里内蒂(F. T. Marinetti)、汉斯·阿尔普(Hans Arp)和布朗库西、曼·雷、安德烈·马尔罗(André Malraux)等形形色色的艺术家——很快就察觉到有问题,尤其当布勒东发表声明,谴责查拉是来自苏黎世的一个"散布谣言的冒名者"时。这并没有让那些"左倾"的与会者满意,他们认为布勒东的谴责听起来像是排斥异己:艾吕雅退出了,埃里克·萨蒂也退出了。17日晚,当布勒东站在大约一百名知识分子面前时,慷慨激昂。查拉则用尖细的声音喊叫,激烈的争论戛然而止,差点就要打起来了,现场变成一个私设法庭,布勒东本人突然成了被告席上的囚犯。

第二天,大约有一半的与会者强烈反对布勒东的言行;抗议者包括布勒东团体的老成员艾吕雅、佩雷(Péret)。会议破裂了,尽管布勒东成功地保留了一些老盟友(阿拉贡、德诺斯),并获得了一个重要的新盟友皮卡比亚,他以前是查拉的好朋友。仅仅两年的时间,查拉和布勒东之间亲密的友谊变成了公开的敌意。几周后的 3 月 2 日,《科莫迪亚》发表了布勒东的反达达宣言《达达之后》(*After Dada*)。两人正式宣布决裂。

伦敦 ★

艾略特写信给他的朋友和支持者,诗人、小说家、评论家和传记作家理查德·阿尔丁顿(Richard Aldington),感谢他的来信。阿尔丁顿在信中热情地回应了他第一次与《荒原》的相遇。近年来,阿尔丁顿对艾略特的帮助很大,并把他介绍给各种杂志和学术期刊的编辑。[1]

艾略特夫妇 17 日和 18 日与评论家兼编辑约翰·米德尔顿·默里(John Middleton Murry)共度周末。2 月 21 日,艾略特写信感谢默里:"和你在一起过周末我真是太高兴了……"但他补充说,薇薇安现在"病得很重",被送到了一家疗养院。"她可能待不了多久,但我估计至少要待三个星期。眼下没有什么事可做。她得多睡觉。"

---

1 晚年,阿尔丁顿嫉妒艾略特;他为 D. H. 劳伦斯(D.H. Lawrence)和 T. E. 劳伦斯(T. E. Lawrence)写过传记,后者对他充满敌意。

★————————————————————————格拉纳达

费德里科·加西亚·洛尔迦（Federico García Lorca），不到二十四岁，是个无所事事的学生，但在西班牙激进的文学界已经是一个让人神往的名字了。他在艺术俱乐部做了一场关于安达卢西亚（Andalucia）原始歌曲的讲座"深沉之歌"（Cante Jondo）。正如洛尔迦乐于承认的那样，他和曼努埃尔·德·法雅（Manuel de Falla）——至今被世界公认为西班牙最优秀的作曲家——的谈话以及后者对弗拉明戈音乐史的研究都深刻地影响了演讲的观点。1920年9月法雅回到格拉纳达后不久，有抱负的诗人和著名的作曲家就见面了。洛尔迦的主要艺术一直在音乐和诗歌之间摇摆不定，后来他经常去听德·法雅那部如诗如画的《卡门》（Carmen），德·法雅立刻对这个年轻人的才华印象深刻，也被洛尔迦对他的作品显而易见的赞赏所感动。很快，他们就情同父子，并憧憬着在格拉纳达举办一场"深沉之歌"音乐节。洛尔迦的演讲是激发人们对音乐节产生兴趣的漫长过程的一部分。

与此同时，洛尔迦也开始受"深沉之歌"的启发创作诗歌。[1] 诗歌主

1　他希望能在1922年的圣周，也就是音乐节的时候，将它们结集出版，但实际上，诗集直到1931年才出版。

题及其在他身上所激起的创造力爆发都使他兴奋不已,他开始意识到这种本地的艺术形式源于许多因素:它的诗歌和音乐形式植根于东方——阿拉伯、波斯和土耳其诗歌;它是由拜占庭的宗教圣歌所塑造的;而安达卢西亚的吉卜赛人使它臻于完美。他感到,他们的音乐是安达卢西亚人灵魂深处的表达,那是一种忧郁和宿命论的信念,而不是兴高采烈的情绪。[1]

2月21日

俄国 ★

　　弗拉基米尔·列宁——他得了重病,头疼得厉害,几乎让他焦虑失眠。他一看到自己的政府机器正在慢慢地停止运转,就感到十分沮丧——给他的同志亚历山大·齐乌鲁帕(Alexander Tsyurupa)写了一封言辞很激烈

---

[1] 也许最重要的是,洛尔迦开始相信安达卢西亚的"歌手"(cantadores)实际上是灵媒(spirit mediums),人们通过它来表达最深层的恐惧和欲望;他非常认同这个功能。用人类学术语来说,洛尔迦认为"歌手"的角色是萨满教的,他感受到了这一古老使命的召唤。尽管演讲中没有明确提到"魔力"(duende),但很明显,他完全理解这个让人难以捉摸的术语的意义,他在1933年曾就这个术语写过一篇经典文章。对洛尔迦来说,"魔力"是一种神秘的沟通力量,一种酒神的灵感,充满了对生命悲剧性的高度意识。无论是诗人、舞蹈家、歌手还是音乐家,在观众面前表演时,都会迸发出一种魔力,将艺术家和观众以一种神秘的方式联系在一起。

的信：

> 我们的一切都陷在官僚"行政体系"的沼泽中。需要强大的权威和力量来摆脱困境。行政机构——疯狂！行政法令——失常！寻找合适的人，确保工作顺利进行——这就是当务之急！

对列宁来说，这是决定性的一年，对革命的未来也是如此。这一年，他病倒了，他的身心疲惫，他的政治地位似乎也随之下降。白军已被打败，长达七年、耗费巨大的内战宣告结束。为什么巨大的胜利如此短暂，如此严重地受到损害？

首先，许多为红军胜利而参战的人感到失落与迷茫。经济处于极度危机状态；工厂因缺乏原料而关闭；农民故意破坏他们的粮仓（如果他们有粮仓的话），屠杀他们的牲畜，以防止货物被强行征收；契卡用自认为有效的万能药来对付不满：清算他们。在彼得格勒海军基地克朗斯塔特（Kronstadt），由于警察的野蛮镇压，红军水兵发动了一场未遂的叛乱，事态发展到了悲剧性的地步。[1]

列宁派去了托洛茨基，并赋予他充分的权力，可以用任何必要的手段制止叛乱。托洛茨基将他的军队从海军基地调集到河对岸，等了八天——

1　克朗斯塔特叛乱特别令人痛心的一个特点是暴动的水兵自杀式的行为，他们（如果他们表现得像布尔什维克一样）本可以在莫斯科有机会干预之前就轻易地赢得这场战斗。他们仍然是社会主义者，但他们想要一种改良的社会主义形式，摆脱契卡的暴行，并与莫斯科当权者的联系不那么紧密。

八天的时间,暴动的水兵可以摧毁岸上的炮台,或在河面上凿冰把步兵挡在海湾,甚至袭击彼得格勒来巩固他们的阵地。然而,他们也在等待,遵循严格的不侵犯政策。

第八天,托洛茨基的军队发动了进攻。水兵们打得很顽强,但他们在人数和武器上都处于劣势。在 16000 名参与叛乱的士兵中,只有不到 100 人通过冰面逃到了芬兰。少数没有死在战斗中的人被枪杀了。内战充满了恐怖,但如此无情的枪杀还是第一次。

意识到危机的严重性,列宁做出了一个此前不可想象的举措:推出了新经济政策(New Economic Policy),或称 NEP,取消国家对粮食贸易的垄断(及其他政策),允许农民在市场上公开出售他们剩余的粮食。小企业重归私人所有。以前被视为重大犯罪的获利交易再次受到鼓励。[1] 但随着经济的放开,政策也随之收紧。

苏共第十一次代表大会确立了绝对服从中央决策的原则。契卡被授权消灭所有残余的孟什维克、社会党人和其他非布尔什维克分子。接着是粮食危机,一场比俄国在内战和革命中遭受的任何灾难都要可怕的灾难,它最终可能导致千百万人丧生。(见 7 月 30 日)

从他对这场可怕的人道主义危机的反应来看,列宁更担心的是他的新型国家官僚机构惊人的快速膨胀——即使不是更糟,也是和沙皇统治时期一样糟糕的官僚机构:腐败、懒散、傲慢、极其低效。他对这一切的忧虑,加

1　实际上,新经济政策是将资本主义重新引入俄罗斯,这一举措在心理层面上与任何实际改变一样有利于恢复经济。

上这么多年把自己逼到超人的地步,必然使他身心疲倦,产生不可避免的后果:他开始感到一阵阵恶心、昏厥、失眠,还有难以忍受的头痛。到 1921 年 12 月 7 日,他被迫放弃在莫斯科的工作,回到他在高尔基的乡村家中。他的身体似乎因为国家的分裂而崩溃了。

2 月 22 日

★ ——————————————————————— 美国

《生活》(*Life*)杂志刊登了艺术家莱恩德克尔(F. X. Leyendecker)创作的封面,展示了一个美丽的大蝴蝶造型的"摩登女郎"——1920 年代时髦新潮的年轻女子。它成为,并且仍然是那个时代优雅的典型形象。其他帮助推动和延续"摩登女郎"原型的插图画家还有罗素·帕特森(Russell Patterson)、小约翰·霍尔德(John Held Jr)、埃塞尔·海斯(Ethel Hayes)和费思·巴罗斯(Faith Burrows)。

但对这一趋势起最大推动作用的还是电影,尤其是 1920 年之后,以及在那一年上映的由奥莉薇·托马斯(Olive Thomas)主演、艾伦·克罗斯兰(Alan Crosland)执导的《摩登女郎》(*The Flapper*)。虽然这是一部轻松喜剧,但《摩登女郎》为美国大众带来了这种新型女性的名称、形象和气质。[1]

无论在现实生活中，还是在流行的神话中，"摩登女郎"都是一个享乐、滥情的单身女人，她会抽烟、喝酒、嗅可卡因，会随着爵士乐起舞。虽然她可能浓妆艳抹（回想一下，在第一次世界大战之前，除了不显眼的化妆品之外，大部分化妆品被认为是女演员、妓女和其他没教养的女人的特权），但她很苗条，有点男孩子气，近乎雌雄同体。她穿着怪异的衣服——超短裙，不穿紧身外套或胸衣——头发剪得很短，就像随处可见的"波波头"[2]。

从"二战"结束到 1929 年华尔街崩盘，是"摩登女郎"的黄金时代；她理想的环境是禁酒令（1920—1933）盛行的地下酒吧和舞厅。那是舞蹈狂热的年代，[3] 其中大部分出现在新奥尔良和西海岸的非裔美国人聚居区。

在英国，"摩登女郎"一词明显带有卖淫的含义，因为在 17 世纪早期，"摩登女"（flap）意味着妓女。到了 20 世纪初，这个词的意思仅仅指一个

1　编剧是个年轻女性，弗朗西斯·马里昂（Francis Marion, 1888—1973），她与安妮塔·卢斯（Anita Loos）、琼·马西斯（June Mathis）是好莱坞 20 世纪最成功的三位女编剧。

2　"波波头"（bob）是很能引起共鸣的时代标志，司各特·菲茨杰拉德甚至写了一部关于女性短发狂热的短篇小说。

3　摇摆舞（Shimmy）：第一支"摇摆"舞曲发行于 1917 年，但到那时它至少已经有十年的历史了。（关于名称的来源，有一种说法是它是法语 chemise 的一种变体，指跳舞时剧烈地摇晃。）梅·韦斯特（Mae West）是几个声称自己发明了这种舞蹈的名人之一。交谊舞（Bunny Hug）：双人舞，源于加利福尼亚，最初以古典拉格泰姆音乐伴奏。黑臀舞（Black Bottom）：源于新奥尔良，"初版黑臀舞曲"发行于 1919 年。查尔斯顿舞（Charleston）：1923 年的一场舞台表演中出现的最受欢迎的舞蹈，但和其他舞蹈一样，至少已有十年之久。

年轻女孩；[1] 尤其引人注目的例子是，在德斯蒙德·科克（Desmond Coke）写的"大学小说"《默顿的桑福德》（*Sandford of Merton*，1903）中，有人感叹："这是一个令人惊艳的摩登女郎！"到 1920 年，关于这个词，英国人和美国人的意思大致相同。

并不是所有的设计师都迷恋摩登女郎所钟爱的那种苗条、平胸的造型。在纽约一家不起眼的服装店"伊妮德女装"，女裁缝艾达·罗森塔尔（Ida Rosenthal）——一个俄罗斯犹太移民——和她的雇主得出结论，如果女性用束带式乳罩适当地支撑胸部，她们的裙装看起来会更加优雅。束带式乳罩是由两个贴身的罩杯和一个坚固的垂直布带连接而成的。1922年，他们与艾达的丈夫威廉·罗森塔尔（William Rosenthal）一起创立了"仕女"（Maidenform）公司；这个品牌名称向当时流行的"男孩式"（boy form）服装宣战。1925 年，威廉·罗森塔尔为"仕女"隆胸乳罩（Uplift brassiere）申请了专利，这是后来无数设计的原型。尽管"摩登女郎"盛行，但数以百万计的女性还是看到了"仕女"产品的吸引力，该公司在新泽西建立了一家工厂，生意兴隆。

1　因此，在摩登时代末期，媒体把 1929 年的英国大选称为"摩登选举"（flapper election）；由于 1928 年的《平等选举权法》（Equal Franchise Act），三十岁以下的英国妇女首次有了投票权。

摩登女郎辞典

1922 年艾拉·哈通小姐编辑

俚语	含义
Dimbox	出租汽车
Flatwheeler	带女孩去参加秋季丰收舞会的小伙子
Egg Harbor	秋季丰收舞会
Clothesline	闲聊家长里短的人
Whiskbroom	蓄胡须的人
Let's blouse	我们走吧
Crabhanger	改革者
Shifter	收贿者
Snugglepup	经常参加亲热晚会的年轻人
Petting party	亲吻拥抱的社交活动
Finale hopper	结账时溜走的年轻人;总是承诺最后一搏,但关键时刻掉链子的人;检票员出现时溜走的败家子
Hip hound	喝烈性酒的人
Sodbuster	送葬者
Applesauce	奉承拍马或胡言乱语
Ritz	傲慢自大
Alarm Clock	一个女伴

Father Time	年过三十的男人
Ear Muffs	收音机
Dingledangler	煲电话粥的人
Cake Basket	豪华轿车
Statts	不知所云
Oilcan	骗子
Fire Alarm	离婚女
Cuddle-cootie	带女孩坐巴士闲逛的小伙子
Forty-Niner	正在物色新妻子的男人
Tomato	没有脑子的漂亮女孩
Slat	小伙子
Strike Breaker	搭讪朋友的帅气"对象"的年轻女人
Dud	旁观者
Cake-eater(1)	吃软饭的
Boob-tickler	不得不招待父亲的外地客户的女孩
Snake-charmer	女贩子
Dive-Ducat	地铁票
Mad money	因为和护送者吵架而自行打车回家所产生的费用
Hikers	灯笼裤
Whangdoodle	爵士乐队
Grubstake	晚宴邀请
Pillow case	朝气蓬勃的年轻人

Feathers	聊天
Hush money	父亲给的零花钱
Bean-picker	试图解决问题的人
Corn-shredder	跳舞时踩了女士脚的年轻人
Police dog	年轻女子的未婚夫
Airedale	宅家的男人
Fig leaf	连体泳衣
John D.	油腻男
Sweetie	她讨厌的任何人
Sugar	钱
Urban set	一件新的睡衣
His blue serge	他的女孩
Cutting yourself a piece of cake	耐心等待
Dog kennels	一双鞋
Dogs	脚
Stilts	腿
Mouthpiece	律师
Handcuff	订婚戒指
Stutter-tub	摩托艇
An alibi	一盒花
Anchor	资金
Monogolist	厌恶自己的年轻人

Dropping the pilot	离婚
Appleknocker	乡巴佬
Biscuit	受宠的摩登女郎
Dincher	吸了一截的烟
Barney-muggin	做爱
Brush-ape	乡下人;农夫
Cake-eater(2)	穿紧身衣服的人,带腰带的大衣,矛状翻领,一粒纽扣,香肠裤,粉嫩衬衫,还有一条让你暗笑的爵士领带
Cat's pajamas	一切都好
Dapper	摩登女郎之父
Darb	一把零钱的家伙
Frog's eyebrows	不错,很好
Fluky	有趣的,奇怪的,不同的
Goof	摩登女郎的爱人
Half cut	酩酊大醉
Kippy	整洁或美好
Sharpshooter	舞技出众的舞伴(花钱也大方)
Strangler	好一个神枪手
Toddler	结账时溜走的年轻人的伶牙俐齿的姐妹
Sap	结账时溜走的年轻人
Smoke-eater	吸烟的女孩
Plastered	酒醉的同义词
They	持反对态度的父母

威斯敏斯特 ────────────────────────────────★

　　面对激进民族主义者的起义和骚乱，英国宣布埃及——自 1914 年以来英国的受保护国——正式成为独立王国。（英国政府接受埃及独立的必要性，很大程度上是根据 T. E. 劳伦斯的前指挥官、现任高级专员艾伦比勋爵（Lord Allenby）的提议。）《独立宣言》于 2 月 28 日获得批准。然而，这一举动很大程度上是一种外交辞令，因为英国继续在该国保持大量军事存在，并对其内部事务施加重大影响。[1]

2月25日

巴黎 ────────────────────────────────★

　　法国最臭名昭著的连环杀手亨利·德雷·兰杜（Henri Désiré Landru）被送上了断头台。[2]

1　3 月 15 日，法德一世（Faud I）加冕为埃及国王。

2　他血腥的职业生涯在之后的几十年里继续影响着流行艺术家；最著名的是查理·卓别林的电影《凡尔杜先生》（*Monsieur Verdoux*，1947）。

从 2 月 25 日到 3 月 19 日,伯恩海姆–琼画廊(Galerie Bernheim-Jeune)举办了亨利·马蒂斯(Henri Matisse)的个人作品展,共有 39 幅作品,全部创作于 1921 年;展览目录包括查尔斯·维拉克(Charles Vilrac)的一篇文章。在接下来的十年里,马蒂斯的作品将在该画廊的许多混合展览中展出。

海明威向他的加拿大读者讲述了大批逃离革命来到巴黎的俄国贵族的故事。他觉得他们的样子很可爱,但又叫人气恼,都抱着不切实际的希望,认为不管怎样,自己的困境会在没有人做出决定性努力的情况下得以摆脱。他们的财产是个谜,因为他们中似乎没有几个人在工作,但有些人生活得相当奢侈。他们最明显的收入来源是出售珠宝和其他传家宝。最近出售的俄罗斯饰品很多,珍珠的价格也下降了。他为他们的前途担心。

2 月 26 日

那不勒斯 ——————————————————————————— ★

就在跳板被拉上来的几分钟前, D. H. 劳伦斯和他的妻子弗里达 (Frieda)——娘家姓冯·里希特霍芬(von Richthofen)——在那不勒斯的码头登上了"奥斯特莱号"(SS Osterley)。他们的最终目的地是美国,打算在那里永久定居,但他们长途旅行的第一个目的地是锡兰(即今天的斯里兰卡)。航行的第一段,在塞得港(Port Said)停一站,然后穿过苏伊士运河,经过西奈山(Mount Sinai),穿过阿拉伯海,要花 15 天的时间。对劳伦斯来说,这些日子充满了前所未有的惊奇,也标志着他又恢复了心无旁骛的能力。

劳伦斯一家自 1919 年 11 月以来一直住在意大利。[1] 战争曾将他们困在英国——他与其他作家、艺术家和思想家会面,这使他能够忍受这种困境,他们是:米德尔顿·默里和凯瑟琳·曼斯菲尔德,还有艾略特、庞德、罗素及其他人。1919 年,他们从英格兰的逃亡开始了劳伦斯所谓的"野蛮的朝圣之旅",这是一段自我放逐和流浪的时期,将持续 11 年,直到他 1930

1　他们在 1912 年 3 月相遇;弗里达已婚,有三个孩子,比他大六岁。

年早逝。[1]

尽管劳伦斯在船上忙个不停，但他并不太专注于文学上的琐事，而是一次次为他们在航行中遇到的景象、声音和气味感到惊讶和快乐。塞得港拥挤的街道和阴暗的咖啡馆；一列列驼队沿着苏伊士运河的岸边缓缓前行；飞鱼在阳光下闪闪发光，追逐着"奥斯特莱号"的尾迹。劳伦斯也没有

1　到1920年3月3日，劳伦斯在西西里岛陶尔米纳附近发现了一座美丽的17世纪石屋"老喷泉"。这栋房子坐落在海边的山坡上，有两个露台、一个菜园和一处"喷泉"——一处古老的，仍在流动的纯净水泉——本身，所有这些每年租金只需30英镑。它就像个天堂！在后来的岁月里，弗里达说"战后生活在西西里就像又活过来了一样"。

但事实证明，当意大利政治变得更加动荡和暴力时，西西里岛作为天堂的幻觉很难维持下去。1920年10月18日，劳伦斯写了这样一段话，虽然有点古怪，却很有洞察力："我认为意大利将不可避免地发生变革（原文如此）。"没有一位意大利领导人——弗朗切斯科·尼蒂、乔凡尼·乔利蒂——能够遏制急剧加速的通货膨胀，尽管英镑对里拉的迅速升值本应使劳伦斯一家受益，但他们可购买的商品却相应短缺。墨索里尼的政治生涯就是在这个经济末日即将来临的紧张、愤怒的世界中开始的。

1921年底，劳伦斯夫妇收到了梅布尔·道奇·斯特恩夫人（Mrs Mabel Dodge Sterne）的一封信，说他们可以免费使用新墨西哥州陶斯市附近的一所带家具的砖房，并承诺为他们提供所需的所有食物、饮料和家庭用品。

梅布尔·道奇·斯特恩生于1897年，是一位令人敬仰的美国女性，她热衷于行善和追求时尚。1918年，她和第三任丈夫莫里斯·斯特恩在陶斯定居，并被陶斯当地的印第安——一个约有600人的部落——文化深深吸引。在她的印象中，劳伦斯就是那个即将到来的作家，让这些日渐衰落的人们的生活方式永垂不朽。

这一提议对劳伦斯具有双重吸引力。他们的财产正处于低谷，想到可以免费住一所房子，就很有诱惑力。但他也被这个计划纯粹的魅力所吸引，他告诉一位美国朋友，这个提议与他"对印第安人、阿兹特克人、古墨西哥的长期兴趣"是一致的。他们几乎立刻决定接受这个提议，唯一的问题是旅行安排。他们先尝试直接预订到美国的机票，但以失败告终，而当劳伦斯研究不同的路线时，他开始感到在他们开始美国生活之前休息一段时间的吸引力。他的朋友布鲁斯特（Brewster）一家信奉佛教，在一定程度上受到他们的影响，他最终订了两张"奥斯特莱号"的二等船票。价格：每人74英镑。一个获得重生机会的廉价票。

疏远其他乘客。他和弗里达很快就和一位开朗的澳大利亚乘客安娜·詹金斯交上了朋友。她是一位富有的寡妇,也是劳伦斯的粉丝,她邀请他们去澳大利亚的珀斯和她住在一起。他们接受了这个提议,并重新规划他们的旅行,变成个人版的"大旅行"[1],这将占据整整一年的时间:锡兰、澳大利亚、穿越太平洋到旧金山,然后走陆路去新墨西哥的陶斯。

伦敦 ★

艾略特写信给马萨诸塞州坎布里奇的邓斯特出版社(Dunster House Press)老板莫里斯·费鲁斯基(Maurice Firuski)。在 2 月 14 日的午餐会上,康拉德·艾肯(Conrad Aiken)告诉他有关媒体的情况;艾肯还给他看了他们最近出版的一本著作,约翰·弗里曼(John Freeman)的《红色道路或受伤的鸟》(*The Red Path, and the Wounded Bird*, 1921)。艾略特对此书的质量印象深刻,并期望以同样优雅的方式出版《荒原》。"我的诗有435 行,"他向费鲁斯基解释道,"一定的行间距对感觉至关重要,成书会有 475 行……"

> 我已收到一份很好的邀请,让我在期刊上发表。但我认为这是我写过的最好的诗,如果以图书形式出版的话,会给人留下更深刻的印象,吸引更多的关注。

1　"大旅行"(Grand Tour),英国贵族子女遍游欧洲大陆的教育旅行。——译注

费鲁斯基回答(3 月 11 日)说,他通常为这类作品支付大约 100 美元,并告诉艾略特,如果收到这部作品的手稿,他会很快做决定是否出版。

★————————————————————————— 的里雅斯特

斯坦尼斯劳斯·乔伊斯(Stanislaus Joyce)给他弟弟写了一封据说是祝贺的信。他不想赞扬詹姆斯的书。

2 月 27 日

★————————————————————————— 巴黎

乔伊斯送给庞德一本《尤利西斯》。题词为:

赠

埃兹拉·庞德

以表谢意

詹姆斯·乔伊斯

巴黎

1922 年 2 月 27 日

巴黎 ————————————————————— ★

雷迪格参加了一个化装舞会——"游乐舞会"。他用陶制的烟斗打扮起来,靶子固定在晚礼服上;当时的想法是他从射击场来。他的朋友也用类似的风格装扮:瓦伦丁·雨果就像旋转木马,让·雨果扮台球桌,而让·戈德伯斯基(Jean Godebski)饰演纸牌屋。雷迪格在写《奥格尔伯爵的舞会》(*Le Bal du Comte d'Orgel*)时使用了当晚的情景。

纽约 ————————————————————— ★

萧伯纳的巨作、几乎难以搬上舞台的五幕剧《回到玛士撒拉》(*Back to Methuselah*),前两部在百老汇上演。3月6日演出第三和第四部,第五部于3月13日演出。

华盛顿特区 ————————————————— ★

一项挑战美国妇女投票权——根据1920年宪法第十九修正案确立的——的提案被最高法院驳回。[1]

1　事实上,早在正式的政治解放成为现实之前,美国和欧洲的许多妇女就已经宣布了她们的个人解放。是好是坏,取决于你的观点,那时的妇女比她们的母亲和祖母梦想的都要自由得多。19世纪末20世纪初出现了"新女性"——如易卜生笔下的女性:对婚姻和子女的传统观念不满,受教育程度比母亲和祖母更高,开始敲开男性职业的大门,并常常对社会弊病进行满怀激情而理想主义的批判。"新"新女性则是截然不同的女权主义者。

MARCH

三月

★——————————————————————————— **牛津**

关于爱尔兰事件,叶芝给奥利维亚·莎士比亚写信:

如果该条约在大选中被接受,我们将拥有愉快而充满活力的生活;如果被拒绝,则是混乱的生活。(格雷戈里夫人很着急。她说,那些没有打过仗的年轻人最可能拒绝。)

……我有很多东西要争取……一个正在建立的爱尔兰学院,也许还有一个政府剧院……

★——————————————————————————— **伦敦**

艾略特给他的朋友、艺术家兼作家温德姆·刘易斯(Wyndham Lewis)写了一张便条:"我很累,很沮丧……总的来说,生活是可怕的。"[1]

———————————

1　刘易斯的第二期(也是最后一期)杂志《新手》(*The Tyro*)3月出版,得到了他朋友爱德华·沃兹沃斯(Edward Wadsworth)25美元的资助。

3月3日

意大利 ─────────────────────────────────── ★

法西斯分子占领了阜姆。[1]

美国 ─────────────────────────────────── ★

这天,司各特·菲茨杰拉德的《美丽与毁灭》由斯克里布纳(Scribner)出版社出版。当时住在圣保罗的菲茨杰拉德夫妇回到纽约庆祝,入住广场酒店(Plaza),举办了一个又一个派对。他们有充分的理由狂欢,至少在经济方面不成问题:这部小说在头几个月就卖出了 5 万册,菲茨杰拉德把电影版权以 2500 美元的价格卖给了华纳兄弟。[2]

但令人惊讶的是,许多重要的评论家对这本书不耐烦。这几乎不是一个秘密,《美丽和毁灭》很大程度上是司各特和泽尔达(Zelda)的求爱与婚姻——书的封面上是一对穿着入时的年轻夫妇,他们是菲茨杰拉德夫妇的化身——的自传体叙述,并不是每个人都有兴趣听他们婚姻的起起落落。《出版商》(*The Bookman*)的评论家称它"又哭又闹";还有人说,这本书枯

1　阜姆(Fiume),即克罗地亚的里耶卡(Rijeka)。——译注
2　尽管那年晚些时候他看到这部电影时感到震惊:"这是我这辈子看过的最烂的电影——廉价、庸俗、低劣和糟糕。我们对此感到很羞愧。"

燥乏味得让人麻木,就连忠诚的埃德蒙·威尔逊——这本书还在写作的时候,他表示喜欢——现在也觉得此书毫无章法,令人失望。

最不同寻常的评论来自泽尔达本人——《纽约论坛报》(*New York Tribune*)为她的这种宣传噱头支付了 15 美元,这是她挣到的第一笔钱。她说这本书"绝对完美",并热情地说每个人都应该买它,这样司各特就可以给她买一枚白金戒指和一件"最可爱的"金色礼服,只要 300 美元。但她也揭露了她的小说家丈夫更为可疑的策略之一:他从她的日记和书信中提取了大量的素材,常常一字不改地直接放进自己的小说。由于她文章的语气如此轻率,以致大多数人并不认为她认真地看待发生在家里的剽窃;但是那些认识这对夫妇的人知道了真相,意识到这抱怨中的不祥之兆。

到那时为止,菲茨杰拉德已经为一部讽刺性戏剧工作了好几个月,剧本最初的名字是《加布里埃尔的长号》(*Gabriel's Trombone*),此时,它被重新命名为《植物人》(*The Vegetable*),并加上了《或从总统到邮差》(*or From President to Postman*)的副标题。书名的灵感来自门肯(Mencken)的一篇名为《做一个美国人》("On Being an American")的文章,这篇文章抨击了国民顺从的倾向:"在这个国家,商人必须是商会的会员,这是一条公理,他是(钢铁大亨)查尔斯·施瓦布(Charles M. Schwab)的崇拜者,是《星期六晚邮报》(*Saturday Evening Post*)的读者,是高尔夫球手——简而言之,他是一个植物人。"[1]

菲茨杰拉德的纽约之旅实际上结束于一场无休止的狂饮。他通常开

---

[1] 该剧最终于 1923 年 11 月 10 日在大西洋城上演。这是一个可怕的失败;观众感到很无聊,他们开始大声交谈,许多人干脆离场。一周后就停演了——这是菲茨杰拉德第一次真正体会到失败的滋味。这迫使他戒酒,一周又一周地每天写作 12 小时,以便摆脱债务。

始时很高兴,很随和,但一沾酒,就变得很讨厌。一天清晨,在城里度过一个不眠之夜后,他来到埃德蒙("邦尼")·威尔逊的公寓,把他叫醒并邀请他去公园兜风。威尔逊拒绝了。他后来说,他被菲茨杰拉德醉醺醺的模样吓坏了;他说看上去,菲茨杰拉德就像约翰·巴里摩尔[1]在表演临终场景。

3月4日

F. W. 茂瑙(F. W. Murnau)的《诺斯费拉图》的官方预映在柏林动物学会(Berlin Zoological Society)的大理石厅(Marmorsaal)举行。要求嘉宾穿上当时的服装——确切地说,是 1815 年到 1848 年间,在德国及其邻国的富裕阶层中流行的正宗毕德迈耶(Biedermeier)式风格的服装。[2] 尽管《诺斯费拉图》的创作者竭力掩盖这个事实,但此作是对布拉姆·斯托克(Bram Stoker)的《德古拉》松散且未经授权的翻拍,主要场景转移到德国,主要角色有了新的名字:斯托克的德古拉伯爵成了格拉夫·奥洛克(Graf

---

1　约翰·巴里摩尔(John Barrymore),美国著名戏剧和电影演员。——译注
2　11 天后的 3 月 15 日,在柏林的普里默斯宫(Primus-Palast)举行了公开首映。

Orlok）。[1]

《诺斯费拉图》现在被认为是最恐怖的电影之一，也许还是其中最伟大的。德国著名影评人洛蒂·艾斯纳（Lotte Eisner）在她权威的研究《闹鬼的银幕》（*The Haunted Screen*）中对这部影片做了积极的评价。尽管她承认这部电影强有力地唤起了人们对超自然邪恶的回忆——"凛冽的寒气从域外吹来"，她借用另一位作家的话说——但她还是不遗余力地强调茂瑙电影风格的非凡之美："在弗里德里希·威廉·茂瑙这位德国有史以来最伟大的电影制作人看来，电影构图绝不仅仅是一种装饰风格的尝试。他创造了整个德国电影中最震撼、最辛酸的形象。"[2]

茂瑙的影片大部分用外景拍摄——对当时的德国电影来说，这是非比寻常的做法——并且很少使用特殊效果。影片中弥漫的神秘气氛可能受到了联合制片人兼设计师阿尔宾·格尔奥（Albin Grau）的影响，格尔奥是一个对玄学有深刻了解的神秘人物。[3] 影片中到处都是格尔奥的印迹，从奥洛克研究的文件上潦草的神秘符号，到《诺斯费拉图》的制作公司普拉纳影片公司（Prana Films）的名字——*prana* 是梵语，表示生命的呼吸。遗憾的是，影片本身在上映的那一年也可谓气喘吁吁：布拉姆的遗孀弗洛伦斯·斯托克一怒之下将普拉纳公司告上法庭，指控其剽窃，法院裁定销毁

1　顺便说一下，正是《诺斯费拉图》建立了吸血鬼会被阳光摧毁的流行惯例：斯托克的伯爵可以在白天毫发无损地到处游荡。

2　可以说，尽管大多数观众过去和现在都被主角奥洛克的外表所吸引，但由令人赞叹的马克斯·史瑞克（Max Shreck）——即使考虑到化妆的效果——扮演的这个人物一定是所有电影中最奇怪和最可怕的男主角。瘦削、秃顶、鹰钩鼻、爪子手、啮齿动物般的尖牙和疯狂瞪大的眼睛，史瑞克/奥洛克仅凭他的外表就可以令人颤抖。

3　他声称在服役期间经历了一个真实的吸血鬼事件。

该影片的所有拷贝。有些拷贝幸存下来,并在 1920 年代末出现在纽约。

根据国际电影数据库(International Movie Data Base)的用户投票,《诺斯费拉图》也是迄今为止,在 21 世纪影迷中最受欢迎的 1922 年电影。从那次调查中产生的位列前三十名的影片结果有些出人意料:

1.《诺斯费拉图》;导演:F. M. 茂瑙

2.《哈克森》(*Haxen*);导演:本杰明·克里斯滕森

3.《玩家马布斯博士》;导演:弗里茨·朗(Fritz Lang)

4.《罗宾汉》;导演:艾伦·德万(Alan Dwan)

5.《祖母的孩子》;导演:弗雷德·纽迈尔(Fred Newmeyer)

6.《第十三号》;导演:阿尔弗雷德·希区柯克

7.《碧血黄沙》;导演:弗雷德·尼勃罗(Fred Niblo)

8.《愚蠢的妻子们》;导演:埃里希·冯·施特罗海姆

9.《幽灵》(*Phantom*);导演:F. W. 茂瑙

10.《雾都孤儿》;导演:弗兰克·洛伊德(Frank Lloyd)

11.《燃烧的大地》(*Der brennende Acker*);导演:F. W. 茂瑙

12.《夏洛克·福尔摩斯》;导演:艾伯特·帕克(Albert Parker)

13.《情海孽障》(*Beyond the Rocks*);导演:山姆·伍德(Sam Wood)

14.《异教徒》(*The Infidel*);导演:詹姆斯·杨(James Young)

15.《爱的力量》(*The Power of Love*);导演:纳特·G. 德夫里奇和哈里·K. 费勒(Nat G. Deverich & Harry K. Fairall)

16.《黄金诱惑》(*Lure of Gold*);导演:尼尔·哈特(Neal Hart)

17.《海逝》;导演:切斯特·M.富兰克林(Chester M. Franklin)

18.《误杀》(*Manslaughter*);导演:塞西尔·B.戴米尔

19.《奥赛罗》(*Othello*);导演:德米特里·布乔维茨基(Dmitri Buchovetzki)

20.《基督山伯爵》;导演:埃米特·J.弗林(Emmet J. Flynn)

21.《杰克医生》(*Dr Jack*);导演:弗雷德·纽迈尔

22.《所多玛与蛾摩拉》(*Sodom und Gomorrah*);导演:米哈伊·凯尔泰斯(Mihaly Kertész)

23.《生命的意义》(*Der Sinn des Lebens*);导演:弗雷德里克·布劳(Frederick Burau)

24.《标号人》(*Die Gezeichneten*);导演:卡尔·西奥多·德莱叶

25.《影子》(*Shadows*);导演:汤姆·福曼(Tom Forman)

26.《佩科斯之西》(*West of the Pecos*);导演:尼尔·哈特(Neal Hart)

27.《无头骑士》(*The Headless Horseman*);导演:爱德华·D.文图里尼(Edward D. Venturini)

28.《得克萨斯人的心脏》(*The Heart of a Texan*);导演:保罗·赫斯特(Paul Hurst)

29.《从黄昏到黎明》(*Dusk to Dawn*);导演:金·维多

30.《克兰克比尔》(*Cranquebille*);导演:雅克·费代尔

仅仅这份名单就足以证明 1922 年对电影业来说是非凡的一年,无论成就还是前景。IMDB 名单上的三位导演——茂瑙、德莱叶和朗——现在是欧洲电影的权威人物。希区柯克、冯·施特罗海姆和塞西尔·戴米尔是好莱坞历史上标杆性的人物,金·维多和艾伦·德万仍有追随者,而雅克·费代尔虽然不常露面,但仍受人尊敬。[1]

IMDB 的清单集中在故事片上,没有包括当时主要的娱乐片:喜剧短片,既有真人演的,也有动画。其中最受欢迎的包括短片,通常是两个胶卷长度的短片,如查理·卓别林(见 4 月 2 日)、巴斯特·基顿的作品,以及哈尔·罗奇(Hal Roach)的《小捣蛋》(Our Gang)。当时另一位喜剧短片大师是哈罗德·劳埃德(Harold Lloyd)。[2]

这份名单中没有苏联作品也令人意外:1920 年代不是苏联电影的英雄时代吗? 的确如此,但前提是我们要关注这十年的后半段,如 1925 年谢尔盖·爱森斯坦(Sergei Eisenstein)的《战舰波将金号》(Battleship Potemkin)上映。电影,即使最普通的电影,也是一种投入惊人的昂贵媒介,而 1917 年后苏联灾难性的经济状况使得电影制作几乎不可能。但由于列宁 1921 年新经济政策(NEP)带来的改革,到 1922 年,苏联经济的各个领域开始回升,摄像机开始工作。[3]

1　IMDB 名单上 1922 年前三十名中有一些值得注意的遗漏,包括:罗伯特·弗拉哈迪(Robert Flaherty)的《北方的纳努克》、D. W. 格里菲斯(D. W. Griffith)的《恐怖之夜》(One Exciting Night),由路易·德吕克(Louis Delluc)执导、玛丽恩·戴维斯(Marion Davies)主演的《披花骑士》(When Knighthood was in Flower)。

2　虽然斯坦·劳雷尔(Stan Laurel)和奥利弗·哈迪(Oliver Hardy)1921 年在《幸运狗》(The Lucky Dog)中首次一起出现在银幕上,但直到 1927 年他们才组成不朽的"斯坦和奥利"二人组。

3　这一年值得注意的戏剧作品包括:《流放者》(The Exile)〔导演:弗拉基米尔·巴罗基(Vladimir Baroky)〕;《无尽的悲伤》(Infinite Sorrow)和《奇迹制造者》(The Miracle Maker)〔导演:亚历山大·潘捷列耶夫(Aleksandr Panteleyev)〕;《在革命的旋风中》(In the Whirlwind of Revolution),〔导演:亚历山大·查戈宁(Aleksandr Chargonin)〕以及《苏拉姆城堡》(The Suram Fortress)〔导演:伊凡·佩雷斯蒂安尼(Ivan Perestiani)〕,尽管这些作品中只有最后一部在专家圈之外还保留一定的声誉。

1922年,有一个人物主导了苏联电影:吉加·维尔托夫,如他的纪录片《内战史》,更重要的是他的新闻纪录片《电影真理报》(*Kino-Pravda*,1-13)系列。[1] 虽然他的名字或化名[2]不像爱森斯坦、普多夫金(Pudovkin)、库列舍夫(Kuleshev)及其团队那样为大众所熟知,但维尔托夫在先锋政治电影领域大胆创新的先驱地位实际上仍然无可置疑——特别是1960年代后期,他被一群极左电影制作人,包括让-吕克·戈达尔接纳,这些人在吉加·维尔托夫集团的旗帜下联合起来制作了一些匿名的革命电影。[3]

★──────────────────────────────── 伦敦

1922年,年少气盛的英国新人阿尔弗雷德·希区柯克执导了他的第一部电影。[4] 他一直在伊斯灵顿制片厂从事字幕设计,该制片厂隶属于美国著名的拉斯基明星电影公司——派拉蒙(Paramount)的一个分部。希区柯克首次与演员合作的机会,是在一部新喜剧《总是告诉你的妻子》的主演西摩·希克斯(Seymour Hicks)与导演休·克罗伊斯(Hugh Croise)发生了激烈争执,并将导演解雇之后获得的。希克斯正要取消这部电影,这时"一个负责制片厂道具室的胖小伙自愿来帮我"。他喜欢这个小伙子,所以他们担任联合导演,并如期完成了这部电影。

1　"Kino-Pravda"直译为"电影真理"(Cinema Truth)。
2　"吉加·维尔托夫"是丹尼斯·阿伯列维奇·考夫曼(Denis Abelevich Kaufman,1896—1945)的假名,可以大致译为"旋转陀螺"(spinning top)。
3　除了《电影真理报》系列,维尔托夫最持久的作品是《持摄影机的人》(*Man with a Movie Camera*)。
4　他生于1899年,只比新世纪大一岁。

一定程度上，由于这个小小的成功，希区柯克被制片主任指派执导一部喜剧短片，片名为《皮博迪夫人》(*Mrs Peabody*)或《第十三号》；欧内斯特·塞西杰(Ernest Thesiger)和克莱尔·格里特(Clare Greet)签约主演。[1]希区柯克开始拍摄，但他发现制片项目或多或少被削减了，因为制片厂把所剩无几的资金用于偿还债务。尽管克莱尔慷慨地用自己的积蓄继续资助了几天的拍摄，但《第十三号》还是被放弃了，而且几乎可以肯定的是，除了几张剧照，所有的镜头都被毁了。希区柯克总说反正也不是很有趣。

整个制片厂逐渐关闭，所有的主要导演和演员都动身前往好莱坞。几个星期过去，希区柯克发现只有自己和几个技术员在一起。伊斯灵顿制片厂成了一个出租设备的部门，剩下的员工只有在其他公司需要利用他们的资源时才工作。这种状况不久得以改变，多亏了迈克尔·鲍肯(Michael Balcon)，可以说他是当时英国电影的救星。

3月5日

伦敦 ━━━━━━━━━━━━━━━━━━━━━━━━━━━ ★

《观察家报》发表了西斯利·哈德斯顿(Sisley Huddleston)对《尤利西斯》的第一篇重要评论。"詹姆斯·乔伊斯的《尤利西斯》是那些奇奇怪怪

1　人们对这部短片所知不多，只知道它似乎发生在皮博迪房地产(Peabody Estates)，这处产业为伦敦的穷人提供体面的住房。

的书迷和文人的内部小圈子最热切、好奇地期待的书，"他写道。接着，他稍做停顿就直奔主题："詹姆斯·乔伊斯先生是个天才。"在这篇充满肯定的文章中，他着重向《观察家报》的读者强调，乔伊斯是一位非常严肃的作家，而不是色情作品的作者——虽然他又补充说："然而，我不相信性爱会像乔伊斯先生所描述的那样，在生活中扮演如此重要的角色。"哈德斯顿还认为，莫莉·布鲁姆的自言自语"一般而言，是所有文学作品中最恶劣的"。不过，总的来说，他认为此书是一项了不起的成就：

> 有些短语，用词讲究，尽可能整齐，尽可能紧凑，尽可能完美。有一些细微的省略，把丰富的意义集中在一个恰到好处的句子里。有一个亮点就会使书页熠熠生辉……

这是一个远比乔伊斯的读者所预期的更加热情和赞赏的反应，文章的发表也很好地促进了书的销量。在一个特别繁忙的日子里，西尔维娅·比奇的书店收到了 136 份乔伊斯的书的订单。

3月6日

★────────────────────────── 纽约

贝比·鲁斯（Babe Ruth）与纽约洋基队（New York Yankees）签了一份

三年的合同,年薪 52000 美元。

伦敦 ────────────────────────────── ★

　　艾略特一家暂时搬出了克拉伦斯门花园,搬到了露西·塞耶(Lucy Thayer)在威格莫尔街 12 号租的公寓里;露西是艾略特在哈佛的老朋友斯科菲尔德·塞耶的表妹,当时她正在旅行。[1] (当时有传言说,露西曾经对薇薇安·艾略特有过一次相当尴尬的举动,当时她双膝跪地,宣布她的爱是永恒的。)两天后,艾略特拒绝了斯科菲尔德·塞耶以 150 美元的价格在《日晷》发表《荒原》的提议。

3月8日

伦敦 ────────────────────────────── ★

　　希腊-亚美尼亚神秘主义者和宗教大师乔治·葛吉夫来到城里。奇怪的是,他的目的和当时艾略特的相似;他想见到罗瑟米尔夫人,并为一个宠物计划寻求她的支持——按葛吉夫的条件,在法国为他的教义建立一所学院。和艾略特一样,他是一位成功的追求者;和艾略特一样,他将在 10 月初启动自己的新项目。葛吉夫和他的弟子乌斯宾斯基(Ouspensky)在现代

───────────────

1　他们在此一直待到 6 月底。

112

主义文学中所扮演的角色,比那个时期的许多公式化描述所注意到的要重要得多。(见 10 月 1 日)

叶芝就《尤利西斯》致信奥利维亚·莎士比亚:

我在读乔伊斯的新作——随意翻阅的时候,我讨厌它;但当我按正确顺序阅读时,我印象深刻。不过,按这个顺序我只读了大约三十页。它有我们爱尔兰人的残忍,也有我们的力量,圆形炮塔(Martello)的描写充满了美。一个残忍而顽皮的头脑,像一只又大又软的山猫——我一边读,一边听 98 年[1] 叛军中士的报告:"啊,他是个好人,一个好人。射杀他是一种乐趣。"

3月9日

海明威写信给朋友舍伍德·安德森,热情赞扬《尤利西斯》:

---

[1] 可能指 1798 年爱尔兰大起义。——译注

乔伊斯写了本非常棒的书。你很可能会及时收到。与此同时,报道说他和家人都在挨饿,但你每天晚上都能在米肖饭店找到他们所有人,而我和宾尼(Binney)只能每周去一次。

格特鲁德·斯坦因说,乔伊斯让她想起了旧金山的一位老妇人。老妇人的儿子用冰盐保鲜发了财,于是老妇人转过身扭着双手说:"哦,我可怜的乔伊!我可怜的乔伊!他有那么多钱!"该死的爱尔兰人,他们总得抱怨些什么,可你从来没听说过哪个爱尔兰人挨饿。

这个评论要么特别乏味,要么极其无知:难道海明威从来没有听说过大饥荒(Great Hunger) [1] 吗?

纽约 ────────────────────────────★

尤金·奥尼尔(Eugene O'Neill)的残酷戏剧《毛猿》(*The Hairy Ape*)在纽约普罗文斯敦剧场(Provincetown Playhouse)开演。[2] 总共演了 127 场,观众大多很热情。如此高的票房业绩令人惊讶,因为这部戏冷酷无情,几乎令人难以释怀——而评论也并不令人鼓舞。这可谓一出现代悲剧,讲述了一艘远洋客轮上残忍而浅薄的美国佬(Yank)的衰败,他是船上的一个司炉。起初,美国佬对他的体力感到骄傲,当一个年轻富有的女人被他的外表吓坏并叫他畜生——或者像船友说的,是一只"毛猿"——时,美国佬

───────────────

1 指 19 世纪 40 年代爱尔兰大饥荒事件,约有 100 万人丧生。——译注
2 后来转移到普利茅斯剧院(Plymouth Theater)。

开始怀疑自己。在曼哈顿上岸后，他经历了一连串可怕的冒险，包括一次狱中生活，以及寻求与 IWW（世界国际劳工组织）团结一致的失败尝试。这出戏的结尾是美国佬试图寻找他的精神亲友——动物园里的一只大猩猩。他爬进大猩猩的笼子拥抱它，最后被压死。[1]

就在五天前，也就是 3 月 4 日，奥尼尔的另一部戏剧《第一个人》(*The First Man*)在纽约上演。对奥尼尔来说，这本应是一个胜利的时刻，但《第一个人》的评论却非常糟糕，而且这部戏只演了 27 场就结束了。然而，这并非奥尼尔当时情绪低落的主要原因。他母亲艾拉(Ella)于 2 月 28 日在洛杉矶去世；她的尸体由殡仪馆的人笨拙地安置好，装上船，穿过乡野，并在《毛猿》开演的当天晚上运到中央车站——大多数剧作家都会避开这个巧合，因为它的象征意义过于沉重。[2]

当《毛猿》首演结束时，一个朋友从热烈的掌声中冲出来，却发现奥尼尔突然陷入绝望，对这个好消息一点也不感兴趣。整个晚上，两人在中央公园散步，奥尼尔尽情发泄痛苦，倾吐回忆——他母亲的毒瘾、他兄弟的酗酒，以及奥尼尔家族史上所有的痛苦、罪过和专横。天亮时，他已经筋疲力尽，摇摇晃晃地回到旅馆。

1　自那以后，这只毛茸茸的猿猴多次复活，其中一次由保罗·罗伯逊(Paul Robeson)领衔主演，并被拍成电影。

2　多年以后，奥尼尔在《月照不幸人》(*A Moon for the Misbegotten*)中借用了这个可怕的经历。

3月9—10日

庞德写信给塞耶：

> 恐怕艾略特又崩溃了。意志力丧失（Abuleia），简单地说，就是身体上不可能将他的肌肉充分地联结在一起来写封信或者站起来在房间里走动……1

> 他的诗和尤利西斯一样好——有这么**该死的**小天才，这么该死的**小作品**，一个人可以拥有并说，"无论如何，这是屹立不倒的，并在文学中占有一席之地"。

庞德还试图劝说塞耶来帮助艾略特摆脱银行的工作，并提出了几种可能性，包括《世纪》（*Century*）或《大西洋月刊》（*Atlantic*）的某种工作（也就是说，在一家重要的文学杂志担任编辑），或者去什么地方当教授"。2

1　艾略特在阅读神学和神秘主义时发现了"*abuleia*"这个词，它来自希腊语，意为"非意志"（non-will）。随着拼写方式的改变（*abulia*），它仍然为神经学家所使用。

2　庞德生气地指出，"某个该死的学院给了**弗罗斯特**一份有名无实的工作"；这所学院就是密歇根大学，它于 1921—1923 年间聘用罗伯特·弗罗斯特（Robert Frost）。

三个月后,他写完了那首诗。我认为他在那家银行工作就目前而言是最大的浪费,**无论从哪方面说**。乔伊斯得到了供养,至少他现在有一份稳定的收入,只是有点太少了。如果他没有两个孩子,就**足够丰裕**了,我看不出他有什么事要做。

3月10日

★─────────────────────────────────── 孟买

晚上 10 点 30 分,一辆警车在距离孟买萨巴尔马蒂修行所莫罕达斯·甘地(Mohandas Gandhi)小屋八十码远的路上停下来,一名下级军官被派去礼貌地解释说,这位印度领导人[1]应该考虑以煽动叛乱的罪名逮捕自己,并且一旦准备就绪,就应该立即出庭。甘地带领十名追随者唱了一首赞美诗,然后沿着小路,爬上汽车,被送往萨巴尔马蒂监狱。在第二天早上的首场听证会上,他说自己的年龄是五十三岁,职业是"农民和纺织工"。他随后被正式指控在 1921 年 9 月 19 日、1921 年 12 月 15 日和 1922 年 2 月 23 日为《青年印度》(*Young India*)杂志撰写了三篇煽动性文章。

审判在艾哈迈达巴德的政府巡回法庭举行。1921 年 9 月,甘地永久地放弃了他以前习惯的服装:帽子、无袖夹克或背心,以及飘逸的长袍,而把

1　自 1920 年以来,他先是全印自治联盟成员,后成为该联盟主席。

腰布作为他唯一的服饰;这是他受审时穿的衣服。双方据理力争。甘地根本不想为自己的清白辩护,他说对他的指控"完全公平……这是千真万确的,而且我也无意向法庭隐瞒这样一个事实:对我来说,宣扬对现有政府体制的不满几乎成了一种激情"。因此,他请法官要么"对我施加最高的惩罚",要么辞职。他接着阐述了他对英国在印度统治的所有反对意见。他最后再次要求最严厉的处罚。

主持审判的布鲁姆菲尔德(Broomfield)先生向囚犯鞠躬,然后宣判。他的总结,就其本身而言,和甘地的发言一样非传统。他说,不可能"忽略你与我曾经审判过或可能要审判的任何人属于不同类别这一事实。我们不可能忽视这样一个事实:在你数百万同胞的眼中,你是一位伟大的爱国者和伟大的领袖。即使那些与你政见不同的人,也认为你是一个有崇高理想、过着高尚甚至圣洁生活的人"[1]。

他说,尽管如此,他还是不得不判处甘地六年监禁,并补充说,如果以后有人认为可以减刑的话,"没有人会比我更高兴"。甘地回答说,他认为判决很温和,在整个审判过程中,他受到的待遇无可挑剔,彬彬有礼。当甘地被带进监狱时,许多听众流下了眼泪。[2]

英国当局的这种暴力展示表明,议会在一定程度上越来越意识到有必要向印度日益增长的民族自决要求让步。3 月 13 日,威尔士亲王殿下,即未来的爱德华八世(Edward Ⅷ)在德拉敦(Dehradun)举行了威尔士亲王皇家印度军事学院(Royal Indian Military College)的落成典礼:旨在使英印

1　确实如此,自从甘地 1914 年从南非来到印度,他的追随者就一直用"圣雄"——"伟大的心灵"——来称呼他。

2　结果,他只服了两年刑期。

军队的军官骨干更具有种族融合性。这一小小的姿态,对印度不可避免的独立进程起不了太大的推迟作用。

3月12日

弗吉尼亚·伍尔夫在日记中写道:

> 我见了许多人——许多人。艾略特,克莱夫[贝尔],维奥莱特(可能是维奥莱特·特莱芙希斯,1894—1972,女同性恋作家,是伍尔夫小说《奥兰多》的灵感之一)——如果没有其他人。其中,艾略特最让我开心——变得柔韧如鳗鱼;是的,变得非常熟悉、诙谐和友好,但我希望保留一些权力的碎片。神哦,我可不要变主意。他正在创办一本杂志,要二十个人赞助,伦纳德和我就在其中!所以,即使K. M.(凯瑟琳·曼斯菲尔德)在报纸上走红,销售额飙升,又有什么关系呢?

她补充道,艾略特“写了一首四十页的诗,我们将在秋天发表。他说,这是他最好的作品”。她还提到克莱夫·贝尔坚持要艾略特用紫罗兰面粉让他自己看起来更白皙。

与此同时,她又想起了E. M. 福斯特的悲伤,她刚刚在他短暂拜访后送走他。他回英国已经一个星期,伍尔夫觉得他沮丧得几乎要瘫痪了。

> 回到韦布里奇(Weybridge),回到离车站一英里远的一座丑陋的
> 房子,有个年老、挑剔、严厉的母亲;回到家里,失去了王公般的处境,
> 没有小说,也没有能力写小说——我想,对于一个四十二岁的人来说,
> 这是令人沮丧的。一想到讨厌鬼的中年,就不能不感到恐惧……

在接下来的几个星期里,福斯特的抑郁加剧到了几乎不能见人的程度。他
还决定烧掉他所有"不雅的"短篇小说。

伦敦 ────────────────────────────★

艾略特写信给庞德,告诉后者他已经把诗的题词由康拉德《黑暗之
心》的引文改为佩特罗尼乌斯的《萨蒂里孔》[1]。他还谈到了他与塞耶的通
信,声称如果塞耶的态度更礼貌一些,他可能会愿意接受 150 美元这一较
低费用。他还解释说,"我现在已经和罗瑟米尔女士就季度审核达成了协
议……"她已同意至少资助三年。他邀请庞德定期给他写一封"巴黎来
信",以及他可能愿意提交"诗章"的任何章节,并开始四处寻找"最优秀的
人"可能的投稿。

同一天,艾略特写信给有影响力的法国评论家、文人瓦莱里·拉博

1　佩特罗尼乌斯(Petronius,396—455),古罗马作家,贵族出身。晚年发动宫廷政变,
　当上西罗马帝国皇帝(455 年),随即被杀。一般认为《萨蒂里孔》(Satyricon)是其长
　篇讽刺小说。——译注

（Valéry Larbaud），建议他关于詹姆斯·乔伊斯的演讲[1]可以在新季刊评论的第一卷中发表："我目前并不考虑广大读者，而是针对英国公众中最开明的部分——我想，英国至少有一千人意识到这里文学新闻的低水平。"

3月13日

艾略特用法文给赫尔曼·黑塞（1877—1962）写了一封重要的信。他解释说，他读到了黑塞的《陷入混沌》（*Blick ins Chaos*），不知道此书是否有一两个部分可以翻译出来，在他的季刊上发表。"我发现您那部严肃的《陷入混沌》尚未到达英国，我想传播此书的声誉。"

黑塞长期研究佛教和其他东方宗教传统；他于1922年出版的中篇小说《悉达多》是他反思佛教教义的总结。[2] 艾略特对佛教也有相当的了解，并曾被诱惑接受这个宗教。《荒原》中显然涉及佛教的智慧，一些评论家认为整首诗本质上是佛教的。

1　1921年12月，第一次在法国"书友之家"（Maison des Amis des Livres）演讲。
2　在20世纪六七十年代的嬉皮士运动中，《悉达多》成为一本重要的畅销书，如同《圣经》一样。在那几年，此书的英译本卖出了100多万册。

D. H. 劳伦斯也与佛教有直接的接触。3 月 13 日从"奥斯特莱号"下船后,劳伦斯一家遇到了他们的美国朋友厄尔·布鲁斯特伯爵(Earl Brewster),三人乘火车去了内陆的康提(Kandy)。[1] 他们抵达后不久,就参加了一个重要的佛教节日:佩拉赫拉(Perehera),同时也为威尔士亲王爱德华的国事访问而庆祝。[2] 令人眼花缭乱的大型象群身上挂满了装饰物,伴随着数不清的鼓声,还有仪式上香油、烟雾和燃烧的椰子火把的诱人气味,佩拉赫拉节给他们留下了深刻的、几乎是压倒性的印象。劳伦斯在他的许多信件,以及在诗《大象》中写到了这个节日。[3]

失望接踵而至。劳伦斯很快得出结论,佛教是一种贫瘠、有害的信仰,否认灵魂的存在。他毫不顾及这是布鲁斯特家信奉的宗教这个事实,对佛陀粗鲁无礼,出言不逊:"哦,我希望他能站起来!"当他看到一尊横卧的佛像,就这样大声喊道。他同样粗暴地看待佛教的超然思想,声称它"对我的影响就像一个见不到底的泥塘"。当他到达一座寺庙时,他固执地拒绝遵

1　伦纳德·伍尔夫 1907 年曾是康提的殖民地长官;他发现这个国家"美得令人神往"。

2　二十八岁的王子给他们的印象是瘦弱而紧张。

3　即使他们搬进了布鲁斯特家俯瞰康提湖的小别墅,他们的眩晕感和迷失感也没有减弱多少,因为野生动物的吵闹声——爬行的毒蛇、鸣叫的鸟、叽叽喳喳的猴子——让人觉得整个宇宙都在爆炸,周围都是狂野的生物,无论白天还是炎热的不眠之夜。据劳伦斯描述,特别是到了中午,可怕的高温就像人被关在监狱里,或被困在钟形罩下。然而,就像在他之前的伦纳德·伍尔夫一样,他们也被这个地方强烈的美迷住了。在接下来的几个星期里,劳伦斯和厄尔·布鲁斯特在丛林里散步,参观佛教寺庙,观看大象搬运木材。

守摘帽脱鞋的礼节,而是站在外面,戴着帽子,穿着靴子,宣称他不属于这种地方,永远也不会。更糟糕的是,锡兰炎热潮湿的气候最终削弱了他平时强大的工作意志,他开始幻想自己患了忧郁症,觉得紫外线正在侵蚀他的血液,或者不知怎么就染上了疟疾。但他的胃病并没有引起忧郁症,而是导致了三个星期的腹泻和胃痛——他所经历过的最严重的疼痛。他不喜欢当地的食物,甚至不喜欢美味的水果,因此他的体重锐减。[1]

3月14日

★———————————————————————— 波士顿

　　放纵狂饮六天后,哈里·克罗斯比终于辞去了他在肖穆特国家银行那份讨厌的工作。[2] 在 1922 年的最初几个月里,克罗斯比在新英格兰的上流社会圈子之外几乎默默无闻。他出生于美国最富有的家庭之一,叔叔是金

---

[1] 最终,到 4 月初,他变得非常虚弱,不得不采取紧急措施。他用美国的 1000 美元版税买了一张"奥尔索瓦号"(SS Orsova)船票,预定于 4 月 24 日离开科伦坡(Colombo),并于 5 月 4 日抵达西澳大利亚的弗里曼特尔(Fremantle)。"野蛮人的朝圣"之旅又开始了。

[2] 到 1929 年克罗斯比自杀身亡——这一事件通常被认为标志着爵士乐时代的结束——他已成为美国侨民中最臭名昭著的放荡不羁者之一:一个富有、奢侈、放肆的享乐主义者,玩弄女性者,鸦片和其他毒品的行家;但他还是一位诗人,黑太阳出版社(Black Sun Press)的创始人和编辑,出版了当时许多著名作家,如庞德和乔伊斯、海明威、哈特·克莱恩(Hart Crane)及其他人作品的精美版本。

融家小 J. P. 摩根（J. P. Morgan Jr），后来他用继承的财产挥霍放纵，吓坏了他那些保守的亲戚。然而，他也是一个非常勇敢和有原则的年轻人，在美国参战前，他曾志愿在法国当救护车司机，后来加入美国军队。[1]

回到美国后，他参加了哈佛大学为退伍军人开设的速成课程，然后如家人所期望的，进入了银行业。他觉得这份工作令人厌烦，当他突然强烈地爱上比他大六岁的有夫之妇理查德·皮博迪夫人（又称玛丽、波莉，后来称凯莱丝）时，他的痛苦加剧了。他家人对他们的丑闻感到震惊，试图迫使他们分开。1922 年 2 月，波莉屈服于哈里的恳求，与丈夫离婚，但她仍然没有搬去和他一起住。克罗斯比的家人再次插手，J. P. 摩根安排给他一份新工作，加入巴黎的摩根·哈杰斯-希公司。克罗斯比 5 月动身去巴黎，但他仍然决心尽可能赢得波莉。（见 9 月 2 日）

巴黎 ★

庞德给艾略特写了一封充满愤怒间或咆哮的长信，概述了他的基本立场。他对英国一点也不感兴趣，除了艾略特本人，他对英国任何活着的作家都不感兴趣。他嘲笑说，即使以大多数文学评论的标准来衡量，他的稿酬也很低。他断然拒绝与任何不能保证艾略特从劳埃德银行的职位上获得足够资金的评论有任何关系。他诅咒所有的英国人（也许还包括女士太太们）；他对罗瑟米尔夫人的人品有极大的怀疑（他从她的名字中合理地

1　为表彰他的英勇行为，法国政府授予他十字勋章，使他成为获得这一荣誉的最年轻的美国人之一。

推断出，她嫁给了一个"对优秀文学**不感兴趣**的家庭"），诸如此类。另一方面，他写道："当然，如果罗夫人（Lady R.）愿意和我合作一个更大的计划，我的意思是让你从银行脱身，让你把全部时间都花在写作上，我可能会重新考虑这些想法。"

最后，他发了一通反对英格兰的长篇大论，为所有被英格兰摧毁或流放的作家——兰多（Landor）、济慈、雪莱、拜伦、勃朗宁、贝多斯（Beddoes）——哀叹，以及关于他考虑成为出资人的先决条件的严正声明。3月18日，他写信给诗人兼医生威廉·卡洛斯·威廉斯（William Carlos Williams）："亲爱的布尔，关键是艾略特到最后关头了。他崩溃过一次。我们必须马上采取行动。"

3月15日

★————————————————————— 布拉格

弗朗茨·卡夫卡给马克斯·布洛德朗读了《城堡》的第一章。整个春天和夏天，他都在写这部小说，直到8月底才把它搁置一边。

3月17日

维也纳 ──────────────────────────────── ★

　　威廉·赖希(Wilhelm Reich,生于1897年),实习医生、精神分析学家,与医学院学生安妮·平克(Anne Pink)结婚;新娘二十岁,新郎二十五岁。赖希7月获得医学博士学位,并开了一家私人精神分析诊所,同时进行更深入的医学研究。赖希三年前见过弗洛伊德,尽管弗洛伊德似乎很认可他,允许他很早就开始临床治疗,但赖希将成为所有弗洛伊德学派异端中最奇怪和最声名狼藉的一个。他先是试图将马克思主义和弗洛伊德学说结合起来,然后逃离纳粹德国,最终定居美国,进行了一系列读起来像科幻小说的实验:称作"爆云"(cloud-busting)的机器,以及"有机蓄能器"(Orgone Accumulator),信徒们坐在里面希望能提升他们的宇宙能量水平。[1]

1　由于受到正统科学的嘲笑,以及美国食品和药物管理局(FDA)与其他国家机构的不寻常的甚至不恰当的强力追捕,赖希1957年死于被警方拘留期间,死因显然是心脏病发作。但他死后对迫害他的人进行了某种报复,因为他的书在1960和1970年代被广泛出版和阅读,他被新左派和一些模糊的反文化类型视为幻想家、英雄和烈士。他在流行文化中的影响远远超过了在医学或科学领域。

《每日先驱报》（*Daily Herald*）刊登了一篇乔治·斯洛库姆（George Slocombe）对《尤利西斯》的评论。他用一种诙谐的语气,滑稽地提到了针对《小评论》的法律行动（"……一个由六名爱尔兰大个子警察组成的小队,享用了上等牛排早餐后,凶猛出击,要把他们制服……"）,以及乔伊斯的长期努力,"据我所知,乔伊斯先生用了将近六年的时间写这本书,而我们也将用近六年的时间去阅读它"。在显示了他的幽默之后,斯洛库姆接着对布鲁姆（他没有提及迪达勒斯——小说将这位艺术家描绘成一个游手好闲的年轻人,主导了《尤利西斯》的第一部分）一天的生活做了极其简明扼要的叙述,在照例对淫秽内容发出嘘声之后,以一种高度赞许的语气结束了文章:"……这本书是个惊人的壮举,一旦尝试并完成一半以上,可能永远不会再尝试——天底下的一个宇宙原子在一天一夜之间的存在方式。"

3月20日

富有的外交官、出版人、文学家、自称"世界主义者"的哈里·凯斯勒伯爵（Count Harry Kessler）[1]在日记中写道：

　　和爱因斯坦一家共进晚餐。在西柏林一套安静迷人的公寓（哈伯兰大街）。这对非常可爱、几乎还像孩子似的夫妇给人一种庄重的感觉，充满吸引力，而奢华的食物太丰盛了。客人包括极富有的科佩尔（Koppel）、门德尔松夫妇（Mendelssohns）、瓦尔堡（Warburg）和跟以前一样穿得破破烂烂的伯恩哈德·德恩堡（Bernhard Dernburg），等等。男女主人表现出的善良和淳朴，甚至使这样一个典型的柏林宴会摆脱了传统的束缚，转而具有一种近乎家族和童话般的性质。

　　自从爱因斯坦夫妇去国外做重要的旅行之后，我就没有见过他们了。他们由衷地承认，在美国和英国所受到的接待是名副其实的凯旋。爱因斯坦的描述略带讽刺和怀疑，声称他弄不清楚为什么人们对他的理论如此感兴趣。他妻子告诉我，他不停地对她说，觉得自己像个骗子，一个无法满足他们任何希望的骗子。

爱因斯坦接着小心翼翼地问凯斯勒，在他即将到来的巴黎之行中，人们对他的期望是什么；他说希望这次访问能够改善法德两国学者之间的关系。[2] 其他客人走后，凯斯勒留下来和爱因斯坦夫妇安静地交谈，他承认，虽然自己能感觉到爱因斯坦理论的重要性，但并不能完全理解。爱因斯坦

1　哈里·凯斯勒伯爵（1868—1937）遇到了他那个时代的许多领军人物。1922 年，他代表德国参加了热那亚会议。他的克拉纳克出版社（Cranach Press）成立于 1913 年，出版了许多精美的经典文本限量版。1933 年希特勒上台后，他逃离德国，流亡巴黎，直到去世。

2　他还透露，他计划接受邀请，在当年晚些时候去中国和日本演讲。

好心地给了他一个简单的理解之法,想象一个有"甲虫"在其表面移动的玻璃球——其表面虽然有限,但也无限……

仅仅几天后,爱因斯坦夫妇就启程去巴黎了。爱因斯坦是受法国物理学家、法兰西学院教授保罗·朗之万(Paul Langevin)的邀请,去那里与一批数学家、物理学家和哲学家讨论他的理论的。但现在他的名气如此之大,以至于在英国和美国,这个不起眼的项目很快就掀起了一股热潮。据4月12日的《柏林日报》(*Berliner Tageblatt*)报道:

> 所有的报纸都刊登了他的照片,整个爱因斯坦著述得到了发展,科学和势利都以现代科学家为荣……他已经成为伟大的时尚,学者、政治家、艺术家、警察、出租车司机和扒手都知道爱因斯坦何时演讲。所有巴黎人都知道关于爱因斯坦的一切。

巴黎

艺术评论家马塞尔·桑巴特(Marcel Sembat)曾是马蒂斯作品的狂热拥护者。他给他们共同的朋友保罗·西纳克(Paul Signac)写了一封愤怒的信,谴责这位画家新近的行为:"他妥协了,他平静了,公众都站在他这边。"桑巴特反感的直接原因是画家把《穿红色裙裤的宫女》卖给了法国政府(确切地说,是卢森堡博物馆);这是马蒂斯第一次得到官方认可。在桑巴特看来,这敲响了马蒂斯作为一名严肃艺术家的职业生涯的丧钟。[1]

正如马蒂斯的传记作家希拉里·斯普林（Hilary Spurling）解释的那样，他的名声在 1920 年代初期一分为二。对保守派来说，这位前革命者仍然是重口味的——1921 年，他的三幅油画在纽约大都会博物馆的一个团体展览中展出时，被嘲笑为"病态的"；1922 年，当底特律艺术博物馆买下其第一幅马蒂斯作品时，策展人不得不为其荒唐的购买行为辩护，他们滑稽地坚持说，这位画家的房子很干净，还有完全值得尊敬的习惯。[2]

但萝卜青菜各有所爱。在巴黎，激进的舆论正迅速而果断地转向反对马蒂斯，这在很大程度上是因为他战后的作品违反了波希米亚人最珍视的原则之一：许多人都觉得这些画好看，而且开始大量销售。在马蒂斯看来，他自 1919 年以来一直在进行的色彩实验和他早期的任何创作阶段一样，非常严肃，但它们那欢快的性感气息，以及对令人愉悦的后宫冒险的暗示，使它们成了致命的商业宠物。这是一个人们熟悉的现代故事：粉丝开始反对他们以前的偶像，指责他把自己的灵魂卖给了财神。难怪马蒂斯早年在尼斯时，经常抱怨极度孤独。

巴黎 ★

乔伊斯写信给他的哥哥，说新爱尔兰自由邦的部长德斯蒙德·菲茨杰

1　如果桑巴特看到更多马蒂斯的新作，可能会改变主意，但他 1922 年 9 月死于心脏病发作；十二小时后，他的妻子开枪自杀。他们拥有的大量马蒂斯早期作品被送往格勒诺布尔（Grenoble）的一家博物馆——这是当时唯一对此感兴趣的大型画廊。

2　虽然无关紧要，但马蒂斯的确作画时间特别长，而且通常过着极其节俭的生活。

拉德(Desmond Fitzgerald)拜访过他,表示将建议爱尔兰提名乔伊斯角逐诺贝尔文学奖。乔伊斯深思后认为,这样的举措不太可能让他稳获诺贝尔文学奖,反而可能会让菲茨杰拉德下台。

3月21日

★─────────────────────────────── 爱尔兰

叶芝寄了一张绝望的明信片给妻子,她曾要求他公开反对暴力。"在这仇恨的漩涡里,我无能为力……"

3月22日

★─────────────────────────────── 巴黎

庞德给门肯写了一封划时代的著名信件:"基督教纪元在去年 10 月 29 日和 30 日的午夜结束。你现在处于 1 p.s.U(post scriptum Ulysses,即《尤利西斯》元年),如果这对你有什么安慰的话。"

他还提道:"萧伯纳每周给我写两次信,抱怨《尤利西斯》定价太高。"

纽约 ──────────────────────────────── ★

出生在塞尔维亚的天才物理学家尼古拉·特斯拉（Nicola Tesla）申请了一项专利，名为"高真空生产方法和装置的改进"。[1]

3月23日

西班牙 ────────────────────────────── ★

鲁德亚德·吉卜林抵达阿尔赫西拉斯（Algeciras），开始他在西班牙的长假——"我所知的最近的东方土地"，如他亲切地称呼这个地方。他很疲倦，身体也不好。[2] 他的疲惫部分可以归咎于他为帝国军人墓地管理委员会的紧张工作——除其他贡献外，国王乔治五世（George V）于1922年5月的一次旅行中，在法国和比利时的公墓发表了重要演讲，演讲稿由他代

1　尽管标题朴实无华，但多年后，在冷战期间，这项专利受到了密切关注，当时美国和苏联都让他们的科学家致力于开发科幻小说中惯用的冒险手段，一种"死亡射线"（Death Ray）。在现实世界中，研究没有任何结果；但在流行文化的世界里，特斯拉确实研发出了这种致命激光枪的神话已被重复了几十次，甚至数百次。

2　他的牙齿在前一年就被拔掉了，他还患有慢性胃痛，到了年底，严重到需要大手术的程度。

笔;关于那些纪念仪式,他还写了首长诗《国王的朝圣》(*The King's Pilgrimage*)。[1] （见5月15日）

在西班牙,年轻的乔治·班布里奇(George Bambridge)加入了吉卜林的队伍,他曾在爱尔兰近卫团与杰克·吉卜林(Jack Kipling)一起服役,不久就成了老人的代理儿子。[2] 在吉卜林和年轻诗人兼剧作家费德里科·加西亚·洛尔迦之间的奇怪会面中,班布里奇组织了一场似乎最不可能的文学邂逅。当时,洛尔迦喜欢和一群有抱负、有实际经验的作家一起出去玩,这些人自称"林孔塞洛"(Rinconcillo)。他们经常在格拉纳达坎皮略广场的阿尔梅达咖啡馆会面。

3月25日

★───────────────────── 伦敦

发行量巨大的保守派报纸《每日快报》(*Daily Express*)对《尤利西斯》进行了评论。毫无疑问,结论是否定的。梅斯(S. P. B. Mais)在题为《爱尔

---

1 吉卜林在完成两卷本的爱尔兰近卫团(Irish Guards)官方历史时遇到的困难使他疲惫不堪——他儿子杰克曾在这个团服役,并在1915年的卢斯战役中阵亡。在完成了几次重要的草稿之后,他认为自己最后会在1922年元旦完成手稿,但由于需要进一步修改,他一次次地回到这个主题上,直到7月27日。出版于1923年的这部史著至今仍被认为是同类著作中最好的一部。

2 两年后,也就是1924年,乔治娶了埃尔西·吉卜林(Elsie Kipling),成了鲁德亚德的女婿。

兰狂欢及摩登女郎》（"An Irish Revel：And Some Flappers"）的文章中写道：

> 我们的第一印象是完全厌恶，第二印象是恼怒，因为我们永远不知道一个角色是在说话还是只在思考，第三印象就是讨厌没完没了地说脏话（没有什么比脏话更容易让读者反胃的了）……
>
> 阅读乔伊斯先生的书就像去布尔什维克的俄罗斯进行一次短途旅行：所有的标准都要被抛弃……

在 21 世纪，即使是更保守的乔伊斯读者也会倾向于认为，"布尔什维克"的诋毁更多地指向了评论家，而不是小说本身。

巴黎 ★

海明威报道了龚古尔文学奖授予勒内·马朗（René Maran）的小说《巴杜亚拉》（*Batouala*）所引起的骚动，这部小说又名"一个黑人"（a Negro）。马朗因为对法兰西帝国主义的描述而受到猛烈抨击，尤其是在小说的序言中，描述了大约 10000 个安宁的非洲社区是如何减少到原来的十分之一。[1]

海明威对马朗作品的文学性深信不疑：

> 你闻到村庄的气味，吃着它的食物，你看那个白人就像黑人看他一样，你住过那个村庄之后，你就在那里死去。这就是故事的全部内

1　此事的一个略显古怪之处在于，在中非法国机构服役的马朗本人，离乍得湖（Lake Tchad）有两天的路程，仍然不知道他被授予龚古尔奖。

容,但当你读它的时候,你已经看到了巴杜亚拉,这使它成了一部伟大的小说。

3月26日

★─────────────────────── 柏林

  法兰克福歌剧院上演了三部独幕音乐剧,由还不太出名的小提琴家、作曲家保罗·亨德密特(1895—1963)创作:《谋杀,或女人的希望》,写于1919年,是以画家奥斯卡·科柯施卡为背景的短剧;《努施-努希》(*Das Nusch-Nuschi*),写于1920年,"一部缅甸木偶剧",由表现主义作家弗朗茨·布莱(Franz Blei)执导,讲述了一个拈花惹草的角色最终被阉割的故事;《桑塔·苏珊娜》(*Sancta Susanna*),写于1921年,改编自奥古斯特·斯特拉姆的一个故事,讲述一个疯狂的修女撕下了钉在十字架上的基督的缠腰布。[1]

  这个夜晚的演出,是迄今为止亨德密特职业生涯中最受关注的活动,

---

1 前一年,《努施-努希》已经在当地制造了一起丑闻,当时斯图加特地方剧院的观众感到震惊,与其说是因为阉割场面的暴力,倒不如说是因为亨德密特把场景设置成瓦格纳《特里斯坦和伊索尔德》(*Tristan und Isolde*)的仿作。神圣的音乐被亵渎了!乐队成员一点也不介意戏弄瓦格纳,他们只是觉得有趣。

  在法兰克福的演出之后,保守派媒体也同样出色地抓住时机,群起而攻之。"这是荒唐的,完全不道德的!"《音乐杂志》(*Zeitschrift für Musik*)的评论家怒斥道。他被在舞台上看到的东西,也被一大群观众显然喜欢这些下流的东西激怒了。

也可以说是他事业上的一个突破。演出"丑闻"使他成为年轻知识分子中的英雄,他们对他的称赞与老一代的敌意成正比。[1] 1922 年是丰硕的年份,即使对多产的亨德密特来说也是如此,他成功地完成了至少 11 部完整的作品,包括:他的第一部芭蕾舞剧《恶魔》(*Der Damon*);《室内乐一号》(*Kammermusik No.*1),运用爵士乐风格的小提琴独奏奏鸣曲;《1922 钢琴组曲》(*Suite 1922*);以及他主要的声乐套曲《玛丽的一生》(*Das Marienleben*,完成于 1923 年)的开篇之作,探索源起于 18 世纪早期的音乐复调。[2]

3 月 27 日

巴黎 ★

这是亨利·米尔热(Henri Murger)一百周年诞辰,他极具影响力的故事集《波希米亚人的生活场景》(写于 1845 年至 1846 年,结集于 1851 年)使他笔下这群巴黎人的随意、叛逆、贫穷和享乐的生活方式闻名于世——

---

1 不久后,在海德堡的一场音乐会上,亨德密特演奏他新创作的小提琴奏鸣曲时,大多数观众发出嘘声,但当地的学生给他加油,把他扛在肩上,带他去他们最喜欢的酒吧"金矛"(Goldener Hecht)。房间的一角有架破旧的钢琴,亨德密特用他在聚会上玩的把戏迷住了那些年轻人——他弹琴的样子好像他的胳膊是海豹的鳍,他的手是平的,在他们欢快的笑声中他即兴模仿李斯特、肖邦和瓦格纳的作品。

2 在后来的几年里,亨德密特对那三部启动他整个名声机器的短歌剧产生了悲观的看法,认为它们只不过是学徒的作品。

而且,对许多人来说,非常有吸引力。[1] 米尔热的百年诞辰引发了一波猜测和评论。他的崇拜者在他位于蒙马特公墓的墓前和卢森堡公园的半身像前举行纪念仪式。巴黎报纸上刊登了大量有关米尔热和《波希米亚人的生活场景》的文章。这事件也激发了一系列关于波希米亚英雄的书籍的出版(大多在下一年):魏尔伦(Verlaine)、阿尔弗雷德·雅里等。这些出版物的总体情调是怀旧的:在小偷、妓女中挣扎的艺术家神话已经失去了吸引力;辉煌的日子已经消逝;浪漫的波希米亚,年轻人的故乡,已经远去。

这些讣告发布的时机再糟糕不过了。在接下来的几年,美国"艺术家"和其他相对富裕的外国人大量涌入巴黎。他们是被有利的汇率、禁酒运动和"巴比特分子"——辛克莱·刘易斯(Sinclair Lewis)1922 年的畅销小说《巴比特》(*Babbit*)中讽刺的心胸狭窄、贪图钱财、自鸣得意的庸人——以及米尔热寓言的力量吸引来的。这一切让这座城市化身为波希米亚精神的新家园,因而声名狼藉。

★———————————————————————— 伦敦

艾略特再次写信给赫尔曼·黑塞,感谢他提供了一篇关于"最近德国诗歌"的论文手稿。此文由弗林特(F. S. Flint)翻译,将发表在艾略特主持

1　这个特定人群自称"饮水者"(Water Drinkers)——这个取名一部分是出于讽刺,一部分是为了强调他们真正的贫穷。

　　在其他重要的艺术作品中,米尔热的书是普契尼(Puccini)的《波希米亚人》(*La Bohème*)的来源;罗道夫(Rodolphe)的性格近似一幅自画像。"波希米亚"作为年轻艺术家们的奋斗之地,迅速成为 19 世纪最具影响力的神话之一。

的季刊《标准》第一期上。

3月30日

伦敦 ──────────────────────────────── ★

庞德的文章《信用与美术:实际应用》发表在奥瑞吉(A. R. Orage)有影响的先锋艺术和政治杂志《新时代》(*The New Age*)上。文章主要是关于"天才"项目的,即庞德的慈善行动,借助艾略特的支持者筹集足够的钱,以帮助艾略特摆脱在劳埃德银行疲惫不堪的工作。

3月31日

巴黎 ──────────────────────────────── ★

让·雨果在日记中写道,他刚和乔治·奥里奇(Georges Auric)一起到枫丹白露,听雷迪格朗读似乎是《肉体恶魔》的结尾部分。整个故事有点复杂。

事情是这样的:科克托向出版商格拉塞(Grasset)展示了他门徒的作

品,格拉塞相信此书会成为畅销书,并向雷迪格支付了丰厚的版税。年轻人立刻给自己买了一件昂贵的驼毛大衣、一只同样昂贵的皮革旅行箱和其他一些东西,然后动身到枫丹白露去写完作品。但科克托——当时得了坐骨神经痛——对雷迪格交给他的敷衍的作品深感失望。他告诉小伙子,这读起来就像匆匆忙忙潦草写完的家庭作业。雷迪格恼羞成怒,把稿子扔进了火里。然而,第二天他后悔了,告诉科克托他是对的。然后,科克托把雷迪格带到尚蒂伊(Chantilly)——按他的说法——把他锁在酒店的房间里,直到他写出让人满意的最后部分。

 巴黎

爱因斯坦在法兰西学院做了他四场著名演讲中的第一场,概述了相对论的基础理论。他用法语演讲,没有笔记,并且小心地避免在非科学问题上做任何附加评论。他很清楚,有一小部分法国的爱国人士对战争结束后这么快就给德国佬提供如此卓越的讲台感到愤慨。

《人道报》(L'Humanité)这样报道:

> 每个人都有一种面对一位卓越天才的印象。当我们看到爱因斯坦高贵的面孔,听到他缓慢、轻柔的演讲时,似乎最纯净、最微妙的思想正在我们面前展开。一种高贵的战栗震撼了我们,使我们超越了日常生活的平庸和偏执。

APRIL

4月1日

《体育时代》(*Sporting Times*)——也称"粉联"(*Pink 'Un*)——的评论员"阿拉米斯"(Aramis)开始用攻击性的语言评论《尤利西斯》：

> 我读完了詹姆斯·乔伊斯的《尤利西斯》，觉得很无聊。此书在巴黎出版，供私人订购，书价按法郎汇率为三几尼。我知道一个原因，至少对清教徒美国预防犯罪协会来说是这样的，也能理解为什么美国佬法官会对《小评论》的出版商处以100美元的罚款，因为他们发表了乔伊斯作品中非常恶心的一章，似乎是一个变态的疯子写的专门研究厕所的文学……

这位评论家以同样的思路继续说道："此书的主要内容足以使一个霍屯督人[1]感到恶心"，"赞美纯粹的污秽"，"非常恶心"……然而，阿拉米斯以一种介于愤怒和怀疑之间的语气做出了让步，"有相当多的纽约知识分子宣称乔伊斯写出了世界上最好的书……"

---

[1] 霍屯督人(Hottentot)，非洲人的一支。——译注

与此同时,令乔伊斯不高兴的不仅仅是那些充满敌意的评论。

诺拉和孩子们经伦敦前往爱尔兰。乔伊斯强烈反对这次旅行。他们2日抵达伦敦,入住位于南安普敦街的波宁顿酒店。[1] 在伦敦待了十天后,他们前往都柏林,在那里遇到了诺拉的叔叔迈克尔·希利(Michael Healy)——戈尔韦港(Galway Port)的官员——和乔伊斯的父亲;然后他们去了戈尔韦,希利把他们安置在他位于多米尼克街的家中。

回到巴黎后,乔伊斯焦躁不安:"你真的认为他们安全吗?"他问他的美国朋友和经济资助者罗伯特·麦卡尔蒙(Robert McAlmon)。"你不知道这对我有什么影响。我整天都在担心,这对我的眼睛没有好处。"他写信给诺拉,"我就像个看着黑暗池塘的人",他恳求她回来。

诺拉到达戈尔韦不久,自由邦军队和爱尔兰共和军之间爆发了战斗。当士兵决定用家庭卧室作为射击地点时,诺拉由衷地感到恐慌。乔伊斯比以往任何时候都更加痛苦,他安排了一架小型飞机飞往戈尔韦去接孩子,但诺拉太害怕了,不敢等,匆匆把孩子们带上了去都柏林的火车。几乎就在这时,火车遭到了攻击。诺拉和露西娅趴在地板上,而乔治却固执地坐着。一位同样坐在座位上的年长乘客一边抽烟,一边问乔治:"你不趴下来吗?"

"不。"乔治说。

"你说的对。他们从来打不准。不管怎么说,他们可能在放空枪。"

不管是否放空枪,乔伊斯家人平安地回到了都柏林。[2]

---

[1] 诺拉兴致很高;她非常喜欢伦敦,心想能不能说服吉姆搬到这儿来定居而不是住在巴黎。仅仅是听到周围的人都说英语,她就松了一口气。

[2] 乔伊斯非常认真地对待枪击事件,确信袭击就是针对他的。他的朋友们认为这很可笑,但他始终相信都柏林的某些人对他是严重的威胁。

★────────────────────── 戈尔韦

4月初,叶芝入住他购下的塔楼——他将这个地方重新命名为"巴利塔楼"(Thoor Ballylee)。"Thoor 在爱尔兰是塔的意思,这可以防止人们怀疑我们有现代哥特建筑和鹿园。"

透过窗户,我们所能看到的一切如此美丽和宁静,一直如此。然而在离库尔两英里远的地方,"黑棕警队"[1]的人鞭打年轻人,然后把他们的脚踝绑在卡车上,一路拖着他们走,直到他们的身体被撕成碎片。我不知道文学会不会因为这个重大的事件——邪恶的回归——而发生很大的变化。

4月2日

★────────────────────── 好莱坞

第一部由查理·卓别林主演、编剧和导演的时长 28 分钟的短片《发薪

---

1 "黑棕警队"(Black and Tans),指英国派驻爱尔兰的特别警队,因制服颜色而得名。——译注

日》(*Pay Day*)在全国上映。这是他制作的最后的双胶卷影片,有时也被认为是卓别林自己最喜欢的短片。

到 1922 年底,卓别林(1889—1977)三十三岁,已经拍了 71 部电影。他成了百万富翁,联美电影公司(United Artists)的创始人之一。大约从 1915 年开始,他可能是除俄罗斯(那时这个国家只有包括爱森斯坦在内的享有特权的知识分子知道他,并对他大加赞赏)、哥伦比亚、南斯拉夫和德国以外的世界上最有名的人。[1] 1921 年,卓别林需要从七年的高强度工作中休息一下,休了一次长假,回到了他的祖国英国。在那里,他被成群的崇拜者簇拥,被大人物和好心人奉承,然后又去了巴黎,在那里,同样被崇拜的人群簇拥。[2]

电影给这个世界带来一种全新的白日梦生活:想象中的英雄和恶棍、朋友和情人、敌人和恐惧,往往比真实的东西有更强烈的体验。卓别林,尤其是他扮演的"小人物"和"流浪汉"——这个角色第一次出现在凯斯通[3]短片《威尼斯儿童赛车记》中,上映于 1914 年 2 月——形象,不仅几乎为所

---

[1] 德国人和他们的盟友才刚刚开始赶上查理的小丑表演,因为在战争期间,美国产品是被禁止进口的。

[2] 卓别林的人生故事众所周知,令人吃惊:这个来自伦敦南部的劳工阶层的孩子,父亲酗酒(而且很快就从家中消失了),母亲身体虚弱,营养不良,精神疾病越来越严重;他是一个羸弱的流浪儿,童年时是个演员,成年后是个小丑剧团的成员,在好莱坞粗俗喧闹的喜剧舞台上当个小角色。从舞台小人物到票房大赢家,他只花了大约一年时间。在过去的几十年里,电影在世界范围内的迅猛扩张永久地改变了名声的本质。的确,在没有电影的时代,有一些惊人的成功故事——那些出身卑微却极具天赋的男人和女人,通过武功伟业、政治远见或命运的巧合,获得了名望、财富和权力:难怪卓别林迷恋拿破仑,渴望在银幕上扮演他。

[3] 凯斯通(Keystone),美国电影公司。——译注

有人所熟知，而且几乎每个人都喜欢他。[1]

"夏洛"（Charlot）——他的法国粉丝这样称呼他——对有权势和无权无势的人一样重要。萧伯纳认为，大约从 1916 年起，知识分子视卓别林为一名重要的艺术家、一位诗人、一个天才——唯一由电影产生的天才——已经变得司空见惯。[2] 对那些有眼光的人来说，卓别林不仅是多才多艺的喜剧演员，还是能与 D. W. 格里菲斯媲美的导演。[3] 有些人甚至认为他是所有导演中最伟大的。

这在某种程度上反映了卓别林独特的名人类型。他在某个时候遇到了这本书中的许多主要人物，并在某些情况下和他们成了亲密的朋友：爱因斯坦和爱森斯坦、斯特拉文斯基和勋伯格、H. G. 威尔斯和约翰·梅纳德·凯恩斯（卓别林想象自己有点经济学家的样子）、格特鲁德·斯坦因和温斯顿·丘吉尔、毕加索和阿拉贡、克劳德·麦凯（Claude McKay）和甘地、奥尔德斯·赫胥黎和辛克莱·刘易斯、尼金斯基（Nijinsky）和佳吉列夫、瓦伦蒂诺、贝托尔特·布莱希特和尤金·奥尼尔（成了他的岳父）。

1　几年后，在麦卡锡时代被打上赤色分子标签后，他遭到了数百万人的憎恨。早在1922 年，他就已经引起当局的注意，这要归因于他支持布尔什维克的言论（并不知情），以及他与美国左翼主要成员的友谊，其中包括《大众报》（*The Masses*）富有魅力的编辑马克斯·伊斯曼（Max Eastman）。

2　1921 年《寻子遇仙记》（*The Kid*）的大获成功巩固了这一声誉——这部票房大卖的电影也以其创造性和情感表现打动了所有观众，最持怀疑态度的观众除外。

3　D. W. 格里菲斯（1875—1948）是公认的美国电影之父，通常认为是他创造了电影"语法"的所有基本元素——中镜头、特写镜头、推拉镜头、横切镜头等。他是否配得上这样的荣誉，这是书呆子气的问题。事实上，他是第一个打破早期电影的伪戏剧制作，以我们仍然熟悉的镜头和摄像机运动相混合的方式取而代之，拍摄出广受欢迎的电影的好莱坞导演。近几十年来，格里菲斯的艺术声誉受到了影响，原因是（不可否认，有时也令人担忧）他的一些电影中出现的种族主义，尤其是《一个国家的诞生》（1915）。然而，他作为革新者的重要性从未真正受到过质疑。

1922 年是卓别林事业的转折点。他对与第一国家影业的合同中的要求不满，并渴望为联美电影公司制作他的第一部电影。他还想制作他的第一部严肃电影，到年底已经开始了：《巴黎一妇人》（*A Woman of Paris*）。因此，他和第一国家影业进行谈判，最终他们同意在他完成短片《发薪日》和较长的喜剧片《朝圣者》（*The Pilgrim*）之后放他走。[1]

《发薪日》上映后不到一周，卓别林就开始拍摄他在第一国家影业的最后一部作品《朝圣者》。为了这首绝唱，他将不再是流浪汉，也不再是小人物。在最初的剧本中，他是一个从传教士那里偷衣服的逃犯，后来被误认为是个年轻的传教士，是给"天堂枢纽"这个罪恶的边境城镇带来公义的。非常纯真；但在发生阿巴克尔丑闻和威廉·德斯蒙德·泰勒谋杀案（见 2 月 2 日）之后的几个月里，在强烈的反好莱坞氛围中，即使是对牧师的温和讽刺，对于电影制作人来说也是一条冒险之路。所以卓别林重写了剧本，减少了讽刺的成分。这还不够。1923 年 2 月，当这部电影上映时，它被贴上了"侮辱福音"的标签，教堂要求停止发行。

对卓别林来说，这波抗议浪潮并不是一场灾难，他最伟大的一些成就——《淘金记》（*The Gold Rush*）、《城市之光》（*City Lights*）——还未到来。不过，这是第一个明显的迹象，表明那些一直毫无保留对他宠爱有加的观众，可能并不总是那么崇拜他。

1　《发薪日》是标准的"小人物"素材。卓别林饰演一名受压迫的建筑工人，他夹在可怕的老板（马克·斯温饰演）和更可怕的妻子（菲利斯·艾伦饰演）之间；妻子手持战斧夫人（Battleaxe Missus）的传统武器——擀面杖。

4月3日

★————————————————————————— 莫斯科

　　四十三岁的约瑟夫·斯大林被任命为苏共总书记。这是俄国革命,乃至20世纪最具决定性的时刻之一,为斯大林后来成为苏联最高领导人开辟了道路。[1]

　　1912年,这位"了不起的格鲁吉亚人",如列宁当时这样称呼他,被招募进共产党中央委员会,1917年2月罗曼诺夫王朝瓦解后,他成为列宁的

1　按官方说法,斯大林(原名约瑟夫·维萨里奥诺维奇·朱加什维利)出生于1879年12月21日,但实际上早一年,是1878年12月6日,在哥里长大。哥里是格鲁吉亚偏远地区库拉河畔的一个小镇。他的父亲是个贫穷、经常喝醉的补鞋匠,时常打他的小儿子——那时叫"索索"(Soso)——和妻子。索索长成了一个丑陋、乖戾的年轻人,脸上有天花的疤痕,但他显然很聪明,他虔诚的母亲希望他有一天能成为一名牧师。

　　索索在当地的教会学校上学,1894年获得奖学金,进入格鲁吉亚首府第比利斯的神学院学习。这是他唯一接受正规教育的学习阶段,1899年,他被学校开除。大学一年级,他成为一名无神论者,研读马克思学说,并加入了俄罗斯社会民主工人党,取了一个新绰号"科巴"(Koba)。这个名字来自一部关于高加索地区亡命之徒的格鲁吉亚小说中的主人公。他还在第比利斯气象研究所任职——这是他1917年成为俄罗斯领导者之前唯一的全天性工作。

　　1902年,他被捕并被流放到西伯利亚,是七名流放者中的第一人。在这里,他读到了列宁的著作,并为之陶醉。1905年,他回到第比利斯,不久之后与第一任妻子叶卡捷琳娜结婚,她给他生了一个儿子雅科夫(Yakov)。

　　1905年革命爆发后,科巴——至少他自称——组织了一系列农民起义。他妻子1907年去世。

重要追随者。[1] 但斯大林已经有了长期计划。他乘坐有 400 名近卫军士兵的装甲列车，从伏尔加河下游进入察里津（Tsaritsyn），巩固了自己强势的名声。凡是被怀疑同情反革命的人都遭到清算。他还逮捕了一批托洛茨基的支持者。[2]

到 1920 年，革命仍处于崩溃的边缘。农民和工人通过罢工和暴动来表达抗议。列宁在这一时期匆忙搭建的新政府结构是为了防止灾难而设计的应急措施。他本人以总理和人民委员会主席的身份管理这个国家，还精心安排，任命斯大林为总书记，这个职位拥有包括军事在内的广泛权力。

伦敦 ★

艾略特写信给诗人斯特奇·摩尔（T. Sturge Moore）——叶芝的好友，著名哲学家乔治·摩尔（George Moore）的兄弟——邀请他为季刊投稿："我想在 6 月开始出版，但我不确定能不能等到秋天……"

同一天，他写信给阿尔弗雷德·克诺夫（Alfred Knopf），提供出版《荒原》的机会——参照他在《诗集》（Poems）创作时签订的出版合同条款。艾略特解释说，利维特已经与他接洽，提出秋天以 150 美元的价格出版这首

1　在 1917 年革命后血腥而可怕的几个月里，布尔什维克处于绝望的状态；列宁被迫将乌克兰和波罗的海割让给德国皇帝，然后在德国投降后又割让给英国、法国和日本军队。随着帝国的衰落，列宁在一次暗杀中受伤；在康复期间，他宣布俄罗斯是一个军营。列宁手下最严厉的是托洛茨基和斯大林。此时，托洛茨基被广泛认为是革命的英雄，也是列宁之外的二号人物。

2　这种对本应是同志的人的草率清算，以列宁的标准来看实在太过分，于是他召回了斯大林，从那时起斯大林就对托洛茨基深恶痛绝。

诗,他急于让这首诗尽快出版。5月1日,克诺夫亲切地回复艾略特,说如果愿意继续与利维特合作,艾略特是自由的,他期待看到下一部准备出版的散文体作品。

4月5日

庞德写信给温德姆·刘易斯:"如果没有三五十个人对文学感兴趣,就没有文明。我们也可以把我们的工作当作私人的奢侈品,没有目的,只有自己的乐趣。"

4月7日

"勒·柯布西耶"(Le Corbusier)——这个名字是画家、作家和建筑师查尔斯-艾都阿德·吉纳瑞特(Charles-Edouard Jeanneret, 1887—1965)在他自己的杂志《新精神》(*L'Esprit Nouveau*)1920 年 10 月号上采用的——

给自己的朋友兼道德导师威廉·里特(William Ritter)写了一封半是自吹自擂半是深思熟虑的信。"对勒·柯布西耶来说,一个新的化身似乎即将到来:前景灿烂……在建筑方面,完全成功:在我的领域,我是孤独的……在新闻界和其他地方获得成功,在巴黎和国外都赢得尊重(原文如此)。"[1]

"尊重成功",也许。他深思熟虑后默默地承认,取得成功的具体迹象还相对较少:"在三十五岁,你已经到了可以赊账的年龄,但在这个年龄你必须有所作为。"[2]

4月8日

伦敦 ────────────────────────────── ★

《伦敦晚报》(*London Evening News*)专栏"一个男人的小镇日记"的匿名作者注意到一本名为《尤利西斯》的书抵达伦敦,"但和荷马一点关系都没有":"这本蓝色封面的书第一眼看上去就像一本电话簿"。这篇文章的

---

[1] 有一点狂妄自大的迹象:他已经习惯用第三人称来指代自己了。

[2] 在接下来的 40 年里,他开始大规模建造。

在他设计的几十座主要建筑和开发项目中,有萨伏伊别墅(Villa Savoye, 1928 年,可能是 20 世纪最著名的三四座房子之一)、大规模住宅项目"马赛公寓"(Unite d'Habitation, 1947—1952)以及印度昌迪加尔(Chandigarh)的许多大型民用建筑(1952—1959)。

语气是谨慎的欢迎,不过,就像其他报刊评论一样,它对猥亵的语言表示哀叹:"令人遗憾的是,乔伊斯或许是一位广受赞誉的作家,却用了许多左拉式的表达,这减少了他作品的吸引力,至少有损作者的形象。"

★————————————————————————————— **伦敦**

直到最近几周,一直是俄罗斯芭蕾舞团主要明星的莉迪亚·洛波科娃(生于 1892 年 10 月 1 日)开始与她的新情人、经济学家约翰·梅纳德·凯恩斯(生于 1883 年 6 月 5 日)长期通信,他刚刚作为《曼彻斯特卫报》(*Manchester Guardian*)的特约记者离开英格兰去参加热那亚经济会议。他三十八岁,她二十九岁。

这对恋人第一次见面是 1918 年的秋天或冬天,可能早在 10 月 10 日在西特韦尔家(Sitwells),但肯定是在 12 月底,莉迪亚给梅纳德写了一封两行字的感谢信,感谢他送的一本书。他们很可能直到 1921 年 5 月才再次见面。[1] 梅纳德一开始并没有被她的才华或魅力所打动,他毫不客气地对一位朋友评价说:"她是一个糟糕的舞者——她的屁股太僵硬了。"

1921 年 4 月,莉迪亚在巴黎为佳吉列夫的芭蕾舞剧《火鸟、佩特鲁什卡》(*Firebird*, *Petrushka*)和《仙女们》(*Les Sylphides*)跳舞。1921 年 5 月,公司迁往伦敦,她在《伊戈尔王子》(*Parade*, *Prince Igor*)和《玩具店幻想曲》

---

1 在这之间的近三年里,她的生活混乱:她离开了她一直认为是自己丈夫的男人兰道夫·巴拉奥基(他与莉迪亚的婚姻是非法的,因为他没有等到与第一任妻子离婚的最终判决),退出了佳吉列夫的公司并遭受了某种精神崩溃。三年后,莉迪亚和梅纳德终于在 1925 年 8 月 4 日结婚,这是在法律允许的情况下的结合。

（*La Boutique Fantastique*）中担任额外的角色。伦敦人为芭蕾舞而疯狂，表演大获成功，莉迪亚——"受欢迎的洛波科娃"——成了城里最炙手可热的明星。在这次成功的鼓舞下，佳吉列夫决定上演一出奢华的《睡美人》，由莉迪亚和尼金斯卡轮流扮演丁香仙子，偶尔也会接替奥罗拉公主的主要角色。

《睡美人》一开始演得很好，但观众很快就开始减少。梅纳德此时已迷上了他的舞女，他每天都到剧院去，引人注目地站在空荡荡的座席上观看。1922年2月4日，由于负债累累，剧组最终解散；佳吉列夫慌忙回到巴黎，把他的大部分艺术家留在了伦敦。但此时，大概在新年前后，莉迪亚和梅纳德成了恋人。他们的恋情就这样开始了，就在她事业结束的时刻；她再也没有担任过主要角色，也没有签订过长期合同。

正如他们的书信集的编辑所指出的，1922年是莉迪亚和梅纳德生活的转折点。这对恋人在追求激情的同时，也以各自的方式寻求安全感。莉迪雅无疑是两人中更困窘的那个———个难民、一个不幸的离婚者，可能面临贫困。尽管梅纳德已经在世界舞台上崭露头角，但他还是感到孤独和不满。自1908年与邓肯·格兰特（Duncan Grant）结束恋情以来，他沉迷于一连串短暂的同性恋邂逅。他在布卢姆斯伯里文化圈的大多数朋友都强烈反对他与莉迪亚的恋情，但他坚决不予理睬。

在他们激情相恋的初期，梅纳德就把莉迪亚安顿在戈登广场50号的公寓里，凡妮莎·贝尔（Vanessa Bell）和其他人就住在那里；凯恩斯不住在剑桥大学国王学院时，就住在戈登广场46号。莉迪亚和佳吉列夫的好日子可能已经结束了，但她现在在考文特花园为马辛（Massine）出演几部无聊的舞曲，其中最著名的是斯特拉文斯基的拉格泰姆舞曲（*Ragtime*）。

在热那亚会议期间,莉迪亚几乎每天都写信给梅纳德,报告她在伦敦新生活中的琐事,并回应他在《曼彻斯特卫报》上发表的文章。她的英语虽然词汇丰富,但还是相当古怪:

> 我过着简朴的工人生活,而你——你晚上去放荡的地方吗?

> 你最后的表情让我心惊胆战。

> 昨天晚上我笑得厉害,以为会笑得停不下来——马辛跳舞的时候几乎衣衫不整,帽子掉了,看到这些,我立刻想到一场绝对滑稽的灾难是他的裤子掉下来了。

> 我把优美的笔触涂满你的全身。梅纳德,你人真好。[1]

她确信,凯恩斯的天才足以担负解决世界问题的重任,因此敦促他尽可能多地留在会议上。凯恩斯则更为悲观,他履行了为期三周的协议,月底回到了英国。

1　她发不出最后一个辅音,就叫他梅纳尔(Maynar)。

4月10日

中国 ─────────────────────────────────────★

　　敌对派系争夺政权的直奉战争开始。这是中华民国初期的所谓军阀混战时期(1916—1928),敌对武装之间的众多冲突之一。这场短暂的战争于1928年6月18日结束,奉系军队投降,其领导人张作霖倒台。[1]

意大利 ───────────────────────────────────★

　　这一年的主要经济活动热那亚会议在圣乔治宫(Palazzo San Giorgio)大厅举行;第一次世界大战结束后,来自34个国家的代表聚集在一起,讨论和协商世界经济发展的条款。

　　海明威以记者身份出席了会议,并在4月10日("加拿大承认俄罗斯")与5月13日("劳埃德·乔治的魔法")期间发表了许多报道(有的只有一段,有的长达几页)。他以生动的文笔开始:"热那亚拥挤不堪,就像一座现代的巴别塔,一群汗流浃背的译员试图将40个(原文如此)不同国家的代表聚集在一起。狭窄的街道上挤满了人,数千名意大利士兵维持秩

1　1928年6月4日张作霖在"皇姑屯事件"中被炸死。——译注

序……"他在后来的一篇文章中解释说,派遣军队的原因是担心苏联代表团的存在会引发共产主义和反共产主义的骚乱。[1]

正是在这次会议上,海明威掌握了电报艺术——将尽可能多的信息压缩进最少的字数。同为记者的林肯·斯蒂芬斯(Lincoln Steffens)说,他注意到海明威凝视着最近的一篇报道,惊叹于自己的新闻技巧:"没有脂肪、没有形容词、没有副词,只有血液、骨头和肌肉。太棒了。这是一种新的语言。"斯蒂芬斯相信,在热那亚的经历之后,海明威的风格彻底改变了。

★——————————————————————————— **伦敦**

4 月 10 日,薇薇安结束了经常性的休养疗法,回到伦敦。在拥挤的火车上,她已筋疲力尽,体温达到 100 华氏度[2]。

1　这是一种有充分理由的焦虑。两年来,意大利,尤其是托斯卡纳和北部地区,饱受共产主义和法西斯武装分子之间流血冲突的折磨,有时甚至是致命的。热那亚相当数量的亲红色政权人群,估计占总人口的三分之一,无疑会为苏联代表的出现而欢呼和兴奋;海明威指出,左翼的热情是如何随着红酒消耗量的增加而增加的。但是,当他描述年轻的法西斯主义者的无知、自以为是的好斗和残忍时,也同样辛辣。

2　约等于 37.8 摄氏度。——译注

4月16日

意大利 ——————————————————————————————— ★

全世界得知,魏玛共和国在《拉巴洛条约》(Treaty of Rapallo)中正式承认了俄国新政权。[1] 外交部长沃尔特·拉特瑙(Walter Rathenau)监督了整个过程。其效果很有戏剧性。海明威在 18 日描述了意大利人对这份由拉特瑙和苏联特使奇切林共同签署的条约引起的惊慌与沮丧。法国人同样感到不安,英国人,如劳埃德·乔治预言,这只能被视为朝苏德同盟迈出的第一步。当时热那亚会议正处于瓦解的边缘,因为法国以立即退出为威胁,要求劳埃德·乔治呼吁俄国和德国放弃该条约。

海明威报道说,会议第一天,法国代表团团长巴图(M. Barthou)情绪激动,坚称法国甚至不会开始讨论裁军问题;奇切林随后站起来,声称这个问题是会议议程的核心。劳埃德·乔治设法安抚双方受损的自尊心时,法国人似乎正准备退出以示抗议。海明威在这个月的报道中对俄德两国的表现做出了负面评价。

在海外,人们对该条约的反应从担忧到彻底的恐惧不等。但是,当一些西方国家对德苏联盟的前景表示怀疑时,德国右翼人士认为,某些外交

1　埃兹拉·庞德不久将长期居住在拉巴洛这个小镇上。

官正秘密地计划将德国置于布尔什维克的统治之下——这一怀疑很快就会对拉特瑙造成致命的打击。

★——**伦敦**

艾略特写信给学者、外交官西德尼·沃特洛(Sydney Waterlow,1878—1944),后者是《国际伦理杂志》(*International Journal of Ethics*)编委会成员,偶尔委托艾略特撰写评论。艾略特写道:"在我看来,至少在六个月的时间里,谈论《尤利西斯》是不值得的——直到所有那些出于不够真诚的原因而喜欢或不喜欢它的傻瓜们都累坏了自己。"

四天后,他在给小说家、艺术赞助人普鲁斯特·西德尼·希夫(1868—1944,见5月2日)的主要支持者的一封信中宣布,他准备"完全放弃文学事业,退休;我不明白为什么我要永远和时间、疲劳、疾病,以及对这三个事实的漠然无知缠斗不休……"

★——**朝鲜**

在其远东之行的下一阶段,威尔士亲王访问了日本占领下的朝鲜的青年准军事组织"日本青年团"。

★——**巴黎**

曼·雷写信给他的朋友费迪南德·霍华德(Ferdinand Howald),讲述他在摄影方面的最新实验：

> 你可能会后悔听到这些，但我终于把自己从黏稠的颜料中解放出来了，我直接用光来作画。我找到了一种新的记录方式。在我的新作品中，主题从未如此贴近生活本身。

他指的是他最近发明的"实物投影法"，从 1921 年到 1922 年冬天他一直在研究这个。特里斯坦·查拉是他第一个向其展示这些革新性作品的人，查拉对所看到的大为震撼。他在许多散文诗中充分赞扬它们，不久，原型超现实主义作家罗伯特·德斯诺斯（Robert Desnos）也这样做了。

4 月 20 日

剑桥 ──────────────────────────────────── ★

弗拉基米尔·纳博科夫仍对父亲的惨死感到震惊，[1] 回到剑桥完成他的最后一个学期。自从他们一家被迫流亡，他发现，春天的到来几乎令人辛

---

1 弗拉基米尔·德米特里耶维奇·纳博科夫（Vladimir Dmitrievich Nabokov, 1870—1922）3 月 28 日在柏林举行的立宪民主党会议上被暗杀。他在与一名枪手扭打时中了两枪。那名极右翼俄罗斯激进分子枪手最初的目标是自由派政治家帕维尔·米留科夫（Pavel Miliukov），他幸免于难。

酸到难以忍受，因为往昔此时，正是他动身去圣彼得堡附近维拉的纳博科夫私家庄园的时候，紫丁香刚刚开花。今年春天，他悲伤得几乎发狂，在勤奋学习准备期末考试中寻求慰藉，每天紧张地学习十五六个小时，不让自己有什么消遣。

即便如此，阳光明媚的剑桥之春，自然之美也给人以慰藉，他有时也会放纵自己，走出房间，坐在靠在河对岸柳树下的一条方头平底船或小舟里，读他的听课笔记。而他的文学乐趣有了新的来源：一天，他的流亡伙伴彼得·莫罗索夫斯基带着一本新近来自巴黎的《尤利西斯》跑进他的房间。莫罗索夫斯基开始踱来踱去，兴致勃勃地朗读几段，尤其是莫莉·布鲁姆（Molly Bloom）的内心独白。[1]

4月22日

★─────────────────────────── 伦敦

约翰·米德尔顿·默里在《国民与雅典娜神殿》（*The Nation and Atheneum*）发表了他关于《尤利西斯》的评论。他一开始便对瓦莱里·

---

[1] 多年后，在康奈尔大学给他的学生讲授《尤利西斯》时，纳博科夫谈到了这一部分："此处的风格是一股持续不断的意识流，贯穿于莫莉可怕、庸俗和狂热的头脑，这是一个相当歇斯底里的女人的头脑，有着平庸的思想，多少有点病态的肉欲，她身上洋溢着丰富的音乐旋律，并有一种异常的能力，能以一种不间断的内心语言来回顾她的一生。一个思维这么有动力、这么有连贯性的人，不是一个正常人。"

拉博的宣称("通过这本书,爱尔兰重新高调地跻身欧洲优秀文学之列")表示蔑视:"欧洲人！他(乔伊斯)是个带着炸弹的人,他会把欧洲剩下的东西炸上天。"在默里看来,乔伊斯本质上是一个无政府主义者,他写作的主要目标是抑制:

> 《尤利西斯》,从根本上说(尽管除此之外还有许多别的方面),是一个巨大的、惊人的自我撕裂,是一个半疯癫的天才把压抑和限制从他的身体中剥离出来,而这种压抑和限制已成为他的肉中肉。

默里承认,与文本搏斗了两周之后,他仍然在某种程度上对它感到困惑,尽管如此,他还是承认这部小说在某种意义上是一部杰作:"这种超凡脱俗的插科打诨,这种突如其来的喜剧力量,进入一个现实和本能的悲剧性不相容的世界,就是一项伟大的成就。"

伦敦 ────────────────────★

下午 2 点 30 分左右,年轻有为的剧作家马丁·贝特森(Martin Bateson)——伟大的剑桥大学生物学家威廉·贝特森(William Bateson)[1]的儿子——走进皮卡迪利广场的车流中,广场就在俗称"爱神"(Eros)的雕像和摄政街之间;一辆出租车调转方向避开了他。他像演戏一样夸张地脱下右手的白手套,将手伸进口袋,掏出一把 0.25 口径的自动手枪,枪管放

1　在他的其他成就中,作为该科学领域的先驱,他创造了"遗传学"(genetics)这个词。

在右耳后,扣动了扳机。

他被紧急送往查令十字医院,但一小时后死亡,至死没有恢复知觉。他离二十三岁生日还有四个月。黄色小报为之兴奋。《每周快讯》(*Weekly Dispatch*)称,"这可能是伦敦史上最具戏剧性的蓄意自杀事件"。《每日镜报》(*Daily Mirror*)将死者肖像作为下一期的海报。

自杀的背景是什么? 首先,这对他个人来说具有象征性:马丁在他哥哥约翰出生(1898 年 4 月 22 日下午 2 点 30 分)的周年纪念日,上演了自己的死亡戏剧;约翰因在战斗中的英勇行为而被授予军事十字勋章,在战争的最后几天里死于炮击。作为威廉·布莱克(William Blake)的狂热崇拜者,他也会在爱神雕像前意识到拥抱死亡的意义——尤其是他痛苦自杀的直接原因是被他所爱的女孩格蕾丝·威尔逊(Grace Wilson)拒绝,她是个单纯的十九岁女演员。但是,也有其他因素加深了他的绝望。

马丁跟着他父亲进入了科学领域,成绩也不错,在剑桥大学的优等考试第一阶段获得了一等荣誉。但他渴望成为一名剧作家,因此很早就离开剑桥,加入了皇家戏剧艺术学院,在那里他遇到了格蕾丝·威尔逊。他父亲有若干原因不赞成他这样做,但并非出于对艺术的不尊重;相反,他认为文学、艺术和音乐是更高层次的职业,只对那些有创造力的奇才开放,而任何智力一般的人都可能成为科学家。

然而,马丁坚持追求他的梦想,产生了种种悲惨的后果。他把自己的第二部戏剧给他母亲和弟弟看,那很大程度上是自传性的,他们被他作品中对父亲充满怨恨的描写吓坏了。当他鲁莽地把剧本拿给他的缪斯女神格蕾丝看时,她愤怒地归还给了他,说很明显,他对她的关心只是作为一种创造性资本的来源。[1]

4月23日

纽约 ─────────────────────────────────── ★

《奥兰德斯》(*Ofrandes*)成为埃德加·瓦雷兹(Edgard Varèse)在纽约首演的第一个作品。[2] 指挥是卡洛斯·萨泽多(Carlos Salzedo),尼娜·科什茨(Nina Koshetz)是独奏者。新闻界对这场演出的反应相对冷淡。

奥地利 ────────────────────────────────── ★

维特根斯坦寄给剑桥大学的语言学家、哲学家、书商、出版商、博学多才的C. K. 奥格登(C. K. Ogden,1899—1957)一份详细的清单,列出了他对弗兰克·拉姆齐(Frank Ramsay)翻译、奥格登编辑的《逻辑哲学》(*Tractatus*

1　这个悲伤故事的全部后果太复杂,难以阐明;但很明显,失去两个哥哥对格雷戈里·贝特森(Gregory Bateson)影响至深。1922 年秋,他进入剑桥大学圣约翰学院,开始了一段几乎无与伦比的科学生涯,包括动物学、人类学、心理学(他是所谓精神分裂症"双重约束"理论的发起者,而这一理论通常被认为是由 R. D. 莱恩提出的)和控制论。

2　时至今日,瓦雷兹(1883—1965)被认为是 20 世纪早期最具影响力的先锋作曲家之一;他的崇拜者和追随者包括施托克豪森(Stockhausen)、布莱(Boulez)、梅西安(Messiaen)、潘德列茨基(Penderecki)和摇滚音乐家弗兰克·扎帕(Frank Zappa)。

Logico-Philosophicus)的意见和建议。[1]

★━━━━━━━━━━━━━━━━━━━━━━━━━━━━ 巴黎

4月23日,庞德写信给斯科菲尔德·塞耶,重复他关于艾略特的一贯主题,"我听说他又病了",以及讨论艾略特《荒原》的稿费。

★━━━━━━━━━━━━━━━━━━━ 俄国高尔基市

德国医生伯克哈特为列宁做了手术,取出了自1918年遭到暗杀以来一直卡在他脖子里的两颗子弹中的一颗。当时,列宁的医生不愿意取出子弹,以防引起出血危及生命。

苏联媒体对这次失败的暗杀并不在意,但它对这位领导人是个严重的威胁。据伯克哈特的诊断,列宁严重的头痛是由嵌在里面的子弹壳导致铅中毒引起的。列宁自己的医生对此表示怀疑,但最终同意清除一颗子弹。手术是在局部麻醉下进行的,列宁始终保持冷静和坚忍。后来他说他会以不同的方式做这个手术:"我会掐一下肉,然后切开。子弹就会跳出来。其余的都只是花招而已。"这引起了医生们的一阵大笑,他们明白,列宁是在参考自己作为社会"外科医生"的专业知识。

手术很成功,但1922年对列宁的健康来说仍然是非常糟糕的一年。5

1　奥格登的名著《意义的意义》(*The Meaning of Meaning*)1923年出版,这本书是他与另一位剑桥知识分子 I. A. 理查兹合写的。

月,他遭受了一次严重中风,这是他逝世(1924 年 1 月 21 日)前三次中风中的第一次,而 12 月的第二次中风导致他身体右半部分瘫痪。从那时起,他不再参与实际的政治活动;但他继续写作,更确切地说,口述一些重要文件,尤其是 1922 年 12 月开始撰写的著名的《遗嘱》(*Testament*)。

4月25日

巴黎 ————————————————————————————— ★

乔治·摩尔在伏尔泰饭店与一位朋友交谈:

就拿这个爱尔兰人乔伊斯来说,他有点像退化的左拉。最近有人寄给我一本《尤利西斯》。人家告诉我一定要读,可是这样的书怎么读得下去呢? 我读了一些,但是,天哪! 多么无聊啊! 也许乔伊斯认为,因为他写了那么多脏字,他就是一个伟大的小说家。当然,他的想法来自杜雅尔丹[1]? 你觉得《尤利西斯》怎么样? ……

他的朋友还没来得及回答,摩尔就接着说:

---

[1] 杜雅尔丹(Edouard Dujardin, 1861—1949),法国作家,其小说《月桂树被砍了》(*Les laurlers sont coupés*)被认为开意识流小说先河。——译注

乔伊斯,乔伊斯,为什么他是个无名小卒——来自都柏林码头:没有家庭,没有教养。有一次,有人把《一个青年艺术家的画像》寄给我,那是一本完全没有风格和特色的书;嗯,我也做过同样的事,但写《一个年轻人的自白》(*The Confessions of a Young Man*)要好得多。除非你能写一本更好的书,否则为什么要做同样的事情呢?……

《尤利西斯》是没有希望的,认为记录每个人的每个想法和感受,就能实现任何好的结局,这是荒谬的。那不是艺术,那是企图复制"伦敦姓名地址录"。你认识乔伊斯吗?我知道他住在巴黎。他靠什么谋生?他的书不畅销。也许他有钱。你不知道吗?我很好奇。这个问题问别人吧。

4月26日

★ ———————————————————————————— 伦敦

艾略特写信给奥托琳·莫雷尔,告诉她,在复活节前的一个星期,他和薇薇安就一直饱受疾病的折磨。他们迫切需要休息,尽管艾略特暂时不能再向银行请假。他正在考虑住在布莱顿的可能性,从那里他可以很容易乘早班火车进城。

4 月 27 日

　　备受瞩目、期待已久的弗里茨·朗的《玩家马布斯博士》在动物园乌法电影宫首映。事实上，由于这部电影的放映时间大约是四个半小时，所以只有第一部分——《大玩家》及《时代之图》——在首映式上放映了。第二部分——《地狱》及《我们这个时代的游戏》——推迟到第二天晚上放映了。[1] 尽管如此，观众知道他们有了特别的观影经历。这部电影引起了一系列令人兴奋的传言，比如不断上升的成本、前所未有的惊人心弦的特技效果，以及朗那近乎狂热的完美主义，几乎让那些可怜的演员和工作人员恨不得谋杀他。[2]

1　如同茂瑙的《诺斯费拉图》，也许还有维纳的《卡利加里》(*Caligari*)，这部上下两集的电影最终被认为是魏玛时期德国电影中为数不多的杰作之一。

2　朗出生于维也纳的一个天主教/犹太家庭，在奥地利军队服役后不久就进入了电影业。他一开始是一名作家，主要为德克拉公司(Decla)写作，但很快就被其他公司争抢；他的导演处女作是 1919 年为德克拉-比欧斯科普(Decla-Bioskop)拍摄的《混血儿》(*Halbblut*)。紧接着又有七部电影由不同的电影公司制作。他在商业上的突破来自他的名为《蜘蛛》(*Der Spinnen*)的两集电影中的第一部《蜘蛛 1：黄金湖》。这是一部情节紧凑的搞笑片，主角是印第安纳琼斯式的英雄和他的死敌蜘蛛，后者是一群卑鄙的恶棍，他们惯于通过打电话的方式把毒蛛留在谋杀现场。

《玩家马布斯博士》是朗到那时为止规模最大、最奢华的作品。1921年底，他开始在纽巴伯斯贝格制片厂（Neubabelsberg）拍摄这部电影。它是根据前记者诺伯特·雅克（Norbert Jacques）最近的小说改编的，讲述了一个可怕的故事：一个犯罪头目的催眠能力让他几乎变成了恶魔。马布斯像野兽一样跟踪上流社会，引诱富人疯狂赌博，让他们无可救药地欠下他的债；他窃取国家机密，操纵股票市场。唯一似乎能够承受这种威胁的人是名警官，冯·温克（von Wenk），他和马布斯一样有个危险的弱点：他们都被美丽的托尔德伯爵夫人迷住了。他们的争斗导致了各种各样的混乱：汽车追逐、爆炸、枪击和可怕的谋杀。但它远不只是一部简单的警匪片。

和小说一样，朗的电影情节也发生在一个甘于颓废和模糊又神秘的环境中：毒品交易、性爱俱乐部、降神会和地下赌场，而所有这些都发生在通

《黄金湖》在市场上获得了巨大的成功，以至于朗被迫放弃他本可以执导的另一部电影《卡利加里博士的小屋》（*Das Kabinett des Dr Caligari*），毫不逊色的一部影片。不久，他就完成了《黄金湖》的续集《钻石船》（*Das Brillantenschiff*），这是另一部热卖的影片。作为德国的重量级导演之一，朗已经被人们以敬畏的口吻谈论。1921年，他拍摄了到那时为止最雄心勃勃的电影《累死》（*Der müde Tod*），成就了他的辉煌，这部影片是童话和寓言的结合体。

《累死》是与朗的未婚妻、女演员西娅·冯·哈布（Thea von Harbou）合作的，两人于1920年相识，当时西娅还是朗的主要演员之一鲁道夫·克莱恩-罗格（Rudolf Klein-Rogge）的妻子。很快，他们成了恋人，西娅在1921年到1931年间参与了他所有电影的创作——这些作品即使称不上世界级电影，也被认为是魏玛电影的巅峰之作：《尼伯龙根之歌》（*Die Nibelungen*，1924）、《大都会》（*Metropolis*，1927），还有他那个令人难忘的被警察和黑社会跟踪的儿童杀手的形象《M》（*M*，1931）。

他们为两人的结合付出了可怕的代价。当朗的第一任妻子丽莎发现他们拥吻时，上楼用朗的军用手枪朝自己的胸部开了一枪。或者确实是她开的枪吗？朗的余生一直被谋杀她的谣言所困扰，他说为了逃避起诉，自己曾在精神病院住过一段很短的时间。没有司法调查，也没有人找到警方对该事件的任何记录，但评论家们很快注意到朗的后续电影充斥着自杀、意外死亡和对谋杀的错误指控。

货膨胀的社会背景下。正如副标题所显示的,到目前为止,这是一幅没有任何幻想的"时代图景"。还有更神秘的维度:朗从小就对"精神控制"感兴趣,他展现了马布斯这个角色所有不可思议的方面,使这个恶棍与其说是个阿尔·卡彭[1],不如说是个黑暗巫师。

即便如此,很可能是阿尔·卡彭的黑帮生涯激发了影片结尾的激烈枪战。冯·温克的武装人员围攻马布斯的藏身之处,随后有一场精彩的射击比赛。托尔德伯爵夫人被救了出来,但是马布斯通过暗门逃了出来,进入下水道的隧道,最后进入一个房间,房间里有许多为他制造假钞的老人。这些老人包围了他们以前的奴隶主,把他团团围住;马布斯的精神崩溃了,他仿佛看到了怪物。当警察抓住他的时候,他已经疯了;他们将他关进了疯人院。

首映式上的观众不仅被电影的打斗场面和壮观的场景所吸引,还感受到影片中弥漫着的不安的基调,以及它所暗示的一个几乎无可救药的堕落社会。影评家赞不绝口,认为朗的确描绘了那个时代的真实面貌。[2]

1　阿尔·卡彭(Al Capone),1920 年代美国芝加哥黑手党头目。——译注
2　影片上映几个月后,沃尔特·拉特瑙在街上被右翼暴徒暗杀,于是人们便将马布斯称为"先知"——就像人们说的那样,对拉特瑙的暗杀是一场可以直接从电影中搬演的暴行。多亏魏玛时期电影史学家的工作,特别是齐格弗里德·克拉考尔(Siegfried Kracauer)和洛蒂·艾斯纳,现在人们普遍认为这部电影整体上预示了希特勒的崛起。

随着岁月的流逝,影片中另一个特点越来越明显,那就是朗对大反派的认同感。尽管朗用很多手法描述了马布斯的性格,但他的很多言词几乎都令人尴尬地接近朗的个人哲学:"从长远来看,没有什么是有趣的,除了一件事。对人和人的命运的玩弄。"确实如此。

朗自己最终的命运是逃离纳粹,在好莱坞开创新的事业。他妻子则对希特勒更感兴趣,因而加入了纳粹党。(见 8 月 26 日)

　　E. E. 卡明斯(E. E. Cummings)——或者,正如他后来称呼自己为 e·e·卡明斯(e e cummings)——的《大房间》(*The Enormous Room*)由利夫莱特公司第一次出版。[1]司各特·菲茨杰拉德谈到这本书,"自 1920 年以来涌现出的所有年轻人的作品中,只有一本书幸存下来——E. E. 卡明斯的《大房间》……那些使书籍存活下来的少数人无法忍受书籍消亡的想法"。这是卡明斯的第一本书,尽管他已经出版了一些诗歌,和许多第一本书一样,这本书很大程度上是自传式的——基于在诺曼底拉弗特梅斯(La Ferté-Macé)的分诊站为期三个半月的监禁。[2]

　　出狱后,卡明斯在 1918 年元旦回到美国。大部分时间里,他面容憔悴,沉默寡言,觉得空气令人窒息,但他意识到自己需要食物和休息。他父亲建议他把自己在法国的经历——《大房间》的萌芽——写下来,并答应支付 1000 美元的自由债券。2 月底,他逃到纽约,在那里热情地投入典型

1　像他那一代的许多年轻作家一样,爱德华·埃斯特林·卡明斯(生于 1894 年)在战争来临之前,曾享受过平静的童年和青春期。他父亲在哈佛大学教社会学和政治学,后来成为"一位论派"(Unitarian)牧师;爱德华跟着他去了哈佛大学,1915 年获得学士学位,1916 年获得硕士学位。他的朋友包括约翰·多斯·帕索斯(John Dos Passos)和斯科菲尔德·塞耶——后者是一名诗人,后来成为《日晷》编辑。1917 年,卡明斯和多斯·帕索斯决定参与欧洲战争,担任救护车司机,他们都加入了诺顿-哈里斯救护队。由于官僚机构的无能,卡明斯在巴黎待了好几个星期。他游览了这座城市,对它非常着迷。

2　法国军队截获了卡明斯的家书,发现卡明斯没有积极参战的意愿,于是他和他的一个朋友在 1917 年 9 月 21 日因间谍罪被监禁。卡明斯的父亲为儿子的自由多次徒劳地恳求之后,终于直接与威尔逊总统接触。他于 1917 年 12 月 19 日获释。

的波希米亚式的生活中，绘画、展览、写诗、喝酒……然后坠入爱河。这个女人就是伊莱恩·奥尔（Elaine Orr）。[1]

卡明斯波希米亚式的悠闲生活只持续到 1918 年夏天，那时他应征加入陆军第 12 师。他痛恨服役的经历、战友们的愚蠢、制度化的虐待和种族主义，但情况并没有更糟：他从未被派去服现役，1918 年的大部分时间他都在马萨诸塞州的德文斯军营度过。[2]

1919 年 1 月 17 日，他从军队中解脱出来，回到纽约，重新开始了自由的美好生活。他的新画作很受欢迎，卖给了不少可靠的客户，包括他的父亲和塞耶。受伊莱恩的启发，他创作了大量情诗；不太如意的是，他写了一篇关于艾略特的不够成熟的文章，他对艾略特作品的赞赏表达得不太恰当，以至于听起来像是在责备。他再也没有评论过一本书。

1920 年 7 月，他和父母去了新罕布什尔州的银湖（Silver Lake），最终决定写作"法国笔记"。在这里，他采用了斯巴达式的制度——他住在一

---

1 不幸的是，她是朋友——也是他的赞助人——斯科菲尔德·塞耶的妻子。这是一件尴尬的事情，虽然卡明斯在这桩奇怪的关系中不是个引人注目的人物，但伊莱恩是始作俑者。她和塞耶分居；她很孤独，塞耶失去了和她做爱的兴趣。他似乎开始沉迷于对青春期男孩的偏爱。他非但没有试图阻止这种事情发生，反而感谢卡明斯花那么多时间陪伴那位孤独的妻子，并给了卡明斯一些零花钱作为他们约会的礼物。她最终在 1919 年 12 月 20 日为卡明斯生下了他唯一的孩子南希（Nancy）；与塞耶离婚后，1924 年与他结婚。（婚姻是短暂的。她很快就和一个富有的爱尔兰人私奔了。）

2 军旅生活给了他意想不到的大量阅读时间：在德文斯军营期间，他狂热地阅读艾略特的诗歌以及《艺术家的画像》（Portrait of the Artist）和《都柏林人》（Dubliners），他还在《小评论》上发现了《尤利西斯》的节选。他似乎为《日晷》写了一篇关于乔伊斯的文章，但被拒绝了，文稿从未被发现。发现的是一个片段，列出了他认为的新时代英雄，包括庞德、布朗库西、艾略特、马蒂斯、勋伯格和俄罗斯芭蕾舞团……"最近几个月，詹姆斯·乔伊斯（《尤利西斯》）加入了这一份真实的名单。"

个帐篷里，可以坐独木舟去那儿——保持稳定的写作时间。到 9 月中旬，他已经能够将四章完整的文稿给他父亲（他父亲认为这是一部"大作家"的作品）看，到 1920 年 10 月 18 日，整本书完成了修订。1921 年 1 月，书稿寄给了出版商。然而，最初的反应都是否定的。

回到纽约后，卡明斯和约翰·多斯·帕索斯恢复了昔日友谊，1921 年 3 月 15 日，这两位作家乘"莫尔穆高号"（Mormugao）离开纽约前往葡萄牙。他们对葡萄牙的观感一般，便迅速前往西班牙，然后在 5 月 10 日越境进入法国。他们从圣让德路斯直接去了巴黎，到达巴黎几小时后，卡明斯听说一家美国出版商——利夫莱特出版公司——终于表示有兴趣出版他的书。[1]

1921 年 8 月 26 日，利夫莱特出版公司写信给卡明斯的母亲确认协议；然而，这本书仍然没有书名。卡明斯犹豫不决，他想了好几个书名，包括《好客》（Hospitality）、《失物招领》（Lost and Found）、《猜疑》（Held on Suspicion）、《不情愿的客人》（Unwilling Guest）和《陷入法网》（Caught in the French Net）。到 1921 年 11 月 25 日，他才给父亲发电报："书名，《大房间》。"[2]

主流媒体最初的评论要么是轻蔑的，要么怀有敌意，几乎全部集中在

1　在几周愉快的巴黎重访后，这对朋友分开了一段时间，多斯·帕索斯动身前往中东。1921 年 6 月中旬，伊莱恩前来和卡明斯会合；大约一个月后，1921 年 7 月 28 日，法国一家法院宣布她与塞耶的婚姻无效。塞耶没有提出异议，并给了伊莱恩一笔丰厚的财产；他会时常给卡明斯钱，尤其是婴儿南希的医药费。

2　当卡明斯终于在 5 月初收到他作品的样书时，初次成为作者身份带来的兴奋变成失望。他发现书中到处是印刷错误，关键的段落被悄悄地删掉了，他提供的插图只用了一幅。1922 年 5 月 13 日，他给父母写了一封信，对所有这些侮辱和暗中审查行为怒斥不已，并要求在新版本中予以修订。鉴于他此前拒绝亲自回国修订校样，这种抱怨虽然理由充分，但也并不公正。

他们对这部作品所理解的无政府主义或布尔什维克政治上,当时一股"红色恐惧"(Red Scare)正在形成。直到当年夏天,各种文学杂志都发表了意见,这本书的基本品质才得到吉尔伯特·塞尔迪斯、约翰·皮尔·毕晓普(John Peale Bishop)和卡明斯忠实的朋友多斯·帕索斯等人的认可和赞扬。海明威的回应最令人愉快,也最简洁:"这是一本大书。"

4月29日

伦敦 ★

《展望》(*Outlook*)杂志发表了一篇长篇评论,阿诺德·贝内特(Arnold Bennett)写的《詹姆斯·乔伊斯的〈尤利西斯〉》。尽管贝内特对乔伊斯和他的小说——他挑出了"夜游"情节("内容丰富,技艺精湛,与素材的质量相适应")和莫莉·布鲁姆的独白("我从未读过能够超越它的书,我也怀疑自己是否读过能与之匹敌的书")——给予了高度赞扬,但评论的大部分内容都充满敌意,指责乔伊斯乏味、厌世、艺术贫乏,当然还有淫秽。

他显然认为,在无辜和毫无防备的读者面前装疯卖傻,是一种真正的艺术和高尚的品质。

……他把读小说变成了对苦役的一种模仿。

> 许多人无法继续阅读《尤利西斯》;他们感到震惊,不得不丢
> 下它。

诸如此类。贝内特是很有影响力的批评家,这份告诫一定会让他的许多读者对这本书嗤之以鼻。

4月30日

★ ——————————————————————— 纽约

受最近一部讽刺歌舞剧《蝙蝠》(*Chauve-Souris*)演出成功的启发,"阿尔冈琴圆桌会"[1]的成员决定上演他们自己的节目,但只演一个晚上。他们在一个周日晚上租了第49街剧院,利用自己的各种才能,上演了一场即兴音乐剧《不,先生!》(*No Sirree!*)。多萝西·帕克(Dorothy Parker)为一首名为《永恒的蓝调》("The Everlastin' Ingenue Blues")的歌曲写了歌词,由罗伯特·舍伍德[2]演唱,由一群知名或不知名的女演员组成的合唱队做后

---

1 "阿尔冈琴圆桌会"(Algonquin Round Table),1920年代纽约一些作家、评论家、演员形成的一个非正式聚会,他们经常聚在阿尔冈琴饭店。——译注
2 指罗伯特·埃米特·舍伍德(Robert Emmet Sherwood, 1896—1955),美国剧作家、编辑、编剧,"阿尔冈琴圆桌会"的早期成员。

盾,其中包括塔卢拉·班克赫德(Tallulah Bankhead)、海伦·海耶斯(Helen Hayes)和玛丽·布兰登(Mary Brandon),舍伍德当年晚些时候和布兰登结婚。其他杰出人士,所有"阿尔冈琴圆桌会"的朋友们也给予了支持:欧文·柏林(Irving Berlin)指挥乐队,雅沙·海菲茨(Jascha Heifetz)在舞台下演奏小提琴伴奏,迪姆斯·泰勒(Deems Taylor)——作曲家和记者,常被称为"美国音乐学院院长"——写的曲子。后来,这群人回到他们的朋友赫伯特·斯威普斯和玛姬·斯威普斯的公寓,举行了一场狂欢会,一直持续到凌晨4点。

尽管《纽约时报》的评论员认为这部剧很"业余"、很愚蠢,但观众似乎很喜欢它。《不,先生!》包括恶作剧地对尤金·奥尼尔的《毛猿》,以及罗伯特·本奇利(Robert Benchley)——在21世纪,他最被人铭记的可能是他的喜剧性"教学"电影——有部短剧的滑稽模仿,这部短剧改变了他职业生涯的进程。他扮演的是一个平凡的财务主管,突然被叫去宣读公司的年度报告,因为往常读报告的那个人病倒了。一开始,他几乎不知所云,但随着他对主题的纯粹诗意的领悟,他说得越来越流畅了。

欧文·伯林认为"财务主管的报告"很滑稽,他和他的商业伙伴山姆·哈里斯(Sam Harris)向本奇利提议,在他们即将举行的《音乐盒歌舞剧》(*The Music Box Revue*)节目中,原样再演一次。本奇利感到为难:他甚至还没有写好剧本,以前也从未公开露过面。他还担心,出现在一个节目中可能会严重损害他作为戏剧评论家的诚信。为了应付他们,他提出了自认为高得离谱的费用:一周500美元。哈里斯想了想,"好吧,"他说,"500美元,你得演好点。"这是本奇利作为在舞台和银幕上广受欢迎的喜剧演员始料未及的职业生涯的开端。

MAY 五月

5月2日

普鲁斯特的《索多姆与戈摩尔》第二卷在法国书店上市。新著很快获得巨大的成功，巩固了普鲁斯特的声誉。从此时到他去世的那年年底——以及此后多年——他成为巴黎时尚界的头号话题。报纸兴奋地暗示他即将获得诺贝尔文学奖。[1] 几天前，他富有的英国朋友维奥莱特和西德尼·希夫抵达巴黎，这让他声名鹊起的喜悦更加甜蜜。不幸的是，这位事故多发的小说家成功地破坏了这次愉快的团聚。

最近，普鲁斯特开始习惯用肾上腺素来代替他通常服用的咖啡因，以使自己从另一种钟爱的药物佛罗拿（veronal）引起的昏昏欲睡中清醒过来。为了迎接朋友们的到来，他鲁莽地服了一剂未稀释的药。药剂像酸一样直刺他的喉咙和肠胃；他痛苦地叫唤了三小时，之后的几个星期，除了每天早晚从里兹饭店买来的冰啤酒和冰淇淋，他几乎吃不下任何东西。在他们到达后的几个晚上，他邀请希夫夫妇去哈默林街 44 号与他的嫂子玛尔特和十八岁的侄女苏西见面。普鲁斯特溺爱苏西，苏西也崇拜他。他向希夫夫

1　事实上，那年的诺贝尔文学奖得主是西班牙剧作家哈辛托·贝纳文特·伊·马丁内斯（Jacinto Benavente y Martinez）。

179

妇承认,他非常担心苏西可能会受到诱惑去读《索多姆与戈摩尔》,他还说:"我的下本书对一个天真的女孩来说将会更加可怕!"

莫斯科 ────────────────────────── ★

来自农民家庭的备受尊敬的苏联年轻诗人谢尔盖·亚历山大罗维奇·叶赛宁(生于1895年)与舞蹈家伊莎多拉·邓肯结婚。1921年11月,他在莫斯科一个共同朋友的画室遇见她。虽然她比他大十八岁,但他似乎立刻就被她迷住了。5月10日,他们出发进行蜜月兼舞蹈之旅;由于离开了他熟悉的生活,而且酗酒成性,叶赛宁精神崩溃了。10月1日他们到达纽约时,他烂醉如泥;这段婚姻显然注定走向失败,于是他在1923年独自回到了莫斯科。[1] 由于状态越来越不稳定,他最终在1925年上吊自杀。

1922年5月,更著名的苏联诗人弗拉基米尔·马雅可夫斯基首次获准离开俄罗斯,访问了拉脱维亚首都里加(Riga)。马雅可夫斯基最终也结束了自己的生命。

加拿大 ────────────────────────── ★

《多伦多每日星报》(*Toronto Daily Star*)刊登了一篇海明威的文章,并配以大标题:"热那亚的热水澡探险":

1　在婚姻方面,叶赛宁显然是个乐观主义者。在遇到伊莎多拉之前,他已经结过两次婚,以后还会再结两次婚;他的第五个也是最后一个妻子是列夫伯爵(Count Leo)的孙女索菲亚·托尔斯泰(Sofia Tolstoya)。

劳埃德·乔治说会议比战争更便宜更好,但是,据我所知,劳埃德·乔治从来没有被一间爆炸的意大利浴室炸飞过。我刚被炸过。这是我们之间众多差异之一……

海明威写了一篇关于这段经历的喜剧性文章,把爆炸发生后不久他与酒店经理进行的荒唐讨论发挥得淋漓尽致——海明威自己也因为爆炸喘不过气来,几乎说不出话;经理温文尔雅(虽然有些不合逻辑)地满口保证,说他的客人实际上是个幸运的人,一个非常幸运的人,毕竟,他不是还活着吗?[1]

一位目击者可能有些夸张地说,爆炸威力巨大,以致海明威被气流吹到了大厅的另一端。海明威则说,他被吹到了一扇沉重的木门上;他很疼,但伤得不重。尽管身体受伤,他还是认真地继续报道,详细描写了俄国人的高度集中,他们挤在一起处理文件和数据,直到凌晨 4 点,而其他与会代表早已上床休息。

凭着主动性和男性气概的魅力,海明威不知怎么搞到了一张在圣玛格丽塔酒店俄国代表团的采访证——这是发给 700 名新闻记者的仅有的 11 张通行证之一。他意识到,虽然他憎恨俄国人的所作所为和所代表的利益,但他不得不对这些人勉强表示钦佩——他们中的大多数人四年前还只是默默无闻的流放者或囚犯;他越目睹他们不知疲倦地工作,对他们的钦佩就越深。

---

1 后来有人解释说,看门人忘了把浴室里热水器安全阀的软木塞拿出来。

他在会议期间写的最后一篇稿件发表于 5 月 13 日,是关于在热那亚的英国人的令人钦佩的肖像描写,标题为"劳埃德·乔治的魔力"。他首先对其他国家代表的外表进行了严厉的评判。但一提到劳埃德·乔治,海明威就滔滔不绝地讲述他的魅力,他善良而闪亮的眼睛,他孩子气的面容和飘逸的头发。他在那篇近乎奉承的人物描写结束时还提到了一个细节:一名意大利男孩画了一幅劳埃德·乔治的素描,政治家宽厚地为男孩签了名。

> 我看了看素描。画得不赖。但不是劳埃德·乔治。画上唯一鲜活的东西就是那龙飞凤舞的签名:豪迈、健美、大气,随意又熟稔,瞬间完成又永久留存,在素描的僵硬线条中显得格外突出——这是劳埃德·乔治。

5月4日

澳大利亚 ★

"奥尔索瓦号"抵达弗里曼特尔(Fremantle)。劳伦斯最初的计划是先去珀斯,和船上结交的朋友安娜·詹金斯(见 2 月 26 日)待上一段时间,然后再去悉尼。如果悉尼不能满足他们的期望,他还会继续旅行,直到找到适合自己（以及据推测适合弗里达）的地方。他们的第一站是珀斯以东约16英里的达灵顿（Darlington）的一家宾馆，经营者是莫丽·斯金纳（Mollie Skinner），她以前是一名护士，后来成了小说家。[1]

安娜·詹金斯为他们安排了住宿，她会开车把他们送到野外去野餐——劳伦斯第一次瞥见内部大陆。他感到——或想象，在这片处女地上从来没有人留下过一丝痕迹，甚至没有人在这里吸过一口气，这使他精神上感到振奋。弗里达就没那么着迷了。劳伦斯有长期流浪的嗜好，而她更像是一只筑巢的鸟，现在渴望生活稳定和家庭秩序。在她的坚持下，他们离开达灵顿，在悉尼附近的某个地方寻找一所出租的房子。5月18日至27日，他们坐"马尔瓦号"（Malwa）绕澳大利亚海岸航行了大约2500英里。

没过多久，他们就觉得悉尼房价贵得惊人——远远超出了他们微薄的收入，因为他们现在只剩下50美元了。他们做了一个简单的计划：他们跳上从悉尼开出的第一班火车，决定继续旅行，直到找到一个既便宜又舒适的地方。这就是蒂鲁尔（Thirroul），悉尼以南40英里一个破败的小镇。下火车两个小时后，他们在一个低矮的悬崖上找到了一所带家具的房子，俯瞰着大海。这儿称作怀乌克（Wyewurk）——"为什么工作？"（Why Work?）——房租很便宜，每周7美元。价格便宜的一个原因很快就显而易见。这地方除了肮脏之外，老鼠到处出没。

几天来，劳伦斯和弗里达拼命擦洗、打扫、杀戮，直到这个地方显得足

1　劳伦斯帮助她重写了她的处女作《丛林中的男孩》（*The Boy in the Bush*），后来又安排该书在英国和美国出版。这是他对澳大利亚文学的第一个贡献。

够体面。随后,他们慢慢回到了在西西里熟悉的家庭生活。当地的农产品很好,供应充足,而且非常便宜。即使在这个南部的冬天,这里的气候还是晚上凉爽,白天温暖。他们可以在私密的地方晒日光浴,在沙滩捡贝壳,用贝壳和漂浮物把房子打扮得漂漂亮亮。他们有理由再一次感到他们找到了一个尘世天堂。

意大利 ——————————————————————————— ★

庞德在这个月初访问了威尼斯,于 5 月 4 日到达。他本月最重要的出版物都刊登在《日晷》上。其中之一是他的"巴黎来信",向《尤利西斯》致敬:"所有人都应该'联合起来赞美《尤利西斯》';那些不愿意这样做的人,可能会满足于自己处于智力水平较低的层次……"另一项是他的《第八诗章》。[1] 庞德的贡献是杰出的:这期《日晷》的其他作者包括毕加索、叶芝和 D. H. 劳伦斯。

纽约 ——————————————————————————————— ★

位于布朗克斯(Bronx)的扬基体育场(Yankee Stadium)开始动工。

---

1 后来被修改和重印作为《诗章十六章草稿》(*A Draft of XVI Cantos*) 中的《第二诗章》("Canto Ⅱ")(1925,巴黎:三山出版社)。

阿莱斯特·克劳利和莉娅(Leah)在5月的第一个星期到达伦敦,在惠灵顿广场31号找到了住处。由于急需钱,克劳利在各处兜售几篇文章,很快就取得了成功——《英语评论》(*The English Review*)杂志录用了五篇,用了几个笔名刊出:"普罗米修斯"(Prometheus)的《珀西·比希·雪莱》(*Percy Bysshe Shelley*)、"一个外邦人"(a Gentile)的《重申犹太人问题》(*The Jewish Problem Re-Stated*)、"一个伦敦医生"(a London Physician)的《药物的恐惧》(*The Drug Panic*)。[1] 他想把自己的自传卖给出版商格兰特·理查兹(Grant Richards),但被拒绝了,还拒绝了他关于毒品交易的小说的建议。克劳利向更有名气的出版商柯林斯提出了这个建议,柯林斯以60英镑的预付款买下了《一个毒枭的日记》(*The Diary of a Drug Fiend*)。此前,克劳利自费出版了他所有的作品;现在他可以为自己是一名职业作家而感到自豪了。

6月4日,他开始向莉娅口述这本小说。仅仅过了三个星期,小说就完成了。

────────────────────

1　由于克劳利在费用问题上不断争吵而激怒了该刊编辑,所以这种联系是短暂的。

5月7日

E. M. 福斯特在日记中写道,他正在埋头写他的印度小说——《印度之行》(*A Passage to India*)——并根据他对普鲁斯特新燃起的热情对小说进行修改。在回英国的最后一段旅程中,他在马赛买了一本《在斯万家那边》,这使他非常激动,以至于他不得不改变自己的小说创作方式——尽管他怀疑他所做的改变由于过于谨慎,缺乏普鲁斯特给其伟大作品带来的灵感。

5月8日

安娜·阿赫玛托娃(1889—1966)写了一首辛酸的诗《预言》(*Prophecy*),是写给她丈夫吉米廖夫的秘密颂词,他前一年 8 月 25 日被契卡处决,罪名是参与一场支持君主制的政变。《预言》收录在她的主要文集《公元 1922》(*Anno Domini MCMXXI*) 中，该书于当年晚些时候出版。[1] 1922 年，阿赫玛托娃或许是俄国最受欢迎的当代诗人，她的作品销量只有亚历山大·勃洛克能与之匹敌，而勃洛克在前一年去世，因革命的结局而痛感幻灭。[2]

5月9日

★————————————————————— 牛津

T. E. 劳伦斯完成了《智慧七柱》(*Seven Pillars of Wisdom*) 的第三稿，也

---

[1] 自 1917 年以来，她和她的彼得格勒同胞经受了可怕的困苦——饥荒、严冬、警察暴行和杀戮；她不可能直接诉说这些痛苦，所以她采用了"*tanopis*"——"秘密语言"——即一种间接、隐晦的写法，这种写法自普希金以来就在俄国文学中流传下来，现在正帮助新一代作家在没有被监禁或死亡的直接危险的情况下表达自己。

[2] 阿赫玛托娃现在被认为是她那一代人中最伟大的俄国诗人之一，也是俄罗斯文学史上最伟大的诗人之一。由于她勇敢地地拒绝人云亦云，逃到了西方，就像她的一些同行选择的那样，她也被尊为在斯大林时期帮助俄罗斯人文价值观存活下来的人之一。她早年享有盛誉并受人欢迎，但从 1925 年起，她成了一项不公开禁令的受害者，该禁令禁止出版她的诗作；这就导致了她所谓的"素食年代"(Vegetarian Years)，在那段时间里，她几乎饿死，靠翻译外国名著的收入维持生活。她的作品遭到斯大林主义批评家的嘲笑，她的儿子列夫(Lev)被关进监狱，主要因为他母亲是一位歇斯底里的资产阶级女诗人，同时被怀疑是君主制的同情者。她有过几次风流韵事，一份她所谓的或已知的诗人情人名单令人印象深刻：奥西普·曼德尔施塔姆(他妻子原谅了她)、鲍里斯·帕斯捷尔纳克、亚历山大·勃洛克、鲍里斯·安列普……在访问巴黎期间，她还与画家莫迪利亚尼有过一段婚外情，他为她画了大约二十幅肖像画。最著名的一幅年轻艺术家安娜的画像出自库兹玛·彼得罗夫-沃特金之手，也创作于 1922 年。

是最后一稿。[1] 第二天,5 月 10 日,他把被退稿的第二版手稿烧掉了。他把第三稿捐给了牛津大学伯德雷恩图书馆(Bodleian Library)。

5月10日

伦敦 ————————————————————————★

　　艾薇·威廉姆斯(Ivy Williams)博士成为第一个获得律师资格的英国女性。

5月11日

伦敦 ————————————————————————★

　　马可尼公司从位于斯特兰德大街马可尼大厦的 2LO 台——很快就会

1　这就是他在《牛津时报》(*Oxford Times*)上印出来的草稿,一共印了八本,现在称为"牛津版"(最近又出版了)。

出名[1]——开始广播。监听它的传输肯定是令人沮丧的经历,因为早期的广播规定要求广播公司每播放十分钟就要关闭三分钟,这样工程师就可以监听他们自己的波长,看看是否有人抗议他们的信号被阻断或干扰了其他信号。事情进展顺利,电台获得了播放音乐的许可证。

康沃尔

伯特兰·罗素写信给奥托琳·莫雷尔,告诉她他和他的家人正在享受节日的快乐。他最近在彭赞斯(Penzance)附近的波斯科诺(Porthcurno)买了一套外观难看但位置很好的曾是寄宿公寓的房子。[2] 罗素对周围的自然世界充满了一种不同寻常的愉悦感,他也放松了对约翰·康拉德强加的严格的行为主义管理,学会了和儿子在田野和海边玩耍。不出所料,约翰早年的病症几乎立刻消失了,他成了一个健壮的幼童。夏季是温暖的、田园牧歌式的——多年后,罗素说,在他的记忆中("当然,这是错觉"),那一年总是阳光明媚。全家人享用了当地的奶油,还享受了日光浴、游泳和徒步旅行,不久之后,他们看上去健康而满足。

1　1922 年 11 月英国广播公司成立时,第一批节目就是使用了这个播音室和它的设备。

2　它最初被称为"阳光海岸"(Sunny Bank),后来被挑剔的新主人重新命名为"卡恩维尔"(Carn Voel)。

5月13日

加利福尼亚 ──────────────────────────────── ★

  鲁道夫·瓦伦蒂诺[1]是世界上最著名的演员之一,也是无可争议的银幕"大红人",他娶了女演员娜塔莎·兰波娃(Natascha Rambova),一个化妆品大亨的继女。这场婚礼在他的狂热粉丝中引起了轩然大波;八天后,瓦伦蒂诺在洛杉矶以重婚罪被捕并入狱,疯狂的情绪愈演愈烈。

  瓦伦蒂诺被控重婚实际上是一个法律上的技术性问题。四个月前,也就是1922年1月,他获准与第一任妻子吉恩·阿克(Jean Acker)离婚。根据和解协议,他必须支付她12000美元。这不是一个小数目,因为尽管他

---

[1] 1895年5月6日,瓦伦蒂诺出生在靠近意大利南部"脚跟"的卡斯特拉内塔(Castellaneta)的一个中产阶级家庭。他洗礼时的全名几乎滑稽笨拙:Rudolfo Alfonzo Raffaello Piero Filiberto(或 Pierre Filibert)Guglielmi di Valentina d'Antonguolla。他的父亲乔瓦尼·古格列尔米(Giovanni Guglielmi)曾是一名骑兵军官,后来转为兽医;他母亲是法国外科医生的女儿。古格列尔米先生去世时鲁道夫还是个孩子,他寡居的母亲很溺爱他。由于娇惯和缺乏规矩,他在学校表现很差,除了舞蹈、体操,以及外语——他的同学经常称赞他掌握新语言或口音的速度和能力。

  漫无目的地过了几年之后,这个年轻人仿效许多雄心勃勃的意大利人,到美国去寻找他的财富。1913年12月,他乘坐"克利夫兰号"(SS Cleveland)横渡大西洋,在接下来的几年里从事卑微的工作。他卷入了一场混乱的离婚诉讼,并因一些几乎肯定是捏造的罪名在监狱里服了几天刑。意识到纽约是个危险的地方,他加入一个巡回歌舞剧团来到了加利福尼亚。在他的事业取得重大突破之前,他扮演过许多小角色。

在票房上大获成功,周薪最近也飙升至 1250 美元左右,但他欠律师和其他债权人很多债。他也没有注意到,根据加州法律,离婚后一年内再婚是犯罪行为。

对瓦伦蒂诺来说,坐牢是一次可怕的经历。他很快就被朋友们保释出狱——但他很快便恼火地得知,援助并非来自他的雇主、艺术赞助人、制片人杰西·拉斯基(Jesse Lasky)。法庭在 6 月初驳回了重婚罪指控,理由是没有证据表明他与兰波娃有同居关系。[1] 然而,对于瓦伦蒂诺来说,这是一个模棱两可的胜利,因为它加剧了这样的谣言,即电影中那个讨女性喜欢的男人在现实生活中可能对女人并不怎么感兴趣——这些流言蜚语会如影随形,直到他去世。

男性对瓦伦蒂诺形象的反感与女性的奉承一样强烈,这也是他突然声名狼藉的原因之一。在前一年出演雷克斯·英格拉姆(Rex Ingrams)的《天启四骑士》[2]之前,他几乎不为人所知,只是个配角而已。1921 年 10 月

1　在接下来的几个月里,这对夫妇分开居住,然后在 1923 年 3 月 14 日合法再婚。

2　评论家一致认为瓦伦蒂诺在《天启四骑士》中的出场是电影史上最具戏剧性的一次。瞬间,银幕一片空白;下一刻是胡里奥/瓦伦蒂诺的脸部特写,嘴里叼着雪茄,鼻孔里喷出烟来。胡里奥是个高乔人(南美印第安人和西班牙人的混血——译注);他打断一对正在跳舞的舞伴,用鞭子将那名男子打倒在地,抓住了女孩,带她跳起了醉人的探戈。最后,他将嘴唇无情地压在她的嘴唇上……围观者一片喝彩声。毫无疑问,瓦伦蒂诺在影界取得了成功,但他会是昙花一现的奇观吗?他接下来的三部电影——《神秘海域》(Uncharted Seas)、《茶花女》(Camille)和《爱的力量》(The Conquering Power),都是 1921 的片子——表明,他可能没有多少耐力。就在这个时候,伟大的法国导演阿贝尔·冈斯(Abel Gance)访问好莱坞,有报道说他发现瓦伦蒂诺很沮丧,并请求冈斯带他回欧洲电影界工作。

30 日首映的电影、乔治·梅尔福德（George Melford）的《酋长》（*The Sheik*）[1] 使他成为传奇。

5月15日

伦敦 ——————————————————————————————★

《泰晤士报》发表了吉卜林的长诗《国王的朝圣》。

　　　　我们的国王去朝圣

———————

1　这部电影改编自埃塞尔·M. 赫尔（Ethel M. Hull）的小说，讲述了贵族女子戴安娜·梅奥被"野蛮人"绑架的直白而又撩人的故事。这个"野蛮人"就是谢赫·艾哈迈德·本·哈桑（Sheik Ahmed Ben Hassan）。

　　"你为什么把我带到这里来？"她问。

　　"你是女人，你难道不知道吗？"他回答。

　　简而言之，有点色情；但在最后一刻，艾哈迈德·本·哈桑挽救了名誉并获得人们的尊敬，因为他其实只是一个被太阳晒得黝黑的苏格兰人，格伦卡里伯爵（Earl of Glencarryl），他婴儿时就被遗弃在沙漠里。这样看来，他不仅是个白人，而且还是个贵族。女士们大喜。

　　在积极的宣传活动——"因为酋长（Shriek）也会找（Seek）你！"，这句广告语巧妙地将色情的挑逗与发音相似结合起来——和瓦伦蒂诺银幕外丑闻的推动下，《酋长》不仅仅是一部票房大片，还掀起了一股热潮。报纸上充斥着东方主义的媚俗情调，叮砰巷（Tin Pan Alley，纽约的一个城区，是流行音乐作曲家和出版商的聚集地——译注）制作了一首流行的傻瓜歌曲《阿拉伯酋长》（*The Sheik of Araby*），而好莱坞也通过争相仿制来赚钱：《阿拉伯之爱》（*Arabian Love*）、《阿拉伯》（*Arab*）、《爱情之歌》（*Song of Love*）……瓦伦蒂诺现在是，而且永远是，无与伦比的"大情圣"（Great Lover）。

他的祷告和誓愿

要告慰那些拯救我们

却又捐弃了自己的人

吉卜林在战争中失去了他的独子。他是帝国军人墓地管理委员会成员,也是该委员会主要的文学顾问;1918 年以后,法国和比利时许多纪念碑碑文都是他写的。正如他诗中所写的那样,1922 年 5 月,乔治五世对这些军人墓地进行拜谒,既作为一种公开的哀悼行为,也希望鼓励其他人来做这样的纪念之旅。[1]

5月17日

★──────────────────────────── 纽约

马塞尔·杜尚写信给阿尔弗雷德·施蒂格里茨(Alfred Stieglitz) :

亲爱的施蒂格里茨:

我甚至都不想说什么。

1　大多数读者觉得这首诗非常感人,那年晚些时候,这首诗作为同名书的一部分再版,其中包括澳大利亚作家弗兰克·福克斯(Frank Fox)的照片和散文。此书成了一本畅销书。

你很清楚我对摄影的看法。

我想看到，它使人们鄙视绘画，直到有别的东西使摄影难以

忍受——

我们做到了。

您的

马塞尔·杜尚

这篇简短声明是对题为"照片是否具有艺术意义?"的问卷调查的回应,问卷转自施蒂格里茨;这一回应发表在 1922 年 12 月的 *MSS* 杂志上。

马德里 ★

西班牙高级研究院——后为"委拉斯开兹故居"——的一位年轻的法国访问学者参加了他的第一次斗牛。他叫乔治·巴塔耶(Georges Bataille),刚从巴黎文献学院(École des Chartes)毕业,是一名古籍档案管理员;1922 年,他在西班牙的任务是检查一些保存在马德里、塞维利亚、托莱多等地的中世纪法国手稿。他是在 2 月的某个时候到达马德里的。[1]

那天下午他在现场所目睹的一切改变了他的一生。斗牛士马诺洛·

---

[1] 在后来的年月里,巴塔耶将成为欧洲大陆思想的主要代表之一:一位几乎无法分类的哲学家,一位小说家,创作了臭名昭著的《眼睛的故事》(*Story of the Eye*)和《正午的蓝》(*The Blue of Noon*)等作品;有影响力的《评论》(*Critique*)杂志——向非专业读者介绍巴特、布朗肖、德里达和福柯的早期作品——的创始人和反文化英雄。

格拉纳罗（Manolo Granero）——他才二十岁——以一种惊人的方式受了致命伤。"格拉纳罗被公牛甩了回去，卡在围栏上；牛角快速地三次冲击栏杆；第三次冲击的时候，一只牛角刺进了他的右眼和头部"，巴塔耶在《眼睛的故事》里题为"格拉纳罗的眼睛"（Granero's Eye）这一章节中这样描述。在巴塔耶的小说中，斗牛士被挖出的眼睛与他小时候见到失明的父亲时的恐惧有关，父亲的眼睛是空白的；还与蛋、牛睾丸、撒尿……有关。

然而，这一次，巴塔耶并没有感到害怕或厌恶，相反，他发现自己被一种既恐惧又快乐的极度兴奋感所攫住：

> ……从那天起，我每次去看斗牛都会感到极度的痛苦，神经很紧张。这种痛苦丝毫没有减少我去斗牛场的欲望。相反，它以一种狂热而又不耐烦的态度加剧了这种矛盾。于是我开始明白，不安往往是最大乐趣的秘密。

巴塔耶从马德里发出的信中也触及一些灵感和亲近感。他向一位通信者透露："奇怪的是，我已经开始写一部小说，或多或少是马塞尔·普鲁斯特的风格。"[1]

1　正如他的传记作家米歇尔·苏里亚（Michel Surya）指出的那样，这意味着普鲁斯特必定是巴塔耶读过的第一个"现代"作家——也就是说，在陀思妥耶夫斯基、尼采、纪德和超现实主义者之前……尽管他并不知道，他试图发展的改变自己意识的技术与勒内·克里维尔（René Crevel）及其他原型超现实主义者在 1922 年也使用的技术非常相似。（见 6 月 13、14 日）

肯特 ────────────────────────────────── ★

　　艾略特从滕布里奇韦尔斯（Tunbridge Wells）的城堡酒店（Castle Hotel）给奥托琳·莫雷尔写信，他和薇薇安住在那里，希望能改善她的健康状况。他告诉她，他岳父邀请他去意大利度假两周："我想这次意大利之行会让我免于再次崩溃，我觉得那就是眼前的事。"结果，他没去意大利，而是去了瑞士的卢加诺（Lugano）。

爱尔兰 ───────────────────────────── ★

　　叶芝还住在"巴利塔楼"，他写信给朋友：

　　　我对爱尔兰的整个情况很感兴趣。我们这里有一些受欢迎的领导人，他们代表的是少数但也是相当多的人，他们嘲笑投票的呼吁，也许在一段时间内能够阻止它。在俄国，当共产党解散立宪会议时，人们也看到了同样的事情。

　　　……我轮流阅读《尤利西斯》和特罗洛普（Trollope）的"巴切斯特系列小说"。

★————————————————————————————————巴黎

伊戈尔·斯特拉文斯基的滑稽短剧《列那狐》(*Le Renard*)在巴黎歌剧院首次公演,由佳吉列夫剧团演出,布罗尼斯拉娃·尼金斯卡(Bronislava Nijinska)编舞,欧内斯特·安塞美(Ernest Ansermet)执导。[1] 斯特拉文斯基1920年定居巴黎,[2] 到那时为止,他所有主要的芭蕾舞剧都在这座城市上演:1913年,《春之祭》在这里举行了盛大的首演式。

1922年5月,斯特拉文斯基快四十岁了——只比乔伊斯小几个月——尽管遭到一些反对者的嘲笑,但他已经被许多评论家认为是在世的最伟大

1　它最初是由埃德蒙·波里尼亚克(Edmond de Polignac)公主1916年委托在她的沙龙里表演;斯特拉文斯基及时完成了任务,但事实证明,在这么小的地方演出是不现实的。

2　刚到巴黎不久,他就和可可·香奈儿开始了一段热烈的恋情——细节还不清楚,但它似乎是在《普尔钦内拉》(*Pulcinella*)的彩排前后开始的,到1921年5月左右就结束了。很可能因为他主要是在里兹酒店的公寓里见到可可,所以家人并不知道这件事。

香奈儿似乎听到斯特拉文斯基在为马辛重新编排的《春之祭》做配乐。有一天,她出现在佳吉列夫的酒店,毫无理由地给了他一张极其可观的支票,帮助他摆脱了最近的财政危机。重排很成功,"全巴黎"都喜欢它。与此同时,可可已经转向了另一个情人——杀害拉斯普京(Rasputin)的人之一。

的作曲家。[1]

斯特拉文斯基的《列那狐》，以及舒曼和柴可夫斯基的作品，再次让巴黎观众感到不安，他们认为已经在《普尔钦内拉》和《夜莺之歌》（*Le Chant du rossignol*）中找到了他的新风格。他们从未听过这种沙哑、近乎狂野的音乐，其形式是一支由中世纪风格的俄罗斯流浪艺人组成的乐队，演绎一个民间故事。动物服装是画家米歇尔·拉约诺夫（Michel Laryonov）设计的；有一个十五人的乐队，四名男歌手和四名哑剧演员；尼金斯基的姐姐布罗尼斯拉娃（即布洛妮娅）以夸张滑稽的风格扮演狐狸，全剧就是一场疯狂的嬉闹。精彩，是的，毫无疑问是精彩的；但也令人困惑。一些观众兴奋地鼓掌，另一些观众则默不作声。

《列那狐》演出结束后，大家为斯特拉文斯基举行了庆祝宴会。

1　斯特拉文斯基 1882 年生于奥拉尼鲍姆，在圣彼得堡长大，他在家庭的指导下从事法律事务。1902 年父亲去世后，他越来越倾向于音乐，并从里姆斯基-科萨科夫（Rimsky-Korsakov）那里偶尔接受私人辅导，直到 1908 年。1906 年 1 月 23 日，他与第一任妻子卡特琳娜（Katerina）结婚，并一直保持着婚姻关系，直到她 1939 年去世，尽管他与第二任妻子维拉·德·博塞特（Vera de Bosset）有长期的婚外情。

　　1909 年，他的第一部重要作品《焰火》（*Feux d'Artifice*）在圣彼得堡首演。佳吉列夫当时在场，对斯特拉文斯基留下了深刻的印象，委托他为俄罗斯芭蕾舞剧团和 1910 年在巴黎上演的突破性作品《火鸟》（*L'Oiseau de feu*）配乐。同年，斯特拉文斯基离开俄国，除了在 1914 年 7 月为《婚礼》（*Les Noces*）做了一次短暂的研究性旅行外，他在半个世纪里没有再回到俄国。他搬到了瑞士——先去了洛桑，在那里创作了《彼得鲁什卡》（*Petrushka*），然后去了克拉朗，在那里创作了《春之祭》。

　　在巴黎，他与自动钢琴制造商普雷耶（Pleyel）建立了业务关系，普雷耶在他工厂的楼上给他提供了一间书房，在那里，他似乎能够相当自由地作曲，尽管楼下有嘈杂声。

198

　　这是一个在"美琪大酒店"（Majestic）[1]举办的传奇性的现代主义晚餐派对。佳吉列夫担任司仪，但东道主是普鲁斯特的朋友维奥莱特和西德尼·希夫；大约有四十位客人受到邀请，包括——正如弗吉尼亚·伍尔夫的姐夫、艺术评论家克莱夫·贝尔所报道的那样——"他（西德尼·希夫）最崇拜的四位在世的名人：毕加索、斯特拉文斯基、乔伊斯与普鲁斯特"。大多数人都穿正式的礼服，尽管毕加索头上缠了一圈加泰罗尼亚束发带。午夜过后，大家终于坐下来用餐。

　　乔伊斯在大约咖啡端上来的时候，无意中闯进了聚会。他衣衫不整、神色慌张，好像——这是广泛而合理的假设——喝醉了酒似的。据贝尔所说："他看上去状态不佳……当然没有心情用餐。但是主人在自己右边为他安排了一把椅子，他仍然双手捧着头，面前放着一杯香槟，说不出话来。"乔伊斯很少需要借口来猛灌白葡萄酒，但这一次，他似乎因为没有合适的晚礼服而感到尴尬，急需喝点酒壮胆。

　　下一个迟到者则是完全不同的个性。"凌晨 2 点半，普鲁斯特突然冒出来，戴着白手套，就好像他看到了朋友窗户里的一束光，碰巧朋友还醒着，就走了过来。他的身体实在太光鲜，油头粉面的，我并不喜欢；然而，他的眼睛闪闪发光。"乔伊斯回忆说，普鲁斯特进来时还穿着皮大衣，看上去

1　克莱伯大道（Avenue Kleber）上的一家豪华酒店，1919 年参加凡尔赛会议的英国代表团就住在这里。

"就像电影《撒旦的悲伤》(*The Sorrows of Satan*)里的主人公"。

普鲁斯特被安排坐在希夫先生和斯特拉文斯基之间。谈话进行得并不顺利。在试图对作曲家有意表达赞美的过程中,普鲁斯特犯了一个错误,对贝多芬过于热情。当然,这份热情是真诚的,建立在对贝多芬,尤其是他后期作品的真正了解之上。但斯特拉文斯基很清楚,在时尚的巴黎,贝多芬如日中天,他很恼火,说话粗暴。

> 普鲁斯特:"你肯定崇拜贝多芬吧?"
>
> 斯特拉文斯基:"我讨厌贝多芬。"(不是真的)
>
> 普鲁斯特:"但是,亲爱的大师,那些晚期的奏鸣曲和四重奏……?"
>
> 斯特拉文斯基:"比他的其他作品更糟!"

安塞美不得不打断这尴尬的谈话,以免升级为一场全面的争吵。[1]

就在此时,乔伊斯开始打鼾,帮助贝尔摆脱了一个棘手的局面。坐在他旁边的女士暗示希望有人陪她回家,贝尔很高兴地答应了。然而,他刚离开,乔伊斯就不再打鼾,开始和普鲁斯特说话。由于不同的目击者给出了不同的说法,他们之间到底说了什么并不确定。然而,他们中的大多数人似乎都同意,这两位 20 世纪最伟大的小说家之间的会面几乎无聊得可

1　从几个方面来说,这是一个令人遗憾的误会。普鲁斯特是俄国芭蕾舞团和斯特拉文斯基的忠实粉丝;在他新出版的小说《索多玛与戈摩尔》中,他描写了斯特拉文斯基的天才。正是在斯特拉文斯基的赞助人埃德蒙·波利尼亚克公主的音乐之夜,他认识了贝多芬的晚期奏鸣曲和四重奏。

笑,毫无意义。其中有个版本:

> 普鲁斯特:"你喜欢巧克力松露吗?"
>
> 乔伊斯:"是的,我喜欢。"

另一个版本:

> 普鲁斯特:"我从来没有读过你的作品,乔伊斯先生。"
>
> 乔伊斯:"我从来没有读过你的作品,普鲁斯特先生。"

还有个版本——弗兰克·布根(Frank Budgen)说,这是乔伊斯自己的
说法:

> 普鲁斯特:"啊,乔伊斯先生,你认识公主……"
>
> 乔伊斯:"不认识,先生。"
>
> 普鲁斯特:"啊,你认识伯爵夫人……"
>
> 乔伊斯:"不认识,先生。"
>
> 普鲁斯特:"那你认识那位夫人……"
>
> 乔伊斯:"不认识,先生。"

众说纷纭。据威廉·卡洛斯·威廉姆斯听过的一个版本,两位伟人谈论到
一件他们确实有共同之处的事情,终于相谈甚欢:他们糟糕的身体。乔伊

斯抱怨眼睛不好和头疼；普鲁斯特讲他可怕的胃痛。他们友好地分别了。[1]

伦敦 ─────────────────────────── ★

奥尔德斯·赫胥黎——后来被西里尔·康诺利（Cyril Connolly）论定为"神奇之年"的天才之一，出版了短篇小说集《死亡缠绕》，其中包括他最著名的短篇小说《蒙娜丽莎的微笑》（"The Giaconda Smile"）。自从他的小说处女作《克罗姆·耶娄》（Crome Yellow）出版以来，仅仅过了六个月。[2]

─────────────

[1] 在另一个版本的故事中，希夫告诉他的一个朋友，当晚餐结束时，普鲁斯特邀请希夫夫妇去他位于哈默林街的公寓。塞莱斯特（Celeste）的丈夫奥迪隆·阿尔巴雷（Odilon Albaret）在外面等着，准备用一辆小车载他们回家。乔伊斯自告奋勇一起去兜风，他一挤进狭窄的车厢，就点了一支烟——毫无疑问，他不知道患有严重哮喘的普鲁斯特既受不了烟味，也受不了从开着的车窗里吹来的新鲜空气。车开了很短的一段路——普鲁斯特的公寓就在附近——到了哈默林街44号，乔伊斯发出各种希望被邀请上楼的信号，但普鲁斯特坚持让出租车把乔伊斯送回家。他自己冲进屋去，留下希夫继续劝说。但当希夫夫妇回到他身边时，他情绪很好，三人坐到天亮，一边聊天，一边喝香槟。

乔伊斯怎么说？似乎在普鲁斯特死后，乔伊斯会痛惜他未能安排一次合适的会面。"要是允许我们找个地方见面谈谈就好了……"

[2] 这部小说并不引人注目，但最初销量还算不错——第一年就卖出了2500本，第二年则跌到了可怜的86本。（回想一下菲茨杰拉德的处女作《人间天堂》卖出了45000本。）没关系：这给赫胥黎大有前途的流言增加了实质内容。如果有合适的人购买，几千本的销量就很可观了。评论家们认为小说令人眼花缭乱。

马克斯·比尔博姆（Max Beerbohm）给这位年轻作家写了一封热情洋溢的贺信，也认可了这位作家非凡的潜力。这是普鲁斯特对英吉利海峡对岸的声誉高度认可的标志，他在《索多姆与戈摩尔》中写道，在盖尔芒特公爵夫人的晚会上，叙述者见到了一位著名的英国医生赫胥黎："他侄子目前在英国文学界占有一个重要位置……""目前"：这就是最新的八卦了。

赫胥黎和妻子玛丽亚此时住在帕丁顿附近的一套两层的大公寓里：韦斯特伯恩露台 144 号——虽然他们很快用一些柠檬黄色油漆使房子活泼一点，但一开始这地方还是很阴郁的。赫胥黎二十八岁。这对夫妇与经常生病的幼儿马修（生于 1920 年 4 月 19 日）、数不清的黑甲虫和一只以它们为食的肮脏的猫分享着有回声的空间。

他们在这里的生活比在以前的住处要舒适得多，虽然他们并不富裕，但生活得很好——赫胥黎每天的早餐是加鲜奶油的粥、咸肉和鸡蛋——而且喜欢娱乐。他们的常客包括所有三个西特韦尔家人——伊迪丝（Edith）、奥斯伯特（Osbert）和萨奇维尔（Sacheverell）；艾略特的好朋友玛丽·哈钦森和丈夫杰克（Jack）；马克·格特勒（Mark Gertler）和其他人。晚餐后通常会去看电影。晚上，赫胥黎和玛丽亚独自在家的时候，他们喜欢跟着留声机里的唱片跳舞，尤其是狐步舞和探戈。

从不利方面看，《克罗姆·耶娄》深深激怒并伤害了奥托琳·莫雷尔夫人——赫胥黎实在糊涂透了。在他看来，这部小说——描绘了一场夏日别墅派对，圈内人可以立即认出嘉辛顿（Garsington）和它的居住者的升级版——是一场轻松愉快的嬉闹，一种模仿，一个善意的玩笑；赞赏多于讽刺。而嘉辛顿一方很快就发现了《克罗姆·耶娄》中人物和他们的灵感之间的对应。

赫胥黎试图通过一系列信件来安抚莫雷尔一家，但这种怨恨持续了多年。不过，这本书更普遍的效果是使他获得了那种早在他为之付出努力之前就神秘地获得的名声。较年轻的读者对《克罗姆·耶娄》感到兴奋，或者有一种美妙的震惊；年长的读者则通过反对这本书而扮演他们传统的角色。无论如何，这两种读者都同意赫胥黎的主导品质是"犬儒主义"。这让他非常恼怒，他在《蒙娜丽莎的微笑》中狠狠地嘲笑了这个词：

"哦，你这是犬儒主义。"

每当听到有人说出那个词时，赫顿先生总想发出"汪—汪—汪"的声音。这个词比任何其他词都更让他恼火。

"汪—汪—汪"？因为"犬儒"（cynic）这个词来源于希腊语"狗"。

203

赫胥黎最近接受了康泰纳仕公司(Condé Nast)的一份令人愉快的工作,年薪750英镑,这让他一直忙着写文章,物色新作家——如诺曼·道格拉斯(Norman Douglas)、利顿·斯特雷奇——有时甚至画封面。为了一点额外收入,他还会为《威斯敏斯特公报》(Westminster Gazette)写乐评。但他获得允许保留相当自由的办公时间,并且有一些空闲做自己的事。空闲时间有一些,但还不够多。

在接下来的几个月里,他与查托&温达斯出版社谈判合同条款,这将改变他的生活。在接下来的四年里,他每年为公司写两部新小说,作为回报,出版商同意每年每季定期给他预付款500英镑,这样他就可以从大部分的新闻事务中解脱出来。该合同于1923年1月8日生效。赫胥黎知道他有很强的写作能力——《克罗姆·耶娄》只花了两个月时间——所以他对自己履行合同很有信心。

不幸的是,命运另有安排。他狂热地爱上了南希·库纳德(Nancy Cunard)。[1]

1　南希·库纳德(1896—1965)是库纳德航运公司财富的女继承人,她是那个时代最丰富多彩、无处不在的人物之一。尽管她自己也出版了一些作品,主要是诗集,但她通常被认为是现代主义者的施主和缪斯女神。她与乔伊斯、海明威、布朗库西、曼·雷和威廉·卡洛斯·威廉姆斯相处得很好;她不仅与赫胥黎,还与温德姆·刘易斯、特里斯坦·查拉、埃兹拉·庞德和路易·阿拉贡有过风流韵事。她偏爱古怪的风格时尚,非常欣赏非洲人和非裔美国人的音乐、艺术和文学作品,她也是让黑人风格在1920年代的巴黎非常流行的推手之一。晚年,她成了一名不屈不挠的反法西斯主义兴起的活动家。

5月20日

★————————————————————————————————————— 纽约

卡尔·范·韦克滕在他位于 19 街东 151 号的公寓里给英国小说家罗纳德·菲尔班克(Ronald Firbank)写信:

亲爱的欢乐天才:

……要说你在纽约是个轰动一时的人物,那是谦虚的说法。全世界都在读你的书,引用你的话,**买你的作品**,仰慕你。你几乎成了一个"畅销作家"。商店根本没法囤货。你的书一上市就卖光了。我想你在纽约至少和阿纳托尔·法朗士(Anatole France)一样有名。肯定比马克斯·比尔博姆更厉害。但是,为什么不呢?……

1922 年菲尔班克的小小轰动几乎完全要归功于范·韦克滕的一己之力。他在《双面人》(*Double Dealer*)上发表了一篇关于菲尔班克的文章(1922 年 4 月号),并在他所有有影响力的朋友中大力宣传菲尔班克的小说。[1]

1　所有这些努力的一个令人欣慰的结果是,1923 年秋天,出版商布伦塔诺(Brentano)与菲尔班克签订了小说的美国版权协议,从他最新的《阳光下的悲伤》(*Sorrow in Sunlight*)开始;范·韦克滕说,《欢腾黑鬼》(*Prancing Nigger*)这个书名会更好,菲尔

伦敦 ★

　　艾略特写信给他在《日晷》的老朋友吉尔伯特·塞尔德斯[1]，确认他已经收到了《尤利西斯》赠阅本，尽管他患有慢性疲劳症，他还是希望能在一个月左右的时间内交稿。"这是一项大工程。"他抱怨（或解释）道。然后他动身去卢加诺度假两周。24日，他再次写信——这次用德语——给赫尔曼·黑塞，邀请他喝茶。"如果我能拜访您并与《陷入混沌》的作者交谈，那将是我莫大的荣幸和愉快……"黑塞显然接受了邀请，艾略特在这个月的最后一天给黑塞寄了一张热情的明信片，说他们的会面给他留下了愉快的回忆。

　　在卢加诺逗留期间的某个时候，他越过意大利边境，去拜访住在意大利维罗纳（Verona）的庞德。

美国 ★

　　《星期六晚邮报》的封面是诺曼·洛克威尔（Norman Rockwell）的画作

　　　班克也同意了。范·韦克滕自己后来写了一部小说，书名是《黑鬼天堂》（Nigger Heaven）。尽管这书名今天听起来有些刺耳，但范·韦克滕绝对不是一个种族主义者：他是哈莱姆文艺复兴最热情、最有效的白人推动者之一，并与这一运动的许多主要人物建立了亲密的友谊。

1　塞尔德斯后来在《国家》（The Nation）上写了一篇关于艾略特的有影响力的文章（见12月5日）。

《听广播的老夫妇》(*Old Couple Listening to Radio*)。这幅画后来成为洛克威尔描绘美国小镇生活最著名的作品之一,它表明了收音机是如何迅速地成为数百万人日常生活中不可或缺的一部分。

5月21日

★————————————————————————莫斯科

吉加·维尔托夫的第一部《电影真理报》纪录片发行,总共有二十三部。(见3月4日)

★————————————————————————伊利诺伊

比克斯·贝德贝克(Bix Beiderbecke)刚过了十九岁生日几个月,就被他的寄宿学校森林湖学院开除。除了学习成绩不好之外,他最大的过错是有晚上溜出学校的习惯,去芝加哥,在那里他喜欢观赏俱乐部和地下酒吧里演奏的"热门"爵士乐。他最喜欢去的地方之一是"修士客栈"(Friar's Inn),在那里他不仅欣赏新奥尔良"节奏之王"的音乐,有时还被允许和他们坐在一起,以他独特的风格吹奏短号。[1]

1　他是通过复制唱片来学习吹奏的,所以他从不使用正统的指法,也从不唱歌。

这一耻辱对他那可敬的中产阶级父母是个沉重的打击,他们曾希望寄宿学校能使他改邪归正,但它在爵士乐历史上是最重要的。作为一个从传统教育中辍学的人,贝德贝克现在全身心地投入爵士乐中,到1923年底,他成了金刚狼乐队(Wolverine Orchestra)的职业演奏家。[1]

纽约 ————————————————————————————————★

尤金·奥尼尔凭借《安娜·克里斯蒂》(*Anna Christie*)获得了普利策奖,这部剧作于1921年11月2日首次上演。[2] 这是他第二次获普利策奖,进一步证实了他从默默无闻到美国顶级剧作家的惊人崛起——这是国内外公认的成就,制作人渴望演出其经纪人允许他们演出的任何作品。

1922年10月,杰出的英国戏剧家威廉·阿彻尔(William Archer)写信给一位美国亲戚,说《安娜·克里斯蒂》和《第一人》(*The First Man*)"是美国迄今为止写得最好的剧本,我倾向于认为……奥尼尔是现在用英语写作

1　爵士乐历史学家现在认为,贝德贝克和他的好朋友路易斯·阿姆斯特朗(Louis Armstrong)(见8月8日)是爵士乐早期最具影响力的两位独奏者——这一主张丝毫没有受到削弱,即使1924年前后,阿姆斯特朗和贝德贝克激发了一代又一代演奏家和作曲家的灵感。贝德贝克继续和"爵士乐之王"保罗·怀特曼(Paul Whiteman)一起演奏,但是酗酒导致他身体和精神的崩溃。他1931年去世,年仅二十八岁;就像查特顿(Chatterton)、济慈和詹姆斯·迪恩(James Dean)的例子一样,他的早逝成了他神话的重要组成部分。

2　该年的普利策奖还首次颁给了漫画家,《纽约世界》(*New York World*)的罗林·柯比(Rollin Kirby)因漫画《在去莫斯科的路上》(*On the Road to Moscow*)而获奖。

的最伟大的剧作家"。[1]

对奥尼尔来说,普利策奖更受欢迎,因为1922年的春天对他来说很糟糕:他因母亲的去世悲痛欲绝,尽管观众似乎很喜欢《毛猿》,但大多数剧评人对它的评价不冷不热,让人无法理解。然后,5月19日,纽约警察局对该剧提出一项指控,说它"淫秽、不雅和不洁"。因此,奥尼尔5月25日给朋友写了一封诙谐的信:

> 是的,我似乎成了戏剧写作的佼佼者——戏剧热狗。警局还没把猥亵奖章别在我的毛猿身上,天哪,那是哥伦比亚用纯洁十字架装饰安娜厚颜无耻的胸膛。我开始觉得,要么是我完全出了问题,要么是……"这是一个疯狂的世界,我的主人!"

奥尼尔开始每周挣850美元,生活上也不辜负这个收入水平:除了第一件晚礼服,他还在康涅狄格州买了一所大房子——布鲁克田庄,占地31英亩,包括树林、牧场和草地。这栋房子是传统的新英格兰殖民地风格,有一间书房、一间阳光房、一间30英尺的客厅、四间主卧和一间佣人房。他付了4万美元——这在当时是一个很高的价格,尽管他有了可观的收入,

---

1 这是一个惊人的创作旅程。他的第一部长篇戏剧《天边外》(*Beyond the Horizon*)于1918年上演,为奥尼尔赢得了他的第一个普利策奖。然后是《稻草》(*The Straw*, 1919)、《黄金》(*Gold*, 1920)、《安娜·克里斯蒂》——重写的《克里斯·克里斯托夫森》(*Chris Christofferson*, 1919, 1920)、《琼斯皇》(*The Emperor Jones*, 1920)、《与众不同》(1921)、《第一人》(1922)……还有《毛猿》。在三年多一点的时间里上演了八部主要的戏剧。1923年初,奥尼尔的戏剧已经在伦敦、巴黎、柏林、斯德哥尔摩、莫斯科和都柏林上演或计划上演;他已经和易卜生、契诃夫、萧伯纳齐名了。

但这也导致他在今后很长一段时间内都处于经济拮据之中。为了完善自己乡绅的形象,他还买了一只爱尔兰狼犬,他叫它芬恩。

瑞士 ━━━━━━━━━━━━━━━━━━━━━━━━━━━━━━★

里尔克的赞助人维尔纳·莱因哈特(Werner Reinhart)买下并修复了慕佐城堡(Château de Muzot),以便这位诗人可以继续免费住在那里。

巴黎 ━━━━━━━━━━━━━━━━━━━━━━━━━━━━━━★

法国总理雷蒙德·庞加莱(Raymond Poincaré)偶然看到一篇杂志文章,谴责法国体育记者广泛使用英语词汇——或"英式法语"。对纯正法语的敌人的攻击给庞加莱留下了深刻印象,他禁止在官方文件中使用任何最近引进的英语单词。

奇怪的是,这篇文章的作者不是法国人,而是来自东南亚的新移民。当时,人们只知道他的笔名阮爱国(Nguyen Ai Quoc)——阮是个爱国者。他后来的名字"胡志明"(Ho Chi Minh)更出名。

5月23日

★─────────────────────────── 好莱坞

华特·迪士尼成立了他的第一家制片公司,注册名为"微笑格兰电影"(Laugh-O-Gram Films)。

★─────────────────────────── 巴黎

乔伊斯向法国著名眼科专家维克多·莫拉克斯(Victor Morax)医生咨询了他日益疼痛的虹膜炎。根据莫拉克斯的笔记,乔伊斯把他的病情归咎于 1910 年某个时候在皮拉诺(Pirano)的一个异常放纵的夜晚,当时他昏倒在地,昏迷了几个小时。

在莫拉克斯的治疗下,乔伊斯的视力有所改善,但他的眼睛仍然充血,有青光眼的危险。到了月底,疼痛又像以前一样折磨人,但莫拉克斯太忙了,没有时间照顾病人,于是派了一个学生皮埃尔·梅里格·德·特雷尼(Pierre Merigot de Treigny)医生代替他。年轻的医生走进大学街 9 号那套公寓时,为房子的肮脏大吃一惊。

"真是个怪人。"莫拉克斯对他的学生说,"但是,"——发出一种古怪的美国口音——"还是一个大佬。"

5月26日

温德姆·刘易斯读完了《尤利西斯》，显然没有留下什么印象。他写信给希夫："读完像《尤利西斯》这样绝对浪漫的书之后，你会想尽快离开这个手淫、历史和政治的爱尔兰童话世界……"

列宁第一次中风。

温斯顿·丘吉尔和爱尔兰议会的阿瑟·格里菲斯单独待了三个小时，讨论爱尔兰临时政府主席迈克尔·柯林斯和埃蒙·德·瓦莱拉（Eamon de Valera）之间于 5 月 20 日签署的协议。在该协议中，德·瓦莱拉的共和党（该党想取消 1921 年 12 月 6 日的《英爱条约》并废除王位）将在爱尔兰议会中获得 57 个席位，而格里菲斯和柯林斯领导的亲条约一方将获得 64 个席位。丘吉尔对可能产生的结果感到震惊，立即邀请自由邦领导人到伦敦会谈。柯林斯犹豫不决，丘吉尔直接写信给他："我感到有责任诚挚地敦促您，不要让任何事情妨碍这次很可能具有深远意义的会议。"

然后，一个糟糕的时机出现了。詹姆斯·克雷格爵士（Sir James Craig）呼吁伦敦派遣军队守卫阿尔斯特[1]边境，结束贝尔法斯特日益血腥的恐怖活动，贝尔法斯特现在每天发生七八起谋杀事件。内阁 23 日同意了克雷格的请求，在消息公布之前，丘吉尔先发了电报。克雷格得意扬扬地宣布了这个不明智的公告，英国将从此支持阿尔斯特所做的一切，无论边界委员会说什么，边界永远不会重新划定。丘吉尔非常愤怒，并告诉了克雷格；几乎没有什么比克雷格的声明更能破坏与自由邦的谈判前景了。丘吉尔说："这似乎表明，如果他们采取了您不喜欢的步骤，您和柯林斯或德·瓦莱拉一样愿意反抗帝国政府……"

事实证明，柯林斯比丘吉尔和劳埃德·乔治所担心的要更温和。他 27 日到达伦敦，参加了三天的谈判。丘吉尔 30 日和 31 日在议会对谈判做了说明。他说，实际上，柯林斯已经同意：（a）遵守条约的条款，从而与英国保持联系；（b）在 6 月举行选举。丘吉尔及其同僚对他印象深刻，同意按照柯林斯的要求支持这些选举。在 31 日的演讲中，丘吉尔为"柯林斯-德·瓦莱拉条约"辩护，认为它是最有希望，或者至少是最不具灾难性的可行之路。如果一切顺利，条约将生效，爱尔兰将正式与帝国和王室联系在一起，流血事件将最终结束。另一方面，议员们也不能低估爱尔兰事态的极其严重性。在爱尔兰南部：

1　阿尔斯特（Ulster），爱尔兰北部地区的旧称。——译注

银行业和商业遭到削减;工业和农业正在衰退;收入增长的步伐越来越慢;信贷正在枯竭;铁路建设正在减速;停滞和贫困正在取代爱尔兰富有活力的生活;饥荒的阴影已经笼罩在一些较贫穷的地区。

我们会及时吸取教训,采取补救措施吗？或者,在世界冷漠无情——因为事情就是这样——的情况下,爱尔兰将不得不沿着已经把伟大的俄罗斯人民吞没的深渊徘徊？这就是未来几个月将回答的问题。[1]

5月28日

法国 ──────────────────────────────── ★

雷蒙·雷迪格给科克托的母亲写了一封恭敬有礼的信,说他本来可以早点写信的,但他太专注于他的新小说《奥尔格伯爵的舞会》了。他和科克托现在住在法国南部的薰衣草小镇(Le Lavandre)和附近的普拉穆斯奎尔村(Pramousquier)。夏季和初秋是高产的时期:雷迪格几乎写了他所有的小说,而科克托创作了诗集《素歌》(Plain-Chant),改编了索福克勒斯的

1　众议院议长约翰·亨利·惠特利(John Henry Whitley)告诉一位朋友,这是他听过的最好的演讲。奥斯丁·张伯伦(Austen Chamberlain)也有同感,并在6月1日写信给国王:"这是一场精彩的演讲——不仅是一次了不起的个人和演讲的胜利,尽管两者都是,也是一个了不起的政治家行为。"

《安提戈涅》(将于年底上演),以及两部中篇小说——《大劈叉》(*Le Grand Écart*)和《骗子托马斯》(*Thomas l'Imposteur*)。这种才华的绽放被恰当地描述为"非凡"现象。

★————————————————————————————————— **伦敦**

艾略特休息后明显改善了很多,他写信给奥托琳·莫雷尔:"我想在意大利待上六个月,在炎热和阳光下生活,我从来没有这么懒散和疲倦过。"

★————————————————————————————————— **纽约**

约瑟夫·柯林斯(Joseph Collins)为《纽约时报》以《詹姆斯·乔伊斯的惊人编年史》为标题,详细评论了《尤利西斯》。尽管他使用各种限制性的判断(令人不快)和谨慎的措辞,通常是狡猾的措辞来回避自己的主要观点,但钦佩的基本态度是明确的:

> 《尤利西斯》是 20 世纪小说最重要的贡献。它将使作者永世不朽,就像《巨人传》使拉伯雷不朽、《卡拉马佐夫兄弟》使陀思妥耶夫斯基不朽一样。今天的英语写作者很可能无法与乔伊斯先生的成就相提并论。

柯林斯是第一批详细论述他所认为的乔伊斯和弗洛伊德之间存在密切关系的评论家之一。

他的文学作品似乎证实了弗洛伊德的一些观点……

他赞同弗洛伊德的观点，即潜意识代表真实的人……

我从作品中学到的心理学和精神病学比我在神经学研究所十年学到的还要多。我们还可以从其他角度对《尤利西斯》进行有益的审视，但并不多……

同样，柯林斯对利奥波德·布卢姆这个大多数现代读者都喜欢的人物进行了粗暴的批评，把他描绘成"一个道德上的怪物，一个变态，一个错乱的人，一个背弃他的种族和宗教的人，一个既没有文化背景也没有个人自尊的稻草人……"他的评论以预言结束：《尤利西斯》将在 100 年后获得赞美；但即使这样，也没有百分之十的男人或女人能把它读完。

5月29日

杜塞尔多夫 ————————————————— ★

国际前卫艺术家大会（Congress of International Progressive Artists）开幕，旨在将各种共产主义、社会主义和一般来说"左倾"的创作人才聚集在一起。保守派感到好笑，愤世嫉俗者则毫不惊讶地注意到，会议期间，激烈的争吵几乎一触即发，而整个事件在混乱和闹剧中结束。

★————————————————————————————— 华盛顿特区

林肯纪念堂(Lincoln Memorial)的落成典礼。

JUNE

六月

6月1日

★ ——————————————————————————— 巴黎

庞德的论辩文章《詹姆斯·乔伊斯和佩居榭》("James Joyce et Pecuchet")发表在《法国信使》(*Mercure de France*)上。正如文章标题所示,他的论点之一是,乔伊斯的《尤利西斯》应该从福楼拜奇怪的最后一部小说《布瓦尔和佩居榭》中得到一些启示,这部小说描写一对退休职员,他们着手调查人类知识和成就的整个范围。[1] 但他的主要主张是,《尤利西斯》代表了自这位法国作家去世以来最伟大的写作技术的进步。他认为(注意他提及的"新时代",即现代主义"元年"):"福楼拜的百年诞辰是一个新时代的开始,而乔伊斯的新书《尤利西斯》也出版了,从某些角度来看,这部作品可以被认为是福楼拜之后的第一部作品,从福楼拜最后一部未完成的作品开始,延续了福楼拜的艺术形式……"[2]

福楼拜通常是他衡量真正严肃文学的试金石之一。尽管庞德能够,而且越来越倾向于成为他那些最狂热观点的难以令人信服的拥护者,但这篇

---

1 他还指出,书中的妓院序列可以理解为福楼拜的《圣安东的诱惑》的重写,并在《包法利夫人》中找到了一些呼应。

2 庞德在日期上有点马虎:福楼拜出生于 1821 年 12 月 12 日。世故的人可能会怀疑,他做这样的比较也是为了讨好法国美术馆。其实不是:他的观点与他多年来对乔伊斯以及对现代写作的看法一致。

文章是振奋人心和具有启发性的——并第一次相当详尽地阐明了小说中更深层次的荷马式结构：

> 詹姆斯·乔伊斯的《尤利西斯》是部什么样的小说？这部小说属于奏鸣曲式（sonata form）小说的大类别，也就是说，在形式上：主题、反主题、再现、展开、终曲。分部（sub-division）主题：父子小说。它跟随《奥德赛》的伟大诗篇，并提供了许多点，或多或少准确地对应荷马诗歌中的事件。我们在那里发现了帖雷马科、他的父亲、塞壬、独眼巨人，在意想不到的伪装下，怪异、神秘、真实和巨大。

> 小说家喜欢只花三个月、六个月的时间写一部小说。乔伊斯花了十五年时间写他的小说。《尤利西斯》比福楼拜的任何作品都要紧凑（732页），有着更复杂的结构。

庞德得出的结论之一是："《尤利西斯》并不是一部人人都会仰慕的书，就像《布瓦尔和佩居榭》并不是人人都会仰慕一样，但它是每一个严肃作家都需要读的书。身为职业作家，为了对我们这门艺术的发展有个清晰的认识，将不得不去读它。"

这个月还出现了关于《尤利西斯》的另外两篇重要书评：一篇是霍尔布鲁克·杰克逊（Holbrook Jackson）在《今日》（*To-Day*）杂志上发表的长篇评论，另一篇是约翰·艾格灵顿（John Eglington）为《日暮》6月号写的"都柏林来信"的旁注。尽管对乔伊斯小说的"混乱"提出了异议，但杰克逊的这篇文章很大程度上表达了支持和赞赏，并以坚决否认书中所谓的猥亵开篇:"这并非不雅。书中没有色情的言词。它是直言不讳:直言不讳、无所谓羞耻……"杰克逊加入了把乔伊斯和弗洛伊德联系起来的行列:"(布卢姆)心理的每一个动作和反应都暴露在弗洛伊德式的污秽之中……"他也是那些觉得布卢姆令人厌恶的人之一:"《尤利西斯》是扔向人类的一块石头——布卢姆是20世纪的耶胡[1]吗?"因为乔伊斯在很多方面都没能让人理解他,所以杰克逊对他进行了长时间的批评,最后终于回到小说本身:"……如果它不能让无聊的小说读者感到愉悦,甚至不能以其令人厌恶的坦率吸引好色之徒,那么它必须引起那些认为小说不只是糖果的人的注意。尽管它有种种缺点,但它是自《裘德》[2]以来英国小说史上最重大的事件。"

艾格灵顿远没有那么富有同情心;事实上,他故作谦逊并居高临下:"然而,我不能确定我是否理解了乔伊斯先生的方法,即使当他叙述的一些事件,我自己也在其中扮演着卑微的角色,这个方法也足够令人费解。"他还假装同情乔伊斯的痛苦的创作:

> 在本书的写作中有一种努力和压力,不免让人产生对作者的关心。但我们为什么要让自己累死累活来写什么杰作呢?艺术家的文学理想与人们想读的书籍之间的分歧越来越大……

1　耶胡(Yahoo),英国作家斯威夫特小说《格列佛游记》中堕落的野蛮人形象。——译注

2　《裘德》(Jude),英国作家哈代的长篇小说。——译注

博洛尼亚 ──────────────────────────────── ★

在贝尼托·墨索里尼的命令下,15000 名年轻的法西斯分子——据估计,他们的平均年龄不超过十九或二十岁——冲过"红色"博洛尼亚的街道,烧毁电报局和邮局,并殴打每一个挡道的人。这样残暴地展示武力之后,他们撤走了,并说下次再举行这样的示威,他们将有 50000 人,他们会杀死敌人而不是殴打他们。

贝尔法斯特 ──────────────────────────────── ★

阿尔斯特皇家警队(Royal Ulster Constabulary)[1] 由前爱尔兰皇家警队组成。它是为了应对北爱尔兰可怕的暴力状况而设立的,到 1921 年夏天,这里实际上已经成了一个充满殴打、枪击、爆炸和纵火的战区,袭击通常都是由爱尔兰共和军(IRA)发起的,但也遭到了亲英分子同样激烈的暴力报复。阿尔斯特皇家警队在英国警务方面的作用是独特的,因为它有双重任务,既要维持正常的法律秩序,又要取缔被禁止的政治团体的活动。其法定人数不得超过 3000 人,其中 1000 人原则上要从天主教社区招募,天主教社区约占北爱尔兰人口的三分之一。然而,天主教徒在自愿

---

1 简称 RUC,在成立后的 80 年(它于 2001 年正式并入其他机构)里,RUC 被指控使用野蛮和党派化的警务手段,也因其专业性而受到赞扬。无可争议的是,从 1925 年到 1960 年代末的北爱"冲突"开始,该地区不仅享有和平,而且是英国犯罪率最低的地区之一。

加入这支已经被怀疑暗中（如果不是公开的话）支持亲英分子的军队方面行动迟缓。[1]

6月2日

★ ───────────────────────────────── 巴黎

格特鲁德·斯坦因从花园街 27 号写信给纽约的卡尔·范·韦克滕："我对你的书非常满意。你确实是最现代、最不多愁善感、最温柔执着的浪漫主义者。""你的书"指的是《彼得·惠夫勒：他的生活和创作》(*Peter Whiffle: His Life and Works*)，这是范·韦克滕的一部实验小说，作者是书中主要人物。几乎可以肯定，它是最早直接影射《尤利西斯》的小说。

1　天主教徒在阿尔斯特皇家警队的人数从未超过 20%，而且往往大大少于 20%。

6月3日

巴黎 ──────────────────────────────────── ★

斯特拉文斯基的独幕歌剧《玛夫拉》(*Mavra*)[1]在巴黎歌剧院首演,由格杰戈尔兹·菲特伯格(Grzegorz Fitelberg)指挥。这是他1922年的主要作品,他非常自豪,甚至说这是他创作的最好的作品。随着观众渐渐离去,弗朗西斯·普伦克(Francis Poulenc)无意中听到一对夫妇说:"精彩! 终于有一部斯特拉文斯基的作品适合我们的女儿听了!"其他反应包括从失望到

───────────

1　毫不奇怪,《玛夫拉》在首演后多年一直反响平平,尽管它早已被重新评估为斯特拉文斯基的主要作品之一。时长约25分钟的轻歌剧,剧本由鲍里斯·科希诺(Boris Kochno)主要根据普希金的诗体故事《科洛姆纳的小房子》(*The Little House in Kolomna*)改写,故事发生在查理十世时代的一个俄国小镇上,讲述一个轻骑兵乔装成女人进入他年轻情人的房子。故事从一个名叫帕拉莎(Parasha)的年轻女孩开始,她正在刺绣;她的邻居,英俊的轻骑兵巴兹尔(Basil)出现在她的窗前,他们情意盎然地唱起二重唱。这时帕拉莎的母亲进来了,她为忠实的厨娘特克拉(Thekla)的死而悲伤。帕拉莎去另找厨师,带着"玛夫拉"回来了——事实上是巴兹尔伪装成厨娘。又一段爱情二重唱。剩下巴兹尔一人,他觉得自己最好刮一下胡子;一个糟糕的决定,因为帕拉莎和她的母亲回来,逮住了他的泄露行为。母亲晕倒了,轻骑兵拔腿就跑,帕拉莎喊了起来:"巴兹尔!""巴兹尔!"帷幕落下。

强烈的厌恶不等。佳吉列夫[1]想要给制片人奥托·卡恩(Otto Kahn)留下深刻印象,让他在佳吉列夫自己的包厢里观看了首演;每个人都希望卡恩能把剧团带到美国。唉,卡恩唯一的议论是,"我喜欢这一切,然后——'噗一下'——它结束得太快了……"幕间休息时,听到有听众讲了一句有点蹩脚的俏皮话:"*Ce Mavra, c'est vraiment mavrant*"——"这个玛夫拉真叫人讨厌"。批评家埃米尔·维亚尔莫兹(Emile Vuillermoz)对这部作品写了一篇恶毒的评论,斯特拉文斯基悲伤或挑衅地把它剪下来粘贴到手稿乐谱上。[2]

1　事实上,斯特拉文斯基是前一年和佳吉列夫在伦敦的萨沃伊剧院(Savoy)的时候受到启发创作了这部作品。佳吉列夫对创作柴可夫斯基的芭蕾舞剧《睡美人》很感兴趣,这部舞剧西方从未见过,所以他请斯特拉文斯基为他的乐谱中缺失的两首曲子编曲,这两首曲子只能在钢琴乐谱中找到。斯特拉文斯基在这些曲子上的工作被证明是非常愉快的,他突然成为柴可夫斯基的天才声乐爱好者。他决定自己的下一部主要作品将尝试遵循普希金—格林卡(Glinka)—柴可夫斯基的传统。1922 年 3 月,他完成了歌剧本身,并在几周后在前往蒙特卡洛和马赛的旅行中添加了序曲。

　　　　顺便说一句,在这部丰富的作品中发现的许多音乐影响之一是拉格泰姆音乐,而且,用斯特拉文斯基自己的话来说,"某种爵士乐元素"需要"乐队"的声音而不是"管弦乐"的声音……

2　斯特拉文斯基对他的新作品最初并不受欢迎的反响感到伤心,他经常在批评性、自传性和辩驳性的作品——包括《音乐诗学》(*Poetics of Music*)和《编年史》(*Chronicles*)——中回到这个主题,试图解释和证明他的意图。简言之,他想让自己与传统的俄罗斯民族主义音乐流派——以穆索尔斯基(Mussorgsky)、博罗丁(Borodin)、里姆斯基-科萨科夫(Rimsky-Korsakov)等人为代表——保持距离,转而与俄罗斯文化中面向欧洲的流派(正如他所说,"将最具俄罗斯特色的元素与西方的精神财富结合起来")保持一致,其中的主导人物是普希金、格林卡和柴可夫斯基——《玛夫拉》所致敬的三位大师。

澳大利亚 ────────────────────────────── ★

　　劳伦斯发现,在澳大利亚的新家,自己有充裕的空闲时间,于是开始写小说。他计划在 8 月初完成:这大概是他为自己定下的离开澳大利亚前往美国的日期。[1] 事实上,他几乎没有三心二意,而是精力充沛飞快地写着——通常每天写 3000 字——以至 7 月 15 日之前就完成了整个初稿。[2]

　　劳伦斯将他的新小说命名为《袋鼠》(Kangaroo)——这不是什么了不起的想象,因为这本书是关于澳大利亚,尤其是澳大利亚政治的,这要归功于劳伦斯对《悉尼公报》(Sydney Bulletin)的仔细阅读。《悉尼公报》刊登一些关于国家事务的严肃文章,还开设了一个名为"土著"的古怪专栏,里面充满了各种在澳大利亚内陆会遇到的野兽和怪物的有趣而奇怪的故事(包括一些无稽之谈)。《袋鼠》的开头几乎直接以自传体的形式展开,讲述了身材瘦小、留着大胡子的作家理查德·洛瓦特·萨默斯和他的欧洲上流社会妻子哈丽特的日常生活。这对夫妇计划在几个月后前往美国,他们渴望了解澳大利亚,揭开它的"存在秘密"。

　　至此,一切都很清晰。但《袋鼠》的后续章节却远离了家庭生活,进入政治理论及相关思考。萨默斯被两种进入政界的方式所吸引,这两种方式

1　他们的钱几乎都花光了;劳伦斯写信给他的美国经纪人罗伯特·蒙提瑟(Robert Mountsier),要求从他的版税中再得到 700 美元。

2　这种写作能量部分是亢奋的结果:尽管劳伦斯声称自己很享受他们在澳大利亚那种特殊的与世隔绝的生活,但现实是,当周围没有其他人来分散他们的注意力时,他和弗里达常常会让对方感到恼火。尽管他们平静的生活表面上很愉快,但他经常大声争吵,或者闷闷不乐。

的代表是两位强势人物：一位是杰克·卡尔科特（Jack Callcott），大自然的追随者之一；另一位是杰克所属的秘密组织——大致来说，法西斯组织——的领袖本·库利（Ben Cooley），又名"袋鼠"，一个有魅力的犹太律师和雄心勃勃的惠特曼式救世主。小说中各种复杂的情感以萨默斯面对他的战争记忆而结束，并最终获得了宣泄——实际上，这是一种重生。萨默斯现在准备离开澳大利亚，他的创作者也是如此。

6月4日

★─────────────────────── 剑桥

"伟大而优秀"的里弗斯（W. H. R. Rivers）医生[1]——他是治疗师、神经学家、心理学家、人类学家、西方灵性导师，自 1919 年被任命为剑桥大学

---

[1] 由于帕特·巴克（Pat Barker）的小说三部曲《再生》（*Regeneration*）系列——他是主角——的成功，里弗斯在 21 世纪的知名度可能比他晚年的声誉还要高。他晚年受到了至少四个学科的同龄人和后学的钦佩和爱戴；这种钦佩和爱戴还来自感激他的战时病人——包括齐格弗里德·沙逊（Siegfried Sassoon），他写了一长篇关于里弗斯在克雷格洛克哈特医院治疗"炮弹休克症"的文章——以及几乎所有见过他的人。成百上千的人从英国各地赶来参加他的葬礼（作为一名人类学家，他对葬礼很感兴趣）。沙逊非常痛苦，几乎崩溃。

圣约翰学院自然科学讲师[1]——在一次绞窄性疝的紧急手术后,死于伊夫林疗养院(Evelyn Nursing Home)。他只有五十八岁,虽然他的身体远谈不上强壮,但这是一场预想不到的灾难。圣神降临周[2]的周末天气很好,每个可以尽情享受天气的人都在外面晒太阳。里弗斯不想让人扫兴,就好心地让他的学院仆人周六休息,他会自己准备早餐。就在那天晚上,他的肠子扭曲,导致难以忍受的疼痛,他被困在床上,独自挨过一个又一个小时。

世界失去了一个聪明善良的人,这是显而易见的。但是,里弗斯接下来可能完成什么样的事是不确定的。很有可能,他已经在科学领域做出了他可能做出的所有贡献,而他随后的职业生涯可能在完全不同的领域。"一战"以来,以前相当保守的里弗斯越来越被社会主义吸引。当时在剑桥读本科的社会主义者金斯利·马丁(Kingsley Martin)报道说,在1922年2月的一次会议上见过他,同行的有西德尼·韦伯(Sidney Webb)和贝阿特丽斯·韦伯(Beatrice Webb)夫妇、罗素夫妇、哈罗德·拉斯基(Harold Laski)、休·道尔顿(Hugh Dalton)以及其他参与劳工运动的知名知识分子。他已经在——1922年4月——下次大选中被选为工党伦敦大学选区的候选人。他可能会成为一个重要的政治家吗?

这很难猜测。在谈到里弗斯时,罗素说,他从未见过一个政治候选人这么不受权力和个人野心的诱惑,或者只受理想主义的驱使。里弗斯本人经常不好意思地开玩笑说到自己决定竞选国会议员,打趣说他的主要野心是对劳埃德·乔治进行心理分析,或者下议院急需一位住院精神病医生。但谈到他的信念时,他是认真的。1922年5月25日,在伦敦大学学院发表《社会主义与人性》的演讲时,他说:"当我说到社会主义时,我指的是一种社会形式,它的个体成员随时准备为公共利益而工作,而作为个体,没有从他们的劳动中获得直接利益的激励。"在接受候选人资格时,他承认世界局势很不稳定:"进入实际的政治领域可不是件轻松的事。但时势如此险恶,我们国家和世界的前景如此黑暗,如果别人认为我可以为政治事业服务,我无法拒绝。"

1 三年前,里弗斯还被任命为新成立的英国精神分析学会(British Psychoanalytic Society)医学部的第一任主席——他很乐意接受这个职位,尽管他与经典的弗洛伊德理论有一些重大分歧,尤其是"审查机制"和梦的象征中不可避免的性内容。这就是人们尊敬里弗斯之处——许多历史学家认为,在使精神分析和心理治疗在英国受到尊重方面,他比任何人都做得更多,而不仅仅是一些令人讨厌的欧洲大陆的偏执或变态行为。他很有可能成为英国"谈话疗法"的代表人物。

2 圣神降临周(Whitsuntide),复活节后的第七周。——译注当救援人员到达时，手术已经太迟了。[1]

里弗斯近来主要关注的领域之一是心理学和精神病学与社会学和民族学的重叠。他致力于形成对本能、梦、神话、公共或私人领域的象征，以及神经官能症的一种更为普遍的看法——对他来说，这些都是人类思维一种更大趋向的不同方面。也许会出现某种大综合？

战后在他的兴趣中，尤其重要的是他对艺术和文学的兴趣与日俱增——他年轻时多少有些忽略了这些乐趣。[2] 他成立了一个名为"苏格拉底"的讨论小组，邀请一些远离他日常生活领域的人参加，包括作家：当然有沙逊，还有 H. G. 威尔斯和阿诺德·贝内特（对他们的会面写过感人的回忆录）。他经常见到诗人罗伯特·格雷夫斯（Robert Graves），后者在《诗意的非理性》（*Poetic Unreason*）中写道："里弗斯博士的私人友谊，对他的书《本能与潜意识》（*Instinct and the Unconscious*）的赞赏，以及他在我写作《论英诗》（*On English Poetry*，1922）时给予我的鼓励，使这本书有了现在的模样和书名。"

格雷夫斯的《论英诗》写有动人的题献："感谢阿拉伯的 T. E. 劳伦斯

1　许多年后，也就是 1968 年，里弗斯在圣约翰大学的一位朋友兼同事、心理学家弗雷德里克·巴特利特（Frederick Bartlett）写了一篇感人的文章，描述了里弗斯死后两周他做的一个梦：

　　我又见到了他，这是最后一次。我当时在圣约翰学院的公用教室里……有一把空椅子。然后他走了进来，像往常一样敏捷。他走到那把空椅子前坐下。他没有脸。没人认识他，但我认识他。我想说："里弗斯！这是里弗斯医生！"……然后我醒了。我躺在床上，在家里。漆黑一片。有几分钟的时间，我完全确信他就在那里，在深深的黑暗中，离我很近。这是一个梦。我们谈过很多次关于死亡的话题。他说过，如果他比我先死，那是很有可能的……他会设法告诉我。

2　和本书中的许多人一样，他在伦敦观看了俄国芭蕾舞团的演出。

231

和牛津万灵学院（All Souls College），感谢所罗门群岛的 W. H. R. 里弗斯和剑桥圣约翰学院，感谢他们提供的宝贵而重大的帮助……"[1] 他对里弗斯的钦佩是很容易理解的；艾略特对他的强烈崇拜不那么明显，却更发人深省。（见 12 月 19 日）

6月5日

都柏林 ─────────────────────────────★

叶芝写信给约翰·奎因，解释说他刚写完回忆录《面纱的颤抖》(*The Trembling of the Veil*)——题献给奎因——寄给了出版商。

普罗维登斯—罗德岛 ──────────────────★

洛夫克拉夫特(H. P. Lovecraft)——他可能是 20 世纪最具影响力的恐怖小说作家——在一天之内就完成了他的短篇小说《月光下》(*What the Moon Brings*)，小说于次年发表。

1　直到 1948 年，格雷夫斯在他那本奇特而有影响的著作《白色女神》(*The White Goddess*)中，阐述了"理性"(reason)与"无意"(the unwitting)之间的区别（里弗斯更喜欢用"无意"这个词来形容心理学家通常所说的无意识）。

★————————————————————————————— 伦敦

　　艾略特写信给伦纳德·伍尔夫,讨论在即将出版的《标准》上发表科特连斯基翻译的陀思妥耶夫斯基作品的可能性。几天前,艾略特拜访了霍加斯寓所,并在那里朗读了他的新作《荒原》。弗吉尼亚·伍尔夫写道:

　　　　他有腔有调有节奏地吟诵着。它有了不起的美感和词语的力量,对称,以及紧凑。是什么把它们联系在一起,我不太清楚。但是他读到后来不得不加快——关于《伦敦杂志》的信件——讨论就取消了。然而,还有一个人带着强烈的感情离开了。书叫作**《荒原》**;玛丽·哈钦森听得很专注,解释说这是汤姆的自传——一部忧郁的自传。

6月11日

　　罗伯特·弗拉哈迪的电影《北方的纳努克》在纽约国会大厦电影院上映。尽管现在公众对新闻短片和其他类型的纪实短片已经相当熟悉了,但《北方的纳努克》还是新鲜:电影史上第一部获得商业成功的纪录片。为了拍摄这部史无前例的电影,弗拉哈迪前往哈德逊湾东北海岸的一个亚北极(sub-Arctic)居民区,并在那里待了 16 个月。[1] 他选择了伊蒂米穆特(Itivimuit)部落的猎人作为主角——"纳努克",尽管那不是他的真名。

　　《北方的纳努克》的票房表现非常好,弗拉哈迪就此开始他的导演生涯,直到 1951 年去世。[2]"你自己卖票。"1923 年,派拉蒙影片公司的杰西·拉斯基与他签约时告诉他。

　　弗拉哈迪一开始并没有想要成为任何类型的电影制作人;他本打算继承父亲富有冒险精神的事业,当一名采矿工程师。年轻的罗伯特自小就学会了高超的生存技能,他和父亲一起乘独木舟或穿雪地靴到加拿大的荒野

1　拍摄时间拖得很长,也很艰难;有时胶片冻得太脆,都破裂了;当摄制组试图拍摄一场猎熊活动时,暴风雪困住了他们,拍摄失败,他们几乎饿死和冻死。每一天当地人和电影制作人的力量、创造力和智谋都受到考验。

2　他事业的巅峰之作包括《禁忌》(*Tabu*, 1931)——他与《诺斯费拉图》的作者茂瑙共同执导——和《亚兰岛人》(*Man of Aran*, 1934)。

中长途旅行,结识当地人,忍受各种艰辛。当他开始自己的职业生涯时,他是一名无畏的勘探者和探险家,受雇于铁路富豪威廉·麦肯齐爵士(Sir William Mackenzie)。1913 年,在他第三次探险时,麦肯齐建议他带上一部相机,记录下自己的冒险经历。

弗拉哈迪很喜欢这个主意,于是买了一架贝尔豪威尔机子(Bell and Howell)和一些照明设备;他唯一的拍摄训练是在纽约州的罗切斯特参加了为期三周的速成班。在他 1914 年和 1915 年的探险中,电影摄制成了他的痴迷:他拍摄了很多素材,拍摄速度几乎超过了他找矿的速度。他开始把自己的电影进行小规模的公开放映,得到的反应通常极其热烈。显然,一部关于爱斯基摩人生活的影片大有观众。然后,灾难降临。1916 年,当他准备把所有的镜头运到纽约时,他吸烟不慎,烧毁了全部库存;片刻之间,三万英尺的胶卷起火燃烧,弗拉哈迪只能死里逃生。他被迫陷入一段无所作为的状态,开始重新考虑这个项目。到此为止,他拍的片子过于松散,缺乏叙事。他需要将素材集中:关注一个爱斯基摩人和他的家庭生活。他开始寻找支持这个项目的人,最终,1920 年,法国毛皮贸易公司的雷弗林·福斯(Revillon Frères)同意赞助他的拍摄。[1]

即使在弗拉哈迪回到美国并完成他的影片之后,也没有多少理由乐观。五家主要的发行公司看过他的作品,五家公司都拒绝了。他们解释说,没有人想看爱斯基摩人。但最后,百代公司(Pathé)选中了它,评论家们立刻欣喜若狂:《纽约时报》说,"除了这部电影之外,通常的影片,也就

1　预算总额最终将达到 53000 美元——虽然他们很快就赚了一大笔钱,但远远超过了他们原先商定的数额。

是所谓银幕上的‘戏剧作品’,变得和用来拍片的赛璐珞胶片一样稀薄和空白"。这部影片在票房上大赚了一笔,并掀起了一股对爱斯基摩事物的狂热:百老汇的热门歌曲,"纳努克";在柏林,有一种冰激凌三明治叫"纳努克"。一些电影历史学家仍然视其为最伟大的纪录片,而不仅仅是最早的。1

1 弗拉哈迪作品的新颖性可以从"纪录片"这个名称在当时还不存在这一事实来判断;它似乎是四年后由约翰·格里森(John Grierson)在评论另一部有特色的作品《海洋奇缘》(Moana)时引入英语的,这部影片的导演正是罗伯特·弗拉哈迪。

然而,如果说《北方的纳努克》开创了纪录片这一类型,它同时也引发了一场争论,这种争论一直持续到今天,有时还很激烈:纪录片导演多大程度上可以拍摄虚构的场景,包括不真实的或误导性的细节,并通常将其伪装成未经中介的真实事件,只是为镜头设计的?早期观众被《北方的纳努克》的真实感所吸引,但很快就有消息说,用一个刻薄的词来说,大部分镜头都是"虚假"的。有些伪造是无害的,只是简单的技术问题——例如,弗拉哈迪建造了一个开放式的冰屋(igloo),以便能够在"室内"拍摄纳努克和他的家人。不过,有些是故意误导:大多数爱斯摩人现在都使用现代步枪狩猎,但弗拉哈迪坚持认为他们恢复使用父辈和祖父辈的传统长矛。这样,他不仅伪造了片中人物的生活,也使他们处于危险之中。

弗拉哈迪对这些矛盾的认识比他的批评者可能愿意承认的要深刻得多。他为自己的工作进行了辩护,其他人也为他进行了辩护,称他所做的不是描绘全球经济及其价值观不可避免地侵蚀纳努克和他的人民,而是珍惜他们的古老文化在消失之前的短暂时间里最后的未受污染的时刻。与其说他是个记者,不如说他是个哀歌作者。这样的观点并不能消除所有的反对意见;但它确实有助于说明这部电影经久不衰的力量,当时一位令人敬畏的评论家将其比作一部希腊悲剧。

★─────────────────── 格拉纳达—西班牙

　　在持续数周的公众兴奋、激烈的争论和痛苦的失望之后,洛尔迦/德·法雅"深歌音乐节"终于开场了。市议会本应欢迎这一盛事,因为它将极大地促进旅游业,但事实证明他们吝啬至极,声称这将掏空城镇的金库;他们甚至不愿意赞助拉威尔(Ravel)和斯特拉文斯基前来探访,即使他们两人都表示有兴趣参加音乐节。[1]

　　尽管如此,在阿尔罕布拉的阿尔吉比斯广场(Alhambra's Plaza de los Aljibes)举行的音乐节还是取得了巨大的成功,挤满了观众。德·法雅的朋友、英国记者约翰·特伦德(John B. Trend)写道:"无论你走到哪里,都能看到精致的身影,披着艳丽的披肩、梳着高高的发髻,还有许多人穿着过去那种绸缎的衣服,那是 1830、1840 年代流行起来的——在普罗斯佩·梅里美(Prosper Mérimée)和西奥菲尔·戈蒂埃(Theophile Gautier)、博罗(Borrow)和理查德·福特(Richard Ford)的西班牙。"参赛者来自各个年龄

─────────────────────

1　为了从极度的兴奋中解脱出来,德·法雅和洛尔迦在塞维利亚度过了一个短暂的假期,在那里,他们遇到了古巴作家何塞·玛丽亚·查孔·伊·卡尔沃(Jose Maria Chacon y Calvo),他在几年后声称,在那个时间和那个地方见到洛尔迦,"就像见到了诗歌的素材一样"。

237

层:周六晚赢得一千比塞塔[1]的冠军,是一位老歌手,他声称自己徒步 80 英里来参赛;一个名叫曼努埃尔·奥尔特加(Manuel Ortega)的十一岁男孩,绰号"蜗牛",赢得了另一个大奖,并成为 20 世纪最伟大的歌手之一。

参观者中有一位不出名的法国研究生:乔治·巴塔耶。[2] (见 5 月 17 日)歌手贝穆德斯(Bermudez)给他留下了特别深刻的印象:"他唱起来——更确切地说,他发出的声音是一种过度的、刺耳的、长时间的喊叫,当你以为他已经精疲力竭时,那声音简直像一种死亡的呻吟,简直难以想象。"[3]

那些关于财政危机的卡桑德拉式的抱怨被证明是完全错误的——音乐节获得了可观的利润,因此,不出所料,引发了一系列关于如何处理这笔丰厚利润的全新争论。德·法雅很反感;从那时起,安达卢西亚因素在他作品中所占的比重就小了很多。但洛尔迦被这次活动的成功所鼓舞,决心继续写"吉普赛"(Gypsy)风格的诗歌。

---

1 比塞塔(pesetas),西班牙货币。——译注

2 1922 年 6 月,另一位碰巧在格拉纳达的旅行者是年轻的荷兰艺术家埃舍尔(M. C. Escher, 1898—1972)。他对阿尔罕布拉宫极为迷恋,这对他整个职业生涯产生了重大的创作影响。

3 1963 年,巴塔耶的同事阿尔弗雷德·梅特罗(Alfred Metraux)——在 21 世纪,他最出名的可能是对伏都教(voodoo)的研究——在《评论》杂志上发表了一篇文章,《会见民族学家》("Rencontre avec les ethnologues")。他在文中回忆了那次音乐节给巴塔耶留下的生动印象:"他的热情如此饱满,他唤起的形象如此美丽,以至于 40 年后我可以确信,我参加了这个节日。"

6月14日

★───────────────────────────── 华盛顿特区

哈丁（Harding）总统首次向美国全国发表广播讲话。

6月15日

★───────────────────────────── 伦敦

H. G. 威尔斯在伦敦大学学院主持了他的好朋友、奥多中学（Oundle School）校长 F. W. 桑德森（F. W. Sanderson）的一次公开演讲——威尔斯说桑德森是他所认识的最伟大的人物，考虑到他的熟人范围之广，这是一种值得认真对待的敬意。让在场的每个人都感到恐惧的是，桑德森在讲台上倒地而死。[1]

───────────

1　为了纪念这位朋友的成就，同时也想阐述一下自己在教育方面的想法，威尔斯同意为桑德森写一本传记。这很快遭到了桑德森遗孀的反对和干涉，她认为，除了其他反对意见外，威尔斯对桑德森的学术研究做得不够。最后，他写作了一部比他预想的要乏味得多的作品，1924 年以《一个伟大校长的故事》（*Story of a Great Schoolmaster*）的书名出版。

公开文献显示,威尔斯 1922 年就处于创作的鼎盛时期:这一年他至少出版了三本书——《华盛顿与和平的希望》(*Washington and the Hope of Peace*)一书是他 1921 年在美国旅行两个月期间所写的文章合集;《世界简史》(*A Short History of the World*)从他 1920 年雄心勃勃的书《历史纲要》(*The Outline of History*)删节而来;还有一部小说,《心灵的隐秘》(*The Secret Places of the Heart*)。他还在写他的下一部小说《诸神之人》(*Men Like Gods*, 1923),同年晚些时候,他将作为工党候选人参加大选。(见 11 月 15 日)

但他当时写的小说,以及接下来两年写的小说——《梦》(*The Dream*)、《克里斯蒂娜·艾伯塔的父亲》(*Christina Alberta's Father*)——讲述了一个完全不同,有时令人绝望的故事。《心灵的隐秘》的主人公里奇蒙·哈代爵士——明显以威尔斯本人为原型的角色——向精神科医生马蒂诺寻求帮助,因为他觉得自己的生活变得毫无意义。哈代是个郁郁寡欢的人,像他的创造者一样,试图通过恋爱来克服绝望,尤其是和年轻女人。小说中,他开始与一个美国女孩有染,对自己对情妇的义务感到内疚,经历了对死亡的渴望,不久之后就死去了。

一些事实细节可能有改动;除此之外,这是对威尔斯自己精神状况的极其准确的描绘。当时威尔斯确实有个情妇——小说家丽贝卡·韦斯特(Rebecca West),她自 1913 年以来一直是他的情人。还有一个美国人在争夺他的爱情——玛格丽特·桑格(Margaret Sanger),她是女权主义者和节育宣传者。[1] 当威尔斯从美国回来和丽贝卡·韦斯特一起去西班牙度假

1　1922 年 11 月,她嫁给了一位石油大亨;她和威尔斯多年来一直是好朋友。

时,她发现他"疲惫不堪,简直快疯了;极度虚荣、易怒,生活在幻想世界里……他暂时的病情恶化令人震惊"[1]。

尽管这并没有减轻他的症状,但威尔斯知道,在他身上发生的事情以前已经发生过三四次了,而且总是发生在危急时刻。不安逐渐发展成幽闭恐惧症,然后是彻底的恐慌。[2] 对死亡和精神错乱的恐惧占据了威尔斯的内心,他把自己描述成"一个动物,试图从它已经坠入的牢笼中寻找出路"。

★——————————————————————————— 伦敦

艾略特写信给奥托琳·莫雷尔,讨论他的《标准》计划。他解释说,他让罗瑟米尔夫人等了整整一年才开始主编这份批评杂志,而他提前去卢加诺度假是为了保持足够的健康,以便在接下来的三个月里专注于这个项目。由于这种自我强加的承诺,他如今在可预见的将来无法接受任何周末的邀请。

他还说,薇薇安最近去看了一位新的专家,这位专家把她的全部问题诊断为"腺体"和结肠炎中毒。他接着说,医生开了一个"粗暴"的药方,包括每周两天禁食和"动物的腺体"——不过究竟是哪种动物,哪些腺体,似乎还不清楚。

1　1923 年,在她提议下,两人终于分手了。
2　他从 1921 年到 1924 年写的四部小说分析了这种恐慌的状态,但试图通过写作治愈自己也是徒劳的。书中四个主人公有三个死了,第四个则象征性地死去。

6月16日

维也纳 ─────────────────────────── ★

作家阿图尔·施尼茨勒(Arthur Schnitzler)拜访了西格蒙德·弗洛伊德在贝加斯(Bergasse)的著名公寓,并在日记中亲切地描述了那天晚上的会面。

> 在弗洛伊德教授家。(他祝我生日快乐,我的回复,他的邀请。)……到目前为止,只跟他简短地说过几次话。──他很重感情。谈了关于医院和军旅日子、共同的老板等。──然后他带我看他的图书馆──他自己的东西、翻译、学生的作品;──各种铜器小古董。──他不再行医了,只接受那些被他分析过的学生。给了我漂亮的新版讲义。──深夜陪我从贝加斯回家。──谈话变得更加温馨和个人化;关于衰老和死亡。

弗洛伊德曾说过(开玩笑?),他不愿见到施尼茨勒,因为他认为施尼茨勒是他的"文学幽灵"──按照迷信的说法,遇见"幽灵"是死亡即将来临的征兆。

根据 1921 年条约举行第一次爱尔兰大选。尽管几乎所有候选人都站在新芬党(Sinn Fein)立场上,但实际上,在支持条约和反对条约的候选人之间存在着巨大的意识形态分歧。迈克尔·柯林斯领导支持条约的运动;埃蒙·德·瓦莱拉站在反条约一方。结果,支持条约的一方获得了明显的多数席位:58 席对 36 席——这足以让科斯格罗夫(W. T. Cosgrove)建立一个合法的政府。但是反条约的势力并没有就此沉默,他们所有的议员对议会进行了一次大规模的抵制。关于内战的悲观言论时有耳闻。

6月19日

★ ——————————————————————— 伦敦

艾略特一家从威格莫尔街 12 号搬到了克拉伦斯门花园 9 号。

6月21日

弗拉基米尔·纳博科夫(刚获得剑桥大学文学学士学位)回到位于萨克逊大街67号的家中;他会一直住在这个公寓里,直到1923年12月他的家人去布拉格。[1] 他想在银行找一份工作,他弟弟谢尔盖(Sergey)也是。谢尔盖设法忍受了一星期,弗拉基米尔只待了三小时就离开了。对一个想成为作家的人来说,这种工作是难以忍受的;通过辅导语言,甚至教授网球和拳击来补充文学性收入,这既容易又愉快。此外,他仍然处于极度沮丧的状态。当他向一个十七岁的漂亮女孩斯薇特兰娜·西沃特(Svetlana Siewert)求婚时,她接受了,因为他看起来那么悲伤,难以言表的悲伤。她父母同意订婚,但条件是纳博科夫找到一份稳定的工作;这段关系是短暂的。[2]

然而,忧伤并没有摧毁他的才华。在他到达柏林后不久,流亡出版商加马温(Gamayun)就委托他将《爱丽丝漫游奇境记》(*Alice in Wonderland*)

---

[1]　纳博科夫本人在柏林待了14年半。

[2]　1923年1月9日,当她父母解除婚约,并宣布要把她带走时,他流下了眼泪。那天晚上,他写了一首伤感的诗:《终结》("Finis")。

翻译成俄语。[1] 在译过一本非常难的小说——罗曼·罗兰的一部拉伯雷风格的作品《科拉·布勒尼翁》(*Colas Breugnon*)——之后,他几乎没有遇到什么困难,并乐于为卡罗尔的笑话和短语找到俄语对等词:例如,随征服者威廉而来的那只法国老鼠,成了拿破仑撤退时留下的一只老鼠,而爱丽丝本人成了"安尼亚"(Anya)。[2]

对他来说,尽管这一年到目前为止都很糟糕,但 1922 年至少会以繁荣告终,至少有四本书即将出版。[3] 纳博科夫现在用的是笔名"西林"(Sirin),在他移居美国之前,他的所有出版物都用这个笔名。起初,他用这个笔名是为了避免自己的作品和父亲的作品之间产生混淆,但在父亲被谋杀后很长一段时间,他仍坚持用这个名字。在俄罗斯民间传说中,*sirin* 是一种传说中的天堂鸟,一种火鸟。

★————————————————————————— 伦敦

艾略特给约翰·奎因发了电报,表达他对利夫莱特公司的《荒原》合同的不满,并请求奎因的帮助。

---

1 加马温给他一张五美元的钞票作为预付款;纳博科夫没有其他零钱,就用这张五美元钞票去坐电车,售票员大为吃惊,他停下车来找零钱。

2 由此产生的俄译本《安尼亚漫游奇境记》(*Anya v strane chudes*)于 1923 年 3 月出版。那些有能力进行评判的人有时会说,这是把卡罗尔那部小说翻译成任何语言的最佳译本。

3 1922 年 11 月,《科拉·布勒尼翁》的俄译本出版;1922 年 12 月出版了他写于 1921—1922 年的诗集《物以类聚》(*Grozd'*);1923 年 1 月出版另一本诗集《苍天路径》(*Gorniy put'*);3 月则是《安尼亚漫游奇境记》。

6月22日

伦敦贝尔格莱维亚 ─────────────────────────── ★

爱尔兰共和军特工——雷金纳德·邓恩（Reginald Dunne）和约瑟夫·奥沙利文（Joseph O'Sullivan）——谋杀了陆军元帅亨利·休斯·威尔逊（Henry Hughes Wilson）。凶手很快被抓，并于7月18日被判处死刑。丘吉尔认为这两人是为反条约势力工作的；事实上，暗杀的命令是由迈克尔·柯林斯秘密批准的。

伦敦 ───────────────────────────────────── ★

D. H. 劳伦斯的小说《亚伦的手杖》（*Aaron's Rod*）出版。

6月23日

★——————————————————————————————————— 伦敦

艾略特给玛丽·哈钦森写了一封感谢信,感谢她今晚能陪马辛;他说他确实非常喜欢马辛。

他还说曾为温德姆·刘易斯拍过一张照片。

6月24日

★——————————————————————————————————— 米兰

海明威再次前往意大利——这个现在被内战蹂躏的国家,重访战争中他熟悉的地方:斯基奥(Schio)、加尔达湖(Lake Garda)、梅斯特(Mestre)和福萨尔塔(Fossalta)。

在这次访问期间,他还前往米兰,对《意大利人》(*Popolo d'Italia*)的编辑贝尼托·墨索里尼进行了两次采访中的第一次。由于海明威倾向于欣赏任何遭受过攻击的人——从那时起,他完全相信墨索里尼关于战时勇敢

的描述——所以他倾向于同情他的采访对象。[1] 在他为《多伦多每日星报》撰写的文章中,他写道:

> 法西斯运动的领导人贝尼托·墨索里尼坐在他的办公桌前,坐在布满意大利北部和中部的火药桶的导火索旁,偶尔还会抚弄一只小狼狗的耳朵,狼狗看起来像只短耳的长耳大野兔,在大书桌旁的地板上玩纸。墨索里尼身材高大,棕色的脸,前额很高,嘴角似笑非笑,双手大大的,很有表现力……
>
> 墨索里尼是个大意外。他并不是想象中的那个怪物。他的脸一副聪明模样,是典型的"狙击兵"的脸,棕色的椭圆形大脸,有着黑色眼睛和说话缓慢的大嘴巴……

文章的其余部分主要是对墨索里尼白手起家的简要概括。[2]

同一天发表在《多伦多明星周刊》(*Toronto Star Weekly*)上的一篇类似

1　他随后在洛桑与墨索里尼会面的叙述直到次年 1 月 27 日才发表,但值得注意的是,他对这位领导人的看法已经急剧恶化:"墨索里尼是欧洲最大的威胁……找一张墨索里尼先生的正面照,好好研究一下。你会看到他嘴的弱点,迫使他皱起眉头,就像著名的墨索里尼那样,意大利每一个十九岁的法西斯都在模仿这种神态……再看看他的黑衬衫和白鞋罩。一个穿白鞋罩和黑衬衫的男人肯定有问题,即使是装腔作势。"

2　37 年前,贝尼托出生在一个被称为无政府主义和社会主义革命温床的地区,年轻的贝尼托最初是一名教师,后来成为一名记者,到 1914 年,他成为米兰社会主义日报《前进报》(*Avanti*)的编辑,但因敦促意大利尽快参战,站在协约国一边而被解职。他在战时服役中受了重伤,并获得过几次勋章。1919 年,他对意大利北部的共产主义浪潮感到失望,成立了法西斯性质的反共突击队。海明威总结说,到目前为止,墨索里尼正领导着一场声势浩大的政治和军事运动,从罗马到阿尔卑斯山,有 50 万人参加。那么,他打算如何对待他的 50 万支持者呢?

的文章,完全摆脱了中立的伪装。海明威承认,虽然资产阶级战后对工人阶级激进分子的侮辱和威胁行为的愤恨在很大程度上是合理的,但他看到黑衫军[1]已经有了自己的根基:"他们习惯在警察的庇护下杀人,他们以此为乐。"与此同时,共产党人充分利用与他们对抗的力量,组织了"人民军"——红衫军(Redshirts)对抗黑衫军;而资产阶级敏锐地意识到,这些冲突造成的不稳定使里拉[2]低得可怜,他们不得不贿赂他们以前的强人,让他们手下留情。

海明威的结论很明确:"整件事看起来安静祥和,就像一个三岁的孩子在玩一颗真的手雷。"

★———————————————————— 柏林

在柏林,年轻的右翼党徒对沃尔特·拉特瑙在《拉帕洛条约》签约中的行为感到愤怒,在他上班的路上刺杀了他。[3] 这起谋杀案对有头脑的德国人来说是个可怕的打击,不仅因为拉特瑙是个文化品位很高、很有天赋的人,受到很多人的喜爱,而且因为人们将其——合理地——视为更严重的暴力即将到来的预兆。

爱因斯坦,拉特瑙的众多朋友之一,写了一篇感人的悼文:

1　黑衫军(Blackshirt),战后成立的右翼准军事组织。——译注
2　里拉(lira),意大利货币。——译注
3　暴行的目击者之一是年轻的迪特里希·朋霍费尔(Dietrich Bonhoffer),他后来成为20世纪最具影响力的神学家之一,也是纳粹政权时期最高贵的基督教殉道者之一。

我对拉特瑙的感情,过去是、现在也是由衷地钦佩,很感激他在欧洲当前的黑暗日子里给了我希望和安慰……

当一个人生活在虚无缥缈的世界里,做一个理想主义者就不是什么艺术了;然而,他是一个理想主义者,尽管他生活在现实中,并像其他人一样了解生活的味道……我没有料到仇恨、妄想和忘恩负义会发展到如此地步。

爱因斯坦得知自己也处于危险之中;他被告知,他的名字也在包括拉特瑙在内的暗杀目标名单上。他觉得离开这个国家一段时间是明智的。

6月25日

伦敦 ──────────────────────────────────────★

艾略特写信给约翰·奎因,感谢他在利夫莱特纠纷中给予的帮助。[1]艾略特还写信给理查德·科布登-桑德森,认为——鉴于现在有很多谣言说这个项目已经被放弃了——“最理想”的是尽快发布他们季刊第一期的公告,最好是 7 月中旬。他还解释说,他和罗瑟米尔夫人终于就出版物的

---

[1] 两天后,薇薇恩·艾略特写信给庞德谈“腺体”的事。信中列出了她的各种疾病,包括偏头痛、失眠(她说她已经为此痛苦了八年)和精神困扰:“我害怕用脑,并且花了大部分时间想避免与人或任何会强迫我用脑的东西接触……”

名称达成了一致。他们不准备采用《伦敦评论》(*The London Review*)这个刊名,因为觉得这个名称比较弱,他们决定采用《标准》(*The Criterion*)作为刊名——"是我妻子建议用的名称"。

6月27日

★─────────────────────────────── 美国

　　第一届纽伯瑞儿童文学奖——由美国图书馆儿童服务学会创办——授予亨德里克·房龙的《人类的故事》。[1] 1922 年在其他方面对儿童书籍来说也是非常重要的一年。在英国,里奇马尔·康普顿(Richmal Crompton, 1890—1969)[2] 出版了她的第一部关于威廉·布朗(William Brown)冒险故事的畅销书《淘气小威廉》(*Just William*)——一个十一岁的冒险、专横、极富想象力的无政府主义者。换句话说,他是个淘气但本性善

1　第二年的获奖者是休·洛夫汀(Hugh Lofting),他的获奖作品是《杜利特尔医生》(*Dr Doolittle*)。

2　康普顿——许多人认为她是个男人,因为她的教名性别模糊——是一个相当严肃的年轻女子:她曾是古典文学的学者和妇女参政权论者,她认为自己主要是一个为成人写作的作家。但她的读者对《淘气小威廉》系列作品中独特的幽默和对社会细节的洞察有着无法满足的胃口,这为她提供了可观的收入,就像柯南·道尔笔下的大侦探一样,她只好不断地回到威廉和他的"亡命之徒",以及他那位口齿不清的女对手维奥莱特·伊丽莎白·博特(Violet Elizabeth Bott)身边。她总共写了 38 本关于威廉的书,仅在英国就卖出了 1200 万册。年轻的利物浦人约翰·列侬(John Lennon)是这个系列图书最狂热的崇拜者之一,他试图以威廉·布朗为榜样。

良的孩子。

伊妮德·布莱顿(Enid Blyton)也在1922年出版了她众多儿童读物中的第一本:《孩子的私语》(*Child Whispers*),一部诗集。[1] 在美国,这一年最经典的儿童读物是《绒布小兔子》(*The Velveteen Rabbit*)——此书副标题是"玩具如何变成现实"——作者是在英国出生的美国人玛格丽·威廉姆斯(Margery Williams),插图由威廉·尼克尔森(William Nicholson)精心绘制。威廉姆斯当时四十一岁,这本书几乎使她立刻成名。

6月28日

爱尔兰 ────────────────────────────────────★

尽管叶芝不知道冲突即将爆发,他还是给奥利维亚·莎士比亚写信:"我认为一切都很顺利,所有这些混乱的主要结果将是人民对秩序的热爱和政府的稳定,否则无法实现……"鬼才相信。[2]

---

1 单纯从统计学的角度来看,布莱顿(1897—1968)的这本书胜过其他所有作家:她是有史以来作品被翻译最多的作家中排名第五的作家,排在莎士比亚后,但排在列宁之前。她写了大约800本书,在世界范围内卖出了大约6亿本。在她写作生涯的巅峰时期,她的写作能力达到每天一万字。她的写作产量如此之高,以致有人怀疑,她当时一定雇了很多枪手。但到目前为止,还没有任何证据。

2 爱尔兰内战于6月28日正式开始(虽然在过去的几个星期里发生了许多小规模冲突)。这是爱尔兰所见过的最骇人听闻的暴力事件,并在这个建国几十年历史的国家留下了严重的分裂。

这场战争的导火索是约 200 名反条约人士占领了都柏林的四法院（Four Courts）。他们于 4 月 14 日占领了利菲（Liffey）河畔的建筑物，显然不愿和平离开。他们意在再次联合民族主义运动的两个主要派别，并重新与英国开战。柯林斯和格里菲斯都意识到，要避免分离势力重新点燃两国之间的战争，唯一的选择就是他们自己以最残酷的方式平息占领行为。格里菲斯要求立即采取行动；由于害怕内战爆发（越来越有可能），柯林斯犹豫不决。与此同时，丘吉尔向柯林斯施压，要求他夺回四法院，否则后果不堪设想。[1]

最终，27 日晚，僵局破裂。反条约力量绑架了新组建的国民军的将军"老姜"奥康奈尔（J. J. 'Ginger' O'Connell）。柯林斯现在是国民军总司令，他从剩下的英国驻军中借来大炮，对四法院发动了猛烈的攻击。战斗持续了两天，反条约的人投降了。[2]

占领四法院的结束是内战的开始。都柏林的街道变成了战场，直到 7 月 5 日，国民军控制了首都。冲突蔓延到该国其他地区，并持续到 1923 年 5 月 24 日。

★ ── 俄国

俄罗斯诗人维利米尔·赫列勃尼科夫（Velimir Khlebnikov，生于 1885

1　他没有提到，如果柯林斯犹豫，英国军队已经做好了干预的准备——这项动议在最后时刻被取消了。

2　在炮击的最后几个小时，发生了一场大爆炸，摧毁了爱尔兰公共档案馆（Irish Public Records Office）——那里存放着无数的爱尔兰历史文献。时至今日，人们仍在争论，这究竟是附带损失的一个例子，还是反条约者放置了炸弹。

年)因营养不良、斑疹伤寒和疟疾而身体虚弱,在莫斯科和彼得格勒/圣彼得堡之间的诺夫哥罗德省(Novgorod)克雷斯特茨(Kresttsy)的一个朋友家去世。[1]

6月30日

布拉格 ————————————————————————★

　　公司通知卡夫卡,他获准退休,从第二天起生效。他的退休金是每月1000克朗。他决定立刻和妹妹奥特拉一起去普拉纳(Plana)过夏天,这个田园般的村庄位于布拉格以南约六十英里。在接下来的几个月里,他写完了《城堡》的最后九章。这是他人生中第一次不再是一名公务员,而是一名全职作家。

　　除了几次回布拉格的短暂旅行外,他在普拉纳一直住到9月18日。在那个月的某个时候,他把《城堡》手稿交给了他的翻译米莱娜·耶森斯

1　早年,赫列勃尼科夫和马雅可夫斯基都是未来主义运动中耀眼的明星,他们写过一些关于人类即将出现的技术奇迹的激动人心的文章。然而,后来几年,他越来越倾向于神秘主义和超自然现象。他研究斯拉夫神话,痴迷于毕达哥拉斯的数字命理学,写神秘的诗歌,相当于一种言语魔法。尽管他的名声被他的同辈人掩盖了,但他在俄语和英语中仍有忠实的崇拜者。

卡（Milena Jesenska）。[1]

★─────────────────────────────────────伦敦

艾略特写信给理查德·阿尔丁顿,部分原因是为了讨论把他从劳埃德银行解脱出来的"天才"计划的现状,并表达了他的疑虑:"……埃兹拉提出的方法近乎危险而不体面的慈善救济。"

★─────────────────────────────────────伦敦

在6月底和7月初的八天时间里,年轻的埃里克·阿瑟·布莱尔——即后来的"乔治·奥威尔"（George Orwell）——来到位于皮卡迪利大街的皇家学院附近的印度办事处的宏伟总部,参加可能使他有资格在远东服役的考试。他计划加入在缅甸的印度帝国警察。布莱尔[2]在过去的六个月里一直和他的父母住在一起,他父母最近定居在萨福克郡海岸的索斯沃尔德（Southwold）,他一直在当地的临时学校为这些考试做准备。他很忧郁,这是猜得到的。

据了解这个孤独少年的少数人说,布莱尔似乎梦想像大多数伊顿公学

1　卡夫卡和米莱娜虽然只见过几次面,却有着充满激情的通信,可以说是心灵上的爱恋。卡夫卡死后,因这种通信而产生的《给米莱娜的信》一书,几乎和他的小说一样受到关注。虽然米莱娜不是犹太人,但她勇敢地站在她的犹太朋友们一边,在拉文斯布吕克（Ravensbrück）纳粹集中营里被纳粹杀害。

2　他1903年6月25日出生,刚满十九岁。

的同时代人——尤其是那些雄心勃勃、刻苦学习的大学生——一样,去剑桥或(更有可能)牛津深造。但他的父亲,此时已经退休,靠微薄的养老金生活,不愿再继续支持他了,而布莱尔在伊顿公学的成绩也很差,[1] 获得牛津大学的奖学金根本不可能。

很难判断他选择去殖民地的动机。他出于一种自我牺牲的受虐意识,故意选择了一个极度孤独和生活艰难的职业?他被动地追随他父亲的道路?[2] 他感受到了东方作为浪漫和冒险之地的诱惑?他不想参加战争——布莱尔/奥威尔在后来的几年里经常写到,当他那一代的男孩遇到那些只有五岁左右、拿着勋章、总是谈论战壕的人时,他们感到羞愧和内疚——就想证明自己是个男子汉?当时,缅甸因其犯罪率居帝国之首而臭名昭著,一些地区的谋杀率是阿尔·卡彭鼎盛时期芝加哥的六倍。在他发表的作品中有这些情感的证据,但如果他有少年时代的日记,那也没有保存下来以便给我们一些启发。

印度的公务考试通常竞争非常激烈,尽管应试者的智力水平很难说是一流的。[3] 布莱尔参加了英语、历史、地理、数学和法语的必考科目,还有绘画、拉丁语和希腊语三门选考科目。[4] 26 名候选人通过了考试,布莱尔

---

1 他遵循自己设定的制度,在游戏和团队活动中偷懒,私下里贪婪地阅读威尔斯和萧伯纳等煽动性作家的作品。

2 老布莱尔曾在印度政府的鸦片部门工作,埃里克出生在孟加拉的莫提哈里(Motihari)。

3 除其他外,应试者被要求画一把倾斜的椅子、一间小屋或一个水桶;列举并描述三位现任内阁成员;写一个猎场看守老人或退休上校的人物素描;或者提名皮特(Pitt)之后最伟大的首相。

4 对于一个老伊顿公学的人来说,最后两门考试没什么挑战性。他的最高分是拉丁文。

体面地排在第七位。然而,他仍然必须在 9 月 1 日通过体检,然后参加骑马考试;他不是个好骑手,由于表现太差,在幸存的 23 人中只得到了第二十一名。没关系:缅甸,他的首选驻地,被认为是帝国的一潭死水。布莱尔会如愿的。他订了 10 月底去仰光的船票。

JULY

七月

★————————————————————————————————— **魏玛**

包豪斯学院[1]宣布其最新任命的教职人员是俄罗斯画家瓦西里·康定斯基(1866—1944),他是"蓝色骑士艺术学院"(Blaue Reiter)的联合创始人。右翼媒体确信包豪斯学院是左翼分子和颠覆分子的温床,对任命这

---

[1] 包豪斯学院——全称"国立包豪斯学院"(Staatliches Bauhaus)——由建筑师沃尔特·格罗皮乌斯(Walter Gropius, 1883—1969)于1919年创立,尽管它直到1927年才开设建筑学课程。这是一个独特的机构,其最近的先例可能是中世纪的工艺行会:部分是学习和教学的地方,部分是世俗修院,部分是乌托邦社区和新生活方式的实验。这所学院在其相对较短的历史中经历了三个阶段:首先在魏玛(1919—1925),其次在德索(1925—1932),最后一年在柏林(1932—1933)。当它被纳粹关闭时,许多教职工逃离了学校。它的影响几乎遍及视觉艺术的各个方面,从摄影、平面设计到建筑。它聚集了三十多位当时最有天赋、最具创新精神和最著名的艺术家,改变了从芝加哥到特拉维夫的世界面貌。

刚开始时,只有四名教员:格罗皮乌斯、德裔美国画家里昂·费宁格(Lyonel Feininger)、德国雕刻家格哈德·马克斯(Gerhard Marcks),以及奇特的瑞士画家约翰内斯·伊滕(Johannes Itten)——他是科科什卡(Kokoshka)的门徒,是深奥的波斯"拜火教"(Mazdaznan)信仰的信徒,现在是不太知名的包豪斯人物之一,尽管他是塑造包豪斯学派早期美学的一个非常有影响力的人物。1920年,奥斯卡·施莱默(Oskar Schlemmer)和保罗·克利(Paul Klee, 1879—1940)等人加入了核心教学队伍。其他不同时期与学院相关的人物包括:路德维希·密斯·凡德罗(Ludwig Mies Van der Rohe, 1886—1969)、彼埃·蒙德里安(Piet Mondrian, 1872—1944)、西奥·范·多斯堡(Theo van Doesburg, 1883—1931)以及拉斯洛·莫霍利-纳吉(Laszlo Moholy-Nagy, 1895—1946),1922年底他接替了辞职的伊滕。

位布尔什维克分子感到愤怒：

> "康定斯基狂欢性的神秘主义色彩可能在俄罗斯文化混乱中很常见，但人们不妨自问，他在魏玛这个因德国古典艺术而高贵的地方担任学术职务能做什么呢？康定斯基是布尔什维克主义者，也就是政治和艺术上的无政府主义者……"单从公开记录来看，这些指控并非完全没有根据，尽管神秘主义的指控比布尔什维克主义的诽谤更有说服力。诚然，康定斯基在德国待了 20 年后，于 1914 年自愿回到了苏联时期的俄罗斯，但他最初被宣布为敌国侨民，生活对他来说并不容易。他设法在新政权的艺术机构找到了工作，甚至被要求建立一个新的"艺术科学"机构。

> 但是，如果认为他真心拥护革命，那就错了。很快，他那些更为正统的同事开始抱怨他的"个人主义"。

1921 年，他奉政府之命前往德国，任务是了解魏玛共和国的文化活动情况，他在俄国人手下至少待了三个月。然而，他不遗余力地宣称自己很想加入包豪斯，这一事实表明，他充其量只是一个不冷不热的列宁主义者，无论反动媒体怎么反对他。事实是康定斯基的艺术观一直是唯心主义，而不是马克思主义的。

1922 年对包豪斯来说是动荡的一年。从经济上看，前景看好：1921 年 9 月，图林根的地方选举产生了左翼联盟——是德国当时最激进的政府——他们给予学院前所未有的支持和认可。受此鼓舞，格罗皮乌斯提出了一些影响深远的倡议，但加剧了包豪斯内部的分歧，激怒了外部的一些派系。他希望能与当地政府对教育体系进行全面改革的计划保持一致,并提议将包豪斯建筑作为该地区所有艺术教育的原型,为此,2月3日,他宣布对学校的活动重新进行彻底的审查。

从那时起,在这一年余下的时间里,包豪斯分成了两派。一方面,格罗皮乌斯相信,摆脱学校长期财政问题的途径是接受商业主义,即寻求一个主要的建筑委员会,最终向公众展示包豪斯能做什么,又生产出可以以合理利润出售的物品。[1] 另一方面,尽管伊滕有着奇怪的宗教信仰,但在某些方面他更现实:他的主要建议是包豪斯现在应该专注于为工业生产制造模型。[2]

接近年底时情况恶化了。格罗皮乌斯解雇了一位最近被任命的业务经理,这位经理则指控格罗皮乌斯对学院的管理不称职,令人蒙羞。心怀不满的包豪斯成员也开始抱怨格罗皮乌斯一直在用国家资金为其私人事务所的雇员支付薪水,并——更糟糕的是——经常引诱女学生。到这年年底,包豪斯学院看起来注定要失败了:内部分裂、几近破产、屈辱的外部调查,甚至没有一套商定的法规。很难相信包豪斯学院还能坚持几个星期。

1　在包豪斯完美主义的一个著名案例中,一个学生允许花整年的时间制作一把金属茶壶。

2　这里有更深层次的冲突,正如伊滕所解释的,是学院的表现主义遗产和工艺之间的冲突。它的主要功能是培养个人创造力,还是完善工艺传统?手艺人愤怒地认为他们已经知道了这个问题的答案:每当伊滕参观学徒车间时,他都把他们当作次要人物看待。这些都是真正的意识形态差异,但格罗皮乌斯认为伊滕不是一个纯粹的唯心主义者;他盯上了格罗皮乌斯的位置。

弗兰克·劳埃德·赖特（Frank Lloyd Wright）设计的帝国酒店（Imperial Hotel）正式开业，对面是日本皇宫。事实上，到此时为止，酒店的建设还没有全部完成，这个项目已经超过了它的预定日期三年，花费了大约 450 万美元。只有日本皇室的介入才使得追加资金成为可能。劳埃德·赖特（1867—1959）不再负责自己的创作；无论公平与否，他对 4 月 16 日的火灾负有责任，该项目已移交他的高级助理伊拉托·远藤（Irato Endo）。

帝国酒店是赖特 1914 年在威斯康星州斯普林格林市（Spring Green）的自建房"塔里埃森"（Taliesin）悲剧事件后的第一个主要项目。[1] 赖特几乎陷入绝望，在仿佛看到"塔里埃森"像凤凰一样从灰烬中冉冉升起后，他设法使自己振作起来。由于他对日本的许多方面，尤其是古典艺术充满热情，所以这个项目对他来说就更受欢迎了。他 1905 年第一次访问这个国家，后来成了古董版画的收藏家和交易商。[2] 他花了六年的大部分时间在帝国酒店的项目上，租了一套朴素但优雅的公寓，步行就能到达，而如果有小型项目出现，他会时不时飞回美国。

尽管有一段令人不安的历史，但不可否认，这座酒店给人留下了深刻

---

[1] 最近雇的一个仆人疯狂杀人，用斧头杀死了七个人，然后放火烧了房子，口吞酸液自杀。七天后，他在监狱医院死去。

[2] 虽然他职业生涯的这方面不常被提及，但他的日本古董生意——并非总是一丝不苟——是有利可图的，这让他在经济困难时期的建筑实践有所支撑。

的印象;它是由赖特按照所谓的"玛雅复兴"风格设计的,包括金字塔结构和一个独特的悬臂梁柱,该梁柱旨在保护建筑不受地震影响。[1] 从 7 月开始,它就成了东京精英阶层社交生活的中心。[2] 它的穹顶餐厅每餐可以容纳 700 名客人,共有 285 间客房,大约用了 400 万块特制瓷砖。

1922 年,赖特终于说服分居的妻子基蒂(Kitty)同意离婚。[3]

★───────────────────────────────── 巴黎

温德姆·刘易斯参观了庞德的工作室,发现:"一个身材魁梧的年轻人,光着上身,白得耀眼,站在离我不远的地方。他高大、英俊、安详,正用他的拳击手套——我很轻易地想——击退埃兹拉的疯狂攻击。庞德在耀眼的太阳光中挥了最后一拳(穿裤子的雕像毫不费力地躲开了),然后倒在了他的长椅上。"这个年轻人就是欧内斯特·海明威。[4]

1　事实上,1923 年的东京大地震摧毁了附近的许多建筑,帝国酒店却毫发无损。
2　同年晚些时候,爱因斯坦在这里演奏小提琴。
3　这使他 1923 年能够自由地与他的情人莫德·诺埃尔(Maude Noel)结婚,尽管第二次婚姻只持续了一年左右,这缘于赖特对她各种嗜好的苦恼。1924 年,他遇到了后来成为他第三任也是最后一任妻子的奥尔加·拉扎维奇·辛森伯格(Olga Lazovich Hinzenberg),她是彼得格勒芭蕾舞团的一名舞蹈演员,在枫丹白露曾是葛吉夫的弟子。
4　海明威在《流动的盛宴》中也记载了这次会面。他对刘易斯显然怀有敌意:"他的脸让我想起了青蛙,不是牛蛙,就是青蛙……刘易斯并没有表现出邪恶;他只是看上去很讨厌。"海明威还说,刘易斯的眼睛就像一个"强奸未遂犯"。

伦敦 ───────────────────────────────── ★

温斯顿·丘吉尔最终同意让 T. E. 劳伦斯离开殖民地部。三天后,劳伦斯写了正式的辞职信。他现在已经把所有与中东政治有关的事情都抛在脑后了,尽管他并没有把对那场战争的记忆以及将其写成一本大书的意愿抛在脑后。

英国 ───────────────────────────────── ★

美国诗人埃德娜·圣文森特·米莱(Edna St Vincent Millay)[1] 的母亲科拉·米莱(Cora Millay)在多塞特郡的希灵斯通村(Shillingstone)写信给她的家人,向他们解释为什么她和埃德娜突然从巴黎逃往英国乡村。她解释说,埃德娜在写完给《名利场》(*Vanity Fair*)的文章后,非常需要休息,而巴黎太吵太闹了;法国菜不对她胃口;她肠胃不好。

一派胡言。埃德娜怀孕了,之前她和一个轻浮的法国人[2] 有过一段短暂而难堪的风流韵事,而这个法国人在得知胎儿存活的几天后就失踪了。科拉做过 15 年护士,知道一些窍门。首先,她带文森特(埃德娜喜欢朋友这样称呼她)进行 12 英里的徒步旅行,试图流产。失败后,她运用自己非凡的偏方知识,收集三叶草、乳蓟、荨麻、猪草、天仙子、龙胆草和琉璃苣。

1　托马斯·哈代曾说过,美国有两大名胜:摩天大厦和埃德娜·圣文森特·米莱。

2　多年以后,她甚至记不起他的名字了,尽管可能是类似"杜比尼"(Daubigny)这样的名字。

她用这些东西配制的药剂听起来像《麦克白》里的什么玩意儿,但确实有效,她女儿如愿流产了。

那是文森特生命中的低谷,尽管她已不再有孕,但她仍然遭受严重的腹痛和腹胀;后来,她仍然病恹恹的,脸涨得通红,面色憔悴。她无法写作;连一首短诗都没有。[1]

7月3日

★────────────────────────────── 魏玛

瓦西里·康定斯基在包豪斯的新家给他的老朋友、作曲家阿诺德·勋伯格(Arnold Schoenberg)写信。这是他们自 1914 年夏天以来的第一次联系,1914 年之后,由于战争和康定斯基返回俄国,他们音讯久违。

---

[1] 1923 年 1 月,她终于回到纽约,身无分文,情绪低落,病得很重。许多朋友对她的现状感到震惊,埃德蒙·威尔逊就是其中之一。(她可能患有大肠或小肠急性炎症。)但生活很快就改善了。她遇到一个富有而慷慨的男人,"吉恩"·尤金·布瓦塞文(Eugene 'Gene' Boissevain),爱上他并嫁给了他,他为她支付了急需的医疗费用。她获得了 1923 年普利策诗歌奖——获得了非常有用的一千美元。她是第一个获奖的女性,评委们稍微改变了规则,因为她 1922 年唯一的出版物是修订再版的《荆棘丛中的几棵无花果》(*A Few Figs From Thistles*),最初出版于 1920 年。结婚时,吉恩给她买了一枚珍贵的祖母绿戒指,给她做了急需的牙科手术,还在格林尼治村给她买了一套房子。

我亲爱的勋伯格：

　　当我到达柏林，听说你不在那里时，我非常失望……自从我们一起在巴伐利亚以来，一切都变了。这在当时是个大胆的梦想，现在已经成为过去。我们已经经历了几个世纪。有时我感到惊奇的是，仍能看到来自"旧"世界的东西。在德国这里，我被新印象所淹没。你当然知道，我们在俄罗斯生活了四年——总共七年——完全与世隔绝，完全不知道西方发生了什么。我张大了嘴，狼吞虎咽——直到感觉完全不一样。我自己根本就没有工作过，现在被堆积如山的不同的任务所淹没，而我必须尽快完成这些任务。有这么多事情要做，我不知道从哪里开始。但有这么多自己的事情要做，这种感觉很好。在俄罗斯，我做了很多工作，但都是为了"公共利益"——我自己的工作总是被丢在后面；我从公共利益的角度挤出时间。我来的时候筋疲力尽，病了整整一个月——只能躺着读些无聊的书……

康定斯基所说的"公共利益"，指的是他在革命后作为博物馆创始人、教师、组织者和艺术理论家所做的工作。

7月4日

艾略特写信给西德尼·希夫谈论普鲁斯特。他想让普鲁斯特写一篇文章登在《标准》上，并曾写信给这位小说家，说他不知道有谁比希夫更有资格把普鲁斯特的文章译成英文。

还有一个诱人的细节："我会按你的要求给爱因斯坦寄书。"爱因斯坦曾对艾略特的作品表示过兴趣吗？

这是卡恩维勒的扣押品的第三次拍卖，在德鲁奥酒店（Hotel Drouot）举行。丹尼尔-亨利·卡恩维勒（Daniel-Henry Kahnweiler, 1884—1979）生于德国，是艺术评论家、收藏家和画廊主管。在第一次世界大战之前的几年里，他是立体派和其他巴黎创新艺术家中最慷慨、最积极的拥护者；毕加索曾经大声问道，如果没有卡恩维勒的热情支持，他和他的朋友们会有多大的成就呢？艺术史学家把卡恩维勒的巴黎小画廊称为"立体派的摇篮"。但法国政府并不为他对法国文化的贡献所感动，1914年战争爆发时，卡恩维勒被列为敌国侨民，并被没收了全部画作。1922年7月的拍卖时机不佳——艺术品市场正处于多年来的最低点,许多可能会买画的人已经在夏天离开了巴黎。此次拍卖包括 10 件毕加索作品、15 件布拉克作品、12 件德兰作品和 30 件弗拉曼克(Vlaminck)作品。

安德烈·布勒东给他的老板雅克·杜塞买了三件布拉克作品和一件莱热的作品。[1] 他还纠缠毕加索要他把《阿维尼翁的少女》卖给杜塞——布勒东是当时为数不多的认为这幅画是杰作的人之一,而现在得到了普遍承认。[2] 第四次也是最后一次卡恩维勒藏品拍卖在第二年举行:1923 年 5 月 7 日至 8 日。其中包括 50 件毕加索作品、6 件布拉克作品、36 件德兰作品、26 件格里斯作品和 92 件弗拉曼克作品。

7月5日

纽约 ★

埃德蒙·威尔逊在《新共和》(*New Republic*)上发表了一篇关于《尤利西斯》的极具洞察力的评论;据玛丽·科拉姆(Mary Colum)在她 1947 年的回忆录《生活与梦想》(*Life and the Dream*)中说,这是最让乔伊斯高兴的三

---

1 作为赞助人,杜塞值得提及。他愿意听布勒东对年轻诗人的溢美之词,这些年轻人或多或少是默默无闻、穷困潦倒的超现实主义诗人,杜塞慷慨地购买他们的手稿。最后,他把他收集的大量手稿留给了巴黎大学。

2 那笔交易最终完成了,但又过了两年。

篇评论之一,另外两篇是吉尔伯特·塞尔德斯(见 8 月 30 日)和她自己写的(见 7 月 19 日)。威尔逊已是美国最有影响力的年轻评论家之一,他的文章为确立乔伊斯在美国的声誉做出了很大贡献、

与庞德一样,威尔逊把乔伊斯比作福楼拜;与庞德不同,他并不认为《尤利西斯》是一部《布瓦尔和佩居榭》式的百科全书式的闹剧——他坚称,这本 730 页的书"可能是继福楼拜之后,所有小说中最完整的'书写'"。他赞扬了乔伊斯在方言使用方面达到了福楼拜式的精确——"用来记录思想所有的旋涡和停滞";他坚决不同意阿诺德·贝内特关于这部小说是一部愤世嫉俗的讽刺小说的观点。他说,乔伊斯的资产阶级人物"值得我们同情和尊敬"。

威尔逊对该书的敌人做出了一些让步;最重要的是,这部分确实很枯燥。他还质疑以《荷马史诗》作为深层结构的价值,并认为乔伊斯对象征主义的渴望"有时会超越艺术的界限,成为一种枯燥的匠心独用,使神秘的对应为艺术的理由履行职责";他认为,作者的戏仿手法使其误入歧途,那些把滑稽场景和现实主义嫁接在一起的段落变得难以卒读。

然而,他最终断言,《尤利西斯》是一部天才之作,它为散文小说设定了与诗歌或戏剧一样高的标准。"《尤利西斯》有种立刻使其他一切都变得廉价的效果。自从我读过这本书以来,其他小说家的文笔似乎松散得令人难以忍受;当我无意识地突然看到自己写的文字,我感到震惊,非常惭愧。"

威尔逊最后说他听到一个传言:乔伊斯要放弃写作。这可能是真的,他想,因为福楼拜式的一些弱点可能会导致其缺乏活力。但是:

……如果他重复福楼拜的恶习——就像很多人做的那样——也就能重复他的成功——几乎没有人做到。还有谁拥有至高无上的热诚，成就了这最终的美呢？如果他真的放下笔，永远不再拿起，那他必定知道，向布卢姆太太表示极大肯定的那只手，虽然再也不写一个字，但已经是一位大师的手笔了。

7月7日

哈里·凯斯勒伯爵在日记中写道：

> 和画家兼制图员乔治·格罗兹（George Grosz）度过了一个下午。他的艺术完全致力于描写令人厌恶的资产阶级庸俗主义，可以说，这只是某种他隐藏起来的美的秘密观念的对应物，仿佛那是一种耻辱的标志。在他的画作中，他以狂热的仇恨骚扰这一理想的对立面，就像保护神圣之物一样保护这一理想不受公众的注视。他的整个艺术是一场清除运动，清除与他秘密的"淑女之爱"不可调和的东西。他没有像游吟诗人那样歌颂她，而是像忠诚的骑士一样，以毫不留情的愤怒与她的对手战斗。他天性过于敏感，由于敏感而变得异常残暴，他有天赋，能创造性地描绘出这种残暴。

一个极具洞察力的阐述。乔治·格罗兹（1893—1959）的漫画不仅是魏玛共和国的标志性文献，也是艺术史上最愤怒、恶毒的漫画之一。他描绘的主要目标是统治阶级和他们的寄生虫：肿胀、畸形、丑恶的形象，外表的丑陋表明了内心的肮脏。他的漫画充满了厌恶之情，描绘了残暴的军国主义者、自以为是的商人——所有那些在上一场战争中制造了恐怖并从中获利的人类害虫，正贪婪地为下一场战争做着准备——以及他们的阿谀奉承者。[1] 他对后世政治（以及非政治性）漫画具有不可估量的深远影响，并延续到 21 世纪。

7 月 9 日

★————————————————————————— 伦敦

　　艾略特给庞德写了一封长信，主要是关于《标准》杂志。[2] 庞德刚从意大利旅行后回到巴黎。他马上开始在自己的公寓里安排一个展览，展出他的日本朋友小梅民（Tami Koume）的画作。同一天，艾略特用德语写信给博

1　尽管格罗兹显然是个左翼人士，他却倾向于避开党内的教条。1919 年，他加入了德国共产党（KPD），但在俄国待了几个月后，于 1922 年退党。他在俄国见到了列宁和托洛茨基并对新社会主义国家的发展感到失望。格罗兹曾是柏林达达运动的成员，并很快成为所谓的"新客观主义"（New Objectivity）的领军人物。当时，最臭名昭著的是他在 1920 年出版了一本带有讽刺意味的石版画集《神与我们同在》（德国军队的传统座右铭）。他被控侮辱军队，罚款 300 马克，画集也被销毁。他最终于 1933 年逃离德国，流亡到美国。

2　他还提到了纽约的内分泌学家、《人格的腺体调节》（*The Glands Regulating Personality*，1921）的作者刘易斯·伯曼（Lewis Berman）医生；庞德曾在《新时代》3 月份出版的一篇文章《新疗法》（"The New Therapy"）中提到过他。

学的文学学者 E. R. 库提乌斯(E. R. Curtius),请求他为《标准》撰稿——也许是他关于普鲁斯特的文章重印?"我很想……让你的作品在英国出名。"

这个时期,他的许多信件都致力于为《标准》延揽人才,但也不是全部。7月13日,他写信给理查德·阿尔丁顿:"你知道我没有妄想症,但我很清楚我是多么令人讨厌,也许伦敦文学界的大部分人都讨厌我,并有许多野狗聚集,等候我的尸骨。"几天后,阿尔丁顿收到了薇薇安一封愤怒的来信:"这篇评论对他的影响很大。难道你不明白吗?现在每个推他一把的人都要推他离开英国。这将是该死的英格兰的损失。"

7月11日

加利福尼亚 ─────────────────────────────────── ★

好莱坞露天剧场(Hollywood Bowl)开幕了。

7月12日

艺术经纪人勒内·吉波尔（René Gimpel）第一次见到毕加索，并在他的日记中写下了一幅令人难忘、富有洞察力的素描：

> 我们在保罗·罗森伯格（Paul Rosenberg）家见面。他法语说得很好，但带有浓重的西班牙口音。立体派的领袖像根血肠，一根泛白的血肠。他还不到四十岁，有一双棕色的眼睛，就像儿童游戏中已经磨损的筹码。他的脸由六条垂直的线——仿佛布袋上的绳子已被解开——切割而成，从眼睛、鼻孔和嘴角垂下来。

7月13日

生于波兰、现居英国的人类学家布罗尼斯拉夫·马林诺夫斯基（Bronislaw Malinowski）出版了《西太平洋上的航海者》一书，几乎立即被认为是所有人种学领域中最伟大的著作之一。甚至可以说它彻底改变了人类学学科,不仅在英国——人们普遍认为英国开创了现代人类学——在其他国家也是如此。[1]

7月15日

巴黎 ————————————————————————————————————★

这是普鲁斯特在城里最后难忘的夜晚之一,后来变得非常难堪。

他的朋友埃德蒙·贾鲁(Edmond Jaloux)说服普鲁斯特和他及保罗·布拉奇一起去巴黎最热闹的地方游玩,那是科克托最喜欢的酒吧:"屋顶之牛"。[2] 当他们到达酒吧时,普鲁斯特开始谈论他小说中人物的未来发展。他透露,圣卢(Saint-Loup)也会像夏吕斯(Charlus)那样成为一个同性恋,原因也一样。

普鲁斯特认为这里的食物——烤鸡——好吃,但与他在里兹饭店习惯的高标准相比,服务很草率,甚至有些不友好。尽管如此,他还是给了所有服务生相当可观的小费,甚至包括一位没有给他帮过忙的服务生,他向朋

---

1 参见亚当·库珀的《人类学家和人类学:英国学派(1922—1972)》(*Anthropologists and Anthropology: The British School, 1922—1972*)。

2 就在塞莱斯特给他打领带并给他习惯喝的汤药时,贾鲁叫他。普鲁斯特开始抱怨天气还不够热,但看到她不悦的表情,便改变了策略,宣称一杯温热的饮料正适合他的健康状况。

友解释说,他无法忍受那人悲伤的表情。贾鲁晚饭后离开另赴他约,留下普鲁斯特和布拉奇独自应付一群吵吵闹闹的醉汉,这些醉汉加入了他们的行列,并开始向酒吧另一头的皮条客和酒徒起哄。没过多久,一个年轻的醉汉——显然被普鲁斯特招摇的毛皮大衣和圆顶礼帽惹恼了,也可能无意中听到了他对同性恋的谈论——踉踉跄跄走过来,开始找碴儿打架。普鲁斯特非但没有被吓倒,反而因为回忆起自己年轻时的战斗经历而热血沸腾,于是他向这位年轻人挑战,要求在黎明时分进行正式的决斗。还是旁观者比较理智,设法使事态平息下来,普鲁斯特被人带走了;虽然他已断定对手就是格鲁泽街的雅克·德尔加多(Jacques Delgado)。到家后,普鲁斯特写了一份正式的战书,让他的司机奥迪隆(他忠实的管家塞莱斯特的丈夫)送到德尔加多家。

这时,德尔加多也清醒了,心中充满了懊悔。他给普鲁斯特写了一封诚恳的道歉信,普鲁斯特感动地回复了他:"您不欠我什么,您能道歉是您的优雅和体面……您信中所表达的高尚情意,使我感到了一场决斗之后应有的愉快。我的意思是,先生,非常热诚地和您握手。"

★———————————————————————— **布列塔尼**

毕加索一家抵达时尚的海滨度假胜地迪纳尔(Dinard),并入住特拉瑟斯酒店(Hotel des Terrasses)。22日,他们搬进了租赁的夏季寓所博雷加德别墅,这是位于格兰德街一幢相当宽敞的第二帝国时期的房子。[1] 在毕加索的日常生活中,选择这个度假地点是一次难得的破例,因为他通常更喜

1　今天是乔治五世大道(Avenue Georges V)。

欢在法国南方避暑。他选择忍受布列塔尼阴沉的天空,而不是在南方炽热的阳光下欢乐,很大程度上是为了让奥尔加高兴。这年夏天雨下得很多,大多数度假者被迫到两家赌场和几家有大堂酒吧和跳舞乐队的大旅馆去找乐趣。

不过,毕加索主要是来这里工作的,尽管保罗的尖叫和发脾气——他正在长牙——分散了注意力,而奥尔加的社交日程排得很满,许多朋友和熟人也待在城里。[1] 天气好的时候,他到外面去画画,至少画了一幅迪纳尔的画,几幅圣马洛(Saint-Malo)的画,就在海湾的另一边;他也画孕妇和儿童。有人说,这年夏天的作品散发出快乐的气息;但这种快乐是短暂的,因为奥尔加突然生病了。

7月19日

巴黎 ——————————————————————★

科克托给他母亲写了一封信,谈他正在写的小说《大劈叉》。[2] 书中大

---

1 他这年夏天的大部分作品都是立体派静物画风格,总共大约有三十幅,其中一些是被称为"斑马"风格的,条纹在不同色彩的平面上交叉。主题:瓶子、眼镜、烟盒、烟草,这些都是立体派作品。色彩:在一些作品中,色彩减弱到几乎单色的程度,而在另一些作品中,绚烂到艳丽的程度。

2 书名很难翻译。在舞蹈术语中,它的意思是"劈叉"(the splits)。但 écart 也意味着"分离"(separation)、"间距"(the distance between)等;科克托解释说,他是暗指一个有经验的年长女人和一个不懂世故的小伙子之间的距离。

量引用了科克托做学生时的经历,他说,还有"疯狂地爱恋"一个名叫玛德琳·卡里尔的女人的痛苦。书出版后卖得很好;书中有大量的性爱场景,描绘了学生们无忧无虑、放荡不羁的生活。纪德认为这部小说对科克托真实的性取向不诚实,认为玛德琳这个人物在小说中是个受到扭曲的男子形象。科克托声称玛德琳是个真正的女人,而且确实做过他的情妇。他在给母亲的信中写道,"主人公不是我,但在某些方面像我"。他告诉她,他设法使小说既有趣又悲伤;他的结论是:

> 现在我必须"润色"每一页,仔细检查,直到它成为一种"相似",就像我对我的肖像或漫画所做的那样。我,曾发誓再也不写了! 这就好像一个跑步者发誓再也不流汗了。脑子转得飞快,汗流浃背——这就是书。

★──────────────────────────── **爱尔兰**

《詹姆斯·乔伊斯的自白》("The Confessions of James Joyce")是玛丽·科拉姆对《尤利西斯》的评论,发表在《自由人报》(*Freeman*)上。

正如标题所示,玛丽·科拉姆将《尤利西斯》理解为属于"那种总是比其他作品更能引起人们兴趣的文学":自白。她认为,任何不熟悉爱尔兰民族主义、罗马天主教会、都柏林及其声名显赫或声名狼藉的市民的人,都无法正确理解这本书。"作者本人毫不费力地使其易于理解。"她还指出,这部小说所包含的知识具有百科全书的性质。

然后,她的评论不无钦佩地转向斯蒂芬·迪达勒斯这个人物,她问,有哪本书能如此充分地表达英格兰统治下敏感的爱尔兰年轻人所感受到的精神屈辱,或者教会甚至对像迪达勒斯这样的叛逆者所灌输的宗教迷恋,即使他们想着逃离? 在进一步肯定乔伊斯表现迪达勒斯及布卢姆内心活动的方式之后,她认为这本书的后半部分没有什么文学价值,因为戏仿太多了(也是埃德蒙·威尔逊的抱怨)。文章结束时,她总结道,因为《尤利西斯》,一种新的文学形式出现了——这是一个既属于艺术也属于科学(大概是指心理学)的时代。但是,她那篇文章的华丽辞藻——大概也是乔伊斯最满意的部分——在前几段就已经出现了。

> 詹姆斯·乔伊斯在这部不朽作品中究竟取得了什么成就呢? 他所取得的成就几乎是对所有文学作品的讽刺。他在自己国家的历史上写下了新的一页。他给几个人物的思想赋予了一种迄今为止在文学中没有的现实。他给我们留下了他自己的生活和思想的印象,这是以前没有其他作家给我们留下的;即使卢梭也没有,尽管他很像卢梭……

伦敦 ★

E. M. 福斯特在给母亲的信中描述了他最近在麦克斯门拜访托马斯·哈代夫妇的经历。齐格弗里德·萨松(Siegfried Sassoon)把他介绍给了哈代一家。他们似乎相处得很好,尽管福斯特经常问自己,为什么他会如此热切地追求这段友谊,既然可悲的现实是,他发现哈代的谈话非常乏味,尤其是当这位老作家谈到书的时候。这一次,福斯特试图把话题引开,有一段时间他成功了,直到哈代意识到发生了什么,变得恼怒并坚持要"揭示他的艺术秘密"。[1]

喝完茶,哈代带着福斯特绕着他家猫的墓地转了一圈,每一代猫都有自己的墓碑。福斯特注意到,它们似乎都遭遇过暴力死亡:"雪球"(Snowball)被火车碾过;"基特金"(Kitkin)被切成两半;"佩拉"(Pella)也是一个火车受害者……哈代补充说,当然,他们只埋葬了那些尸体被发现的猫。有些猫干脆失踪了。福斯特告诉他母亲,这一幕给他留下了哈代式的沉重,他只有努力才能保持严肃。

7月20日

★————————————————————— 奥地利

阿诺德·勋伯格(四十七岁)给他的老朋友康定斯基(见7月3日)写了一封感人的信,信寄自特劳恩基兴(Traunkirchen),信中讲述了他在艺术和精神上的挣扎:

1　除了谈论书籍,哈代最喜欢谈论他的宠物。那天,正当他们喝茶的时候,一位记者来访,他的狗韦西(Wessie)叫了起来。这位溺爱宠物的作者认为这是韦西敏锐的表现,仿佛韦西已经直觉地知道记者都是重要人物,必须受到关注。

亲爱的康定斯基：

我很高兴终于收到你的来信。这八年来,我有多少次焦虑不安地想起你! 我问过多少人关于你的情况,但从来没有得到任何确切可靠的消息。你一定经历了很多事!

我想你也知道,我们在这里也经受了考验:饥荒! 真的很糟糕!但也许——因为我们维也纳人似乎很有耐心——也许最糟糕的是在所有的信仰被推翻之后。这大概是最令人痛心的事了。

在工作方面,当一个人想清除所有的障碍,往往要通过艰辛的心智努力;在这八年里,我发现自己不断地面对新的障碍,而所有的思考、所有的发现、所有的精力、所有的想法,在这些障碍面前都显得无能为力。对一个思想就是一切的人来说,这无异于万物的彻底崩溃,除非他已经在不断增长的更高的东西上找到了支持。我想,你最好从我的歌剧《雅各的梯子》[1]——一部宗教剧——中了解我的想法:我的意思是——即使没有任何组织的束缚——宗教。这是那些年里我唯一的支持——这是我第一次这么说。

---

[1] 1915 年,勋伯格在服兵役的时候,就开始了《雅各的梯子》(*Die Jakobslieter*)的创作。1922 年晚些时候,他放弃了这部未完成的作品,但最终在他去世(1951 年 7 月 13 日)十年后由他的学生完成,并在 1961 年进行了全球首演。在后来的生活中,他重新接受了犹太信仰,大概在 1933 年的某个时候,那时他被纳粹强迫永久流亡。康定斯基和勋伯格都有幸被希特勒的美学家们宣告为"堕落"。

★————————————————————————————— 纽约

　　伊迪丝·华顿（Edith Wharton）备受期待的小说《月亮的隐现》的出版日。刚出版就大受欢迎：发行三周内，就卖出了6万册；8月底，派拉蒙以15000美元的高价买下了这部小说的电影版权；华纳兄弟注意到人们对华顿最近小说的狂热，买下了她之前的小说《纯真年代》的版权，这部小说曾获普利策奖。

　　华顿——1922年她六十岁——从她在美国的不同住处经常访问法国之后，多年前就获得了法国的永久居留权。[1] 她早在1919年就开始了《月亮的隐现》的创作，并按照她早期小说《欢乐之家》（*The House of Mirth*）的

1　她最初住在巴黎瓦伦内街53号；她于1910年1月3日搬进来，并一直把这里作为她的主要住址，直到1919年。在战前的巴黎历险中，她参加了在新开放的香榭丽舍剧院举行的《春之祭》四场开幕演出中的一场；她认为演出"很特别"（褒义），虽然总的来说她对现代主义艺术没有什么兴趣。她还和"可爱的"科克托成了好朋友。

　　但巴黎的寒冷常常让她在冬天生病，到1922年，她已经养成了在乡下两所法国新居之间迁徙的习惯。从6月到11月，她通常住在圣布里斯苏福雷（Saint-Brice-sous-Forêt），那是在蒙莫朗西（Montmorency）森林边缘的一个古老村庄，房子称作"科隆比阁"（Pavillon Colombe）——最初是17世纪末为女演员玛丽-特蕾泽·科隆比（Marie-Thérèse Colombe）建造的别墅。1918年华顿看到这处房产后不久就买下了它，随后她进行了大量（昂贵的）改造和重建。因为房子位于战区附近，很便宜，她能以大约1万美元（9万法郎）的价格买下它。到她1937年去世时，房子的价值已达100万法郎。

风格规划了叙事。她把小说搁了几年去处理其他事务,然后 1921 年的春天和夏天又恢复这部小说的写作,9 月中旬完成,比合同规定的最后期限整整提前了九个月。

她接着写中篇小说《元旦》(*New Year's Day*),并于 1922 年 2 月中旬完成。阿普尔顿出版社(Appleton)的编辑、足智多谋而又精力充沛的罗格·布莱克·杰威特(Rutger Bleecker Jewett)[1]将这本书以 6000 美元的价格卖给了《红皮书》(*Red Book*)杂志——她承认,这一数目让她吃惊,特别是在美元对法郎的汇率对持有美元的人越来越有利的情况下。[2] 在《红皮书》举措的鼓舞下,她要求杰威特为《月亮的隐现》预付更多的版税,而不是她之前同意的 15000 美元,因为她想从汇率中获利。"我觉得,"她直截了当地说,"我几乎可以从其他出版商那里得到任何我满意的预付款。"她说得没错。

杰威特欣然同意了新的协议,因为他的团队已经报告《月亮的隐现》预售火爆的情况。不过,他警告她,她在作品中对性问题的描写越来越坦

虽然她似乎不大关注,但她在圣布里斯苏福雷有几个了不起的邻居:保罗·艾吕雅(Paul Eluard)和他的妻子加拉(Gala)——后来嫁给萨尔瓦多·达利(Salvador Dalí)——住在附近的乔瑟斯街(Rue Chausse)3 号,经常前来拜访他们的还有阿拉贡·布勒东、克里维尔、德斯诺、恩斯特、苏波特以及这个新兴的前超现实主义团体的其他成员——他们写作、绘画、辩论,进入恍惚状态。

从 12 月到次年 5 月,华顿会去法国南部,住在她另一处翻修过的地方——耶尔(Hyères)的圣克莱尔城堡(saint-claire du Chateau),那是她从 1920 年起在一座 14 世纪城堡及其附属建筑的废墟上建造起来的。她曾经说过,她最喜欢《纯真年代》的一点是版税和 1000 美元的奖金允许她在那里筑墙和种植橘子园。

1 杰威特从 1919 年夏天开始担任她的编辑,一直持续到她去世前不久;他给她带来了好运,他们不仅成了同事,而且成了朋友。

2 战争期间,法郎对美元的汇率一直在 6 或 7 法郎左右徘徊,但到 1922 年,它对美元的汇率已经降到了 15 法郎,而且一直在贬值;到 1925 年,一美元兑换 26 法郎。

率(与《尤利西斯》相比,当然还是温和的),这将使她的作品无法在大多数主流杂志上发表。[1] 他表示,对于一个已经习惯法国生活的人来说,或许很难理解美国公众在涉及通奸等问题时可能的敏感程度。在《月亮的隐现》中,通奸的情节是必不可少的,华顿向她的朋友伯纳德·贝伦森(Bernard Berenson)解释过:这是一个复杂的爱情故事,讲的是"一对年轻夫妇,他们相信自己是完全思想自由、与时俱进的,但不断被过时的感情和被抛弃的理想绊倒"。这个简短的描述并没有揭示出这个故事最不寻常和扣人心弦的方面:书中对金钱力量凌驾于爱情之上的描写十分清晰。[2]

有几篇评论对这部小说表示赞赏;但大多数批评家反应冷淡,有的甚至充满敌意。丽贝卡·韦斯特(Rebecca West)称这部小说为"死物";吉尔伯特·塞尔德斯在《日晷》上发文对"酒兑了水一般的情节"不屑一顾,并宣称华顿的作品"空空如也"。《读书人》杂志的评论家认为此书是"一场木偶戏","一种浮夸的东西,毫无诚意";《泰晤士文学增刊》也觉得这部小说"无足轻重",因为书中人物不过是一些"代数符号"。杰威特给华顿写信感慨:"年轻的知识分子……就像小狗咬着皮手筒一样,对你的小说大发雷霆。"

---

1 正如他向她解释的那样,杂志编辑现在成了"我们亲爱的读者大众的陈腐口味和道德震荡的受害者",如果他们印的东西不雅,他们就会成为愤怒来信的收信人。

2 这对年轻恋人实际上都是讨人喜欢的食客——几乎身无分文,却能在伦敦、巴黎、威尼斯、希腊岛屿,甚至印度,通过充当富人的开心果,过上奢华的生活。两人都很清楚,一旦他们的魅力消失,就会面临厄运。尼克·兰辛(Nick Lansing)至少一开始是两人中比较有理想的一个:他有文学抱负,也许还有文学才华,再加上足够的现实主义,但他的诗歌和高雅小说是永远不可能赚钱的;苏西·布兰奇(Susy Branch),富婆的职业伴侣,至少有点物质主义。他们真心相爱,意识到这种状况可能带来潜在的经济灾难,商定在出现一个更有钱的潜在伴侣时离婚。他们的有钱朋友给了他们大额支票,他们在一个美丽、平静和奢华的白日梦中开始了他们的婚姻;但致命的裂痕出现时,尼克发现,他们住在威尼斯宫的实际支出一直是苏西密谋帮助他们的女主人最新婚外情的所得。

读者则无视这些小狗批评家的指责，大量的美元涌入华顿夫人的法国银行账户。在出版后的第一个月里，《月亮的隐现》的销量是《纯真年代》的三倍。到 9 月中旬，杰威特向她通报，有传言说萨默塞特·毛姆可能在写此书的舞台剧。

到 1922 年底，《月亮的隐现》的收入——销售、连载版权、电影版权——达到了 6 万美元。除了这笔意外之财，华顿还通过短篇小说集及巧妙的讽刺中篇小说《虚假黎明》(*False Dawn*) 获得了约 1 万美元的收入，这部小说是关于拉斯金 (Ruskin) 和艺术界的。她作为畅销作家的地位已不容置疑，无论那些傲慢的评论家如何抨击《月亮的隐现》，她在批评界的声誉也得到了保证。

牛津 ────────────────────────────────── ★

T. E. 劳伦斯从《牛津时报》的印刷商那里拿到了《智慧七柱》最后一部分的校样。他做了校订，这本书如期印刷和装订了八本。一本寄给了乔纳森·凯普出版社 (Jonathan Cape) 的爱德华·加内特 (Edward Garnett)；下个月，劳伦斯又寄了一本给乔治·萧伯纳。(见 8 月 17 日)

1922 年 7 月，也是劳伦斯的好友罗伯特·格雷夫斯出版他的第一部评论作品《论英诗》的月份，这是一部简短的作品，副标题是"从主观证据看这门艺术的心理学的不规则方法"。[1] 这是一部不同寻常的作品，当时很少有人阅读，尽管后来它对其他评论家产生了相当大的影响，尽管很少有

1　同年出版的他的最新诗集有个奇怪的书名：《惠派金尼》(*Whipperginny*)。这个词可以有各种各样的意思，如炼狱、老式纸牌游戏或卑鄙的女人。

人公开承认。书中大量引用了 20 世纪早期弗雷泽(Frazer)、泰勒(Taylor)、马雷特(Marett)等人的神话和人类学著作。

格雷夫斯坦率地承认,他对这些思想家的了解大部分来自 W. H. R. 里弗斯——在接下来的几年里,他对里弗斯理论的迷恋越来越强烈。[1] 除此之外,《论英诗》指出,诗人可以被视为现代世界的一种部落萨满,或者如格雷夫斯所说,"巫医":"当矛盾的问题扰乱了诗人的思想,使其在清醒状态下无法合乎逻辑地调和时,诗人就养成了自我催眠的习惯,就像他在诗歌中的祖先——巫医所做的那样。"换句话说,他指出,诗歌通常诞生于一种恍惚状态,一种意识状态,在这种状态下,文字可以释放出它们全部的——格雷夫斯会真诚地说魔幻般的——力量。[2]

当时,格雷夫斯和他的妻子南希(Nancy),以及他们年幼的孩子,住在伊斯利普村(Islip)一个名叫"世界尽头"的小屋里,伊斯利普村位于牛津以北八英里。他身体不好,患有严重的支气管炎,经常卧床不起;事实上,他病得连牛津大学学士学位的期末考试都没能参加。尽管如此,他还是在1921 年出版了诗集《穿衣镜》(*The Pier-Glass*),这本诗集被视为他作为一个诗人独特而成熟的风格的开端。有些读者可能会惊讶地发现,这本诗集

1　对格雷夫斯来说,里弗斯不仅仅是纯粹的知识兴趣。诗人意识到战争给他的情感和精神都带来了负面影响,于是他按照里弗斯的原则寻求治愈自己:"我决定尽可能少见人,停止所有的外部工作,治好自己。通过与里弗斯以及他的同事、神经科医生亨利·海德(Henry Head)的交谈,我已经了解病态心理学的基本原理。"值得高兴的是,格雷夫斯的精神状况在接下来的几年里有了很大的改善,不过,这是否可以视为对里弗斯的一种辩护,或仅仅是平静、孤僻生活的治疗效果的一个案例,还有待商榷。

2　这种信念与其他当代关于灵感和创造力的理论——比如那些原型超现实主义者和他们的催眠术——的不同之处在于,格雷夫斯非常重视修正的过程,这将使这些迷幻的发现成为日常生活的一部分。他是 20 世纪诗人中最孜孜不倦的校订者之一。

是题献给 T. E. 劳伦斯的:阿拉伯的劳伦斯。这不仅是一种赞赏的表示:格雷夫斯在书里的每首诗中都向劳伦斯寻求帮助。[1]

这位"阿拉伯的无冕之王"一直怀有非常远大的文学抱负,由于他自己在写史诗性作品《智慧七柱》,他变得更加热情,开始用现代诗歌的问题轰击格雷夫斯。[2] 格雷夫斯对这位国际英雄的关注感到非常高兴,作为回报,他向劳伦斯征求关于自己诗歌的建议。值得怀疑的是,他是否从这些建议中获得了很多艺术上的益处,尽管劳伦斯在财政问题上是一位慷慨而受欢迎的帮助者——1921 年夏天,他把《智慧七柱》最新书稿的一些片段送给格雷夫斯,让他在美国连载出版,这样,这位穷困潦倒的诗人就能还清一大笔令人担忧的债务。

格雷夫斯和埃兹拉·庞德就是在劳伦斯的住宅相遇的。"你们不会喜

---

1 格雷夫斯与劳伦斯相识于 1920 年 3 月,在万灵学院一次招待来宾的晚会上,当时劳伦斯是那里的一名研究人员。他们很快就欣赏——"欣赏"这个词也许太温和了,因为格雷夫斯很快就对劳伦斯产生了英雄崇拜——彼此的友谊,因为劳伦斯早在1917 年在埃及就读过格雷夫斯的一些诗,并且很喜欢。多年后,格雷夫斯回忆说,第一次见面时,"劳伦斯问我是不是诗人罗伯特·格雷夫斯——这让我很尴尬,但事实是,当他第一次出现在阿拉伯半岛时,我的兄弟菲利普(Philip)和叔叔罗伯特(Robert)一直在埃及指导活动……他成了我最好的朋友……"

劳伦斯似乎也有同样的感受,他向格雷夫斯倾诉,就像他强烈的自我保护的天性允许他向任何人倾诉一样。格雷夫斯是为数不多的几个劳伦斯向其承认自己非常需要被惩罚的人之一,这说明了他们之间的友谊。无论是面谈还是在信中,两个人都讨论了他们的性本能,以及性欲望带来的折磨,有一种当时生活中从未有过的开放态度。

2 这些交流的一个著名成果就是《智慧七柱》的献词诗,在 1922 年的头几个月里,格雷夫斯帮助劳伦斯改进了拙劣的原诗:格雷夫斯直截了当地告诉他,这篇诗稿"既不是散文,也不是诗句,而是稍有韵律的诗意石英……你的无韵诗给人诱惑又让人失望……"他还正确地识别出这首诗的受献者"S. A."的真实身份是塞利姆·艾哈迈德(Selim Ahmed),但劳伦斯告诉他的话让他感到困惑。劳伦斯说:"你把我的话太当真了。S. A. 仍然存在,但我无能为力,因为我已经变了。"

288

欢对方。"劳伦斯在给他们做介绍时准确地预言道。格雷夫斯找到了许多不喜欢庞德的理由,从他认为相当勉强的握手,到庞德那咄咄逼人的俚语,以及庞德想把欧洲"大陆"的形式和音调带入英国诗歌的雄心。顺便说一下,格雷夫斯也不太喜欢《荒原》,尽管他承认艾略特早期的诗有一种病态的力量,而且觉得艾略特这个人很有趣。

7月22日

★————————————————————————————— 加拿大

《多伦多每日星报》发表海明威的短篇小说《一位老兵重访前线》("A Veteran Visits the Old Front")。

这是一篇悲哀、沉思、忧郁的小说,讲述了主人公在妻子的陪伴下,回到战争期间他在意大利遭受战火袭击的那些地方,这是多么糟糕的一个主意。人们喜爱过的地方再也回不去了,因为和平年代使它们变得很不一样,很奇特——不是因为这些地方荒废了,而是因为它们有一种粗劣的新鲜感,它们与当地人和外出的返乡人都缺乏情感联系。"我曾试着为我妻子再造一件东西,但完全失败了。过去就像破裂的留声机唱片一样死气沉沉。追逐昨天是一场徒劳的游戏——如果你非要证明这一点,回到你往日的前线去。"

7月23日

伦纳德·伍尔夫读了《雅各的房间》初稿，弗吉尼亚一年多来一直在努力地写这本书。他说这是她最好的作品："写得非常好。"尽管她对这种热烈的反应感到兴奋，但她越来越担心这部作品会如何被评论家和普通大众所接受。在一定程度上，为了不让自己焦躁不安，她坚持不懈地写作，既写文章，也写小说，最终发展成《达洛卫夫人》（*Mrs Dalloway*）。

庞德安排纽约著名内分泌学家路易斯·伯曼（Louis Berman）医生对乔伊斯进行了一次会诊。伯曼医生为乔伊斯的肢体关节炎开了内分泌治疗的处方，并在快速看了一眼他的牙齿状况后，建议立即进行 X 光检查。当 X 光片子返回时，发现牙齿已经烂坏，伯曼建议把烂牙拔掉。[1] 乔伊斯对这个极端举措有些犹豫，但同意接受内分泌治疗。他还咨询了另一位著名

1 　拔牙手术最终于 1923 年 4 月完成。乔伊斯对乔治说，这次拔牙并没有给他带来多大的困扰："反正也不怎么样。"

的眼科医生路易斯·博尔希(Louis Borsch)。

7月27日

★——————————————————————— 美国

年轻诗人哈特·克莱恩写信给一位不知名的记者,大谈他发现《尤利西斯》的事,书是他的一个朋友留下的:

> 我想大喊一声**尤里卡**[1]!……
>
> 请原谅我对这件事的看法,但在我看来,它轻而易举地就成了时代的史诗。它和歌德的《浮士德》一样伟大,在许多方面有明显的相似之处。对事物的美有敏锐的感受!无与伦比的细节描写!……
>
> 我觉得,一些狂热分子很快就会因为《尤利西斯》中的精彩内容而杀死乔伊斯……

---

1 尤里卡(EUREKA),源于希腊语,有所发现的惊呼。——译注

7月29日

好莱坞 ─────────────────────────── ★

华特·迪士尼发行了他的第一部动画电影《小红帽》。片子只有六分钟,而且是黑白的,没有声音。这次首秀之后是:

《不来梅的四个音乐家》(*The Four Musicians of Bremen*),1922 年 8 月

《杰克与豌豆》(*Jack and the Beanstalk*),1922 年 9 月

《金发女孩和三只熊》(*Goldie Locks and the Three Bears*),1922 年 10 月

《穿靴子的猫》(*Puss in Boots*),1922 年 11 月

《汤米·塔克的牙齿》(*Tommy Tucker's Teeth*),1922 年 11 月

《灰姑娘》(*Cinderella*),1922 年 12 月

一个帝国正在诞生。

经过长年累月的心灵探索,以及约翰·奥康纳(John O'Connor)神父的教导,G. K. 切斯特顿(G. K. Chesterton)终于加入了罗马天主教会。这次改宗的背景既不协调又很简陋——一个临时教堂(实际上,它不过是一个铁皮屋顶的木棚子),附属于比肯斯菲尔德(Beaconsfield)的铁路旅馆。参加仪式的牧师有奥康纳神父和伊格内修斯·赖斯(Ignatius Rice)神父。切斯特顿下午3点向奥康纳神父忏悔;赖斯神父安慰切斯特顿的妻子弗朗西丝(Frances),她始终控制不住啜泣。她和她丈夫从此因信仰而分裂。

切斯特顿改变信仰的消息迅速传开来,一个有名望之人的改宗被视为天主教事业一笔非常可观的资产。

作为对法西斯暴力的大规模抗议,一场全国性的大罢工开始了。法西斯分子的反应是加强了暴力袭击。

柏林 ─────────────────────────── ★

哈里·凯斯勒伯爵在日记中写道："中午时分，卢斯加顿花园（Lustgarten）举行了'永不再战'示威活动。大约有十万人，举着红色和红黑金三色旗帜，许多人是青年运动的追随者。我在大桥附近的皇宫台阶上当众讲话。"

莫斯科 ─────────────────────────── ★

马克西姆·高尔基写信给赫伯特·胡佛（Herbert Hoover）：

> 在所有人类苦难的历史中，我所知道的没有什么比俄罗斯人民正在经历的事件更能使人的灵魂感到痛苦的了，而在实际的人道主义历史上，我所知道的任何成就，就规模和慷慨程度而言，都不能与你们实际所进行的救援相比。你们的帮助将作为一项独特的、巨大的成就载入史册，无愧于最伟大的荣耀，你们从死亡中拯救出来的数百万俄罗斯人将永远铭记于心。在人类极度需要慈善和同情的时候，你们的慷慨使人与人之间的友爱梦想复苏了。

这封信的背景是，胡佛决定派遣美国救济署（the American Relief Administration，简称 ARA）人员到俄罗斯，以回应高尔基的呼吁"致所有诚实的人民"。这一呼吁已于 1921 年 7 月出现在西方媒体上，但布尔什维克媒体并未报道——俄罗斯正处于严重的饥荒之中；自然灾害与政治相结合，现在被历史学家称为 1921—1922 年饥荒危机。[1]

在此阶段的初期，官方拒绝承认存在任何危机，甚至不允许媒体报道中使用"饥荒"这个词。高尔基的介入是第一丝希望。尽管列宁对这种无礼的个人行为的人道主义表现有所不满，他还是允许高尔基成立 POMGOL，即"全俄救助饥民公共委员会"——第一个，也是最后一个，在苏共执政期间建立的独立公共机构。为了援助战后西欧受灾地区，胡佛成立了 ARA，并同意前往俄罗斯提供援助，前提是允许他的机构独立运作，并且释放现在关押在苏俄监狱的所有美国囚犯。[2]

ARA 所起的作用显而易见。到 1922 年夏天，他们每天为大约 1000 万人提供食物，并向受灾地区提供物资，包括使 1922 年和 1923 年两次大丰收得以实现的至关重要的种子。ARA 花费了 6000 多万美元，但苏俄官方和救援人员仍有摩擦，甚至冲突不断——阻止车队，逮捕救援人员。[3]

尽管胡佛的救援工作受到普通民众的欢迎，但整个俄罗斯的情况仍然是严酷的。到 1922 年，估计有 700 万弃儿在废墟、垃圾堆、排水沟和下水

1　1920 年，伏尔加河地区农作物歉收，导致当地农民主要依靠备用的储存谷物为生。按照传统，他们把谷物储存在公共谷仓里，以备紧急之用。歉收对他们来说不是什么新鲜事，但是这次他们将会被人祸和天灾所伤害。内战造成的经济混乱，加上政府的强征，已经使他们忙于仅能维持生计的农业，没有粮食储备可以抵御灾难。所以，当 1921 年玉米第二次歉收时，大规模饥荒不可避免。成千上万，最终数百万人（总计约 500 万）死于饥饿的痛苦之中。瘦弱的农民迫于无奈用树皮、橡子、黏土、锯末和动物粪便填饱肚子。所有的动物，从牛到狗，再到老鼠和昆虫，都被吃光了……

2　这使列宁更加恼怒；尽管他或多或少被迫允许 ARA 进入俄罗斯，但他还是关闭了 POMGOL。除了两名 ARA 成员之外，所有人都因反革命活动被捕，然后被流放。

3　1923 年初，当这种两面性被曝光后，ARA 无法继续在俄罗斯的救援工作，该救助行动于 1923 年 6 月结束。

道里过着艰难的生活。他们往往成群结队，乞讨或卖淫，偷窃或谋杀。高尔基对这些情况有第一手的了解，他给列宁写了一封措辞直白的信，说他见过一些十二岁的孩子，他们已犯过三次谋杀案。对这些孩子来说，生活犹如地狱。

AUGUST 八月

★————————————————————————————————— 巴黎

　　阿德里安娜·莫尼耶(Adrienne Monnier)在《新法兰西评论》上发表了一篇文章,名为《西尔维娅之家的讲座》("Lectures chez Sylvia")。在文中,她回忆右翼法国诗人兼外交官保罗·克洛岱尔(Paul Claudel)写给她和西尔维娅·比奇的一封信,抗议他们决定出版乔伊斯的小说。克洛岱尔怒斥:"《尤利西斯》就像《一个青年艺术家的画像》一样,充满了最恶毒的亵渎,叛逆者的一切仇恨都能感受到——除此之外,他并没有真正的恶魔之才……"

★————————————————————————————————— 巴黎

　　卡米尔·维塔德(Camille Vettard)在同一期的《新法兰西评论》上发表文章《普鲁斯特和爱因斯坦》,将两个在巴黎上流文化八卦中最流行的名字联系在一起。普鲁斯特很高兴,他写信给这位批评家:"你的精彩文章是我所能得到的最大荣誉。"

8月2日

一场自 7 月 27 日起在南海生成的台风,袭击沿海城市汕头,造成灾难性后果。该市 6.5 万居民中有 5 万多人丧生;在第三日白天台风减弱之前,周边地区也有同等数量的人死亡。死亡人数可能达到 10 万或更多,这使汕头台风成为有记录以来最致命的五个台风之一。

哈里·凯斯勒伯爵(见 3 月 20 日)在日记中写道:

莫斯科实验剧场在阿波罗剧院演出的第一晚。同去的有马克斯·戈尔茨(Max Goertz)和库塞克(Guseck)。狄更斯变得戏剧化了。出色的精神和现实主义的表演,尽管如此,它是严格程式化的。他们完全没有会使我们的表现主义者分心的那种人为色彩。这是一种纯粹的自然主义印象。面具是一项惊人的成就,他们的脸在绘画和造型方面是真正的艺术作品,但又不影响功能的发挥。演员切霍夫(Chechov)令人难忘……

★————————————————————————— **巴黎**

本月初,美国出版商威廉·伯德(William Bird)请庞德为三山出版社(Three Mountains Press)[1]编辑一系列散文小册子。庞德同意了,他告诉对方,他希望丛书包括威廉·卡洛斯·威廉姆斯、艾略特、福特(Ford)和海明威的作品。他自己的那本是1920年《新时代》最初发表的文章的再版:"轻率之举;又或,两个世界论集。"

8月4日

★————————————————————————— **土耳其斯坦**

奥斯曼帝国最高军事指挥官恩维尔·帕夏(Enver Pasha)在巴尔琼(Baldzhuan)附近与布尔什维克红军的战斗中被杀。时年四十一岁。

★————————————————————————— **伦敦**

艾略特给住在达特穆尔(Dartmoor)的埃兹拉的妻子多萝西·庞德

1　之所以这样称呼是因为传说巴黎建在三座山上。

(Dorothy Pound)写了一张便条,感谢她送的薰衣草礼物。他在 8 月 9 日又写信说,他听说奥瑞吉(A. R. Orage)放弃了写作,"开始实施戈契夫(Gotscheff)信条"。艾略特对"葛吉夫"(Gurdjieff)的拼写并不准确,但他得到的信息是确切的——这年夏天,奥瑞吉确实成了那位亚美尼亚巫师的追随者。[1] 从一封给安东尼奥·马里恰拉(Antonio Marichalar)的信中可以看出,艾略特为《标准》前两期的筹划已经相当成熟了。他说,第一期将包括拉博、乔治·圣茨伯里(George Saintsbury)、斯特奇·摩尔、赫尔曼·黑塞、戈麦斯·德·拉·塞尔纳(Gomez de la Serna)和他自己的稿件,以及陀思妥耶夫斯基此前未发表的一篇文章;第二期包含了博学的德国学者 E. R. 库提乌斯、普鲁斯特或法国在世最杰出的诗人保罗·瓦莱里(Paul Valéry)的文章。

奥地利 ★

维特根斯坦给他的编辑奥格登写了一封言辞激烈的信。他刚刚修订完《逻辑哲学论》的校样,发现英国出版商希望这本书包含一份作者生平事略,并解释书中的大部分内容是在蒙特·卡西诺(Monte Cassino)战俘营这种奇特的环境下写成的。维特根斯坦根本不明白这一点:

---

1 奥瑞吉(1873—1934)主要因他在 1907 至 1922 年间担任《新时代》杂志主编而为人所知。虽然该刊创办时是一个左翼思想的论坛,但它也多次改变了政治及美学倾向,信奉女权主义、神秘主义和独特的"社会信用"的经济学理论,后来庞德皈依了这一理论。

为什么一般的批评家要知道我的年龄呢？这是不是说：你不能对一个年轻人抱有更多的期望，尤其是当他在奥地利前线的喧嚣中写一本书的时候？如果我知道一般的批评家相信占星术，我会建议把我出生的日期和时间印在书的封面，他可以给我算命。

★——————————————————————————————— **伦敦**

塞西尔·梅特兰（Cecil Maitland）的文章《乔伊斯先生与天主教传统》（"Mr Joyce and the Catholic Tradition"）发表在《新见证》（*New Witness*）杂志上。这篇文章深思熟虑，富有同情心，充分肯定《尤利西斯》的优点，不仅是美德——通常是早期评论家没有提到的，但对后来的读者来说显而易见——尤其是部分内容非常有趣："……这本书有充分的乐趣，足以使十几位幽默作家名噪一时。"但梅特兰认为，整部作品是失败的。他发现乔伊斯几乎难以解释地痴迷于"将人类视为行走排水管"的景象；**几乎难以解释**，因为梅特兰相信，这种令人恐惧、厌恶的图景，在凄凉程度上"超过精神分析学家"，是乔伊斯从他的宗教训练中继承下来的："他视世界为神学家向他展示的样子。他的幽默是修道院食堂下水道的幽默；他的蔑视是牧师对肉体的诋毁，他对性的看法就像忏悔者的手册一样淫秽，而又被一个富有想象力的伟大作家的深刻见解和随之而来的厌恶所强化……"

8月5日

《碧血黄沙》上映,鲁道夫·瓦伦蒂诺主演,弗雷德·尼勃罗导演,拉斯基明星电影公司出品。在上两部影片《蕾蒂女士的莫兰》(*Moran of the Lady Letty*)[1]和《情海孽障》(*Beyond the Rocks*)[2]相对失利之后,瓦伦蒂诺迫切需要一部新的热门影片,强化他在前一年由《酋长》建立的迷人而危险的形象。这部新作不负众望。影片改编自文森特·布拉斯科·伊巴涅斯(Vincente Blasco Ibanez)[3]的畅销小说,故事充满戏剧性,讲述一个勇敢的农家少年胡安·加拉多(Juan Gallardo)在斗牛场获得荣耀,却被一个妖艳的女人引诱和背叛,最终被他的最后一头公牛杀死。

《碧血黄沙》重新演绎了瓦伦蒂诺早期热门影片中被证明非常有效的技巧,并加以夸张。就像《天启四骑士》一样,他高视阔步地跳了一段主要

1　在这部影片中,他扮演一个起初相当浮华的社会名流,但在被绑架并被迫在船上做苦工后,很快就变成了一个有男子气概的英雄,在船上他还爱上了船长的女儿。这部电影放映(1922年2月12日)后表现不佳,证实了瓦伦蒂诺的预感:他真正吸引人的是服装。

2　1922年5月7日首映。

3　1908年出版,由瓦伦蒂诺的好友琼·马西斯改编。

的舞蹈,敲击着他的脚跟,双手放在臀部。[1] 整个过程中,镜头都集中在他的脸部和身体上。在一场反向脱衣舞表演中,他穿上传统的斗牛士服装"闪光套装",为斗牛做准备——然而是在一个屏风后面,所有能看到的都是诱人一瞥。然后他出现了,裹着一条宽腰带。[2]

尽管获得了成功,但瓦伦蒂诺对这部电影并不满意。他本来想在西班牙做外景拍摄;但是拉斯基明星电影公司紧盯预算,坚持要在片场拍摄——尽管公司做出了让步,从西班牙进口了大量道具和服装。观众似乎并不介意影片缺乏真实性:这部影片再次大获成功。[3]

★————————————————————————————————————— 西班牙

洛尔迦从他在阿斯克罗萨(Asquerosa)的度假寓所给曼努埃尔·德·法雅写了一封激动的信,告诉法雅他终于完成了木偶戏初稿,《堂·克里斯托瓦尔和西诺里塔·罗西塔的悲喜剧》(*The Tragicomedy of Don Cristobal and Senorita Rosita*),这部作品他断断续续写了一年多。德·法雅同意为这部戏写乐谱,两人都热衷于在曾经流行但现在几乎灭绝的安达卢西亚木偶戏[4]的传统上建立一种新的木偶戏形式。洛尔迦曾幻想这部戏可能会被

---

1 他的舞伴期待地仰起头,渴望一个吻……但他冷笑着扔下她。字幕显示:"我讨厌女人!"

2 从这时起直到他英年早逝,瓦伦蒂诺的电影经常包括一个场景,以这种方式展示他的独特性。

3 它是1922年美国票房第三高的电影,仅次于《罗宾汉》和《雾都孤儿》。

4 洛尔迦经常问当地的老年人,他们对童年时看过的表演有什么模糊的记忆。听到他们说这些娱乐节目是多么肮脏和滑稽,洛尔迦觉得很好笑。

佳吉列夫接手，但这一切并没有发生。对他来说，德·法雅相信他们的木偶戏如果能在欧洲和南美巡回演出，一定会取得巨大的成功。

但是，由于洛尔迦的学术生涯出现了意想不到的好转，他们原本打算将《堂·克里斯托瓦尔和西诺里塔·罗西塔的悲喜剧》搬到阿尔普贾拉斯（Alpujarras）地区试演的计划不得不推迟。费德里科·洛尔迦的哥哥弗朗西斯科更有学问，在他的大力指导下，费德里科除了两份法学课程论文，几乎都通过了考试。他想，如果他再做最后的努力，也许能在新年早些时候拿到学位，这样就能取悦他焦虑的父亲，并获得他去其他国家旅行的许可——从意大利开始。[1]

8月7日

巴黎　　　　　　　　　　　　　　　　　　　　　　　　　★

科克托给埃德蒙·威尔逊写了一封信，评论埃兹拉·庞德的文章《秋千与旋转木马：巴黎人与伦敦人努力保持玩偶站立的智力较量》，这篇文章刚刚登在8月份的《名利场》上。庞德的文章旁边附了一幅科克托的素描，

1　作为一种有创意的妥协，诗人和作曲家决定在洛尔迦的家庭公寓上演一场木偶戏；演出最终发生在1923年1月6日，所有观演的人都记得这是一个罕见和神奇的场合。

作曲家奥里克(Auric)肖像,文字说明说科克托业余时间经营一家卡巴莱酒吧。科克托说他觉得整份杂志都很有趣,但请威尔逊告诉编辑,不要刊登庞德那些危险的笑话:"我从来没有开过什么酒吧。我去那里,就像魏尔伦或莫雷亚斯(Moreas)去咖啡馆一样——如此而已。如果我有时在那里演奏爵士乐,那是为了好玩……"

8月8日

★————————————————————— 意大利

面对法西斯分子不断增加的暴力威胁,意大利总罢工失败了。

★————————————————————— 加拿大

电话的发明者亚历山大·格雷厄姆·贝尔(Alexander Graham Bell)在加拿大"新苏格兰"省去世。

★————————————————————— 芝加哥

1922年8月8日可能是爵士乐历史上最重要的一天:路易斯·阿姆斯

特朗[1]，这个刚满二十一岁[2]的短号演奏者，乘火车从新奥尔良北上到芝加

---

[1] 路易斯·阿姆斯特朗——1922 年被称为"大嘴巴"（Dippermouth），而"书包嘴"（Satchmo）是 20 世纪 30 年代的称呼；那时，他真正的朋友通常都叫他"老爹"（Pops）——的背景是社会工作者梦寐以求的。他的祖父母曾是奴隶；他的父亲，威廉·阿姆斯特朗，是个英俊但软弱的男人，一个花花公子，有时做烧炭工，很少在抚养儿子方面发挥作用。几乎可以肯定，他的母亲玛丽·玛雅·阿尔伯特——生他时只有十五岁——是个妓女。当时还不到二十岁的威廉在路易斯出生后不久就和另一个女人私奔了，留下了被遗弃的玛雅。

五岁之前，路易斯都是由外祖母约瑟芬照顾的。毫无疑问，他的早期环境是艰苦的，但成年阿姆斯特朗回顾他的童年，怀旧的感情令人惊讶。事实上，他经常说这给了他主要的灵感：每一次独奏都是试图重新找回过去的时光。"每当我闭上眼睛，吹起我的小号——我直视着古老的新奥尔良的心脏。它给了我生活的目标。"

这并不完全是选择性记忆和毫无根据的多愁善感的问题。世纪之交在路易斯安那州失去的世界里，确实有一些美好的东西。如果按照大多数美国人的标准，他在物质上很贫困，但他的外祖母会给他穿衣服，给他吃东西，最重要的是对他非常疼爱。路易斯知道他很受宠爱。在菲斯克学校（Fisk School），他接受了良好的基础教育，学会了读和写。他还了解到，即使在新奥尔良这样一个种族分层的社会，也不是所有白人都令人恐惧和憎恨——有个立陶宛犹太家庭，卡尔诺夫斯基（Karnofsky）一家，对他非常友好，他们是卖废品的商人，给了他一小笔钱，或多或少地收养了他，给他买了第一支短号。在他的余生中，为了纪念卡尔诺夫斯基一家，他一直佩戴着大卫之星的护身符，并且总是怀着最高的敬意谈论犹太信仰。

然后是音乐。尽管他早年就熟悉游行乐队，但他第一次接触到新奥尔良丰富多彩的音乐遗产是在它真正的家园——妓院，为了得到几分钱，他到妓院里去运煤，干完杂活，他就在那里逗留，美慕地看着那些女人，听乐队演奏。大约在他十一岁的时候，也就是离开学校的时候，他的短号已经吹得相当好了。一次有点滑稽的法律纠纷使他在新奥尔良的黑人流浪儿之家住了一段时间——因祸得福，因为他吹得很好，就被送入游行乐队。十三岁时，他对乐器的掌握已经足够好，成了重要的吹奏手。

他开始崇拜新奥尔良的明星之一，"国王"乔·奥利弗（Joe 'King' Oliver）。奥利弗注意到了这个男孩日益增长的天赋，并成了他的良师益友。路易斯青少年的中后期是艰苦和不稳定的，但在这个阶段的最后他才来运转。当"国王"奥利弗去北方碰运气时，路易斯在他认为是镇上最好的乐队中取代了他的位置。战后不久，他开始在往返于密西西比河的游船上演出，他从队友——包括乐谱——那里学到了很多东西，所以他有时把那段游船时期称为他的"大学"。二十岁时，他与粗暴且喜怒无常的黛西·帕克（Daisy Parker）有过一段短暂的婚姻，他们还收养了一个三岁的智障儿童。当阿姆斯特朗搬到芝加哥的时候，他们的婚姻就结束了，但是他承担了多年的抚养孩子的责任。

[2] 但在他一生中，他始终认为自己出生于 1900 年 7 月 4 日，因此那天他二十二岁。

哥——由于大量希望在北方找到更好生活的南方非裔美国人的涌入，这座城市现在是爵士乐世界的中心。就在几个小时前，阿姆斯特朗接到电报，要他加入"国王"奥利弗和他的克里奥尔爵士乐队（Creole Jazz Band），周薪高达 52 美元。在此之前，他一直是个严格意义上的兼职音乐家——充其量不过是新奥尔良和密西西比河游船上深受观众喜爱的小名人。在芝加哥，他第一次享受到了真正的明星地位，录制了第一张唱片，开始赚大钱。

阿姆斯特朗知道芝加哥将为他提供一个重要的阶梯，但一开始，他既兴奋又焦虑："1922 年 8 月 8 日晚上 11 点左右（我永远不会忘记），我到达了芝加哥第十二大道和密歇根大道的伊利诺伊中央车站……火车进站时，我目不转睛地望着窗外。任何一个仔细观察我的人都很容易看出，我是个乡下孩子。"

火车误点了，计划去接他的"国王"奥利弗要参加一场演出，但他给了一个搬运工一些钱，让他把这个新来的人弄上一辆出租车，送到林肯花园咖啡馆。当他到达时，从外面听出奥利弗的音响设备有多好，阿姆斯特朗不免自我怀疑，站在那里哑口无言，害怕展示自己。一定是有人向奥利弗通报了，他走出来叫道，："快进来，你这个小笨蛋。我们整个晚上都在等你。"一股幸福的浪潮席卷了阿姆斯特朗全身。这儿是他的新家。[1]

1　奥利弗把他介绍给乐队的其他成员："宝贝"多兹（'Baby'Dodds）、约翰尼·多兹（Johnny Dodds）、奥诺瑞·迪特里（Honoré Dutrey）、比尔·约翰逊（Bill Johnson），他们是爵士乐第一个重要小乐队的核心成员。后来，他把阿姆斯特朗带回了他的公寓，奥利弗的妻子给他吃了一顿美味的新奥尔良餐饮，有红豆和米饭，还有冰柠檬水。

当阿姆斯特朗登台亮相的时候,他表现得很胆怯,他很清楚自己是作为第二短号手而不是明星获得报酬的。这就是奥利弗的乐队,虽然奥利弗性情温和,但他却像暴君一样统治这个乐队。[1] 但他也乐于提携他发现的人才。当傲慢的音乐对手约翰尼·邓恩(Johnny Dunn)大摇大摆地走进乐队的演出场地,开始吹嘘自己的小号本领时,事情发生了转折。奥利弗被激怒了,他告诉阿姆斯特朗:"干掉他!"终于有了拓展的空间,阿姆斯特朗的一段独奏十分激越,震惊了所有人。最后,邓恩灰溜溜地走了。从那天晚上起,奥利弗就让阿姆斯特朗每天晚上表演大段独奏。[2]

消息传开后,人们纷纷来到林肯花园,一睹这位新奥尔良神童的风采。[3] 约翰尼·邓恩事件的消息很快就传开了,其他音乐家也会不时地出现,自信地认为他们可以碾压这个乡巴佬。阿姆斯特朗总是把他们吹走。当他们粗鲁无礼时——正如备受好评的弗雷迪·凯帕德(Freddie Keppard)在一场音乐比赛中所表现的那样——阿姆斯特朗很生气。当他生气的时候,他吹奏得比以往任何时候都要好。从这一刻起,凯帕德的职

然后,为了结束这奇妙的一天,奥利弗把他的新兵带到南瓦巴什(South Wabash)3412号的一间公寓,他在那里预订了一间带私人浴室的房间。阿姆斯特朗很惊讶;在家乡,甚至没有人家有浴缸,更不用说浴室了。第二天,他参加了一些紧张的排练。他注意到,奥立弗在乐曲分节、结尾和炫技方面造诣极高;他后来说,他从奥利弗的演奏中学到了足够的灵感,足以维持他的职业生涯。

1　有一次,他威胁开枪,打断了乐队的一次完全无害的胡闹,并给他们看了他短号盒里的枪,以证明他是认真的。

2　爵士乐历史学家常说,他是第一个真正的爵士乐独奏家。

3　阿姆斯特朗知道自己发展很快,于是他买了一台打字机,强迫性地敲出信件、日记、回忆和脑子里出现的任何东西,从而为自己的军火库增添了一项新技能。其他音乐家注意到他甚至开始在幕间敲击键盘,并说他花在打字机上的时间和花在乐器上的时间一样多。这样的写作成为他终生的痴迷。

业生涯开始走下坡路，就好像阿姆斯特朗挫伤了他的积极性。

在乐迷和对手的激励下，阿姆斯特朗创造了越来越多的奇迹。[1] 在短短几周内，他让其他爵士音乐家听起来都有点过时，有点古板。到 9 月底，他成了芝加哥的明星。他们前来不仅为了享受，也为了学习（或剽窃）。[2] 年仅二十一岁的"大嘴巴"已经改变了他艺术的本质。正如他的一位传记作家所言："几年之内，一代爵士音乐家，无论黑人还是白人，都在 1922 年下半年路易斯在芝加哥开始打造的新型爵士乐的基础上建立起自己的职业生涯。"

1923 年 4 月 5 日和 6 日，阿姆斯特朗录制了他的第一张唱片。其余就不可避免了。艾灵顿公爵说："从来没有人听过这样的音乐，他的影响无法用语言来表达。"

8 月 9 日

★————————————————————————— 爱尔兰

叶芝写信给诗人赫伯特·爱德华·帕尔默（Herbert Edward Palmer）：

1　据说，毫无疑问，他能够连续吹出多达两百个高音 C，但仅凭统计数字无法传达人们在看到他快速飙音后所谈论的那种纯粹的兴奋。这是有力的，但也是美妙的、令人陶醉的、迷人的……

2　一些音乐家，包括黑人和白人，成了好朋友：霍吉·卡迈克尔（Hoagy Carmichael）就是其中之一，他是由他们共同的朋友比克斯·贝德贝克（Bix Beiderbecke）介绍给阿姆斯特朗的。

"我想请你来看我,但我住在爱尔兰西部的一座中世纪的塔里,旁边有一座桥,随时可能在晚上被炸毁,我可能要过很长时间才能到伦敦去。"

8月11日

澳大利亚 ————————————————————————★

　　弗里达·劳伦斯四十三岁生日。在他们到达澳大利亚三个月后,《袋鼠》手稿已经基本完成并寄给了罗伯特·蒙提瑟,劳伦斯和弗里达在悉尼登上了塔希提皇家邮轮(RMS Tahiti)。从现在开始,他们将经过新西兰、库克群岛和塔希提岛,进行为期 25 天的旧金山之旅。[1]

　　自从阅读了麦尔维尔的《泰比》(*Typee*)后,劳伦斯就渴望去看一看太平洋岛屿,[2] 他还想看看他的文学英雄之一罗伯特·路易斯·史蒂文森(Robert Louis Stevenson)所追寻的人间天堂。但是,尽管他发现拉罗汤加(Raratonga)几乎和他想象中的南海岛屿"一样可爱",他对塔希提岛首府帕皮提(Papeete)却没有什么好印象:"贫穷、乏味、现代腔。"他对热带天堂的所有想法越来越不满,在塔希提岛观察加入他们的一群电影制作人时,他发现了更多的刺激:他们无拘无束,这既使他印象深刻,又使他恼火。尽

1　船上只有 60 名乘客,所以很容易结交朋友。弗里达很喜欢,她愉快地写信给母亲,讲述与一位法国绅士调情的乐趣。劳伦斯就没那么兴奋了。

2　他会在《美国古典文学研究》(*Studies in Classic American Literature*)中加以讨论。

管他在信中提到他们时总是用脾气暴躁的字眼,但弗里达说,他几乎忍不住要观察他们。

当他们于 9 月 3 日抵达旧金山时,他们的经济状况正处于低谷,劳伦斯写信给蒙提瑟,要求再次预付版税。[1] 幸运的是,梅布尔·道奇·斯特恩善解人意,意识到他们的贫穷,给他们寄去了火车票。他们于 9 月 8 日离开旧金山,两天后抵达一个名叫拉米(Lamy)的小镇,位于圣达菲(Santa Fe)以南十五英里处。梅布尔穿着绿松石色长袍,戴着银首饰,在她沉默寡言、英俊潇洒的美国土著情人托尼·卢汉(Tony Luhan)的陪伴下,到车站迎接他们。她给人的第一印象很好;弗里达认为她有一双值得信赖的女人的眼睛。

8月12日

★————————————————————————— 华盛顿特区

这是美国黑人文化和社会历史的关键时刻:弗雷德里克·道格拉斯(Frederick Douglass)的故居被宣布为国家圣地。道格拉斯(1818—1895)是废奴运动最杰出的人物之一,他自己也曾是一名奴隶;他的政论和自传体作品在非洲裔美国人的解放运动中发挥了重要作用,他被认为是他那个

1　他似乎仍然被电影观众所吸引,在城里花了一些时间去看电影。但他感到失望。

时代最雄辩的演说家之一。

巴黎 ————————————————————————————————————★

　　海明威写了一篇关于巴黎"开胃酒丑闻"的轻松文章。事实上,他的文章涉及两桩有关这些饮料的所谓"丑闻",正如他向那些不熟悉巴黎烈酒流行趋势的人解释的那样,这些酒"都是各个牌子的酒调制的,含有很高比例的酒精和苦啤,(而且)基本口味就像黄铜门把手"。

　　第一起丑闻涉及一种以阿尼斯·德洛索(Anis Delloso)的名称销售的淡黄色开胃酒。尽管与颓废传说中的"绿仙女"相比,它的颜色是如此单调,令人失望,但这款酒实际上是上等的老式苦艾酒——是法国政府六年前禁止的。消息传出后,阿尼斯·德洛索的销量直线上升,在令人兴奋的几个星期里,它成了这座城市最受欢迎的开胃酒。官方介入了。人们仍然可以买到这个牌子的酒,但不再是苦艾酒了。

　　第二起丑闻更带有政治色彩。这一年,在政府的大量资助下,传统的巴士底日(Bastille Day)庆祝活动几乎持续不断,这取决于狂欢者的耐力,从13号星期三中午到下星期一中午——整整五个晚上喝酒,在街上跳舞,还有各种疯狂的行为。[1] 不可思议;但在宿醉之后的日子里,人们开始质疑在三色旗的陪伴下城市各处张贴的各种各样的开胃酒广告。政府是否被忽悠,花了数百万法郎给厂商做广告?

1　包括一名年轻的共产党员误将警察局长当作庞加莱枪杀失败的事件。

阿瑟·格里菲斯总统去世,由一系列其他疾病引起的"心力衰竭"。他只有五十岁,他的体质可能因过度劳累而严重削弱了。

8月13日

诗人、小说家、飞行员和右翼冒险家加布里埃尔·邓南遮(Gabriele d'Annunzio, 1863—1938)从高高的窗户上摔下来,严重受伤。这一事件的确切情况仍然是个谜,有人猜测邓南遮是一场失败的谋杀企图的受害者。无论是事故还是袭击,这一事件使他在接下来的几年里或多或少身患疾病,这意味着他在墨索里尼夺取政权并在意大利建立法西斯国家的过程中几乎没有发挥什么作用。但毫无疑问,邓南遮——他曾以"领袖"的名义短暂统治过意大利的一小部分地区——对墨索里尼的信念和行动产生了重大影响。他有时被称为意大利法西斯的施洗约翰。

8月14日

艾略特第一次给埃德蒙·威尔逊写信,后者向他要一篇文章给《名利场》;威尔逊从 1922 年 7 月到 1923 年 5 月担任该杂志主编。艾略特的投稿——他最初用法语发表的一篇文章的翻译(《新法兰西评论》,1922 年 12 月 1 日)——直到第二年夏天才刊出。

8月15日

福特·马多克斯·福特(Ford Madox Ford)写信给英国作家埃德加·杰普森(Edgar Jepson, 1863—1938):"《尤利西斯》,还没读完一章,我们毫无疑问会有不同意见;就我个人而言,我很乐意把这个世纪最杰出的小说家的位置留给乔伊斯,我认为他配得上这个位子,并希望这对他有好处……"

诗人、战争英雄和(后来)主要的反战人士齐格弗里德·萨松在他的
日记中写道:

> 我想,**爱情**是考验。一个人努力保持浪漫,让它成为一系列戏剧
> 性的情节。生活的真谛不会停留在木偶表演的激情中。在爱中,我们
> 找到救赎,或可耻的退却。但是,这很困难!

萨松的感情生活在过去几年里一直很复杂。在经历了长时间的性挫折之
后,他终于克服了早期的压抑,开始寻找男性恋人。[1] 1922 年 8 月,当他写
下对爱情的痛苦反思时,他的主要对象是一位德国贵族,黑森州(Hesse)的

1　他的第一个情人是二十一岁的军官威廉·阿特金(William Atkin),人称"加布里埃
　尔"(Gabriel)。1918 年 11 月 20 日,战争结束几周后,萨松第一次见到了他。萨松
　是个非常纯洁的人,加布里埃尔却很放荡,萨松是个浅尝辄止的饮酒者,而加布里埃
　尔却喜欢豪饮,他们几乎立刻就深深地爱上了对方,并不失时机地实现了他们的
　激情。
　　他们交往的最初几周是田园诗般激动人心的,但早在 1919 年 1 月不满就开始
　了。萨松越来越担心加布里埃尔危险的嗜酒已经从酒精扩展到了"毒品"。(后来,
　他不知不觉地走进了科克托在巴黎拍摄鸦片的场景。)此时,萨松已经公开了他的
　同性恋身份,尽管是对一群私密的朋友,但这对他来说是个新的诱惑。似乎在 1919
　年 3 月,他与贝弗利·尼科尔斯(Beverley Nichols)发生了一段风流韵事,当时尼科
　尔斯还是贝利奥尔学院(Balliol)的本科生。在这一年里,他对加布里埃尔的不满越
　来越强烈,觉得他的爱情生活又像他的社会生活一样令人不满——他曾短暂担任左
　翼报纸《每日先驱报》的文学编辑。他的健康状况也很差,坐骨神经痛使他非常
　痛苦。

菲利普亲王——他是维多利亚女王的曾孙,遭贬谪的威廉二世的侄子,也是希腊国王的侄子。[1] 萨松是通过伯纳斯勋爵(Lord Berners)认识这位王子的,伯纳斯勋爵是一位富有而古怪的小说家和作曲家,在萨松访问罗马期间与他成了朋友。

尽管当时萨松自称社会主义者,也经历了战争期间的社会不公,并受到父亲里弗斯(W. H. R. Rivers)的积极影响(见6月4日),但他仍然对头衔和财富的魅力很感兴趣。这对他们的恋情来说倒是好事,因为他并不觉得亲王特别英俊:他已经秃顶,体重也比加布里埃尔重得多,而且通常来看也不如加布里埃尔英俊。

7月20日,萨松从维多利亚站出发,乘火车前往慕尼黑迎接菲利普。他于8月1日抵达慕尼黑,途中写了一首诗:《维特尔斯巴赫风格幻想曲》。两人一直共处,直到10月,尽管他们享受着活跃的性爱生活,但萨松开始看到他的这位贵族越来越多的局限性。他开始觉得,菲利普缺乏想象力,

---

与此同时,他鼓励加布里埃尔到斯莱德学院(Slade)学习艺术。加布里埃尔才华出众,他在学校早期的绘画作品令人赞叹,但他发现很难专注于一项工作。1919年7月,萨松对他完全失望,他们分开了一段时间,再也无法维持一种稳定的关系。1920年1月,当萨松受邀到美国做一次利润丰厚的巡回演讲时,他松了一口气。但这次旅行虽然充满了乐趣,也暴露了他新的感情折磨。他爱上了一个崭露头角的年轻演员格伦·亨特(Glenn Hunter),后者和阿尔弗雷德·伦特(Alfred Lunt)以及当时的其他演员一起主演纽约热播剧目《克拉伦斯》(*Clarence*)。这件事既痛苦又耻辱,也很短暂。

回到英国后,萨松变得更富有、更健康了,但仍感到不满。他对沃尔特·德拉梅尔(Walter de la Mare)十五岁的儿子科林(Colin)产生了危险而又强烈的迷恋,尽管他并没有冲动行事。他还试图向二十岁的大卫·塞西尔(David Cecil)勋爵求爱,但没有成功,他错误地认为一个有亲密同性恋朋友的早熟青年自己也一定是同性恋。

1 菲利普后来在1925年娶了意大利国王的女儿。

对艺术和生活的看法基本上很传统。对萨松来说，菲利普也有点过于世故，因为他对自己与其他男性情人的恋情，以及与一个叫作"贝比"（Babe）的美国女人的调情，太过直言不讳。[1]

这事显然注定要失败。当他们从德国前往意大利时，萨松私下里把菲利普称为"蠢货"和"呆子"。他很容易就能想象到，亲王会变得越来越胖，越来越自满，越来越迟钝。当他们最终在那不勒斯分手时，他感到有点欣慰。[2]

8月16日

★————————————————————————————————慕尼黑

希特勒——他是几个民族主义组织之一的发言人，这些组织为一个大型抗议集会而聚集在一起——向大批群众发表演说，他们受到"支持德国—反对柏林"的口号吸引。这次集会是针对"在共和国保护下正在逼近的犹太布尔什维克主义"。

这是 SA（Sturm Abteilung）——即"冲锋队"（Storm Detachment 或 Storm

1　有一次，当他和萨松做爱时，他甚至接了贝比的电话。
2　在接下来的三年里，菲利普多次尝试与萨松取得联系，但萨松已经开始了一系列新的情事。此外，菲利普对纳粹日益高涨的热情让他大失所望——这种热情在与希特勒的合作中达到顶峰，并导致他的妻子死于集中营。

Troopers),也称为"褐衫军"(Brownshirts),成立于 1920 年——首次作为一个准军事组织在自己的旗帜下出现在公众面前。

伦敦 ★

弗吉尼亚·伍尔夫表达了她对《尤利西斯》的厌恶。她似乎在 7 月底买的这本书,很快就为这笔花费感到失望。在 8 月 3 日的日记中,她写道:"我现在为乔伊斯和普鲁斯特欠了一屁股债,我一回到伦敦就得把这些书卖了。"[1] 到 8 月 16 日,她已经对乔伊斯的创作大为不满,她对这部作品的第一个主要抱怨——这是一部带有势利性蔑视的小杰作:

> 我应该读读《尤利西斯》,以及列出我赞成和反对的理由。到目前为止,我已经读了 200 页——不是 300 页;我被前两三章逗乐了、惊到了、迷住了——读到墓园场景的结尾;然后困惑、厌烦、恼怒,而且幻想破灭了,就像一个恶心的大学生搔着他的丘疹。以及汤姆(艾略特),了不起的汤姆,认为这部作品等同于《战争与和平》!在我看来,这似乎是一本没有受过教育、没有教养的书:一本自学成才的劳动者的书,而且我们都知道他们是多么痛苦、多么自大、多么坚韧、多么质朴、多么惊人而最终多么令人作呕。可以吃熟食,为什么要吃生肉?但我认为,如果你像汤姆一样贫血,血是一种荣耀。作为一个相当正

---

1 在同一篇日记中,她记录了与艾略特的一次会面。艾略特"尖刻、谨慎、严谨,像往常一样,有点恶意"。

常的人,我很快又准备好去读经典了。我以后可能会修正我的观点。在批判性智慧上我决不妥协。我在地上插了一根棍子来标记第200页。

★————————————————————————————— **伦敦**

当伍尔夫写下这些刻薄话的时候,乔伊斯正在伦敦。1922 年 8 月初,他和诺拉到了伦敦,住在尤斯顿酒店(Euston Hotel)。在这次旅行中,他第一次见到了不可或缺的赞助人哈丽特·肖·韦弗。[1] 当她问他接下来要写什么时,他说,"我想我要写一部世界史"——这确实是描述《芬尼根的守灵夜》的一种方式。

逗留伦敦期间,乔伊斯一家还与在伦敦一家医院工作的亲戚凯瑟琳·默里(Kathleen Murray)进行了一次愉快的会面。唯一难堪的时刻是在整个欢乐的夜晚,乔伊斯问凯瑟琳,她母亲约瑟芬·默里(Josephine Murray)对《尤利西斯》有什么看法。

> "好吧,吉姆,妈妈说这本书不适合读。"
>
> "如果《尤利西斯》不适合读,那生命也不适合活着。"

1　她现在可以亲眼看到乔伊斯毫无顾忌地花她给的钱,这是多么可怕的一幕。他总是坐出租车而不坐公交,而且会给司机丰厚的小费。这种慷慨,或者说挥霍,意味着他在逗留期间就花了大约 200 英镑。

乔伊斯的眼疾不但没有得到缓解,反而恶化了。他咨询了两位眼科医生,亨利医生和詹姆斯医生,他们都警告说,他左眼的液体已经开始"凝结",无法流动了。他们建议立即动手术。也许希望再得到一个不那么可怕的诊断意见,乔伊斯逃回了巴黎。

8月17日

伦敦威斯敏斯特 ━━━━━━━━━━━━━━━━━━━━━━ ★

与人们普遍的看法相反,阿拉伯的劳伦斯当时并不十分了解萧伯纳;他们只见过一次面,那是 1922 年 3 月,在一次午餐后,剑桥菲茨威廉博物馆的馆长西德尼·科克雷尔(Sydney Cockerell)和劳伦斯讨论如何帮助查尔斯·道蒂(Charles Doughty),这位《阿拉伯沙漠》(*Arabia Deserta*)的作者,他陷入了困境。午饭后,科克雷尔建议他们顺便去一下位于阿德尔菲露台(Adelphi Terrace)的萧伯纳家住宅,他打算为博物馆订一幅萧伯纳的肖像。劳伦斯很不情愿,只是在被告知萧伯纳很可能不在家时,他才同意陪科克雷尔一起去。虽然情况并非如此,但两人在二十分钟左右的会面中却出奇地相谈甚欢。

正是基于这次会面,劳伦斯在 8 月 17 日写信给萧伯纳,问这位剧作家是否愿意看一下《智慧七柱》。这封长信在自嘲的程度上几乎是自虐式的:

就我而言,我相信我用二手词语来寻求庇护。我的意思是,我从我读过的每一个人那里借来了表达方式、形容词和思想,然后把它们裁剪成我自己的尺寸,再把它们拼接在一起。我的口味是《每日邮报》式的,所以书中有太多的废话、传奇和模糊不清,足以让一个现实主义者感到恶心。有很多不成熟的想法、一些廉价的厌恶和抱怨(前线的战斗大多是歇斯底里的,你知道,他们并不专业,而我也不是一个合格的士兵):事实上,是你这辈子试图戳破的虚假的东西。如果你读了我写的东西,你就会发现你的序言都白写了,即使我是我们这一代人的典型。如果书写得很有趣,你可能会觉得好笑;但是它冗长、做作、枯燥到我自己都不想再看的地步。我选择在那个时候把它打印出来!

8月18日

★————————————————————————————— 卢加诺

"国际妇女自由与和平联盟"大会开幕。受邀演讲者之一是赫尔曼·黑塞,他宣读了他的新小说《悉达多》的最后一部分,而不是就会议的一个主题发表论文。8月29日,他给刚刚读完这本书的朋友海伦·韦尔蒂(Helene Welti)写信:"幸好你读了《悉达多》。虽然它算不上什么文学作品,但它代表了我生命的总和,以及二十年来我从印度和中国传统中吸收的思想。《悉达多》的结尾几乎更接近道教,而不是印度思想。"

黑塞说,尽管有道家的味道,但一位曾出席卢加诺朗读会的印度教学者还是冲到作者面前,宣称他对西方人能如此深刻地领会东方灵性的基本真理感到惊讶。无论情况是否如此,作为对佛教本质和相关神秘教义具有启蒙性质的入门书,《悉达多》的影响最终变得无比强烈。[1]

尽管他的粉丝会激烈地争论他的观点,但黑塞说他的小说算不上什么文学作品是完全正确的。它的风格,无论在哪种英译本中,都是浮夸和古风模样的,人物都这样说话:

> 来自树林的沙门[2]啊,你们来对地方了。世尊居住在捷瓦纳,在给孤独长者的花园中。香客们,你们可以在这里过夜,因为这里有足够的地方供成群结队的人前来聆听他口中的教诲。[3]

没有太多情节;同名主人公是一个婆罗门的儿子,像佛陀一样,对他的特权生活越来越不满,便开始了一生的精神追求,探索禁欲和斋戒的道路,以及淫荡和世俗的放纵。很少有读者会对这样一个事实感到惊讶:悉达多一旦接触到性,就会变成一个狂热的情人。"你是我有过的最好的爱人……比别人更强壮、更柔顺、更倾心……"然后他再次放弃物质世界,去和船夫一

1　直到 1950 年代初,这本书才被译成英文,起初销售缓慢,但 1960 年代的反文化运动将它作为少数几本关于智慧的重要图书之一。尤其在美国,黑塞成为一个畅销书作家,这在 1922 年的时候看来根本不可能。
2　沙门(Samanas),指出家修行者。——译注
3　一个愤世嫉俗的人可能想知道,朝圣者或许期望从世尊身体的其他部位听到教诲。

起生活、衰老,并获得启迪。作为一种教义,它可能是无可挑剔的;作为一部小说,它其实很乏味。

★————————————————————————————— **伦敦**

深受弗吉尼亚·伍尔夫敬仰的作家、博物学家 W. H. 哈德森(W. H. Hudson, 1841 年出生)去世。作为一名多产作家,他最出色的作品是关于野生动物的,最令人难忘的是他的小说《绿色大厦》(*Green Mansions*, 1904)和他的自传《远方与往昔》(*Far Away and Long Ago*, 1918)。

★————————————————————————————— **伦敦**

弗吉尼亚·伍尔夫写道:"我正在读乔伊斯,700 页的书读了 200 页之后,我的印象是,这个可怜的年轻人只有思想的渣滓,甚至和乔治·梅瑞狄斯(George Meredith)相比也是如此。我的意思是,如果你能衡量一下乔伊斯文本的意义,它将比亨利·詹姆斯轻上十倍。"

8 月 24 日,在给利顿·斯特雷奇的信中,她自己设想了一个不寻常的庸俗甚至是滑稽的时刻。斯特雷奇表示愿意向艾略特基金捐赠 100 英镑:

> 你说 100 英镑?你会有一张收据。支票收款人是理查德·阿尔丁顿或 O. 莫雷尔(O. Morrell),随你便。我自己的捐赠,五先令六便士,前提是他要把《尤利西斯》的前 200 页公之于众。我从未读过这样的废话。关于前两章,我们会让它们通过,但第三、第四、第五、第六

章——只是在克莱瑞奇酒店的擦鞋童身上搔搔痒而已。当然，天才可能会在第652页上大放异彩，但我对此持怀疑态度。这就是艾略特所崇拜的，还有利顿·斯特雷奇每年付给艾略特100英镑的生活费。

这位女士的抗议是不是太过分了？是什么让她对长粉刺的男孩产生了幻想？

8月22日

纽约　　　　　　　　　　　　　　　　　　　　　　　★

　　多萝西·帕克二十九岁生日。对她来说，这是一段难熬的日子：她的青春岁月快结束了，而且，她到目前为止对自己的文学成就并不感到满意，觉得自己在世时所能展示的只是一段失败的婚姻。她和埃迪（Eddie）在一起不快乐已经多年了，从1922年春天开始，他想分居或离婚的想法就很明显。[1] 他们之间的紧张关系在7月4日国庆假期达到了顶点，当时他们几乎不说话。几个星期后，她回到家，发现他正在往行李箱里塞衣服，准备搬到哈特福德（Hartford）去。

1　她用这些不愉快的生活作为素材，写了她最著名的短篇小说之一，《金发大美女》（*Big Blonde*）。

她的"阿尔冈琴圆桌会"的朋友,大多数人都认为埃迪多半是个迟钝的乡巴佬,自然认为应该是她离开他。她煞费苦心地假装分手是善意的,她对这次分手也很满意,就像她想象的那样。令她惊讶的是,埃迪的背叛深深地伤害了她,有一段时间她又开始迷恋他,比平时喝更多的苏格兰威士忌。[1] 她也第一次尝试在小说中描述她的经历,尽管她的痛苦仍然过于强烈,无法直接表达,因而她写了一个"怕老婆的丈夫"的小说《小确幸》(*Such a Pretty Little Picture*),小说显然受到她最亲密的朋友罗伯特·本奇利不幸婚姻的启发。她把小说卖给了门肯的杂志《时尚人物》(*The Smart Set*);在后来的几年里,她说这是她写过的最好的作品。[2]

★————————————————————————**爱尔兰**

迈克尔·柯林斯在一次地方武装的伏击中被杀。正如历史学家罗伊·福斯特(Roy Foster)所说:在短短十天的时间里,爱尔兰自由邦失去了温和派的主要发言人(格里菲斯),现在也失去了唯一一位广受欢迎的领导人。

1　尽管她死后以酒鬼闻名,但直到大约一年前,她还是个有节制的酒徒。

2　《小确幸》标志了她作为一个成熟作家的职业生涯的开始,但在当时,并没有给她带来什么满足。她感到极度孤独,需要一个新情人。他适时出现。查尔斯·戈登·麦克阿瑟(Charles Gordon MacArthur)是一位迷人的二十七岁的芝加哥新闻记者,他在芝加哥最好的朋友是本·赫克特(Ben Hecht)。她几乎立刻就深深地爱上了他。(见12月25日)

8月23日

摩洛哥反抗西班牙统治者。

8月24日

弗吉尼亚·伍尔夫写道:"我打开报纸,读到迈克尔·柯林斯死在沟里的报道。"

两天后,她在日记中吐露了自己的秘密:"我越来越讨厌《尤利西斯》了——那就是说,我越来越认为它不重要了——我甚至不必费心去理解它的意思。感谢上帝,我不用再为它写什么了。"

8月26日

上午 8 点 30 分,弗里茨·朗在柏林的施马根多夫(Schmargendorf)与西娅·冯·哈布成婚。[1] 当新婚夫妇在霍亨索伦丹(Hohenzollerndamm)52 号的一间装修豪华的大公寓里安家时,[2] 德国媒体都很喜欢这对新婚的金童玉女,时尚杂志不断刊登吹捧他们美满结合的文章。这对夫妇也非常乐意合作;事实上,他们时常精心策划自己的宣传活动,总是小心翼翼地出现在合适的派对、首演之夜、慈善舞会和高档餐厅。

他们的财富是真实的,但其余都是虚假的。朗对西娅的热情在婚后不久就消退了,西娅学会了容忍他的许多风流韵事,甚至他对高级妓女的嗜好。当他晚上出去鬼混的时候,她通常会待在家里,早早上床睡觉;她也继续为他即将拍摄的剧本努力工作,并取得了显著的成功。[3] 令人惊讶的是,他们在婚后一直保持着友好关系,直到 1933 年。"我们结婚十一年

1　在宣誓效忠婚姻后不久,朗又发了另一个誓言:他获得了德国国籍。多年后,这一举动需要向美国移民局做一些解释。

2　在一些游客眼中,这个公寓更像是人类学博物馆和艺术画廊的重叠,而不是一个舒适的爱巢。

3　在他们结婚几个月后,她已经完成了他的下一部作品《尼伯龙根》(*Die Nibelungen*)的初稿。

了,"朗夫人后来说,"因为十年来我们都没有时间去离婚。"

8月28日

伦敦 ——————————————————————★

艾略特写信给 E. R. 库提乌斯:"除了你的书和黑塞的书,以及斯宾格勒(Spengler)和凯泽林(Keyserling)的一些作品之外,我对 1914 年以来的德国文学几乎一无所知……"

纽约 ——————————————————————★

乔治·格什温的爵士乐独幕剧《蓝色星期一蓝调》(*Blue Monday Blues*)作为 1922 年讽刺歌舞剧《丑闻》(*Scandals*)的一部分在环球剧院上演。格什温还不到二十岁,就已经在音乐界工作了七年,并在 1919 年以他模仿美国南方的歌曲《斯旺尼》(*Swanee*)在全国大受欢迎。凭借这种早熟的成功,制作人乔治·怀特(George White)请他创作了曲目《1920 年的愚行》(*Follies of 1920*)和《1921 年的愚行》(*Follies of 1921*)——这些曲目大获成功,很大程度上要归功于这位令人兴奋的新锐作曲家。

但是有很多竞争,所以怀特知道他的 1922 年的曲目必须独特。格什温自然又签了合同；W. C. 菲尔兹（W. C. Fields）被选为主演；保罗·怀特曼和他的乐队——纽约最火的爵士乐队——经过特殊安排，得以串场演出，而不必放弃他们在皇宫剧院的常规节目，那里离演出场地只隔几个街区（或一箭之地）。格什温和怀特曼很快就喜欢上对方，并很享受在这部剧中的合作。但也存在一些问题。

在离首演不到三周的时候，剧团意识到，时间已所剩无几，格什温提出了一个不同寻常的想法，即加入一个短小的音乐剧，大致受意大利"写实歌剧"（*verismo*）的启发，背景设在哈莱姆，以非洲裔美国人为主角。[1] 它是人们熟悉的"弗兰基和约翰尼"（Frankie and Johnny）故事[2]的变体，讲述了一对命运多舛的恋人的故事：他背叛她，她就杀了他。咏叹调歌词——《蓝色星期一蓝调》《我要去看妈妈》《有人见到我的乔了吗?》——由巴迪·德席尔瓦（Buddy DeSylva）写作；[3]保罗·怀特曼在乐池中进行指挥。

《蓝色星期一蓝调》在第一次幕间休息后演出，其悲观的情绪和悲剧性结局让首演之夜的观众感到沮丧，他们原本沉浸在更为平常的欢乐情绪之中。批评家大多同意：《纽约世界报》（*New York World*）的查尔斯·达恩顿（Charles Darnton）称此剧"可能是有史以来（也许他是说"上演的"?）最阴郁、最愚蠢、最难以置信的黑色素描"；他建议，把枪对准自己情人的那个角色，最好把枪对准全体演员，然后对准她自己。

可以理解的是，《蓝色星期一蓝调》立刻被撤下了节目。但这种仓

1　可悲的是，谁来演黑人；制作人声称黑人演员还没有足够的资格能在百老汇演出。

2　指现代爱情故事。——译注

3　作为一名词曲作者，德席尔瓦的职业生涯持续了很长时间，并且非常成功，后来与人共同创立了国会大厦唱片公司。

促合作——格什温和德席尔瓦仅仅用了五天五夜的疯狂工作就把词曲搞到了一起——的后果是深远的。尽管它仍然是格什温创作中知名度较低的作品之一，即使它后来被命名为《135大街》（*135th Street*），但许多评论家认为它为格什温许多最好的作品建立了模板——最明显的是他的大型歌剧《波吉与贝丝》（*Porgy and Bess*），以及他最著名的作品《蓝色狂想曲》（*Rhapsody in Blue*, 1924），这首歌是由保罗·怀特曼委托创作的，几乎一夜之间成了他的代表性歌曲，每一场音乐会的观众都想听到这首曲子。[1]

8月30日

伦敦 ————————————————————————★

上午10点30分，T. E. 劳伦斯来到位于科芬园亨里埃塔街（Henrietta Street）的皇家空军征兵办公室。他脱下粗布衣衫，一丝不挂地站在那里接受体检。他说自己的年龄是二十八岁（他当时三十四岁），职业是建筑事务所职员，他的名字是约翰·休谟·罗斯（John Hume Ross）。在经历了种

1　格什温后来写道："我和怀特曼在这个节目中的合作肯定与保罗邀请我为他的第一次爵士音乐会作曲有关……毫无疑问，这是我在更严肃的音乐领域的开始。"

种查验之后，[1]他被录取了，并被派往位于阿克斯布里奇（Uxbridge）的皇家空军仓库，接受三个月的基础训练。在他死后出版的名著《铸币厂》（*The Mint*）的开头部分记录了他在那里的艰难经历。

从那以后，劳伦斯为何被征召到军队的最基层，一直让无数人感到困惑、着迷和震惊。有一点是肯定的：这不是一时冲动。他有时说，他从 1919 年起就考虑此事；从皇家航空队成立之初就开始了。早在 1922 年 1 月，他就写信给被称为皇家空军之父的休·特伦查德爵士（Sir Hugh Trenchard, 1873—1956），请求他满足自己的古怪计划，并很大程度上将此次行动说成是一种文学抱负：

> 你会想知道我要干什么。问题是，我从十六岁就开始写作了：技术上从未满意过，但在稳步提高。我最近一本关于阿拉伯的书差强人意。我看到了在你们部队我最初需要的素材……了解事物最好从头开始。不宜从军官级别开始"写作"。

特伦查德一定有过怀疑；当然，仅仅文学上的野心就足以迫使一个前上

---

1 与他面谈的军官 W. E. 约翰斯（W. E. Johns）上尉对他叙述的前后矛盾产生了怀疑，迅速核对了一下，很快就发现了这个紧张的应征者的秘密。但空军副元帅奥利弗·斯旺（Oliver Swann）爵士介入，他驳回了医生宣布劳伦斯不适合服役的裁决，于是这位新兵以 352087 A/C 罗斯的身份出现。巧合的是，约翰斯也是一个有文学抱负的军人。1922 年，他出版了第一部小说《莫西法斯》（*Mossyface*）。但在 1930 年代末，他创造了比格斯（Biggles）这个角色，从而获得了不朽的声誉。比格斯是一名勇敢的英国皇家空军飞行员，是几代英国学生心目中的英雄。

校——更不用说一个"无冕之王"了——成为一名二等兵吗？[1] 无论特伦查德是否完全相信，他认为劳伦斯已经赢得了更多的权利。当两人8月14日在空军基地见面时，特伦查德告诉他，他可以在空军副元帅奥利弗·斯旺爵士的监督下继续应征。

　　读过劳伦斯作品的人很少会相信，正是这种常识性的推理导致了他寻求被人遗忘，劳伦斯自己也会用完全不同的方式向不同的朋友解释他的动机。如1922年11月11日，他给《每日快报》(*Daily Express*)的编辑R. D. 布鲁门菲尔德(R. D. Blumenfeld)[2]写了一封私人信函，暗示他入伍的主要原因部分是经济上的，部分是政治上的：

　　　　温斯顿终于让我走了——他花了四个月的时间才让我走。我拒绝领薪水，而且我每次见到他都恳求他放了我，等等——我发现我非常紧张：所以我入伍了，作为一种明快简单的生存方式，我在军队中活着，并不总是痛苦的……

　　　　你知道我一向古怪，有自己的品位。另外，我彻底逃避政治的唯一办法是把自己与以前的生活方式完全隔离开来：自力更生是一件快乐的事情，而脱离政治后，尽可能洁身自好——即使《每日快报》也不能把我拖回去！[3]

1　劳伦斯也曾向其他记者提到过写一本关于英国皇家空军发展的史诗般的作品的想法，尽管他并不总是说明，写这本书的雄心是他参军的主要原因。

2　不太可能是个记者；1922年5月，劳伦斯为《每日快报》写了两篇文章，并拒绝稿酬；布卢门菲尔德以少有的慷慨给劳伦斯送去了一本珍贵的《一千零一夜》(*Arabian Nights*)。

3　最后一句话有一种无意识的讽刺；见12月27日。

劳伦斯的兄弟阿诺德·劳伦斯显然看得更清楚,他 1922 年说道,T. E."在连续九年没有假期的过度工作之后,几乎要彻底崩溃了,他们中有几个人一直处于持续的精神紧张状态。他将入伍作为对自己的治愈"。然而,即使这种精疲力竭的说法也没有充分说明情况。的确,劳伦斯精疲力竭,身体也很差,但他有很多其他的办法可以恢复体力和健康;的确,自从辞去了在万灵学院和殖民地部的职务后,他并没有找到真正的工作,但他可以接受的高薪职位和闲差有很多——事实上,在他多年的工作中,这样诱人的提议不断出现。

尽管劳伦斯的传记作者尽了很大努力,但他仍保留着一种无法还原的神秘色彩。然而,这些努力并没有白费,因为我们现在可以认定,促使他入伍——有一次,他将其称为"精神自杀"——的不是任何一个简单的原因,而是同时存在的一些深刻的感情。坦率地说,有人认为他对自己在战争中所扮演的角色以及随后几年对中东命运所做的外交努力感到内疚,这是有道理的,但也是臆想的。[1]

值得注意的是,劳伦斯一直都有强烈的苦行僧精神,他孜孜不倦地寻求贫困、艰辛,甚至痛苦,就像普通人寻求舒适和安逸一样;他对自己的巨大名声有着极其暧昧的态度,一边享受着它,一边为这种快乐而憎恨自己;他在肉体(现在大家都知道,他曾花钱请一位同僚来打他)和精神上都有自虐倾向;他被自己丰富的大脑所折磨,并从无意识的身体行为中寻求安

1　还应该补充一点,如果这种政治罪恶感在 1922 年确实存在,那么他在 1920 年代末就已经摆脱了这种罪恶感,正如他在给伊拉克高级专员吉尔伯特·克莱顿爵士(Sir Gilbert Clayton)的信中所写的那样:"当我离这些事物越来越远的时候,我越发觉得我们在战争期间所做的努力是合理的,而且证明我们比我曾经希望的更快乐、更美好……"

慰。诸如此类。

然而，似乎甚至很有可能，要不是洛厄尔·托马斯（Lowell Thomas）的努力，劳伦斯不会被推到如此极端的地步，托马斯在他的战后演讲中实际上创造了"阿拉伯的劳伦斯"神话。[1] 1925年9月托马斯写的劳伦斯传记上市销售时，劳伦斯写信给萧伯纳夫人："从今以后，我要和这些人在一起（即相提并论），降低自己的身份……难免有一天我真的感到被贬低，被贬低到他们的水平。我期待人们看不起我，轻视我……"

纽约 ★

吉尔伯特·塞尔迪斯关于《尤利西斯》的长篇评论在《国家》杂志上发表——与埃德蒙·威尔逊和玛丽·科拉姆的文章一样，被认为是最让乔伊斯高兴的当代评论三重奏中的最后一篇："……如今，（乔伊斯）又创作了《尤利西斯》，这部宏大而伟大的讽刺作品，使他可能成为我们这个时代最有趣、最令人敬畏的人物。"

塞尔迪斯的文章很大程度上重复了其他肯定性评论的内容；他与流行观点不同，主要在于他认为这部作品的戏仿元素令人钦佩，而不是让人分心：

> ……我觉得这些戏仿本身很出色，但它们的功能比它们的优点更

---

1 如果现代意义上的"名人"与传统意义上的"名声"只有表面上的相似之处，那么洛厄尔·托马斯就是将后者变成前者的操纵者之一。T. E. 劳伦斯是"名人文化"的早期受益者和受害者之一。

重要。它们迅速创造，也迅速摧毁了数百年来以散文形式记录下来的一系列崇高的抱负、希望和幻想。因此，他们很自然地将我们引向了妓院的地狱之门。

塞尔迪斯宣称，"夜街"那一章激起的"愤怒"在"文学中是无与伦比的"。他接着谈道，这部小说"对事物的全力投入，对现实的极大享受和品味。我认为尼采会在意《尤利西斯》的悲剧性快乐"。在用了更多的溢美之词，并预言乔伊斯的作品将会影响后来所有的小说家之后，他的文章以一种共鸣的方式结束：

> ……这部失败的史诗，没有一页显得草率，也没有片刻的软弱，整部作品就是书写的力量和荣耀的纪念碑。它本身是创造性智慧对原始混乱的胜利，也是奉献精神的胜利，在我看来，这是我们这个时代最重要和最美丽的事物之一。

SEPTEMBER 九月

9月1日

在弗莱堡(Freiburg),海明威向《多伦多每日星报》报道了马克崩溃的情况。他把当时的国民情绪描述为"彻底的消沉或歇斯底里的绝望"。他解释说,每天报纸都会在头版刊登马克的新汇率;在柏林和汉堡这样的大城市,那些仍然有钱的人正在疯狂地消费,购买珠宝、皮草、汽车,以及任何在货币"贬值"时仍能保值的物品。

奇怪的是,在小城镇几乎没有这种疯狂的恐慌性购物的迹象。在弗莱堡,海明威以每天20美分的房价住在一家旅馆里,那里的人们似乎吃得很好,相当满足。环境变化的一个明显迹象是所有外国人都遭受敌意,他们因本国货币的强势而受到怨恨,并被怀疑对德国的困境负有责任。店主对游客确实粗鲁无礼,但也不是真的想把他们赶出店铺。[1]

海明威接下来从德国发出的几篇报道,与其说是胡闹,不如说是异想天开:一篇关于在黑森林钓鱼之旅的滑稽故事,一篇关于德国旅店老板粗

---

[1] 当地人相对幸福的感觉显然像是一个傻瓜的天堂:在很短的一段时间里,人们仍然能够买得起杂货,因为商人出售商品的零售价还不到购买时批发价的一半。这种疯狂的经济现象还能维持多久?几个月?几个星期?

鲁行为的研究。[1] 9 月 19 日，他再次谈到通货膨胀问题。在凯尔（Kehl），他把 10 法郎换成了 670 马克；10 法郎约为 90 加币。他和妻子自由自在地过了一天，到晚上还剩下 120 马克。那天晚上他们在凯尔最好的旅馆吃了五道菜，总共花了 15 美分。有一次，一位相貌出众的老人眼巴巴地看着他们，显然很想吃他们要买的苹果。

他的最后一篇文章是关于全国各地爆发的许多严重骚乱，这些骚乱往往被警察用机枪镇压。唯一做得好的是那些奸商，海明威冷酷地总结道，特别是大奸商雨果·斯廷尼斯先生（Herr Hugo Stinnes），他安排法国从德国购买的用于法国重建的所有材料都应由……雨果·斯廷尼斯先生提供。

9 月 2 日

柏林 ————————————————————————★

艾伯特总统宣布《德意志高于一切》（"Deutschland Über Alles"）成为德国的正式国歌。

1　即使是这类文章，通货膨胀的话题也是不可避免的。他精心设计了一个笑话，讲的是瑞士酒店老板以"卧铺车厢扑克老手那种轻松优雅"的提价能力和马克不断加速的暴跌之间的竞争，最后还提到了爱因斯坦这个热门话题："尽管它是爱因斯坦家中日常使用的货币媒介，但马克似乎仍然受到万有引力定律的影响。"

普鲁斯特2日和3日发作了罕见的剧烈哮喘,4日又多次眩晕:他刚想从床上起来,就跌倒在地板上。他的语言能力、记忆力和视力好几次都丧失了。这次发病的原因并不清楚,虽然医生认为经常服用兴奋剂和麻醉剂的习惯至少是他某些疾病的根源,这种看法可能是对的。普鲁斯特之前曾被诊断患有慢性尿毒症,现在他自己经人提醒,认为罪魁祸首是卧室炉火的一氧化碳。他下令仆人不要生火,因此在他生病的最后几个星期里,他始终待在一个阴冷的房间里。他是一个倔强的、逆反的病人,几乎总是与医生的建议背道而驰。

普鲁斯特意识到自己将不久于人世,便投入到无休止的写作和重写中去。从8月中旬到10月底,他三次修改《女囚》(La Prisonnière)打字稿(完成于10月24日)。这段时间结束时,他患了重感冒,并恶化为支气管炎;他的体温越来越高。医生建议他三餐要丰盛。普鲁斯特记得小时候母亲是如何给他喂食的,他便坚持节食,除了牛奶和水果什么也不吃。医生要求他多休息,普鲁斯特不停地写作。10月19日下午,他又一次不听医生嘱咐,出去散步,但他几乎立即就回来了,因为他浑身发冷,不停地打喷嚏。他再也没有出门,而是躺在床上,直到最后一刻都在修改《女逃亡者》(Albertine Disparue)。11月初,他被证实如他所怀疑的那样感染了肺炎——这种疾病在当时只有两种结果:自然康复,或者一周内死亡。"11月到了,"他对塞莱斯特说,"11月,带走了我父亲。"

巴黎 ━━━━━━━━━━━━━━━━━━━━━━━━━━━━━━━━ ★

　　经过六个月的努力,哈利·克罗斯比(见 3 月 14 日)通过横跨大西洋的电缆向波莉·皮博迪求婚。她回电说"好的",于是他立刻借了 100 美元去瑟堡,却被告知他必须隔离一周。他很恼怒,不知怎的,他设法贿赂了"阿奎塔尼亚号"(*Aquitania*)船长,六天时间横渡大洋去纽约。[1]

　　9 月 9 日,当"阿奎塔尼亚号"在纽约靠岸时,波莉在出口处等待。哈利后来说,他觉得自己就像一个成功跑完全程却濒临崩溃的马拉松运动员。当天下午,他们在市政厅的教堂里举行了婚礼,并在时尚的贝尔蒙特饭店(Belmont Hotel)举行了庆祝仪式。离"阿奎塔尼亚号"的回程时间只有 48 小时了,哈利决定用这段时间来修补与家人的关系,他们当时正在华盛顿特区。这项使命并没有成功。

　　回到纽约后,他们从贝尔蒙特接回了波莉的孩子波琳(Polleen)和比利(Billy)。哈利好像刚刚意识到自己作为继父的新身份,突然感到幻灭和恐慌,便消失了好几个小时。尽管如此,新家庭还是按计划在 11 日登上了这艘船,并返回巴黎。他们在左岸的大学酒店(Hôtel de l'Université)安顿了他们的第一个家。[2]

　　克罗斯比只在银行工作了一年多,最终于 1923 年 11 月辞职,但他在

1　贿赂让他身无分文——他逃离了这种状态,然后又手头拮据,他打牌赢了 40 美元,并把这笔意外之财全花在为其他乘客买香槟上。过了几天,他对经济舱的旅行感到厌倦,于是他穿上晚礼服,吃起鱼子酱、素甲鱼汤和蜂鸟吐司的晚餐,直到一位头等舱的职员让他离开。

2　后来,他们搬到了贝勒弗伊街(Rue des Belles Feuilles)的一间公寓。

那里的工作有点像是一种冠冕堂皇的应酬话。他随心所欲地请假,甚至在他去上班的日子里,也很容易受到诱惑,溜出摩根-哈杰斯-希公司大门,穿过旺多姆广场(Place Vendôme),来到很受欢迎的里兹酒店。他偶尔也能设法干点活,尽管他似乎大部分时间都是屈就在办公室读诗,也幻想着自己写诗。

但是诗歌,以及诗歌的发表,仍然是未来的事。

9月3日

★————————————————————————————— 美国

由哈罗德·劳埃德主演的时长五卷的喜剧片《祖母的孩子》上映。[1]

劳埃德(1893—1971)最初故意戴上眼镜是因为人们觉得他太帅了,如果没有一些所谓乏味的道具就演不了喜剧主角。"眼镜男"[2]——有时人们称哈罗德——成了那个时代的标志性人物之一:干净利落、永远年轻、笨

---

[1] 劳埃德的作品没有基顿和卓别林那样经久不衰,很大程度上是因为他在晚年拒绝以足够低的价格出售这些电影在电视上放映。这一举措或多或少导致了几代人在没有看到他的影片的情况下长大。但在1922年,他成了其他两位明星在商业上的有力竞争对手,并经常被称为美国无声喜剧的"第三位天才"。虽然他的电影在票房上通常不如卓别林,但1920年代,他在银幕上塑造的人物形象——接近两百——与卓别林的流浪汉和基顿的禁欲主义者一样为观众所熟知。

[2] 克拉克·肯特(Clark Kent)是超人的另一个自我,性格温顺,戴着眼镜,有人认为他的出现受到了劳埃德的"眼镜男"的启发。

拙但始终乐观，焦虑但有一时之勇。劳埃德自己的勇敢是毫无疑问的：他自己完成了大部分高度危险的特技动作，有时也会受伤。[1]

在1921年，劳埃德完成了从通常只有两卷的短片到五卷长片的转变。像他的大多数影片一样，《祖母的孩子》一上映就大受欢迎；它对喜剧片的发展也有很大影响，因为——如去年上映的卓别林的《寻子遇仙记》——它表明，一部充满笑料的电影也可以有角色发展的空间，而不会失去节奏或对观众的吸引力。《祖母的孩子》是一部关于人类潜能的简单故事：劳埃德扮演一个性格软弱的小伙子，无法赢得他心爱的女孩，直到他祖母给了他一个内战时期的魔咒。在超自然力量的鼓舞下，他打败了坏人，赢得了女孩，最后发现魔力其实是他祖母的雨伞。他就是个英雄。

奥地利 ───────────────────────────── ★

在放弃了特拉腾巴赫（Trattenbach）的小学教师职位后，维特根斯坦在不远的村庄哈斯巴赫（Hassbach）的一所中学任教。甚至在他开始工作前，他就和几乎所有的当地人——"根本不是人，而是讨厌的虫子"——发生了冲突。当他开始工作，他尤其对学校的老师感到厌恶，他们声称自己有专业知识，这让他很恼火。他非常讨厌那个地方，只住了一个月就重回小学教书。

1　默片时代最经久不衰的形象之一，就是《最后安全》（Safety Last）中"眼镜男"摇摇欲坠地悬挂在巨型时钟的指针上。

★────────────────────────────────── 黑潭

　　威廉·莱昂斯（William Lyons）和同事威廉·沃姆西（William Walmsey）创建了燕式挎斗摩托车公司（Swallow Sidecar Company）——这家英国制造公司后来更名为捷豹（Jaguar）。在早期，正如名称所示，公司致力于挎斗摩托车的生产；它的第一辆真正的汽车，2.5公升的轿车，在1935年以"SS捷豹"的品牌投放市场。出于显而易见的原因，公司1945年放弃了现在令人担忧的首字母（SS[1]），随后所有的设计都统一称为捷豹。

★────────────────────────────────── 伦敦

　　弗吉尼亚·伍尔夫写道：

────────────────

1　德国纳粹党卫军 Schutzstaffel 的简称。——译注我读完了《尤利西斯》。我想这是一次失败。我觉得是天才之作,但灌了劣质水。这本书是散乱的。是咸水。自命不凡。此书缺乏教养,不仅在通常的意义上,而且在文学的意义上。是个一流作家,我的意思是,太讲究写作技巧,令人吃惊,表演绝活。我总是想起某个初出茅庐的学生,比方说亨利·兰姆(Henry Lamb),充满智慧和力量,但是太自我、太自负了,以致失去了理智,变得放纵不羁,举止娇饰,闹哄哄,局促不安,使善良的人为他感到难过,而严厉的人更是生气。希望他长大后不再这样,但乔伊斯四十岁了,似乎不太可能了。我没有仔细读,只看了一遍,有点模糊不清,因此,毫无疑问,我过分抹杀了它的优点。我觉得无数细小的子弹都是一粒粒胡椒粉和一滴滴小水珠;但一个人不会直接在脸上受致命伤——如托尔斯泰的作品;但把他和托尔斯泰做比较是很荒谬的。

第二天,伦纳德给了她一份吉尔伯特·塞尔迪斯为纽约《国家》杂志写的评论(见 8 月 30 日),她不情愿地对他承认,塞尔迪斯把它写得"比我想象的更令人印象深刻"。尽管如此,她还是拒绝否认她的第一印象的真实性。

★─────────────────────────── **土耳其**

　　随着希腊-土耳其战争接近尾声,土耳其人很快就会取得决定性胜利。土耳其军队的最新胜利是占领了伊兹密尔(Izmir)。希腊军队撤退,土耳其人紧追不舍。

★─────────────────────────── **都柏林**

　　威廉·T. 科斯格罗夫(William T. Cosgrove)接任爱尔兰总理。

9月10日

★─────────────────────────── **苏塞克斯**

　　威尔弗里德·斯卡文·布朗特(Wilfrid Scawen Blunt, 1840—1922)去

世,他是那个时代最引人注目的人物之一。[1] 几周前,布朗特在《晨报》(*Morning Post*)上读到 T. E. 劳伦斯辞职的消息后,曾写信给他:"我祝贺您信守诺言,打破了官场的束缚。自由是智者在公众生活中为之奋斗的唯一目标。"

对于现代主义学者来说,布朗特主要是通过庞德在《诗章》中深情的引用而被记住的。在《诗章》中,庞德回忆了他在英国乡村拜访布朗特的住宅。

9月11日

美国 ————————————————————————————————★

D. H. 劳伦斯三十七岁生日。他和弗里达坐车前往陶斯,开始他们在美国的新生活,那里位于圣达菲以北 55 英里处。陶斯是一个人口稀少的城镇——更像是一个大村庄,只有大约 1800 人。梅布尔·斯特恩的房产在城镇边缘,离中心广场一英里。她给劳伦斯家安排了一幢距离她家 200 码的简朴大房子,但她非常想给她喜爱的作家介绍印第安人的生活,在他

1　布朗特作为一个诗人和散文家,在 1858 至 1869 年期间为英国外交部门工作——1869 年他娶了拜伦勋爵(Lord Byron)的一个孙女。他是一个狂热的反帝国主义者,也是爱尔兰独立的主要倡导者,但他也享受贵族生活的特权。他和妻子游历了欧洲、中东和印度;两人都酷爱马,尤其是阿拉伯马,两人共同创办了育马场。他有许多情妇。

和弗里达有足够的时间适应 7000 英尺高空稀薄的空气之前,她把他送到了吉卡里拉保留区(Jicarilla Reservation)待上五天。[1]

劳伦斯夫妇很快发现陶斯的生活非常适合他们。他们学会了骑马,尽管经常因摔倒而疼痛,但他们很享受骑马出游,劳伦斯发现在沙漠中驰骋非常令人兴奋。他们那幢宽敞的房子有四个房间和一个厨房,上面铺着印第安地毯,画着漂亮的图案;他们吃新鲜可口的食物,做桃子酱,煮野李子。唯一直接带来的不便是他们的"主人"就在附近,她不愿意丢下他们。她(通常)善意地关注他们,让他们感到尴尬,她还鼓励他们去旅行和做一些探险,而这些并不是他们想做的。她也开始与弗里达争夺劳伦斯的爱情。[2]

随着梅布尔与弗里达的竞争变得更加激烈,气氛也变得越来越冷淡:她坚持说劳伦斯需要"一个新妈!"情况很清楚,他们很快就得离开了,劳伦斯开始四处寻找一个不那么压抑的地方居住。他们最终找到了一个既合适又负担得起的地方:这是德尔蒙特(Del Monte)农场上一座有五个房间的小木屋,业主是当地的霍克斯(Hawks)家族。从物质条件说,这比他

---

1 劳伦斯——寻找原始的、真实的、黑色的神——并没有抱怨。"我永远不会忘记,"他后来写道,"当我第一次接触到红种人,阿帕奇(Apache)部族……这有点令人震惊。我灵魂中的某种东西崩溃了,黑暗变得更加苦涩,一种对失落的过去、旧的黑暗和新的恐惧的强烈觉醒……"

2 梅布尔的慷慨是不可否认的,然而,即使她没有试图引诱劳伦斯远离弗里达,她仍要求劳伦斯为忠诚和感激付出高昂的代价,甚至有一次还要求劳伦斯写一部关于她"发现"陶斯的小说。"我希望劳伦斯能帮我理解一些事情,"她后来写道,"将**我的**经验、**我的**素材、**我的**陶斯,形成一个宏伟的创造。"他勉强开始尝试,但不久就放弃了;留存下来的只有一个被称为"任性的女人"的片段。他丢下这项工作,拿起他废弃的《美国古典文学研究》手稿,在年底以一种辛辣的警句般的风格重写并完成了整部作品。梅布尔开始令劳伦斯不祥地想起他以前的恩人奥托琳·莫雷尔,不过梅布尔的要求高得多;有时,确实十分霸道。更糟糕的是,他开始把她当作一个巫婆。

们在陶斯的房子要差得多,但至少他们不会再被梅布尔好坏参半的意图所窒息。

马德里 ─────────────────────────────────★

十八岁的加泰罗尼亚艺术家萨尔瓦多·达利(Salvador Dalí)申请参加绘画、雕塑和雕刻专科学校——圣费尔南多皇家美术学院教学部门——的入学考试。根据自传《萨尔瓦多·达利的隐秘生活》(*The Secret Life of Salvador Dalí*),考试要求应试者按照雅各布·桑索维诺(Jacopo Sansovino)的《酒神巴克斯》(*Bacchus*)的模型来画,严格注意完整草图的精确尺寸,他考得一败涂地。画到一半时,达利发现自己画得太小了,于是把它擦掉,重新画了起来。完成的画甚至更小。

不用担心:在这个时期,这家专科学校的标准并不高,达利也被正式录取了。9 月 30 日,他开始正式学习,选修了"透视""解剖学""造型""雕像画"和"艺术史(古代和中世纪)"课程。更重要的是,他被学校录取意味着他现在有资格申请马德里最特殊的机构之一——大学生公寓,入住者通常被称为"Resi"。[1] 在这里,他与另外两个年轻人建立了真诚的友谊,这两

1　直接受到牛津和剑桥学院制度的启发,大学生公寓在西班牙是一个独特的机构。
　　1876 年,一群有远见的大学教师创立了一所高级中学,作为培养新型西班牙公民的
　　基地——欧洲化而不是狭隘化,世俗化而不是被天主教会控制,自由主义而不是君
　　主制和保守派。这所学校对西班牙文化产生了巨大的影响,虽与它的规模不成比例,

个年轻人后来成为现代西班牙文化中最著名的人物:费德里科·加西亚·洛尔迦和路易斯·布努埃尔(Luis Buñuel)。[1]

布努埃尔是三人中第一个到达的,1917 年秋天入住大学生公寓。在那个时候,几乎没有人想到他会把他成年后的生活奉献给电影制作,更不用说成为公认的最伟大的导演之一。十七岁时,他更像个运动员,而不是一个唯美主义者,甚至以公寓大学生精力充沛、热爱户外运动的标准来衡量也是如此——大学生公寓的信条"健全的精神寓于健康的身体"得到了认真采纳,而官方徽章是基于被称为"金发运动员"的古代雅典雕塑——

但它是将这个国家带入现代世界的主要力量。同样具有影响力的分支机构 Resi 在 1910 年建立时很简陋,当时是一家大学生宿舍。首批入住者不多,只有 17 名男生,住在 15 间卧室里。

由于大多数马德里的学生要么被迫和父母住在一起,要么住在肮脏的寄宿公寓,Resi 的需求大增。五年之内,它不得不搬到更大的场地,在卡斯泰拉那大道(Paseo de la Castellana)北端的一组小山丘上,从市中心乘有轨电车大约需要 20 分钟。宿舍处于一系列光线充足、通风良好的砖砌楼阁中,这些宿舍是受摩尔建筑启发的现代新穆德哈尔式风格,管理严格,达到了修道院的程度,但总是干净整洁,关键是,还很便宜。喝酒是禁止的——令人惊讶的是,西班牙晚餐竟然没有葡萄酒——晚上喧哗也是禁止的。

由诗人胡安·拉蒙·希梅内斯(Juan Ramón Jiménez)设计的精美花园中,矗立着一排排白杨树,一条小运河穿过园区。四周环绕着干燥的卡斯蒂利亚(Castilian)平原,它给人的感觉既像一个现实中的绿洲,也是一个精神上的绿洲。在其鼎盛时期,从 1922 年到 1936 年,招收男学生的数量被限制在 150 人以内,这些学生从马德里各个城区的高校中挑选,以营造一种互相激发、多学科的氛围。

1 布努埃尔 1900 年出生于萨拉戈萨省(Zaragoza)卡兰达(Calanda)小镇,是五个孩子中的老大。他的父亲是一位富有的企业家,中年时从古巴回国,娶了村里最漂亮的姑娘,比他小二十岁。布努埃尔的母亲溺爱大儿子,想到大学公寓的生活可以使他免于在出租房里忍受身体和精神上的不愉快,她就松了一口气。如果她知道路易斯学生时代的主要消遣之一就是夜间在首都贫民区漫游,体验下层生活,她一定会很沮丧。他还喜欢去其他城市的妓院,包括托莱多(Toledo)的妓院,在那里有一次令他难忘的经历:他设法催眠了一个女工。

有人觉得他对强壮体格的培养已经到了狂热的地步。[1]

布努埃尔身体很强壮，精神上却很软弱。他漫不经心地从一个学院换到另一个学院，从他毕业所花的时间可以看出，他当时缺乏职业意识。[2]他唯一感兴趣的艺术形式是文学。他喜欢喝酒、聊天，结交志趣相投的男子（女性在 Resi 的智识生活中不起作用），不久便加入了马德里的一些非正式论坛——茶话会。由于这个习性，他发现自己是西班牙最早的先锋团体之一的成员，该团体出版了一本名为《极端》（Ultra）的杂志，并作为他们运动的名称。"极端"运动的英雄都是与时俱进人士：阿波利奈尔、科克托、佳吉列夫（俄国芭蕾舞团 1916 年和 1917 年访问了西班牙）、格里斯、马里内蒂、毕加索和皮埃尔·里维尔迪（Pierre Reverdy）。他们的杂志刊登了一些崭露头角的年轻天才，包括——早在他成名之前——阿根廷的豪尔赫·路易斯·博尔赫斯（Jorge Luis Borges）。布努埃尔的第一篇作品发表于 1922 年 2 月，那时他与一位文学才华已经高度展示的年轻诗人是亲密的朋友：费德里科·加西亚·洛尔迦。

洛尔迦被公认为 20 世纪西班牙最伟大的诗人，他比布努埃尔大六岁。[3] 两人第一次相遇是在 1919 年秋天，当时（按计划）这位年轻的诗人

1　每天早上，他都会赤脚跑步，扔标枪，拳打吊球，做很多俯卧撑。他也幻想自己有拳击手的勇猛，尽管在练习中他倾向于通过防御动作来进行格斗，因为他害怕伤害自己英俊的脸。那时人们给他起了个绰号叫 Tarquinius Superbus，即"骄傲的塔昆"。（塔昆是古代罗马君主，一生嗜战，人称"骄傲的塔昆"。——译注）

2　他曾就读于马德里大学的农业工程系，但几乎立即转学工业工程；然后他转学自然科学，专攻了一年昆虫学（这项研究让他终身痴迷，并帮助他在老年时保持思维敏捷）。他最终获得了历史学学位。

3　他于 1898 年出生在一个富裕的农民家庭；他的家乡富恩特·华奎罗斯（Fuente Vaqueros）离格拉纳达不远。

在马德里大学完成学业时入住大学生公寓。已经出版作品——他父亲资助了一本游记,1918 年出版——的诗人洛尔迦风靡大学生公寓。"费德里科才华横溢、魅力十足,衣着的品位显而易见,"布努埃尔多年后写道,"他的领带总是很有品位。他那双乌黑发亮的眼睛具有一种几乎无人能抗拒的吸引力。"从 1920 年到 1922 年,布努埃尔实际上是洛尔迦的助手。

除了英俊的外表、考究的衣着和超凡的魅力,洛尔迦还是一位才华横溢的健谈者,一流的钢琴家、吉他手和歌手,一位天才的漫画家和自己诗歌的引人入胜的朗诵者。毫无疑问,他是时代的明星。然而,有一个障碍:他是同性恋,他不得不把自己的性取向隐藏起来,因为即使在大学生公寓比较宽容的氛围里,同性恋也是禁忌。[1]

洛尔迦不是那种在校园里花里胡哨,到头来却迷失在大千世界的浮华青年。他的事业发展很快:1920 年,他上演了他的第一部重要戏剧《蝴蝶的魔咒》(*El malefico de la mariposa*);1921 年,他的第一部诗歌作品《诗集》(*Libro de poemas*)出版,西班牙主要的自由主义报纸《太阳报》(*El Sol*)在头版刊登了热情洋溢的评论;1922 年夏天,他帮助朋友曼努埃尔·德·法雅在阿尔罕布拉斯广场举办了弗拉明戈音乐节(见 6 月 13 日)。这一切都意味着 1922 年他在大学生公寓待的时间很少,尽管他的同学们一直在议论他,每个人都对他的即将归来感到兴奋。达利在新环境中已经够胆小的了,一想到要和这位多才多艺的阿多尼斯[2]竞争,他一定会感到害怕。他

1　可悲的是,布努埃尔本人是同性恋恐惧症患者,有时沉迷于对同性恋者的粗暴攻击,与那些骚扰他的男人调情,然后引诱他们出去遭其他学生殴打。这位未来的电影制作人完全不知道洛尔迦是同性恋,当他最终发现真相时,他们的友谊破裂了。

2　阿多尼斯(Adonis),希腊神话中的美少年。——译注

们终于在 1923 年初见了面。

无论大学生公寓的年轻人在咖啡馆的辩论中有什么疯狂的想法，他们都是衣着上墨守成规的人。他们都喜欢剪裁考究的时尚英式西装，或者在不太正式的场合穿高尔夫夹克；他们通常由里兹或皇宫酒店的理发师把头发剪短。相比之下，达利的装束采用了一种更接近于 1890 年代或 1960 年代波希米亚的风格：他一头浓密的长发披散在肩膀上，这是模仿拉斐尔的自画像。他戴一顶巨大的宽边帽，穿一件长及膝盖的天鹅绒上衣，打着松软的领带，系着皮绑腿，再加一件长披风，手持一根镀金手杖。由于他极为害羞——与晚年狂放不羁、好出风头形成了鲜明的对比——他也就显得非常严肃。[1]

对布努埃尔来说，达利是一个不可思议的朋友，但对于那些愿意看穿他沉默、浮夸外表的人来说，达利自有其深度，[2] 布努埃尔圈子的人热切地接纳了他。在大学生公寓的第一个学期结束时，他开始和路易斯一起在马德里的夜间漫步——这些经历反映在当时的一幅水彩画上，名为《夜猫子》(Suenos noctambulos)。面对这种出人意料的人气，他完全改变了自己的风格，短短几周内，他就把自己不羁的头发剪成了瓦伦蒂诺的发型，开始喝伏特加，听爵士乐，基本上扮演了一个年轻浪子的形象。

1923 年初，当他终于见到洛尔迦时，这两个年轻人一见如故，发现他

1　一个同时代的人说年轻的达利长得"很像巴斯特·基顿"。人们拿他的古怪开玩笑，给他起了不同的绰号："音乐家""艺术家"或"波兰人"。

2　人们很快就发现他是一位出色的立体派画家，而且他的兴趣也非常广泛。在马德里几乎没有谁听说过毕加索名字的时候，他对毕加索却了如指掌；他沉迷于尼采，更引人注目的是，他也沉迷于弗洛伊德的《日常生活的精神病学》，此书直到最近才被翻译成西班牙语；他也是一个工作非常努力的人。

们有许多共同之处:对法国的热爱,对德国的憎恨,有着丰富民间音乐和歌曲的童年,对鲁本·达里奥(Ruben Dario)诗歌的喜爱,对社会不公的愤怒……以及对自己性别身份的不确定和担忧。他们的友谊越来越亲密而热烈,尽管达利经常中断关系并长时间生闷气,这通常是因为他嫉妒洛尔迦社交上的毫无拘束,同时也意识到自己的不足。爱最终变成了恨,尤其是布努埃尔和达利之间;但那是多年以后的事了。就目前而言,这三个人几乎形影不离。[1]

9月12日

★————————————————————————伦敦

在给苏格兰文学评论家和政治家 J. M. 罗伯逊(J. M. Robertson, 1856—1933)的信中,艾略特写道:"有一段时间,我确实很了解默里先生,当时我和他一起在《雅典娜神殿》(Athenaeum)工作。从那时起,意见的分歧使我们分道扬镳,而他在发表的文章中对我的态度,要么是公开的赞助,要么是伪装的影射。"

---

[1] 关于这一优秀三人组是如何相互影响的,并没有多少文献记载:达利和布努埃尔的回忆录是出了名的不可靠,而洛尔迦有机会写回忆录之前就被谋杀了;大学生公寓的记录大多在内战中被毁。"因此,"伊恩·吉布森(Ian Gibson)在他的达利传记中总结道,"20世纪西班牙三位最具创造力的天才之间的激情关系几乎不可能重现。"然而,这段经历对他们每个人都有深刻的影响,这是毫无疑问的。

德国 ━━━━━━━━━━━━━━━━━━━━━━━━━━━━━━━━━━━★

荣格在达姆施塔特智慧学校(Darmstadt School of Wisdom)遇见卫礼贤(Richard Wilhelm),后者 1960 年代因翻译《易经》而闻名于世。他说这次邂逅是"我一生中最重要的事件之一……确切地说,我觉得我从他那里得到的东西比从任何人那里得到的都多"。他接着声称:"我认为卫礼贤是诺斯替派伟大的中介之一,他将希腊精神与东方的文化遗产联系起来,从而促使一个新世界从罗马帝国的废墟中崛起。"

英格兰 ━━━━━━━━━━━━━━━━━━━━━━━━━━━━━━━━━━★

西德尼·希夫将温德姆·刘易斯介绍给病重的凯瑟琳·曼斯菲尔德。这不是一次愉快的会见。刘易斯没有注意到她的痛苦,开始和她激烈地争论起来,并且说了一些她觉得很残忍的话。他直言不讳地指出她作为一个作家的局限性,嘲笑她迷恋"东方灵鲨"——葛吉夫。即使刘易斯脸皮厚,也很快就意识到自己已经越界。虽然他没能完全做出道歉,但在接下来写给希夫夫妇的几封信中,他滑稽地提到了与曼斯菲尔德的相遇,指责她挑起了和他的争吵。几天后,刘易斯到西特韦尔兄弟位于谢菲尔德附近雷尼绍(Renishaw)的家中拜访。

9月13日

埃尔阿兹兹亚(El Azizia)创下了华氏 136.4 度(摄氏 57.8 度)的高温记录。

一年中最可怕的军事暴行发生在希腊—土耳其战争接近尾声的时候。9 月 13 日至 15 日,大火——几乎可以肯定是由土耳其军队引起的——席卷士麦那,烧毁了大部分建筑物,约十万男女老幼丧生。《荒原》的早期读者看到艾略特提到一个士麦那商人时,这个地名会成为一个令人惊恐的话题。

海明威被派去报道这场战争,尽管他在晚年对这些事件做了全面的总结——"1922 年秋天,我作为《多伦多星报》和国际新闻社的战地记者去了君士坦丁堡、安纳托利亚、士麦那、色雷斯(Thrace)等地"——但这场冲突在他到达那里之前就结束了。他从君士坦丁堡发出的第一份报道是 9 月底。

9月14日

9月14日深夜或15日凌晨,在新泽西州新布伦瑞克,一名主教派牧师和他的情妇在离家不远的树林里被枪杀。他就是圣约翰教堂的福音传道者,四十一岁的 W. 霍尔牧师;女方叫埃莉诺·米尔斯(Eleanor Mills),三十四岁,是教堂唱诗班的一名已婚歌手。直到周日早上,尸体才被发现,那时已经开始腐烂;尽管如此,验尸官还是很容易确定他们的受伤程度。霍尔牧师头部中了一颗子弹;但米尔斯夫人不仅中了五枪——右眼下方一枪,右耳上方一枪,右太阳穴三枪——而且还惨遭肢解:她的喉舌都被割掉扔了,仿佛是嘲笑她的歌唱才能。[1]

霍尔牧师和米尔斯太太之间的事情已经持续了四年左右,在附近一带众所周知;也有传言说两人已经处于私奔的边缘。霍尔家的女仆作证说,埃莉诺14日晚上7点左右给霍尔家打电话,牧师马上就走了,说他要去见米尔斯太太,商谈医药费的事。被戴绿帽子的米尔斯先生说,他的妻子独自外出之前曾嘲笑过他;他试着在晚上11点找她,凌晨两点又找了一次,

---

[1] 体面人物、通奸和恐怖交织在一起,整个案情令公众着迷,霍尔-米尔斯谋杀案被媒体称为"世纪大案",直到十年后才因林德伯格(Lindbergh)的绑架案而黯然失色。

但是找不到她。第二天早上，有人听到霍尔太太的哥哥威利·史蒂文斯（Willie Stevens）——五十岁，据说有智力缺陷——说，晚上发生了一件可怕的事情。

主要嫌疑人有威利·史蒂文斯（尸体旁发现了一颗口径32的弹壳，而威利有一把口径32的手枪），他的兄弟亨利·史蒂文斯（Henry Stevens），一个著名枪手，还有他们的亲戚亨利·卡朋德（Henry Carpender）。另一名男子短暂被捕，然后被释放了。谣言四起，其中一则谣言暗示案件与三K党（Ku Klux Klan）有牵连。最终，霍尔夫人被指控在威利和亨利·卡朋德的帮助下实施了残忍的谋杀，但审判进行得非常勉强，直到1926年这个案子才被撤销，当时霍尔家女仆的丈夫声称，有人给了他妻子5000美元的封口费。此案重新审理，这次包括了称作"猪婆"（Pig Woman）的证词，她声称亲眼看见了这起谋杀案，并证实她看到被指控的三人杀死了这对偷情者。对控方来说不幸的是，她1926年的陈述与她1922年的陈述根本不一致，所以这个案子再次被驳回。至今仍是悬案。

★─────────────────────────── **美国/英国**

辛克莱·刘易斯（1885—1951）的最新小说《巴比特》在美国和英国同时出版。美国出版商阿尔弗雷德·哈考特（Alfred Harcourt）满怀信心地认为，这部小说会立即成为畅销书，第一次印刷就高达80500册。[1] 他没有失望：精装版卖出25万册，重印超过100万册。就在几年前，对于辛克莱来

───────────────
1　相比之下，刘易斯的上一部小说只有15000册。

说,这样的成功似乎是完全不可能的,因为从大学毕业后,他大部分时间都从事报酬微薄的新闻工作,写短篇小说和一些被冷落的小说。但 1920 年他的小说《大街》(*Main Street*)的出版使他直接跻身美国作家的前列,而《巴比特》更引起了轰动,因为那些认为刘易斯是一个卑鄙刻薄的反美主义者的愤怒的公民,以及那些为他的讽刺、洞察和叙事能力而欣喜的人们,都对他的声望起到了推波助澜的作用。

《巴比特》——同名主人公的名字几乎立刻就进入了美国语言,在美国,它仍然是管理阶层中那些自以为是、小富即安、心胸狭窄的人的文学术语——以辛辣的笔调刻画了一个令人讨厌的小商人乔治·巴比特(George F. Babbitt)的形象,他生活和工作在中西部城市泽尼斯(Zenith),对自己非常满意:泽尼斯是辛克莱旅行中熟知的几个地方的一个综合,尽管俄亥俄州的辛辛那提是最明显的原型之一。[1]

当你走进酒吧、教堂或公交车站时,似乎就会听到人们在激烈地争论《巴比特》的罪恶和荣耀,他们中的许多人几乎没有读过别的什么小说。[2]那些没有被这部小说激怒或为之感到沮丧的人,主要是被辛克莱散文的活力和他对"庸众"——门肯这样称呼巴比特和他的同类——思想的深刻洞察所打动。许多评论都是赞不绝口:刘易斯对丽贝卡·韦斯特在《新政治

1　也许他们并不知道这部作品尖锐的意图,但不少于五个城市——辛辛那提、德卢斯、堪萨斯城、密尔沃基和明尼阿波利斯——为被认定真正的泽尼斯的原型而竞争;明尼阿波利斯甚至举办了"巴比特周"。

2　类似的讨论在大西洋彼岸也在进行,只不过没有这么激烈;就连托洛茨基读过这部小说的俄译本后,也这样告诉采访者:"我觉得《巴比特》很有趣,很有教育意义,虽然它的性质太资产阶级化了。"许多重新陷入反美主义的欧洲人,将这部小说看作对战后美国的明确谴责:虚伪、莽撞、愚蠢。

家》(*New Statesman*)上的评论感到特别高兴:"它有一种额外和超越的东西,从而使它成为艺术品,字里行间都带有作者的独特个性。"

赞扬的信件来自世界各地,其中许多是名人的来信。英国的 H. G. 威尔斯告诉刘易斯:

> 《巴比特》是我很久以来读过的最伟大的小说之一。这就是我们所说的"创作",但我们真正的意思是,这是一种迄今为止难以捉摸的类型的完全个性化的实现。这是普通的美国富商所得到的……我以尊重和喜爱的姿态向您致敬。我真希望我能写出《巴比特》来……

萨默塞特·毛姆在曼谷写道:"我认为在很多方面这部小说比《大街》好得多。在我看来,这是一部更完整、更丰富的文学作品;当然,我读的时候很感兴趣,觉得很有趣,但是,正如你知道的那样,我也很害怕……"伊迪丝·华顿——辛克莱将小说献给了她——承认她更喜欢《大街》,但是,

> 这部新作中有更多的生命、光辉和丰满;您对它一定有更强的把握,作品也更流畅。我想知道,对美国公众来说,讽刺似乎已经变得难以理解,他们会有什么样的感觉呢?……
>
> 再次感谢您将我的名字与我如此欣赏和赞叹的一本作品联系在一起……

到年底,刘易斯已被公认为美国最重要的小说家——不过,像菲茨杰拉德和海明威这样的年轻人正在迅速崛起。当他 1930 年获得诺贝尔文学奖

时,这一奖项强烈地暗示,该奖项不是颁给《大街》或《埃尔默·甘特利》(*Elmer Gantry*),而是颁给《巴比特》。

9月17日

俄国 ————————————————————————————★

莫斯科电台开始广播,使用世界上最强大的信号发射机之一。

9月18日

瑞典 ————————————————————————————★

本杰明·克里斯滕森那部奇怪、几乎无法分级的电影《女巫》(*Haxan*)发行。这部电影在美国和其他许多国家被禁,因为它有裸露、酷刑和隐含的性变态场景;直到 1929 年 5 月 27 日才在美国首映。它是 1922 年制作的为数不多仍然放被映和讨论的电影之一。这也是唯一一部由克里斯滕森(1879—1959)执导的著名电影,尽管他在四个不同的国家都有丰富的电影摄制经历。[1]

　　克里斯滕森将《女巫》引入瑞典电影业，很大程度上是因为丹麦拍摄成本太高了。[2] 他花了将近三年的时间研究、开发和制作这部电影，灵感来自他在柏林一家书店发现的 15 世纪的《女巫之锤》(*Malleus Maleficarum*)。最后完成的电影长达 104 分钟，将静态和廉价的讲堂式的镜头与戏剧化的小片段结合在一起，有一些不寻常的力量和毫不掩饰的怪异。

　　总的来说，这部电影分为四个部分。第一部分关于早期宇宙学、天堂和地狱、恶魔信仰起源等，相当于插图入门书。第二部分说明一些中世纪关于女巫和魔鬼的迷信。[3] 第三部分是关于中世纪教会迫害女巫的残忍、虚伪和恶毒的长篇叙述。最后一部分以当代为背景，其中包括一些患有精神疾病的老年妇女的纪录片片段，在不那么开明的年代，她们会被烧死，而不是被送进养老院；还有一些关于现代心理疾病的短片，比如梦游症和盗窃癖。关注的焦点是，许多早期被理解为恶魔附身的症状实际上是精神疾病。[4]

　　由此可见，这部电影的主要使命，可以说是要揭穿狂热无知，赞扬科学和同情心。如果说教会执法者也有虚伪的一面，那《女巫》中也有非常类似的东西，影片偏爱地描写了刑具、背后看到的裸体女人的曲线、满是欢闹

---

[1] 他出生在丹麦，最初从业成为一名医生，但后来爱上了演艺圈，成了一名演员——先在舞台上，后在银幕上——然后是导演。

[2] 最终成本高达 200 万瑞典克朗，创下了当时瑞典电影制作的纪录。

[3] 克里斯滕森自己扮演撒旦，浓妆艳抹，身材矮胖，经常淫荡地吐着舌头。

[4] 巧合的是，弗洛伊德 1922 年的主要著作是《17 世纪的恶魔神经症》(*A Seventeenth Century Demonological Neurosis*)。

的修女的修道院——预示了肯·罗素（Ken Russell）的《恶魔》（*The Devils*）——以及怪诞的震撼效果。总之，就像黄色报刊曝光的色情和变态，这部电影提供了惊险刺激的元素，而这些正是它声称要加以蔑视的。不出所料，该片大获成功。[1]

在这部电影成功发行后不久，克里斯滕森就与乌法电影公司（UFA）签约，并去德国制作电影。1924年，他受诱惑到好莱坞米高梅公司（MGM）工作，之后又去了华纳兄弟公司。然而，好莱坞并不适合他，他最终回到了丹麦的舞台和银幕。今天，他被广泛认为是美国最伟大的导演之一，也许仅次于卡尔·西奥多·德莱叶。

匈牙利 ─────────────────────────────── ★

经过数年的混乱和流血，匈牙利终于在新总理伊斯特万·贝森（Istvan Bethen）伯爵的带领下恢复了一定程度的稳定。过去的四年对这个国家来说是一场噩梦：1918年君主制垮台后，它遭到了塞尔维亚、捷克斯洛伐克和罗马尼亚的大规模入侵。匈牙利共产党建立了一个短命的匈牙利苏维埃，遭到"白色"分子的强烈反对，最终被击败，先后引发了"红色"和"白色"恐怖。1920年的《特里亚农条约》（Treaty of Trianon）要求匈牙利放弃其战前三分之二的领土，包括那些拥有大部分工业的领土。经历这些动荡

1　《女巫》曾一度停映，但1968年，它作为《千古巫术》（*Witchcraft Through the Ages*）重新回到年轻观众的视野中，这是由电影制作人安东尼·鲍尔奇（Antony Balch）剪辑制作的一个短片，有爵士乐小提琴家让-吕克·庞蒂（Jean-Luc Ponty）和其他人的新乐谱，还有小说家威廉·巴勒斯（William S. Burroughs）用刺耳、嘶哑的语调朗读的旁白。

之后,让这个国家恢复秩序是了不起的;但匈牙利人民所感受到的任何宽慰很快就被恶性通货膨胀的开始所破坏,这种情况甚至比折磨魏玛德国时期的通货膨胀还要严重。

★————————————————————————— 巴黎

乔伊斯现在已经回到城里,想和博施(Bosch)医生约个时间见面,却发现他还在度假。乔伊斯困在巴黎,突然觉得熟悉的大学街 9 号的混乱让他难以忍受,于是他签了合同,在查尔斯·弗洛凯大街(Avenue Charles Floquet)26 号租了一套带家具的公寓(11 月 1 日入住)。

"我总觉得现在是晚上,"他告诉年轻的朋友、诗人菲利普·苏波(Philippe Soupault),后者几年内成了著名的超现实主义运动成员。人们注意到乔伊斯的眼睛现在总是红肿。

★————————————————————————— 爱尔兰

9 月的《都柏林评论》(*Dublin Review*)刊登了一篇关于《尤利西斯》的文章,作者是"多米尼克·卡尼斯"(Domini Canis)——"上帝的猎犬"——也就是肖恩·莱斯利(Shane Leslie)。[1]

这是一篇愤怒但相当有趣的文章。"上帝的猎犬"开始对瓦莱里·拉

---

1 肖恩·莱斯利在 10 月号的《评论季刊》(*Quarterly Review*)上以自己的名义对《尤利西斯》进行了第二次攻击。(见 10 月 29 日)

博的鲁莽宣言咆哮——拉博声称,因《尤利西斯》,"爱尔兰高调地重新进入欧洲的优秀文学",并抨击米德尔顿·默里和阿诺德·贝内特等英国评论家似乎已经接受了法国说法的奴性态度。他继续说,《尤利西斯》只不过是"对那些最病态、最令人作呕的人物、事件和私生活的可怕嘲弄……拒绝污秽!"

在划定战线后,莱斯利全面进攻这部"精神冒犯"之作——一个"阴沟里的库丘林"[1],一个"下流的莪相"[2]。他注意到这本书还没有被列入《教廷禁书目录》(*Index Expurgatorius*),尽管他热切地希望它很快就会被列入目录,他宣称,任何天主教徒"都不应去买这本书,因为读这本书就是对圣灵的犯罪"。如果拥有这本书对天主教读者来说是一种精神上的危险,那么乔伊斯的书作为一个整体,必须被看作一种"魔障附体"。

莱斯利继续以这种活泼而尖刻的语气,对那些声称理解一本如此深奥的亵渎天主教的书的那些"巴黎或伦敦浅薄的年轻人"大加嘲讽。在承认乔伊斯能够偶尔在言语上使人产生快感之后,他以一连串报复性的否定收尾:

> 毫无疑问,这本书是为了让天使哭泣、让恶魔发笑而写的,但我们不能确定,当教会的"那些严阵以待的天使,迈克尔的主人"看到这个受挫的巨人在自己的呕吐物的洪流中无可奈何地旋转着、喷溅着,他们难道不会大声笑话他的失败吗?

1　库丘林(Cuchulain),爱尔兰神话中的英雄。——译注
2　莪相(Ossian),古代爱尔兰诗人。——译注

奥尔加·毕加索突然病倒，不得不赶回巴黎进行急诊手术，可能是由于流产。从迪纳尔出发的汽车旅行对全家人来说都很不舒服：毕加索一直在给奥尔加额头敷冰袋，而保罗则严重晕车。

奥尔加手术结束后不久，毕加索独自回到迪纳尔去收集他自 7 月以来创作的绘画。他的归来在当地报界引起了很大的轰动，因为他新买了一辆豪华轿车，还雇了一名司机。[1] 对于他的对手和他那些更感到遗憾的朋友来说，这标志着他在奥尔加的影响下向高级资产阶级生活的转变已经完成了。正如约翰·理查森（John Richardson）所指出的，也是在这个时候，他终于从一个仅仅富有和出名的人，变成了一个完全成功的现代名流——他最小的举动都有新闻价值。

回到巴黎的画室，毕加索开始在一块只有 17 英寸左右宽的木板上作画。画的主题是最近进入他画作的两个身材高大的女人，她们高举着双手，头发飘舞，胸脯丰腴，在海滩上奔跑。[2] 这幅富有力量的画作可能是毕加索 1922 年最著名的作品；他对这幅画怀有特殊的感情，把它和其他精选的作品放在一起，这些作品他永远不会出售或送人。

1　完全合理的放纵：毕加索从未学过开车；他说他害怕开车会伤害他的手和手腕的柔韧性。

2　几年后，他将这些女人的巨幅画像用于剧场的幕布，那是 1924 年，佳吉列夫将科克托的《蓝色列车》（Train bleu）搬上了舞台。

9月21日

艾略特给约翰·奎因写了一封长长的感谢信,奎因的外交努力终于解决了由谁、如何以及何时出版《荒原》这一复杂问题。他又写道:

> 每当我感到非常疲惫或担心时,我就意识到所有旧的症状一有机会就可能出现,我发现自己处于持续的压力之下,试图抑制一种模糊但极度强烈的恐惧和忧虑。也许我生活中最大的祸患是噪音,以及想象中各种噪音所引起的联想……

评论家有没有注意到,这种对城市生活噪音病态的敏感,是《荒原》的主要灵感来源——是一种不同声音和声响的蒙太奇?

叶芝和他的妻子离开"巴利塔楼"去他们宽敞的新家:都柏林梅里翁广场82号。

哈里·凯斯勒伯爵拜访了一位老朋友，他眼下在拉帕洛过着自我放逐的生活：他就是爱德华·戈登·克雷格（Edward Gordon Craig），传奇导演和戏剧界人士。两人上一次见面是在 1914 年，但凯斯勒觉得克雷格根本没有变化。自从他们在佛罗伦萨的戏剧学校失败后，克雷格和他妻子以及他们的两个孩子已经在这个小镇生活五年了。[1] 他们一直希望能找到一个富有的赞助人。与此同时，他们的房子——克雷格在墙上挂了灰色帆布，书架上摆满展示戏剧、芭蕾舞和木偶戏历史的书籍——就像一个献身于艺术的小修道院。尽管对克雷格十分钦佩，凯斯勒还是发现了一些幼稚的东西："这就像参观托儿所一样，尤其是当克雷格夫人和儿子泰迪（Teddy）说出一些粗暴的法西斯观点时。"他总结道：

> 看到这位毋庸置疑的天才简直是一场悲剧，在过去的二十年里，他的远见卓识启发了全世界的戏剧，从俄罗斯到德国、法国，再到美国，然而他没有发挥自己的天赋，像一个孤岛上的流亡者一样生活，而节日剧场、国际戏剧展览和戏剧制作的革命仍在利用他的资本……

1　他们的年收入为 250 英镑；克雷格说，这笔钱根本不够他们在伦敦住六周。

雅典 ─────────────────────────────── ★

希腊军队被土耳其打败后,希腊国王康斯坦丁一世(1868—1923)退位流亡。他儿子乔治二世继承了王位。康斯坦丁的流亡没有持续多久:四个月后,他在西西里岛的巴勒莫(Palermo)去世。

9月22日

巴勒斯坦 ───────────────────────── ★

在国际联盟的批准下,这一天标志着英国在巴勒斯坦和外约旦的托管地的开始,直到最近这些地方还处于奥斯曼帝国的控制之下。联盟还批准了鲍尔弗(Balfour)勋爵的一份备忘录,免除外约旦不受有关为犹太人建立家园、促进犹太人移民和土地定居的授权条款的约束。[1]

纽约 ─────────────────────────── ★

一篇据称是根据鲁德亚德·吉卜林的长篇采访写成的文章发表在纽

---

1 在接下来的十年左右时间里,该地区的犹太人口以每年逾10%的速度增长。巴勒斯坦人民对这个定居点的第一次反抗始于1936年;虽然英国的托管权早已不复存在,但其后果仍没有消除。

约一家报纸上。根据这篇文章,吉卜林对美国表达了强烈的敌意,其中包括美国很晚才参战。吉卜林坚决否认自己曾对这位记者说过这样的话,但这对他在美国的声誉造成了严重损害。

★————————————————————————— 纽约

菲茨杰拉德出版《爵士时代的故事》(*Tales of the Jazz Age*)。几个月前,他在给麦克斯·珀金斯(Max Perkins)的信中写道:"我想,在出版史上,像这样包括十一个短篇、中篇小说、戏剧和一出滑稽剧的杂七杂八的东西以前从来没有出现过。"其中包括《一颗里兹饭店般大的钻石》和《本杰明·巴顿奇事》。

9 月 23 日

★————————————————————————— 柏林

第七届国际精神分析大会于 9 月 23 日至 27 日举行。弗洛伊德提交了论文《关于无意识的一些看法》("Some Remarks on the Unconscious")。这是他最后一次在会议上发表论文。

9月25日

　　年轻诗人勒内·克里维尔——他二十二岁——来到布勒东位于枫丹街 42 号的寓所时,他的计划即使以这家古怪人家的标准来衡量,也是很奇怪的。就在几周前,克里维尔和他的家人还在诺曼底度假。那里发生了各种奇特的事情,至少他是这么说的:其一,海滩上有个年轻姑娘请求他把天竺葵夹在她的双乳之间;其二,他曾同那姑娘和她母亲参加过一次降神会,在那次会上他昏倒了,还说了几句神秘的话,仿佛着了魔似的。克里维尔和布勒东似乎关系冷淡,因为克里维尔在注定失败的巴黎大会上站在了查拉一边,但当他们偶然相遇时,克里维尔提到了他的诺曼底降神会,布勒东同意重复这个实验。在布勒东家的客厅里,克里维尔加入了罗伯特·德斯诺(另一位年轻诗人,也是二十二岁)、安德烈·布勒东和西蒙妮·布勒东(Simone Breton)三人组。灯光熄灭了,手握在一起,克里维尔不久便昏倒了。用西蒙妮的话来说;

　　屋里很黑。我们都围坐在桌子旁,沉默不语,伸出双手。过去不到三分钟,克里维尔就发出沙哑的叹息和含糊的惊呼。然后他开始用一种不自然的、说教的语气讲述一个可怕的故事。一个女人淹死了她的丈夫，但这是他的要求。"啊！青蛙！可怜的疯女人。疯……"痛苦、残忍的口气。简直就是野蛮。还有一些猥亵的内容……没有什么能比它更恐怖了。只有《马尔多罗》[1]中最恐怖的段落能给你一些联想。

尽管克里维尔拥有作为灵媒的特殊天赋，但这些天赋并没有长久地成为他的专属财产。三天后，德斯诺也进入了类似的恍惚状态，并书面回答了其他人向他提出的问题。[2] 除了一些有说服力的无前提推论之外，他设法即兴创作了一首形式完美的十四行诗。（还是他事先写好的？）

狂热开始了。在接下来的几个星期里，布勒东的公寓几乎每天晚上都要举行这类降神会，或者如他们所说，得了"嗜睡症"。很快就清楚了——即使不是一开始就这样——克里维尔和德斯诺是在争夺布勒东的注意和认同：德斯诺指责克里维尔伪造恍惚状态；克里维尔用力推开德斯诺，他对手的头撞到了壁炉台上。[3] 所有这些喧闹声都没有逃过邻居的注意，当西蒙妮面对抗议的时候，她不得不贿赂门房。但是布勒东夫妇并不打算放弃他们迷人的新游戏，尽管这些游戏通常会让他们疲惫而焦虑。[4]

1　《马尔多罗》(*Maldoror*)，可能指法国诗人洛特雷阿蒙的《马尔多罗之歌》。——译注

2　这给布勒东留下了深刻的印象，他后来在 1922 年 11 月的《文学》(*Littérature*) 杂志上发表了一篇题为《灵媒入门》(*Entrée des mediums*) 的报告。

3　另有人加入。诗人本杰明·佩雷 (Benjamin Péret) 带他的女朋友一起参加了其中一次聚会；她变得歇斯底里，开始为她父亲尖叫，不得不在布勒东的安抚下才平静下来。佩雷自己也大笑，还会讲下流故事；有一次，他确信自己是一朵花。

4　安德烈非常兴奋，他甚至与查拉暂时和解，并邀请他的对手加入进来。查拉来了，但嘲笑了他。并不是所有的原型超现实主义者都深受感动：苏波是一个怀疑论者，而皮卡比亚和阿拉贡设法躲开。

布勒东对这些"灵媒"现象真的很认真吗？他肯定因为自己无法达到恍惚状态而沮丧，但他肯定也意识到有些睡眠者，尤其是克里维尔和德斯诺，只是想引起他的注意。[1] 有天晚上，事情闹得太厉害——不是在枫丹街——有十个参与者同时进入了恍惚状态，并试图集体上吊。布勒东强行叫醒了他们。这些对其他声音的干扰正成为一场严重的士气危机，甚至可能是一种彻头彻尾的危险。当有机会到西班牙短暂度假时，他已经准备好休息一下了。

9月27日

伦敦 ────────────────────── ★

E. M. 福斯特写信给他最好的印度朋友赛义德·罗斯·马苏德（Syed Ross Masood）——几乎可以肯定，他是《印度之行》中阿齐兹（Aziz）的原型，也可能是福斯特短暂的情人——解释他在写小说时遇到的困难。这部小说的基调比他原来预想的要阴暗：在印度北部城市阿姆利则（Amritsar）

1　德斯诺特别表现出一个接一个的效应，声称他现在正在与纽约的马塞尔·杜尚进行心灵感应交流，并滔滔不绝地说着疯狂的双关语和其他文字游戏。克里维尔不甘示弱，开始做出悲观的预测："你们会一个接一个地生病……"果然不出所料：几天后，西蒙妮被击中头部，马克斯·恩斯特开始吐血，艾吕雅肺结核复发。西蒙妮就是相信诅咒应验的一个，她的确吓坏了。

大屠杀之后,他对英国感到更加痛苦,但他对印度人也不像以前那样着迷了:

当我开始写这本书的时候,我认为它是东西方之间的一座同情的桥梁,但这种想法不得不取消,我的真实感禁止任何如此舒适的事情发生。我认为大多数印度人,像大多数英国人一样,都是垃圾,我对他们是否互相同情不感兴趣。作为一个艺术家不感兴趣;当然,作为记者,我仍然会被这些问题困扰……

★ 瑞士

勒·柯布西耶给巴黎雅各布街 20 号——换句话说,他自己的地址——教育学硕士让纳雷(Jeanneret)家的伊冯·加利斯(Yvonne Gallis)小姐写了一封信。这是他的恋人伊冯·加利斯已经搬去和他同居的第一份书面证据。勒·柯布西耶——多年来,他是一个痛苦的独身主义者,害怕女性,不敢主动示爱,而加尔文教徒这一宗教背景造成的困扰,使经常与妓女为伴的他良心不安——最终获得了真爱和日常性爱。尽管后来有传言说他在一家妓院遇见了伊冯,但现实并非如此。他第一次见到她是 1919 年底或 1920 年初,当时她在约夫(Jove)的定制时装店做销售和模特,勒·柯布西耶——用他的真名查理·爱德华·让纳雷(Charles Edouard

Jeanneret）——曾在那里展览他的一些画作。[1]

如果说 1922 年是勒·柯布西耶爱情生活的"神奇之年"，那也是他智力和艺术发展的重要时期。在当年的"秋季博览会"上，他首次公开了自己对一座 300 万居民的城市的展望，以及他所谓的"雪铁龙住宅"的设计。[2] 1920 年至 1922 年，他在与人合编的《新精神》（*L'Esprit Nouveau*）杂志上发表了一系列文章，详细阐述了这个计划。其中一篇文章说了一句后来变得众所周知的话："人们需要把房子当成一台可以居住的机器……"

尽管勒·柯布西耶的意图完全是人性化的，而且是光明的，在他看来也是美丽的，但有些人觉得机器住宅的想法令人心生寒意。一间基本的雪铁龙住宅采用一个大型鞋盒的形式，其主要结构是一个两层的客厅，几乎完全由玻璃制成的墙壁透出充足的光线。厨房和女佣室——注意到了用人的需求——将安排在住宅后部一楼；一道螺旋楼梯将一楼与带有卧室、浴室和化妆间的二楼连接起来。该建筑的平层屋顶将作为一个阳光露台（注意到了阳光房的需求），还有两间客房，可以通过室外楼梯到达。柯布

---

1 伊冯于 1892 年 1 月 4 日出生，原名珍妮·维克多琳·加利斯，受雇于约夫时装店时，还是个十几岁的少女。她漂亮、性感，而且非常轻浮。在以后的几年里，她经常让商人和其他男性顾客感到尴尬，因为她总是给他们看她称之为 *cul*——她的屁股——的东西，并询问他们对它的看法。她也喜欢恶作剧，有一次她很有礼貌地请一位多明我会修士坐在沙发上，她在沙发上藏了一个放屁垫。从 1922 年起，勒·柯布西耶就设法过一种完全适合自己的双重生活：表面上是简朴而高尚的公众生活，包括辛勤工作、辩论、旅行和日益增加的名气；也享受婚姻生活中私密、轻松、夫妇间的乐趣。伊冯很少和他一起出现在公众场合，甚至没有多少人知道她的存在。尽管她有一些严重的不忠行为，也很任性，没受过多少教育，有点懒惰，在某些方面很粗鲁，但这对夫妇幸福地在一起生活了 37 年，直到 1957 年 10 月 5 日她去世，也就是勒·柯布西耶七十岁生日的前一天。

2 这个称呼是对雪铁龙汽车的亲切致敬，因为勒·柯布西耶对这种住宅形式的一个想法是它可以大量建造。

西耶认为，这种简洁的设计是丰富、多样、幸福生活的基础。尽管在接下来的五十年里，他设计的建筑外形会发生变化，但"雪铁龙住宅"的设计理念始终如一。

9月29日

★──────────────────────────────────── 慕尼黑

布莱希特的《夜间的鼓声》(*Trommeln in der Nacht*)——这是他的第一个剧本——在慕尼黑小剧场以表现主义风格首演。该剧由奥托·福尔肯伯格(Otto Falkenberg)执导，由奥托·瑞伯特(Otto Reigbert)舞台设计，演出获得很大成功。

评论家赫伯特·伊赫林(Herbert Ihering)从柏林赶来，观看演出实况，他自己也被迷住了。他在 10 月 5 日的《柏林信使报》(*Berliner Börsen-Courier*)中写道："二十四岁的作家贝尔托·布莱希特一夜之间改变了德国文学的面貌。贝尔托·布莱希特给了我们这个时代一个新的音符、新的旋律、新的视野。"伊赫林注意到布莱希特"混乱和衰败的身体感觉"，并赞扬了"他的语言无与伦比的创造力。这是一种你可以在你的舌头、你的牙龈、你的耳朵、你的脊柱上感觉到的语言……"

伊赫林是那年克莱斯特奖(Kleist Prize)的评委——直到 1932 年这个德国最重要的文学奖被取消。不出所料，11 月 13 日，他的报纸宣布，1922

年的克莱斯特奖得主是布莱希特,获奖作品不仅包括《夜间的鼓声》,还包括他尚未上演的《巴尔》(*Baal*)和《在城市丛林》(*In the Jungle of Cities*)——颁奖词称,在这些作品中,布莱希特的语言能力得到了更充分的展示。"他的语言生动而不故作抒情,有象征意义而不玩弄辞藻。布莱希特之所以是一位剧作家,是因为他的语言让人有真切而全面的感受。"[1]

9月30日

土耳其 ──────────────────────────────────── ★

9月30日,海明威抵达君士坦丁堡,在伦敦旅馆登记入住,几乎马上就染上了疟疾。在接下来的两个星期里,他发回了一些令人痛心的报道,看到了将伴随他多年的恐惧。

---

1 获奖后,《夜间的鼓声》在德国各地剧院上演,特别是12月20日,由福尔肯伯格再次执导,在柏林的德国剧院演出。最后,布莱希特指出,它在大约"五十个资产阶级舞台"上演出。这个时候,作者对整个事件表现出明显的淡漠;他常说,他只是为了钱写《夜间的鼓声》。晚年,在皈依马克思主义后,他经常回顾《夜间的鼓声》,心情更加复杂——他说,他对这部剧在创作时所反对的那些人的喝彩感到困惑和沮丧。"在这种情况下,对可鄙的文学惯例的反抗几乎等同于对一场伟大的社会反抗的蔑视。"

OCTOBER

十月

10月1日

对于今年的文化事件,很少有人——在凯瑟琳·曼斯菲尔德传记中,
作者克莱尔·托玛林(Claire Tomalin)是个值得尊敬的例外——注意到,本
月,罗瑟米尔夫人打算用她丈夫从《每日邮报》和《每日镜报》获得的巨额
利润中的一部分来支持两项理想主义的事业,这两份报纸的大多数读者即
使没有什么担心,也一定会感到惊讶:艾略特的季刊《标准》及 G. I. 葛吉夫
的"人类和谐发展学院"(Institute for the Harmonious Development of Man),
后者于 10 月 1 日成立。有人可能会补充说,许多《标准》的潜在读者,如果
知道艾略特的赞助人同时也是一位希腊-亚美尼亚神秘主义者和玄学大师
的赞助人,即使不担忧,也会感到惊讶。

罗瑟米尔夫人不太可能像大多数人认为的那样,觉得这两者的结合并
不和谐。她已经说服艾略特和她一起去伦敦听葛吉夫的主要门徒 P. D. 乌
斯宾斯基的讲座。[1] 艾略特对东方或西方的神秘主义模式并不陌生。葛
吉夫学院建在巴黎南部一片树木繁茂的地方——枫丹白露附近的阿翁

1　包括加里·拉赫曼(Gary Lachman)在内的一些评论家认为,艾略特后期的诗歌《四
　个四重奏》(Four Quartets)中对过去、现在和未来的思考部分受到了乌斯宾斯基的
　影响。

（Avon）。此地的主要建筑以前是一座修道院，19世纪改建为私人住宅，但早已年久失修。葛吉夫声称，他筹集到的大笔款项的大部分资金来自他从病人——他用催眠疗法治疗富有的瘾君子和酗酒者——那里收取的费用，来自石油股票的投机，以及他在蒙马特地区开的两家时尚餐馆的利润。罗瑟米尔夫人的捐赠金额是保密的。

葛吉夫到来时，带了一百个左右的门徒，并让他们建立一个农场和修复各种建筑。他把学院最舒适的地方留给自己和重要的客人，这些地方被称为"里茨"[1]。尽管有这种叛逆性的讽刺，但好像几乎所有的劳工都是心甘情愿的农奴，因为这是葛吉夫方法的一部分：通过要求每个人都参加艰苦的体力劳动来恢复失去平衡的生活。（这部分治疗，至少给他的一些追随者带来了很多好处。）他还强迫他们实行禁欲主义，让他们住在学院里生活不舒服的小房子里，或者住在主楼没有暖气、没有家具的房间里。

最后，他让他们用飞机机库的框架建造一个巨大的帐篷状结构的房子。完工后，里面铺满了来自布哈拉（Bokhara）和俾路支（Baluchistan）的地毯。弟子们在这里学习葛吉夫的舞蹈，参加游戏和仪式——以典型的宗教方式——目的是"打破"人的现有人格，建立一个新的，据说是有所改进的人格。[2] 葛吉夫会坐在宝座上主持这些仪式。

两周后，病危的凯瑟琳·曼斯菲尔德将前往这个在建的社区。

1　Ritz，原文有"炫耀"的意思。

2　这些游戏中最著名的是一种叫作"停止"（Stop）的游戏——就是主人一声令下，场上立即冻结——这是葛吉夫几年后带着他的舞者到美国进行巡回演出时所展示的，效果非常壮观。

整个 10 月海明威都住在君士坦丁堡——"一个有着 150 万人口的超大城市,充满了绝望的因素"——10 月份,他向《多伦多每日星报》提交了近二十篇报道。他与几千名英国士兵几乎同时到达这座城市——增援部队的到来使当地人确信,英国已经准备好与穆斯塔法·凯末尔(Mustapha Kemal)作战,[1] 并鼓励希腊人和亚美尼亚人放弃土耳其毡帽,重新戴上西方的帽子。

10 月 9 日,《多伦多每日星报》刊出了海明威采访哈米德·贝(Hamid Bey)的报道——他是"安哥拉"[2] 政府中除凯末尔之外最有权势的人。海明威告诉他,加拿大人担心,如果凯末尔的军队胜利进入这座城市,有可能发生对基督徒的大屠杀。[3] 哈米德·贝对这种说法不屑一顾:基督徒有什么可害怕的? 他们有武器,而土耳其人没有。不会有大屠杀……

据海明威报道,10 月 16 日,数千名基督徒开始逃离色雷斯。由于希腊政府征用了所有的火车来运送士兵,难民们被迫把他们所有的生活物品都

1　英军总司令哈灵顿(Harington)将军刚刚命令凯末尔从查纳克(Chanak)地区撤军。关键的争议地区是色雷斯(Thrace),如果凯末尔的军队占领了它,将给土耳其在欧洲获得一个强大的立足点。如果所有的希腊人都被驱逐出色雷斯,那么土耳其和保加利亚这两个亲苏联的国家就可以很容易地在巴尔干半岛形成一个强大的反联盟的楔子。

2　现称安卡拉(Ankara)。——译注

3　凯末尔的军队现在距离君士坦丁堡只有一天的路程。此前已有报道称,该市的亚洲人郊区出现了土耳其非正规军。英国人小心翼翼地为可能的袭击做准备,炸毁桥梁,封锁十字路口。哈灵顿将军下令暂停博斯普鲁斯(Bosphorus)海峡的渡船服务。

装到摇摇晃晃的老式马车上;其他更穷的人,背着破旧的包裹行走。大多数逃亡者是老人和妇女,或者很小的孩子。与此同时,三个法国营和四个英国营进驻,占据他们正在逃离的土地。到了 20 日,难民的主要队伍已经有 20 英里长了:全身潮湿、疲惫不堪、饥饿难忍……但奇怪的是,一片可怕的沉默。仅马其顿就有 50 万难民——这个国家的资源面临巨大的压力,而且看不到尽头。

君士坦丁堡的气氛"紧张而压抑"。每个人都为入侵做好了准备,但并不一定处于恐惧状态。有些人舔着嘴唇:"一伙刽子手、强盗、土匪、暴徒和地中海海盗"来到城里,等待凯末尔的部队到达和抢劫开始。正如海明威所说,他们期待着一场"狂欢"。但仍住在城里的亚美尼亚人、希腊人和马其顿人却因恐惧而出冷汗。他们武装起来,并期待着最坏的结果。[1] 该市大量的白俄侨民也被吓呆了,因为他们知道,作为苏联的盟友,凯末尔会把他们全都交出去,其中许多人将面临处决。

到了 24 日,海明威报道了伊斯兰舆论对凯末尔出乎意料的转变。就在几个月前,他还被视为一个新的萨拉丁[2],将领导所有穆斯林进入一场对抗西方势力的圣战,如今,人们越来越认为他不可靠,甚至可能是一个叛徒。他与苏联签订条约并结成同盟;然而,他也与法国签订了条约,而且非常类似于联盟。必须放弃其中一项条约。

最具破坏性的谣言是,凯末尔是一个秘密的无神论者,如果这个谣言

1　海明威的希腊房东就是这焦虑人群中的一个,他用毕生积蓄买下了一家旅馆;海明威现在是他唯一的房客。"希腊在战争中为同盟国而战,现在他们却抛弃了我们。我们无法理解。"

2　萨拉丁(Saladin),中世纪穆斯林著名领袖。——译注

被广泛相信,这对凯末尔来说将是致命的。海明威做了一个时下的比较,他认为凯末尔现在的处境"与阿瑟·格里菲斯和迈克尔·柯林斯死前在爱尔兰的处境差不多(原文如此)"。换句话说,他是一个实用主义者和商人:他攫取了所有已经到手的现实利益,并做出了一些在泛伊斯兰主义者看来令人羞辱的让步。到目前为止,凯末尔并不需要担心德·瓦莱拉的问题;但海明威预测,如果他继续等待,那么德·瓦莱拉肯定会在现实中出现。

海明威预言,最糟糕的状况将是英国和土耳其为争夺美索不达米亚而开战。两个国家都渴望美索不达米亚的石油;如果凯末尔,不管他是无神论者或非无神论者,决定维护他在该地区的权利,"这很可能点燃泛伊斯兰主义者祈祷的圣战之火……"

10月2日

★───────────────────────── 俄国

列宁精神饱满地回到莫斯科,并直接领导这个国家。他已经病了好几个月;当年5月,他出现呕吐,并伴有严重的胃痛。他说话有点含糊不清,右半身有瘫痪的迹象——第一次中风的明显后果。医生嘱咐他躺在床上,严格要求他不要做任何工作,但不到三个星期,他就对他们嚷嚷,说他完全康复了，必须允许他重新读书写字。[1]

到7月中旬，医生们终于放宽要求，允许他接见访客和读书——但不能看报。斯大林来过几次，说来奇怪，他俩都很喜欢这种会面。斯大林说列宁看起来就像一个被运回后方的士兵；他告诉列宁一个好消息，自革命以来第一次获得大丰收。饥荒危机结束了。列宁得到了安慰，比几个月前更加乐观。

9月初，他的医生开始允许他出去散步；在此期间为他拍摄了一系列著名的照片。最后，他们同意，在四个月的强制休息后，允许他回克里姆林宫，每天工作大约五个小时，每周工作五天。他无视他们的要求，立即开始每天工作十个小时，周末在家开会。

10月3日

华盛顿特区 ━━━━━━━━━━━━━━━━━━━━━━━━━━ ★

第一张传真图片通过电话线发送。

1　他们一直很坚定——难得的勇敢行为——直到列宁开始猜测他们的想法。"会瘫痪吗?"他问奥尔巴赫(Auerbach)医生，声音里有一种少有的虚弱和恳求。"如果瘫痪了，我有什么用呢? 谁会需要我呢?"奥尔巴赫医生很幸运，一位护士走进来，谈话中断了。

弗吉尼亚·伍尔夫写信给罗杰·弗莱(Roger Fry):

　　我的伟大冒险确实是普鲁斯特。哦——在那之后还有什么可写的?我现在只读了第一卷,我想,书中仍有不足之处,但我感到很惊奇;仿佛有奇迹在我面前发生。最后,人们如何抓住总是逃逸的东西——并使之成为这种美妙而又绝对的持久之物?你得把书放下,喘口气。快乐变成了身体享受——就像阳光、葡萄酒和葡萄,完美的宁静和强烈的生命力结合在一起。《尤利西斯》的情况则完全不同,我将自己像个殉道者一样绑在火刑柱上,感谢上帝,现在终于完成了——我的受难结束了。我希望能以4.10英镑的价格卖掉它。

　　第二天,她获知基蒂·麦克斯(Kitty Maxse)——通常认为她是伍尔夫笔下人物达洛卫夫人的原型——从楼梯上摔下来不幸死亡。伍尔夫似乎认为这是自杀:"基蒂自杀了,这确实很遗憾,当然,她是个势利小人。"

　　由于不愿意在明尼苏达州面对北极地区又一个冬天,菲茨杰拉德一家搬回了纽约。他们先在他们常去的广场酒店做了短暂停留,在那里他们第一次见到了作家约翰·多斯·帕索斯。[1] 他们成了朋友，菲茨杰拉德把多斯·帕索斯介绍给了舍伍德·安德森。多斯·帕索斯同意帮助菲茨杰拉德在长岛的大颈城（Great Neck）找一所合适的出租房，三人一起乘坐一辆有专人驾驶的红色房车出发了。头几个小时的寻房之旅毫无结果，于是他们在菲茨杰拉德的朋友林·拉德纳（Ring Lardner）家停了下来。拉德纳和往常一样，喝得酩酊大醉。

最后，他们在大颈城6号找到了一所舒适的房子——从百老汇乘长岛快车只要半小时。[2]

10月5日

伦敦 ────────────────────────────────────── ★

艾略特写信给瓦莱里·拉博，谈论他发在《标准》上论《尤利西斯》的文章。他为不得不删掉这篇文章中有关乔伊斯其他作品的部分而道歉，也感谢他亲自翻译这篇文章。

与此同时，薇薇安患了严重的支气管炎，卧床不起，非常沮丧。

1　菲茨杰拉德曾对帕索斯的战争小说《三个士兵》（*Three Soldiers*, 1921）有过好评。

2　在10月13日的一封信中，泽尔达称它为"漂亮的小巴比特之家"——这表明《巴比特》已经进入了公众视野。

★——————————————————————————— 伦敦

歌舞厅明星玛丽·劳埃德(Marie Lloyd) [1] 去世了。10 月 4 日,她在埃德蒙顿(Edmonton)的帝国音乐厅(Empire Music Hall)舞台上表演最后一曲《我是克伦威尔破坏过的废墟之一》("I'm One of the Ruins That Cromwell Knocked About a Bit")时晕倒了。观众们注意到她的身体有些摇晃,但以为这是她表演的一部分。

艾略特后来专门写了一篇关于这位歌手的文章(见 12 月 19 日)。

———————————————

1　"玛丽·劳埃德"是玛蒂尔达·伍德(Matilda Wood,生于 1870 年)的艺名;她的艺名取自《劳埃德周刊》(*Lloyd's Weekly Newspaper*),而不是艾略特工作的劳埃德银行。她从小就当过艺人,第一次尝到成名的滋味,是因为她翻唱了一首标准的歌舞厅歌曲,《我喜欢的男孩在画廊》("The Boy I Love is up in the Gallery"),引起了观众的注意。那首歌相当质朴——事实上,在她拿到乐谱之前,她的大部分曲目也是如此。她眨一下眼睛,扮一下鬼脸,就能把最简朴的小调变成一串悦耳而又脏脏的双关语。道德卫士经常试图让她改邪归正,但很难,因为色情既不在歌词中,也不在表演方式中,而存在于演员和观众之间的默契中。

她和许多歌舞厅曲目联系在一起,这些曲目至今仍被人铭记,包括《我老爸说跟着货车走》("My Old Man Said Follow the Van"),还有《寻点欢乐对你有好处》("A Little of What You Fancy Does You Good")。她的私生活并不幸福:结过三次婚,到 1920 年左右,开始酗酒。10 月 12 日,约有十万名哀悼者参加了她的葬礼,足见她在歌迷中所激发的挚爱之情。

10月8日

爱因斯坦和他妻子开始了为期五个月的旅行,主要是去亚洲东部地区的一些城市。他们先到科伦坡、新加坡、中国香港和上海做了短暂的访问。"在拉特瑙谋杀案后,"爱因斯坦说,"我非常高兴有机会长期离开德国,这使我远离了不断增加的危险。"爱因斯坦夫妇所到之处都受到了热烈的欢迎,不过在日本他们引起的反响最为轰动。

10月9日

伦敦警察厅长官威廉·霍伍德(William Horwood)爵士因食用掺有砷的巧克力——准确地说是核桃点心——中毒。这是一个心怀怨恨的精神病患者沃尔特·塔塔姆(Walter Tatam)送给他的,但霍伍德误认为是女儿送给他的礼物。虽然他只吞食了一个就意识到有毒,但因毒性很强,警察厅医生的迅速干预才救了他。[1]

★————————————————————————————— **都柏林**

叶芝在梅里翁广场 82 号写信给奥利维亚·莎士比亚:

> 我们已经在都柏林住几个星期了,我们的房子正在恢复生机。大客厅里有一个漂亮的壁炉架,乔治把它布置得很精致……
>
> 整个夏天我都在修改校样,写了一组诗,叫《内战时期的沉思》("Meditations in time of civil war")……

10月12日

★————————————————————————————— **巴黎**

《尤利西斯》第二版发行。据乔伊斯说,印出的 2000 册四天内就卖光了;此书售价每本两英镑两先令。

乔伊斯一家动身去蔚蓝海岸(Côte d'Azur)[2]度假。10 月 13 日他们到

1　这件事以后,许多不喜欢霍伍德的警察给他起了一个不太友好的外号:"巧克力兵"。他们认为霍伍德冷漠、傲慢,乐于和那些曾在军队服役的军官在一起。

2　在法国东南部地区,临地中海。——译注

达马赛,17 日他们入住尼斯的瑞士酒店(Hôtel Suisse)。他们本来希望温和的气候能改善乔伊斯的健康状况,但今年的天气很糟糕,暴风雨和大风加重了他的眼疾症状。[1] 他请教了路易·科林(Louis Colin)医生,后者在他眼睛上放了五个水蛭,排出多余的血液,然后用一种强效而令人痛苦的溶剂(水杨酸苏打水)清洗眼睛。角膜云翳适时地缩小了。科林医生还建议乔伊斯喝红葡萄酒而不是白葡萄酒,但这是一个太大的妥协:对《尤利西斯》的作者来说,意味着没有"牛排"。

10月13日

柏林 ————————————————————————————★

　　托马斯·曼(Thomas Mann)在贝多芬音乐厅(Beethovensaal)发表演讲,支持魏玛共和国。演讲全文于下个月发表在《新评论》(*Die neue Rundschau*)杂志上。

1　乔伊斯的眼科医生博尔希医生月初休假回来了。他认为英国医生在某种程度上夸大了乔伊斯病情的严重性。

10月14日

希特勒 1922 年最重大的宣传策略是于 10 月 14 日至 15 日在巴伐利亚北部的科堡举办"德国日"（German Day）活动。他原本受邀和一个由德国工人党的成员组成的小型代表团一起参加这次活动。但他决定要引起轰动——他正确地估计到，当地的社会主义者和工会成员将会对他们的出席进行某种形式的抵制。他动用了政党资金，为这次活动租用了一辆专列，车上装满了 800 名冲锋队员。他还从希特勒"青年团"中召集了一些男孩，该青年团于当年 3 月 8 日宣布成立。[1]

当希特勒的党徒在星期六下午到达科堡车站时，他们既听到当地民族主义者"嗨！"（Heil！）的欢呼声，也受到大约 300 名工人的嘲笑和侮辱。希特勒不顾当地警察的命令，让他的党徒挥舞着纳粹旗穿过城区。愤怒的社会主义者向冲锋队员（SA）吐口水；这时，他们打散队形，用棍子攻击围观者。警察站在纳粹一边，十分钟暴力行为之后，当地的抵抗力量完全退却，纳粹胜利地控制了街道。希特勒很高兴。这一事件在纳粹神话中被称为"科堡战役"，似乎是一场真正的军事行动，而不是一场骚乱。

1　其成立大会于 5 月 14 日举行，"德国日"是其亮相的第一个重大公众活动。

10月16日

伦敦 ━━━━━━━━━━━━━━━━━━━━━━━━━━━━━ ★

　　《标准》杂志第一期终于出版了。它包括《荒原》的首次出版。目录页如下：

《迟纯》	乔治·圣茨伯里
《小说之构思》	陀思妥耶夫斯基
	S. S. 科特连斯基和弗吉尼亚·伍尔夫 译
《特里斯坦和伊索尔德(第一部)》	T. 斯特奇·摩尔
《荒原》	T. S. 艾略特
《受害者》	梅·辛克莱
《现代德语诗》	赫尔曼·黑塞
《尤利西斯》	瓦莱里·拉博

　　薇薇安写道："在我看来，这似乎是一个了不起的成就。他在城里工作八小时，累得筋疲力尽，只有晚上是他的，写作之余，他还要为疾病缠身的妻子灌热水瓶，做病号饭！"

凯瑟琳·曼斯菲尔德在艾达·贝克(Ida Baker)的陪同下来到了葛吉夫学院。与大多数门徒不同,她被安排到一间舒适的房间;第二天葛吉夫对她进行了检查,说她可以在这里接受两个星期的"观察"。虽然葛吉夫并不以善良出名,但他似乎可以看出这个年轻的女人快死了,也没有强迫她参加学院更多的苦力劳动。

她被派去收拾蔬菜:这不是一个她受过很多训练的工作,但她决心去做。她也能生活自理——自己铺床、生火、洗冷水(当然)澡。这是一种情感上令人满意的制度,她喜欢感觉自己是一个大家庭中有用处、有成效的一员,看其他人去做农场中更残忍的事情,比如杀猪。但天气冷得可怕,她日夜都穿着毛皮大衣。过了一段时间,葛吉夫——遵循一个老农民的信念,睡在牛之上可以治疗肺结核——让她长时间坐在牛棚上方的一个平台上。

尽管她极力和其他人交朋友,其中许多人只会说俄语,但她的主要伙伴是 A. R. 奥拉吉(A.R. Orage)[1]、奥拉吉的英国朋友杨博士,以及曼斯菲尔德任命的主管奥尔加·伊万诺娃,又名奥吉万娜·拉扎维奇·辛森伯格(Olgivanna Lazovitch Hinzenburg)。[2]

学院生活可以提供很多有益的东西,这当然比坐在巴黎忍受庸医的昂贵治疗要好。但这不等于治愈。

────────────

1　他的健康得到了很大的改善,葛吉夫迫使他戒烟。
2　后来,她成了弗兰克·劳埃德·赖特夫人,并在美国经营一家自己的管理严格的公社。

10月18日

色雷斯 ──────────────────────────────── ★

海明威开始了他返回巴黎的艰苦旅程。当他到达时,他的情况很糟:患了疟疾,筋疲力尽,浑身被虫叮咬。他不得不剃掉头发来清除虱子。

伦敦 ──────────────────────────────── ★

英国广播公司(British Broadcasting Company)正式成立。它在五年时间里始终是一家有限责任公司,并在 1927 年成为一家股份公司。

好莱坞 ──────────────────────────────── ★

老板希德·格劳曼(Sid Grauman)打开奢华的埃及影院(Egyptian Theater)[1]大门,主持了联美电影公司《罗宾汉》的首映式,此片由道格拉斯·费尔班克斯主演。(见 1 月 1 日)格劳曼的影院是洛杉矶市区外第一

1　这一时期的历史常常表明,它的设计灵感来自 1922 年的古埃及法老图坦卡蒙(Tutankhamun)热的启发,但这种热潮直到 11 月才开始流行。格劳曼只是追随了一种很小的时尚,一种已经形成但还较为隐约的埃及设计风格。

座专门建造的"电影宫",所以这是好莱坞第一次真正意义上的电影首映式。

《罗宾汉》在票房上一炮而红(它很快成为 1922 年最卖座的电影),也获得了影评人的好评("这是电影制作的高峰——是无声电影在通往艺术的大路上走得最远的一步")。20 世纪中期,人们认为这部电影的所有拷贝都已丢失,经过很长一段时间的忽视之后,这部电影已成为好莱坞无声电影时代的巅峰之一。[1]

最早看这部电影的观众觉得它视觉上很迷人,还是一个令人兴奋的故事,而且影片由木材和石膏呈现出的中世纪的奢华场景仍然可以打动被电脑绘图的无限可能性所宠爱的现代观众的眼睛。奥斯卡金像奖当时还没有设立,但《罗宾汉》获得了当时的同类奖项——《电影剧本》(*Photoplay*)杂志 1922 年荣誉勋章——该奖打破惯例,不是授予导演艾伦·德万,而是

---

[1]　制作这部电影的工作量是惊人的。道格拉斯·费尔班克斯花很长时间阅读编年史和民谣,琢磨图片,了解比武竞赛和挂毯、城堡和纹章。尽管这部电影的叙述最终充满了幻想,但费尔班克斯坚持所有的细节都要尽可能准确。

这部电影的预算是 100 万美元(后来大大超出预算,达到 140 万美元左右);由于整个行业都感到不安,不可能找到一个愿意如此大规模投资的人,所以费尔班克斯自己把钱投了进去。在前期制作开始后,他被迫离开好莱坞几周,前往纽约就一项法律诉讼进行抗辩;他不在的时候,500 多名工人开始建造巨大的景观,然后在景观裂缝中种植苔藓和常春藤,让它们显得"年长日久"。在大型探照灯的照射下,工作一直持续到晚上,蚊虫肆虐。3 月 9 日,当费尔班克斯从纽约走下返回的火车时,他问道:"怎么样?"他们让他上了一辆车,开到圣莫尼卡和拉布雷亚的片场。在大约两百码外,他第一次看到了他们两个多月来取得的成绩:"天哪! 真惊人……太棒了!"

这部电影极大地推动了当地经济的发展。游客们蜂拥到片场观看,其中很多人最终被雇作临时演员,并得到戏服和(大多数人更感兴趣)一盒丰盛的午餐。导演艾伦·德万后来指出,最近的战争让他的工作更便利了——几乎人人都受过军事训练,所以他们作为军人看起来很有说服力,并且对指挥能做出及时的反应。

授予费尔班克斯,尽管有"十几位男性和女性"在这部电影的创作中扮演了重要角色,但应该认为它的"构思和摄制"属于他。

10月19日

伦敦 ──────────────────────────────────── ★

这进一步说明,并非所有古代文学中的神都死了。《荒原》发表三天后,A. E. 豪斯曼(A. E. Housman)终于出版了期待已久的《什罗普郡少年》(*A Shropshire Lad*)的续集:《最后的诗》(*Last Poems*)。豪斯曼建议首印 10000 册;而他的出版商格兰特·理查兹则较为谨慎,坚持认为印数应控制在 4000 册以内。人们很快发现,他们都低估了战后豪斯曼作品的读者数量。4000 册预售一空,而出版当天,第二次印刷也已准备就绪。[1]

报刊适时地煽起了公众对这本书的兴趣。《泰晤士报》不仅对《最后的诗》作了评论,而且还捧出了一位文坛领袖。10 月 25 日,《笨拙》(*Punch*)杂志刊登了一幅讨好豪斯曼的漫画——他手舞足蹈,吹着烟斗,背

1　到年底,这本书已经印了 21000 册——对于一个数十年来没有发表过任何诗歌的人的一部小诗集来说,这真是一个不寻常的销售数字。《什罗普郡少年》一年能卖出3000 册,也非常可观。经过四年的堑壕战,它唤起了年轻小伙子们奔赴战场的热情。

包里露出一本新书——画中的豪斯曼受到一位母亲般的缪斯女神的欢迎：
"啊，阿尔弗雷德，我们想你了！我的什罗普郡少年！"

是什么使得豪斯曼的诗歌才华在晚期绽放？部分原因在于他意识到，他最亲爱的朋友摩西·杰克逊（Moses Jackson）在遥远的不列颠哥伦比亚省患了一种致命的疾病；《最后的诗》某种程度上是作为送给他朋友临终的礼物。[1] 尽管很多诗都是在 1921 年末和 1922 年初创作的，[2] 但有些"新"诗从维多利亚时代起就一直放在他的书桌上。

许多 1920 年代尚是年轻男孩或女孩的作家都评论过豪斯曼在他们情感发展中扮演的特殊角色：如奥登（Auden）和奥威尔（Orwell），后者就写道，在他十几岁时，"几乎可以肯定，对年轻人思想影响最深的作家是豪斯曼"。1920 年代末和 1930 年代对艾略特更狂热的崇拜，是对豪斯曼崇拜的终结；尽管艾略特自己似乎也很欣赏豪斯曼，在一篇刊登于《标准》的文章中，他说这位诗人兼学者是当今最优秀的英国散文作家之一。

1　出版那天，豪斯曼从书架上（到午餐时间，剑桥书店的书已经卖光了）取下书，把书包成一个小包裹——一本签名的书、一份《泰晤士报》剪报，还有一封深情的告别信——寄给了"亲爱的摩西"。他指出，从他们第一次见面到现在几乎正好是四十五年。摩西·巴特勒（Moses Butler）于 1923 年 1 月 14 日去世。

2　这个相当仓促的创作过程与《什罗普郡少年》惊人地相似，后者的很多章节写于王尔德受审的那一年，1895 年，还有一些写于受审的那个月。（1895 年 5 月，英国作家奥斯卡·王尔德因"猥亵罪"受审入狱。——译注）

伦敦 ———————————————————————— ★

劳埃德·乔治的联合政府垮台了。[1] 11 月 17 日举行新的大选。

10月21日

都柏林 ——————————————————————— ★

叶芝写信给文学学者 H. J. C. 格里尔森(H. J. C. Grierson):

> 我想我说的关于爱尔兰的话,至少会引起你的兴趣。我认为事情
> 正在慢慢好转,但非常缓慢;多年来,我们两国一直在进行着不相上下
> 的谋杀和纵火。在我自己的居住地(即"巴利塔楼"),"黑棕警队"拖
> 着两个年轻人,把他们绑在一辆货车上,直到他们的身体被撕成碎片。
> "给母亲的只有脑袋,别的什么都没有,"一个乡下人说,他说的那个

1　联合政府的垮台有很多原因;最简单的解释是,它太大,内部分裂、无法生存。保守
　党和统一派(Unionists)既反对劳埃德·乔治的社会改革政策,也反对他与爱尔兰领
　导人谈判的无原则意愿。人们普遍认为,他对 9 月份的查纳克(Chanak)危机处理
　不当;当年 6 月,保守党已经披露,他曾参与出售爵位和荣誉勋章。当奥斯丁·张伯
　伦在卡尔顿俱乐部召集保守党议员开会时,危机爆发了。他们以 187 票对 87 票撤
　回了对联合政府的支持。

脑袋是在路边找到的。尽管有这些,但一个令人振奋的真理是,我们可以在相互蔑视之后学会宽容。不再有一个道德高尚的国家,我们中最优秀的人靠烛光生活。

他以一种谨慎乐观的口吻结尾:"我目前正在做一个项目,将艾比剧院(Abbey Theatre)升格为爱尔兰国家剧院(Irish State Theatre),我想我可能会成功。"

10月22日

★——————————————————————— 伦敦

弗吉尼亚·伍尔夫写信给罗杰·弗莱,抱怨艾略特对把他从银行的辛苦工作中解救出来而实施的"天才"计划表现得忘恩负义:

在过去的六个月里,他让我们继续写信和呼吁,最后他退出了,说他每年薪金不少于五百英镑——很明智,但为什么不一开始就这么说呢?为什么只要一提到钱,就会有扭曲和痛苦,甚至被羞辱得窒息而死?这就好比在妻子面前不放水(即撒尿)一样。很美国化,我想;我对这个种族了解得越多,就越感谢上帝赋予我英国血统,这至少可以让我免于穿三件马甲;大衣上一排珐琅纽扣,眼睛永远闭着——就像埃兹拉·庞德。

她那恼怒的语气可能部分是由于一种更普遍的焦虑和不确定感。到 1922 年 10 月,霍加斯出版社的前途似乎越来越难以预测。"显然,如果拉尔夫·帕特里奇像只蜜蜂一样飞舞在我们身边,我们就不能继续认真地出版。"[1]她的写作也不像她所希望的那样顺利。她原计划阅读索福克勒斯、欧里庇得斯和《奥德赛》的前五卷,为那篇最终以《论不懂希腊语》("On Not Knowing Greek")为题发表的文章做准备。与此同时,她在重新构思《达洛卫夫人》。但在她看来,这两个计划似乎都进展不大,直到 1923 年 7 月,那篇有关希腊的文章还没有成文。

从积极的方面来说,福斯特最近告诉她,他即将完成《印度之行》。

10 月 23 日

北卡罗来纳州 ━━━━━━━━━━━━━━━ ★

约翰·多斯·帕索斯写信给他的朋友阿瑟·麦克科姆(Arthur McComb),说他松了一口气,几分钟前终于和"那个讨厌的婊子南·泰勒

1　伦纳德和拉尔夫·帕特里奇有利益交集,拉尔夫拒绝离开。他直到 1923 年 3 月才离开。

（Nan Taylor）小姐"告别了——这与其说是对自己情感生活的抱怨，不如说是对自己文学生活的抱怨，因为南·泰勒是他刚刚完成的小说《夜街》（*Streets of Night*）的主角。他的痛苦部分是由于审美，部分是出于身体原因。他对这本书的风格和内容不再感兴趣，几年前他还是哈佛大学的学生时就开始写这本书，后来束之高阁。就像海明威和他的好朋友卡明斯，战争期间，多斯·帕索斯曾是一名救护车司机，在法国和意大利北部服役，他在那里看到的可怕景象使《夜街》中的一切都显得天真和无关紧要——"一桶垃圾似的枯萎的愿望"。更麻烦的是，他的眼睛一直给他带来极大的痛苦，有一段时间，他因为偶尔失明而感到恐慌。

但是他坚持不懈地推进写作速度，以便能够及时借助他最后一部小说《三个士兵》的意外成功，这是他 1921 年 9 月在叙利亚大马士革旅行时出版的。[1] 在发行量相对较小的期刊上出现了最初一些好评之后，接踵而来的是主流媒体铺天盖地的反应：《〈三个士兵〉被贴上懒虫和懦夫教科书的标签》，1922 年 3 月 13 日《芝加哥论坛报》头条标题这样写道。多斯·帕索斯意识到所有宣传的价值，并得出结论，《三个士兵》惹恼了他想惹恼的

1　他登记入住酒店时收到一封信，祝贺他突然"和箭牌口香糖一样出名"。这是忙碌而不安的一年。离开大马士革后，他又去了贝鲁特，然后去了巴黎，2 月底返回美国。他的游记《罗西南特再次上路》（*Rosinante on the Road Again*）3 月在美国出版，他的第一部小说《一个人的开始：1917》（*One Man's Initiation：1917*）6 月再版，诗集《路边的手推车》（*A Pushcart at the Curb*）10 月再版。他在纽约和坎布里奇（Cambridge）待了几周，在宾夕法尼亚和卡茨基尔（Catskills）徒步旅行，参加了 6 月 17 日约翰·皮尔·毕肖普（John Peale Bishop）的婚礼，然后又到锡拉库扎（Syracuse）和缅因州，然后 9 月底回到纽约，与泽尔达和菲茨杰拉德一起喝酒狂欢。他们先在广场吃了一顿丰盛的午餐，然后变成了去大颈的公路之旅，还在泽尔达的坚持下（司各特在车里对着一瓶威士忌生闷气），在摩天轮上玩了一些令人毛骨悚然的游乐项目。在那之后，北卡罗来纳州之行算是一种解脱。

人,他对谴责和赞扬一样满意。随着夜幕的降临,多斯·帕索斯终于可以把注意力转向写一本自己真正感兴趣的书了。这就是他的突破性作品:《曼哈顿中转站》(*Manhattan Transfer*)。

伦敦 ─────────────────────────────────────── ★

艾略特写信给庞德,说他太累了,不想去巴黎旅行,打算去海滨度假胜地安静休息十天。他还讨论了他想在某些诗句上接近叶芝的可能性。26日的《泰晤士报文学增刊》上出现了一篇对《荒原》和《标准》的评论;作者(未署名)是哈罗德·查尔德(Harold Child),他对艾略特的评价是有益的。"我们知道,没有哪位现代诗人能比他更充分、更感人地向我们揭示构成生活的肮脏与美丽之间纠缠不清的关系。"他还大致肯定了《标准》杂志,称其为"……英国季刊中罕见的、纯粹的文学评论,但……质量不低于国内外发表的任何评论。"

10月24日

法国 ─────────────────────────────────────── ★

科克托从普拉穆斯奎尔村写信给他母亲,谈论他写的"中篇小说"("我称它为中篇小说,尽管它比我的长篇小说——《大劈叉》——还长……")《骗子托马斯》。他对自己迄今为止在这本书上取得的进展没有把握,他说,这是他所做过的最雄心勃勃的计划,这让他有时感到害怕:如果小说成功了,那将是一大进步;如果失败了,结果将是"巧克力慕斯"。然而,他说,雷迪格,一个严厉的批评家,到目前为止对他所读到的东西表示认可。

科克托以一部法国经典——司汤达的《巴马修道院》——作为榜样,试图写一部关于爱与战争的雄心勃勃的小说,集中描写最近发生冲突的两个地区,那是他在红十字会工作中最熟悉的,即弗兰德斯(Flanders)和香槟(Champagne)这两个地区。小说主人公,一个年轻的水兵,有诗意的灵魂,出身卑微,生活在幻想中,他实际上是一个将军的侄子。在这部小说中,"欺骗"与其说是一种欺诈或江湖骗术,不如说是想象力的胜利:换句话说,它是一种诗歌。[1]

★─────────────────────────────────── 美国

D. H. 劳伦斯的小说集《英格兰,我的英格兰》(*England, My England and Other Stories*)出版。

---

1 纪德不赞成《大劈叉》主人公羞于承认真实的性本能的方式,但他对这部作品的评价甚高,因为他把托马斯对一个可爱女孩的追求看成书中人物的另一种伪装。科克托真诚地否认这是他的本意。然而,他在南方逗留期间所写的诗,却受到他对雷迪格的温情的影响,这些诗已被公认为 20 世纪爱情诗的经典之作。它们是一组与睡着的雷迪格的精美画像相对应的诗句,而这组画作也是科克托在 1922 年这个神奇的夏天创作的。

10月25日

都柏林 ────────────────────────★

第三届议会颁布了《爱尔兰自由邦宪法》。

阿克斯布里奇 ────────────────────★

T. E. 劳伦斯——或者，按他现在的身份，352087 号空军士兵约翰·休谟·罗斯(John Hume Ross)——说他想让温德姆·刘易斯为《智慧七柱》画一幅 D. G. 霍加斯(D. G. Hogarth)[1] 的画像。

刘易斯在南希·库纳德的陪同下于 10 月访问了威尼斯。

美国 ──────────────────────────★

H. L. 门肯的杂志《时尚人物》10 月号上刊登了一篇题为《回马箭》

---

1 D. G. 霍加斯(1862—1967)，曾是阿什莫林博物馆(Ashmolean Museum)管理员，在劳伦斯早期作为考古学家的职业生涯中是他的导师，战争期间是阿拉伯事务局(Arab Bureau)的情报官员。编剧罗伯特·博尔特(Robert Bolt)解释说，在大卫·里恩(David Lean)的影片《阿拉伯的劳伦斯》中，霍加斯是德莱顿先生(Mr Dryden)这个复合角色背后的真实人物之一。

（"The Parthian Shot"）的短篇小说——只有一段。这是达希尔·哈米特（Dashiell Hammett，生于 1894 年）出版的第一篇作品。他是硬派侦探小说之父和无可争议的大师，著有《瘦子》（*The Thin Man*）、《血腥的收获》（*Red Harvest*）、《马耳他之鹰》（*The Maltese Falcon*）等经典侦探小说。1922 年 2 月，哈米特辞去了平克顿侦探事务所的工作，决心成为一名职业作家。1922 年 11 月，他以达格赫尔·哈米特（Daghull Hammett）的笔名在《十故事书》（*10 Story Book*）上发表了他的第二篇（也很短）小说《不朽》（"Immortality"）；12 月，他以彼得·柯林森（Peter Collinson）的笔名，在《短故事》（*The Brief Stories*）上发表了《理发师和他的妻子》（"The Barber and his Wife"），并在名为《黑色面具》（*The Black Mask*）的低俗杂志上发表了《回家的路》（"The Road Home"），这本杂志后来成为他短篇小说的固定出口。仅仅几个月后，哈米特构思出"大陆侦探社"（the Continental Op）的无名侦探故事；他的事业开始起步。

★——————————————————————————— 利马

三十岁的诗人塞萨尔·瓦列霍（César Vallejo, 1892—1938）出版了两百本价格适中的小册子，可以卖给任何想买的人。《特里尔塞》（*Trilce*）这部诗集的发行很不景气，几乎不为人知，但现在被公认为秘鲁最伟大诗人的最大成就。[1] 根据一些权威人士的说法，它仍然是西班牙语文学中形式

1　就在我写下这些话的时候，电台宣布马里奥·巴尔加斯·略萨（Mario Vargas Llosa）获得了 2010 年诺贝尔文学奖——他是瓦列霍的忠实崇拜者。巴尔加斯·略萨为瓦列霍诗集的英译本写了序。

上最激进的诗歌,可与《芬尼根守灵夜》相媲美。

瓦列霍[1]一生只出版过三部诗集。在四年的时间里,他创作了收入《特里尔塞》诗集的 77 首诗歌。其中一些诗篇是通过自动书写技巧创作的,与超现实主义非常相似,尽管他当时并不了解超现实主义。诗中充斥着新词语、双关语和奇怪的句法;不出所料,多年来这本诗集的读者群都不大。

10 月 26 日

罗马 ───★

在墨索里尼施加的压力下,意大利议会解散。

---

1 他出生在秘鲁安第斯山脉一个叫圣地亚哥·德丘科((Santiago de Chuco)的小镇,是 11 个孩子中最小的一个;家里很穷,瓦列霍不得不时常中断学业去挣钱。有一段时间,他在一个糖料种植园工作——这是使他倾向于共产主义的经历之一。他 1915 年获得西班牙文学学士学位,并搬到利马,在那里担任小学校长。他的第一本书是《黑色使者》(Los Heraldos Negros),出版于 1919 年(尽管扉页上写的是 1918 年)。瓦列霍当时的生活很艰难;他母亲 1920 年去世,他因涉嫌在家乡煽动暴乱而被判入狱 105 天。1923 年,他逃往欧洲,在那里过着俭朴的生活,主要住在巴黎,直到去世。他的遗体埋葬在蒙帕纳斯公墓。

★————————————————————————————— 伦敦

　　霍加斯出版社出版了它的第一部长篇:弗吉尼亚·伍尔夫的小说《雅各的房间》,大约有 1200 本。封面插图是凡妮莎·贝尔的作品。[1]

　　《雅各的房间》是一部不足六万字的小说,讲述了主人公雅各·弗兰德斯(Jacob Flanders)的一生,从少年时代到他的死亡,大概是在第一次世界大战期间,他将近三十岁的时候。我们看到他在旅途中,在剑桥上学,在伦敦和巴黎闲逛,在意大利和希腊旅行。伍尔夫从一个视角跳到另一个视角,叙事有时会让读者感到难读,她很少指出视角的变化。她的风格是十分精致的——也许有些过度——偶尔抒情。书中有许多偏离主题的内容,有时代表某些人物头脑中的一连串想法,但通常不能将其归结为任何一种意识。比如:

　　　　女人的美,就像海洋上的光,永远不会固定在一个波浪上。她们

　　　都拥有,她们都会失去。她们时而又闷又笨,时而透明如一只悬挂的

————————————

1　这本书卖得很好,几周后就卖出了 2000 本,第二年 2 月在美国出版。

玻璃杯。固定的面孔是死板的面孔。威尼斯少年就像一座供人瞻仰的纪念碑,却是用雪花石膏雕成的,放在壁炉台上,永远也不用掸灰。一个从头到脚打扮入时的浅黑肤色女子躺在客厅的桌子上,只是作为一个样本……

诸如此类。

艾略特写信给她:

> 你已经从传统小说和原始天赋之间的任何妥协中解放出来了。在我看来,你已经在你的其他小说和《周一或周二》(*Monday or Tuesday*)的实验散文之间架起了桥梁,并且取得了显著的成功。

正如她的传记作者昆汀·贝尔所说,《雅各的房间》标志着伍尔夫成名的开始;这本书通常被认为是她作为成熟作家生涯的起点。

伯肯黑德 ★

埃里克·布莱尔(Eric Blair)登上"赫里福德郡号",开始了为期三周的旅程,先去仰光(Rangoon),再到曼德勒(Mandalay)。像他这样的头等舱乘客,在几个星期里除了闲荡、吃喝、打甲板网球和学会忍受炎热之外,没什么可做的。[1]

"赫里福德郡号"11月停靠仰光。布莱尔和另一位陪同他外出的学员阿尔弗雷德·琼斯(Alfred Jones)花了几天时间,对当地官员进行了必要的礼节性拜访,然后登上火车,向北行驶十九个小时到达曼德勒,曼德勒位于缅甸中部。罗杰·比顿(Roger Beadon)[2]是当年第三位成功的考生,他在车站迎接他们,并把他们直接带到毗邻缅甸省级警察培训学校的警察食堂。在接下来的十四个月里,这儿就是他们的家,他们常常独享这儿的一切。

在学校接受九个月的标准培训,然后是五个月的实地试用,这通常是正式上岗的前奏。布莱尔和当年入学的其他学生学习了——主要靠死记

1　在航行中发生的两件令人略感震惊的事情,在当时和以后的几年里,都让他很不舒服。他在四个轮流掌舵的欧洲舵手身上所看到的男子汉的权威和能力给他留下了深刻的印象;年仅十九岁的他仍然是一个易受影响、不懂世故的人,他把他们视为神一般的人物。但有一天下午,他瞥见其中一个神灵"像老鼠一样急匆匆的",试图掩饰他偷偷从乘客们盛满食物的餐桌上拿来的一把奶油布丁。看到一个掌握着自己生命、训练有素的工匠沦落到偷残羹剩饭的地步,他感到很惊讶:"这比我从六本社会主义小册子中学到的还要多。"

　　第二个事件,如我们现在所说,是种族主义的教训。"赫里福德郡号"停靠科伦坡时,照例有一大群苦力上船。其中有个人提着一只旅客的锡制制服箱,笨手笨脚地晃来晃去,险些碰到别人的脑袋。一名白人中士见此情形,在他背后狠狠地踢了一脚,把他踢倒在地。没有一位乘客提出抗议。"英国最自私的百万富翁,如果看到一个英国同胞被那样踢了一脚,至少会感到一时的愤恨。然而这里的人都是普通的、体面的中产阶级……除了表示赞许之外,没有任何感情地看着这一幕。"布莱尔,这位心怀不满的伊顿公学的怀疑论者,这是他在社会主义道路上迈出的第一步。

2　在比顿的记忆中,布莱尔是一个非常安静、孤僻、忧郁的人,又高(六英尺三英寸)又瘦,他的制服或便服似乎总是不太整洁地挂在身上。虽然他并不十分讨厌,但他也不参与斯诺克台球、红杜松子酒和跳舞的世界,宁愿一个人待在自己的房间里看书。他的上司并不认为这是一件坏事:书生气十足的军官们往往比他们更善于交际的同僚更能应付热带地区的漫漫长夜,而后者往往会死于酗酒或鸦片。

硬背——警察程序、法律，以及缅甸语和印度斯坦语等语言。布莱尔也许并没有成为一个伟人的潜质，但他的语言能力却让同学们惊讶不已。当他五年后——他曾经说过，"在军号声中度过了无聊的五年"——离开缅甸时，他能够进入寺庙，并与僧侣交谈，身处他们复杂的社会体系中：这确实是高水平能力的标志。

布莱尔在缅甸的日子过得很不愉快，感到孤独，时常忧郁、沮丧和愤怒。他不是圣人，他在自传体作品中坦率承认，有时他会像最粗野的英国军人那样，对仆人大喊大叫，进行殴打；有时，他幻想能把刺刀刺进一个傻笑的和尚的肚子该有多好。然而，从长远来看，对一个致力于结束帝国主义的作家来说，为帝国服务一段时间被证明是一种理想的训练。

10月28日

罗马 ———————————————————★

墨索里尼的法西斯分子在一场通常被称为"罗马大进军"（March on Rome）的活动中控制了这座"永恒之城"。"大进军"这个名称——意味着高度的纪律性和戏剧性——给一个更加混乱的事件增加了不必要的荣光。当时大约有两万法西斯士兵——黑衫军——从四个方向向首都集结。大多数人都营养不良、装备很差、缺乏训练。他们的进军在离城约二十英里的地方受阻，由于暴雨，其中一些人决定放弃行进，回家去。意大利军队本来可以轻易地粉碎这场混杂的叛乱，但没有部署行动的政治意愿。第二天，10月29日，维克托·伊曼纽尔三世（Victor Emmanuel III）国王邀请墨索里尼组建新政府。第二天，墨索里尼来了，穿着黑衫黑裤，戴着圆顶礼帽。他如愿当上了总理——意大利历史上最年轻的总理。

10月29日

★————————————————————————————— 伦敦

弗吉尼亚·伍尔夫写信给大卫·加内特（David Garnett），称赞他最近的小说《变成狐狸的女人》（*Lady into Fox*）。

加内特的这部中篇小说，或称长的短篇，是当年最奇怪的作品之一；它很简单地讲述了一个年轻妻子突然奇迹般地变成一个泼妇时发生的事情。它的一部分读起来像童话故事——尽管它有时是残酷的，包括对性嫉妒和其他成人主题的反思。另一部分是冷酷的喜剧，尤其是前面几页，困惑的丈夫试图过一种正常的中产阶级的婚姻生活，打牌，晚上弹钢琴。它更接近卡夫卡的《变形记》，而不是其他英国故事超自然的变形，读者可能觉得，只是丈夫——如他的邻居所认为的——陷入了一个可怕的错觉。加内特一直否认这是任何形式的寓言，尽管后来他意识到小说有可能被解读为一种极端的婚姻忠诚。

从文学角度来看，这本书最令人印象深刻的部分是它对女主人公西尔维娅·特布里克(Silvia Tebrick)夫人的描写,她新的狡猾性格如何逐渐占据上风。起初,她完全是个困在狐狸身体里的年轻女子,坚持要穿衣服:"……当他系带子时,他可怜的夫人用温柔的眼神感谢他,并无羞怯和困惑。"夫妇俩一起喝茶,欣赏亨德尔(Handel)、吉尔伯特(Gilbert)和沙利文(Sullivan)的音乐。但随后她开始用一种奇怪的方式观察他们笼子里的鸟,并追逐鸭子。最后,她野蛮地杀死一只兔子,贪婪地吃掉了它。从这儿开始,故事讲述了特布里克先生对她的爱如何依然存在,即使在她跑去野外与一只狗狐狸交配、生下幼崽之后。

《变成狐狸的女人》的插图是 R. A. 加内特(R. A. Garnett)的木刻画;小说获得了 1923 年的霍桑登奖(Hawthornden)和泰特·布莱克奖(Tait Black)。

柏林　　　　　　　　　　　　　　　　　　　　　　　　　　　★

哈利·凯斯勒伯爵在日记中沉思:

　　在意大利,法西斯分子通过政变获得了权力。如果他们继续保持这种状态,那么这将是一个历史性的事件,不仅对意大利,而且对整个欧洲都会产生不可预见的后果。这也许是反革命取得成功的第一步。直到现在,例如在法国,反革命政府仍然至少表现得好像他们是民主和爱好和平的。在这里,一种赤裸裸的反民主和帝国主义的统治形式再次占了上风。在某种意义上,墨索里尼的政变可与列宁在 1917 年 10 月的革命相提并论(当然是相反的方向)。也许他会引领欧洲进入一个新的混乱和战争时期。

法西斯主义的胜利鼓舞了纳粹,他们热切地期待获胜。

10月30日,凯斯勒写道:"墨索里尼被意大利国王任命为总理。对意大利和欧洲来说,这可能是一个不幸的日子。"

31日,艺术品经纪人勒内·吉波尔记录了一段与著名且极具影响力的艺术评论家伯纳德·贝伦森的对话:

> 我在佛罗伦萨。墨索里尼已被任命为地方议会主席。很多人谈论法西斯主义。贝伦森评论道:"三年前,正是这些法西斯分子以佛罗伦萨苏维埃的名义向我索要了最珍贵的葡萄酒;那时他们是共产主义者。他们不知道他们是谁。唯一幸运的意大利人是那些住在国外的人。我在这里住了三十二年,从来没有见过一个政府,他们的管理方式就像他们的警察一样,在罢工期间保持低调。当政府遇到一些困难时,他们就消失了;当一切都按事情的本性解决了之后,他们就会得意扬扬地重新出现。但无论如何,这个国家一切正常。那是因为意大利不是一个国家,它是一种文明!"

> 晚饭后,贝伦森,这个正直的典范,试图向我推销照片,但都很糟糕!

★ ──────────────────────────────── 俄国

红军占领了符拉迪沃斯托克(Vladivostok),并在该市郊区击退了日军。对列宁来说,会有更多的好消息。

《星期日纪事报》(*Sunday Chronicle*)报道了"著名诗人阿尔弗雷德·诺伊斯(Alfred Noyes)先生"在英国皇家文学学会的一次演讲。他在演讲中对"当今的文学布尔什维克主义"进行了严厉抨击,主要攻击目标是"詹姆斯·乔伊斯的《尤利西斯》";诺伊斯毫不妥协:"这简直是印刷出来的最肮脏的书。"

对于有这么多都市知识分子称赞这本书,说乔伊斯是天才作家,他表示惊讶和沮丧。他说,到目前为止,英国出现的"唯一可靠的分析"是《体育时代》上的文章,该文章称《尤利西斯》是"一个疯子的作品",如果这本书被送上刑事法庭,诺伊斯继续说道,"它将被判定为一堆难以形容的堕落的腐败"。

诺伊斯说,比这本书本身更令人不安的是这一"令人震惊的事实":"我们的伪知识分子"一直在为乔伊斯的名声添砖加瓦,而与此同时,维多利亚时代的一些伟大作家,如丁尼生,正受到来自多方面的抨击。整个事件"就是所谓的'当今的文学布尔什维克主义'的完全荒谬化的极端例子"。

很明显,此时诺伊斯已经读过肖恩·莱斯利对《尤利西斯》充满敌意的评论,这一次该文以他的真名发表在《评论季刊》10月号上。第二篇攻击性文章的篇幅明显长于《都柏林评论》上的那篇,但凶猛程度并不亚于后者:"总的来说,这本书必定不堪卒读,引用起来也不受欢迎……"莱斯利再次发出人们越来越熟悉的"挑衅"的声音:"如果我们把乔伊斯先生的作品说成是文学上的激进主义,也不会错得太离谱。这部小说是实验性的、反基督教的、混乱的、完全不道德的。"

或许意识到《评论季刊》的读者对乔伊斯亵渎天主教会——可能还包括相当多的新教徒——的行为不会像《都柏林评论》的读者那样感到不安,莱斯利很快就结束了他对这本书宗教倾向的反对。("从任何基督徒的观点来看,这本书就是一种诅咒,因为它试图对欧洲近两千年来宗教中最神圣的主题和人物进行嘲弄。")相反,他专注于证明这本书淫秽、令人反感、晦涩难懂、文笔拙劣……很可能是一个巨大的骗局,蒙蔽了法国和英国的"批评禁卫军"。

10月31日

★———————————————————— 纽约

卡雷尔·恰佩克(Karel Čapek)和约瑟夫·恰佩克(Josef Čapek)的戏剧《我们生活的世界》(*The World We Live In*)在美国首演。

★———————————————————— 伦敦

约翰·梅纳德·凯恩斯动身前往柏林,在那里他应德国总理之邀,参加一个有关马克稳定的会议。会议定于 11 月 2 日开始;他稍早启程,以便有时间和他的朋友卡尔·梅尔基奥[1]在一起。

莫斯科 ─────────────────────────── ★

列宁似乎恢复了健康,康复后他第一次公开露面是在全俄中央执行委员会,在克里姆林宫的王座厅。他穿着一件相当破旧邋遢的军装,经过 300 多名代表时没有引起注意,直到他几乎走上讲台。然后响起了巨大的欢呼声,当列宁举起手时,欢呼声平息下来。他说,他的医生只允许他发言 15 分钟;他就是这么说的,还看了看手表,核对一下时间。

他回顾了革命的状况;他宣布符拉迪沃斯托克已经从日本人手中夺回;他谈到彻底精减官僚机构的必要性。之后,他回到休息室,在那里他被来自世界各地的记者团团围住。一位来自纽约报界的艺术家告诉他:"大家都说您是个大人物。""我不是一个大人物,"列宁回答,"你看一眼就知道了。"

─────────

1　卡尔·梅尔基奥(Carl Melchior,1871—1933):德国金融界最有影响力的人物之一。1919 年,他作为顾问参加了巴黎和平会议;1922 年,他成了强大的制药公司贝尔斯道夫集团(Belersdorf AG)的主席。在整个 1920 年代,他提出了一个不受欢迎的(对许多德国人来说)观点,即德国至少应该尝试做出同盟国要求的巨额经济赔偿,尽管这只能是一项短期政策。他的工作使他与凯恩斯频繁接触,并成为好朋友。

NOVEMBER 十一月

11月1日

奥斯曼帝国被废除,大国民议会(Grand National Assembly)控制了土耳其;几个月后,在瑞士洛桑举行的条约会议上,大国民议会统治的合法性得到了国际社会的承认。奥斯曼帝国的最后一位苏丹,穆罕默德六世瓦伦丁(Mehmed VI Valentin)正式退位。11月17日,他流亡意大利。

为了准备英国广播公司(BBC)即将开播,议会颁发了一张十先令的广播执照。

11月2日

澳大利亚 ─────────────────────────────★

澳大利亚航空公司,即澳航(Qantas)开始了它的第一次客运服务。

伦敦 ─────────────────────────────★

艾略特在沃辛(Worthing)度过了短暂的假期,返回家中。薇薇安给庞德写了一封不同寻常的信,抱怨罗瑟米尔夫人,或者用薇薇安的话说,是"罗瑟米尔女人":"她精神错乱——她是那些最危险的女人中的一个。"她继续用这种语气,把葛吉夫学院当作精神病院:

> 她现在住在一个原是修道院的精神病院,在那里她与凯瑟琳·曼斯菲尔德裸体跳宗教舞蹈。"凯·曼",她在每封信里都这么说——"是我见过的**最聪明的**女人"。(当然)凯·曼向她耳朵里灌毒药,因为凯·曼比任何人都更讨厌汤姆(艾略特)。

这话听起来很荒谬,甚至有点偏执。然而第二天,艾略特也写信给庞德,表达了同样的恐慌和愤慨,只是语言温和得多:

424

自从《标准》创刊以来,罗瑟米尔夫人的攻击性越来越强,尤其是自从她进入疯狂的静修状态以来。我希望你能在她离开巴黎之前见她一面,直言不讳地告诉她《标准》办得很**成功**。我只需要善意的提示。几乎所有的刊物(印了 600 本)都卖出去了。但这个女人会毁了刊物。

庞德迅速回复,劝告艾略特,不要执行试图从罗瑟米尔夫人手中买下刊名的紧急计划。

★─────────────────────────────── **伦敦**

麦克米伦公司出版了两卷精美的叶芝作品集:《晚期诗集》(*Later Poems*)和《话剧与诗剧》(*Plays in Prose and Verse*)。艺术家查尔斯·里基茨(Charles Ricketts)设计了绿色布面的装帧,并绘制了独角兽和喷泉的封面。几天后,叶芝给里基茨写信表示感谢:

> 昨天,我妻子把书拿到我的书房,无法抑制她的兴奋。她走到门口,我听到她喊了一声:"你终于有完美的书了。"书很完美——既耐看又完美。独角兽的小巧设计是那种困难的杰作……

他接着说到最近的暴力行为:一枚小型炸弹被扔在最近聚会的都柏林艺术俱乐部外的街道上,[1] 而几天前在梅里翁广场的另一边,还有一枚更大的

---

[1] 听众已经对爆炸声习以为常了,当时正在讲话的那个人甚至都没停下来。

炸弹，它的威力足以震裂叶芝的窗户。

色雷斯 ———————————————————————————★

　　海明威前往色雷斯东部的穆拉德利（Muradli）观察希腊军队的撤退。这片土地现在已经由协约国割让给土耳其人，希腊军队只有三天时间撤离。从某种意义上说，他们呈现出一幅可怜的景象：肮脏、疲惫、长满虱子、被蚊虫叮咬，穿着不合身的美军制服。他们留下了许多废弃的机关枪掩体、炮位和加固过的堑壕，他们原先准备依托这些工事迎战来犯的土耳其人。然而，海明威还是认为，他们远非可悲：他们看起来仍然是精锐之师，坚韧不拔。在他心里，毫无疑问，他们会成为入侵者的可怕对手。那么，到底出了什么问题？在与不同的军事观察员交谈后，他得出结论，这些勇敢的士兵被最高层出卖了。

　　直到最近，他们的军官都是在萨洛尼卡（Salonika）和英军一起服役过的；有这样的军官，他们很可能占领安卡拉，以武力结束战争。相反，所有经验丰富的陆军军官都被君士坦丁国王突然解雇，取而代之的是君士坦丁主义政党成员，他们大多数人战争期间都在瑞士，从未听到过枪声。他们在随后的战斗中不仅表现得无能，更可悲的是玩忽职守。[1] 海明威说得很直白：君士坦丁让这些战士失望了。"他们是希腊最后的荣耀。这是他们

1　在安纳托利亚（Anatolia）发生过一件尴尬的事情，当时希腊步兵正在向土耳其人发起猛烈进攻，却遭到了他们自己炮兵的轰炸。看到这一骇人景象的英国观察员沮丧而愤怒地吼叫，但无能为力。

对特洛伊的第二次围攻。"[1]

海明威回到君士坦丁堡,在城里,即将到来的大屠杀引起的恐慌几乎一夜之间消失了。英国皇家海军已经进入马尔马拉海(Sea of Marmora),并向哈米德·贝传达信息,如果有屠杀基督徒的事件发生,这座城市将遭到炮击。这可能是恫吓,但如果是这样,那恫吓奏效了。平静的感觉又回来了。[2]

最后一份报道完成后,海明威——现在正遭受由君士坦丁堡的蚊子传染的疟疾的折磨——动身前往索非亚(Sofia),在那里写了一篇长文,反思色雷斯人撤离的恐怖,并进一步描述了他在前往保加利亚的途中看到希腊士兵撤退的经历。他提醒读者,不管他的稿件要多久才能送到报社,二十五万平民组成的难民人群仍在蹒跚地向马其顿走去。[3]

---

1 《荷马史诗》描写了希腊人远征特洛伊人的战争。——译注
2 事实上,在随后的小冲突中有了一点闹剧的因素:凯末尔的一艘潜艇,是苏联的礼物,被皇家驱逐舰的炮火和深水炸弹击退,现在成了海盗船,在海盗旗下做着有利可图的生意。一艘皇家海军巡逻船稽查了一船土耳其妇女(这些"妇女"从城市的亚洲一侧过来),发现她们全是男人——一旦发生入侵,他们就会在城内行动。
3 他以一段与玛丽夫人喝酒的小插曲结束了这个话题。玛丽夫人是当地一家旅店的老板,对土耳其人的到来无动于衷。希腊人、土耳其人、保加利亚人,最后,她耸耸肩说,他们都是一样的。接着,她又厚颜无耻地多收了他的住宿费,向他道歉说,她的房间里有虱子,并让他安慰自己,被虱子咬,总比露宿街头好。

11月3日

在意大利政变后不到一周,纳粹党官员赫尔曼·艾瑟(Hermann Esser)在慕尼黑皇家啤酒屋举行的盛大宴会上宣布:"德国的墨索里尼就是阿道夫·希特勒。"回顾历史,这一声明可被视为元首崇拜的开始。

11月4日

英国考古学家霍华德·卡特(Howard Carter)和他的手下发现了一块明显是石阶的东西。到第二天,他们已经把它清理干净了。卡特立刻看出这是一个重要的发现:他们终于找到了古埃及法老图坦卡蒙(Tutankhamun)陵墓的入口。

尽管考古学者并不知道他们即将成为世界名人,但当年最受追捧的故事之一即将揭晓。这是考古学史上的一件大事,但也被描述为世界上第一例真正的媒体事件:这是一种集体的幻想,由媒体创造,它感动了当时和未来几年里数以百万的人。

11月5日

★─────────────────────────── **莫斯科**

共产国际第四次代表大会召开。列宁病重,不能出席,但写了一封信,在会议开始时宣读。与会者中有正在兴起的美国哈莱姆文艺复兴的文学明星克劳德·麦凯(Claude McKay);在出席大会期间,他会见了托洛茨基和布哈林(Bukharin)。[1]

11月6日

★─────────────────────────── **都柏林**

叶芝写信给他的朋友,文学学者赫伯特·格里尔森(Herbert Grierson):

1　11月30日,大会讨论了黑人问题,并申明共产党人支持非洲裔美国人和其他受压迫的有色人种的斗争。

在炸弹和烟雾的掩护下,我们准备回到保守政治,就像在欧洲其他地方一样,或者至少用历史意义来取代逻辑。回归将是痛苦的,也许还会是暴力的,但许多受过教育的人谈论它,并必须很快为之工作,即使可能引发骚乱。

他补充说,其中的许多人都饶有兴趣地关注着"个人主义的意大利"。

埃及 ★

霍华德·卡特给他的赞助人乔治·爱德华·斯坦霍普·莫里纽克斯·赫伯特(George Edward Stanhope Molyneux Herbert),也就是卡那封五世伯爵,在纽伯里(Newbury)附近的海克利尔城堡府邸发送了一封加密电报。解密电文如下:

终于在山谷有了奇妙的发现 一座宏伟的陵墓完好无损
重新覆盖　等候你到来　恭喜

卡那封最初的反应相当平静:

可能很快就去

但后来他想了想，激动起来。[1] 如果卡特真的认为他的新发现是**伟大的**，显然是时候去看看他所发现的东西了。卡那封又发了一份电报：

预计 20 号到亚历山大

卡特等着他的赞助人到来。

11月7日

艾略特再次写信给庞德，询问出版凯瑟琳·曼斯菲尔德的一篇小说的问题。

---

1 卡那封断断续续地参与卡特的工作约十三年，在早期有过几次重大的失望，部分由于卡特的年轻和缺乏经验——他是一名完全自学成才的考古学家。然而，在最后的五年里，卡特的工作方法变得更加系统化了。他的新方法模仿第一次世界大战期间发展起来的炮垒计划，1917 年，他在山谷中心取得了一块 2.5 英亩的三角形土地，以拉美西斯二世（Rameses II）、梅尔普塔（Merneptah）和拉美西斯六世（Rameses VI）的坟墓作为参考点。他将这块三角形土地分割成一个网格系统，然后，在一个多达100 名工人的团队中，开始了从基岩着手的艰苦的清理工作。这个过程花了他的赞助人大约 35000 英镑，费用堪称昂贵，但到那时为止，除了一些破罐外，并没有发现什么更有趣的东西。

我自己更愿意从默里那里拿到一篇稿件；他至少各方面都比他妻子好。后者绝不是 R 女士所见过的最聪明的女人。她是 R 女士见过的最固执、最厚脸皮的谄媚者之一，是最粗俗的女人之一，也是一个多愁善感的怪人。

关于未来的编辑方针，他建议，由于只有六个人值得发表，他想从其他领域的知名人士那里征集文章：人类学家和神话研究学者詹姆斯·弗雷泽(James Frazer)爵士、神经外科医生和心理学家威廉·特罗特(William Trotter)、天文学家亚瑟·爱丁顿(Arthur Eddington)爵士，还有生理学家查尔斯·谢灵顿(Charles Sherrington)爵士。然而，这些贤明之士没有一个为《标准》投过稿。

莫斯科 ──────────────────────────★

　　与谢尔盖·尤特凯维奇(Sergei Yutkevich)合作，谢尔盖·爱森斯坦发表了他的第一篇关于电影的理论文章：《第八艺术：表现主义、美国，当然还有查理·卓别林》("The Eighth Art. On Expressionism, America, and, of course, Charlie Chaplin")。文章刊登在《回声》(Ekho)杂志上。此时，爱森斯坦仍在莫斯科剧院工作，甚至还没有导演过一部电影。[1]

1　1923 年，他的电影处女作是一部短片，打算作为戏剧的一部分放映；后来，1924 年，他制作了他的第一部故事片《大罢工》(Strike)。

凯斯勒写了关于通货膨胀危机的文章:"九千马克兑一美元。每日汇率就像重症病人的体温图一样显示了贬值的幅度。"

11月8日

弗拉基米尔·纳博科夫开始结交爱好文学的朋友,共同建立了一个年轻移民作家的圈子,他们用"圆桌兄弟"(Bratstvo Kruglogo Stola)这个具有仿英雄色彩的名字称呼自己。建议成立这个小组的人是列昂尼德·查茨基(Leonid Chatsky),他称他的这位同事是"20世纪的珀加索斯[1]"——一半是长颈鹿,一半是海马:这位"西林"[2]又高又瘦,似乎朗诵他的诗文时才转动他的脖子。这是一个令人兴奋的时期:1922年和1923年期间,许多俄国著名作家至少在柏林待过一段时间——高尔基、马雅可夫斯基、帕斯捷尔纳克、茨维塔耶娃、别雷等。"西林"是这些鲸鱼中的一条小鱼;但在英

1　珀加索斯(Pegasus),希腊神话中有双翼的飞马,也喻为诗人的灵感。——译注
2　"西林"(Sirin),纳博科夫的笔名。——译注

语世界,纳博科夫最终会超越所有这些人。

伦敦 ━━━━━━━━━━━━━━━━━━━━━━━━━━━ ★

艾略特写信给理查德·阿尔丁顿,解释说他在写《尤利西斯》的评论时遇到了很大的困难,他答应《日晷》写这篇评论。他抱怨说,觉得很难"明智地表达他的观点,因为我对大多数的崇拜者或批评者几乎没有同情之心"。

11月10日

什切青 ━━━━━━━━━━━━━━━━━━━━━━━━━━ ★

经过大约四个月的犹豫和拖延,斯特拉文斯基的母亲终于获得了俄罗斯的出境签证,抵达波兰城市什切青,在此,她再次陷入烦琐程序,这次是为了比利时的旅行签证。三天后,她得以离开,并在德国与伊戈尔见面。他们两人一起前往巴黎,于11月14日抵达。

柏林 ━━━━━━━━━━━━━━━━━━━━━━━━━━━ ★

一封电报到了爱因斯坦的住处。德语电文为:"诺贝尔物理学奖授予您,详情见信函。"[1]爱因斯坦家中没有人知道这个消息,而关于他是最后一个听到这个荣誉的人的传言也成了他广为流传的神话的一部分。最近的传记作家对这个有趣的故事进行了更多的叙述:事实上,早就有人向爱因斯坦透露了这个消息。

这位物理学家和他的第二任妻子埃尔莎(Elsa,也是他表妹)[2]当时正在前往日本的途中,他们将在那里待到 12 月 29 日。当时整个日本都被爱因斯坦热所笼罩,人们对他的欢迎甚至比他在巴黎受到的欢迎还要热烈。一位记者报道:"他到达车站时,人群蜂拥而上,警察简直无法应付危险的拥挤局面……爱因斯坦始终谦逊、友好和朴实……菊花节上,关注的焦点既不是王后也不是摄政王,所有的一切都转向了爱因斯坦。"

年底,爱因斯坦夫妇离开日本,前往他们的下一站:巴勒斯坦。

1　这让参考书的编纂者感到困惑,因为就在同一天,一份包含同样信息的电报送到了在哥本哈根的尼尔斯·玻尔(Niels Bohr)手中。瑞典皇家科学院秘书克里斯托弗·奥里维利乌斯(Christopher Aurivillius)教授在给爱因斯坦的后续信中做了解释,爱因斯坦获奖是为了奖励"您在理论物理方面的工作,特别是您对光电效应定律的发现,但没有考虑您的相对论和万有引力理论一旦得到证实将被赋予的价值"。玻尔获奖是为了表彰"他在研究原子结构及其辐射方面所做出的贡献"。这个明显的难题很容易解决。爱因斯坦获得推迟的 1921 年诺贝尔奖。玻尔获 1922 年诺贝尔奖。1922 年的其他诺贝尔奖得主是:和平奖弗里乔夫·南森(Fridtjof Nansen);化学奖弗朗西斯·阿斯顿(Francis W. Aston);生理学或医学奖由阿奇博尔德·维维安·希尔(Archibald V. Hill)和奥托·迈尔霍夫(Otto Myerhoff)分享;文学奖哈辛托·贝纳文特。

2　根据 1919 年爱因斯坦和他的第一任妻子米列娃(Mileva)离婚协议的规定,如果爱因斯坦(有可能)获奖,米列娃有权获得全部奖金。1923 年,总数 32000 美元的奖金按时转移到了她的名下。

435

11月11日

温斯顿·丘吉尔最近做了阑尾炎手术,身体仍然十分虚弱,他发表了他作为敦提选区自由民主党候选人的竞选演说。他的演讲稿像诗歌一样,细心排列,让人想起《旧约》——或确切地说《荒原》——的一位先知。他把20世纪描绘成一个"可怕而悲哀"的时代,充满了灾难和恐怖——在这个时代,过去千年文明所取得的一切进步都沦为"破产、野蛮或无政府状态"。

他要求听众思考当代的全球灾难:中国和墨西哥"陷入混乱";在俄国,一小撮"共产党罪犯"是暴君;在爱尔兰,文明和基督教在衰落;埃及和印度倒退回到"混沌状态"。演讲高潮是一篇预言和挑战的杰作:

> 你岂能怀疑,我忠实的朋友
>
> 当你审视这阴郁的全景,
>
> 人类正在经历一个危险的时期
>
> 不仅是巨大的破坏
>
> 还有生命物种的减少,
>
> 不仅是普遍的贫困
>
> 还有生存手段的匮乏

还有那种破坏性的倾向——

还没走到尽头吗？
只有所有国家紧张、协调的长期努力，
才能避免进一步的，
也许更大的灾难。

丘吉尔将失去敦提的议席。

11月12日

★————————————————————————— 巴黎

乔伊斯一家收拾行李，离开旅馆回到巴黎，搬进了他们在查尔斯弗洛奎特大街(Avenue Charles Floquet)新租的公寓。这个月乔伊斯有两次主要的争论——一次和西尔维娅·比奇，另一次和弗兰克·布根。17日，他向哈丽特·肖·韦弗承认，西尔维娅·比奇在处理他的事情上有很多抱怨：

可能部分是我的错。我、我的眼睛、我的需要和我烦人的书一直麻烦不断。没有盛宴、庆典或股东大会，但在致命的时刻，我出现在门口，穿着劣质的衣服，带着行李，一家人沉默不语，期待着，一只眼睛蒙着眼罩,凄凉地号叫着请求帮助……

伦敦 ★

艾略特写信给吉尔伯特·塞尔迪斯。[1] 他特别感谢塞尔迪斯在最近一期《日晷》上对《荒原》的评论。

美国 ★

玛丽·碧克馥(Mary Pickford)——"美国甜心"——主演的《风暴之乡的苔丝》(*Tess of the Storm Country*)发行。这是玛丽·碧克馥 1922 年唯一的一部主要电影。

伦敦 ★

弗吉尼亚·伍尔夫写信给罗伯特·塞西尔(Robert Cecil)夫人:"伦纳德去见罗伯特勋爵了。他已经见了他的选民,他们似乎很热情;但如果他(我是说伦纳德)真的卷进去,我就跟他离婚。不忠不仅仅是对女人。事实上,在我看来,政治比情人更糟糕。"

大约一周前,她给多拉·桑格(Dora Sanger)写了一封信:"你为什么指

1　关于塞尔迪斯和《疯狂猫》,见 1 月 20 日。

责伦纳德对公共事务漠不关心？要知道,为了让世界变得安全,他整天都在为民主或者类似的垃圾而努力。他很有可能不久就会成为"伍尔夫国会议员",而我可能会把我的一生奉献给在露台上举行的茶会。"[1]

也是在 11 月,弗吉尼亚在伦敦听了保罗·瓦莱里的演讲,[2]后者最近出版了《幻美集》(*Charmes*)。

本月布卢姆斯伯里与法国的另一个主要联系:罗杰·弗莱前往南锡的埃米尔·库伊(1857—1926)医生的诊所,接受治疗。

11 月 14 日

★————————————————————————————伦敦

英国广播公司从马可尼大厦的 2LO 台开始对英国进行无线电广播。

1　巧合的是,伦纳德是工党候选人,对手是弗吉尼亚的表亲 H. A. L. 费舍尔(H. A. L. Fisher)。在大选准备阶段,弗吉尼亚常常有些焦虑地想知道,伦纳德赢得议席的可能性是否微乎其微。她不必担心:在这次选举中,他在六个候选人中名列第四。

2　保罗·瓦莱里(1871—1945)是 20 世纪法国最重要的诗人,在第一次世界大战之前,他出版的作品相对较少。他的诗歌、评论、对列奥纳多·达·芬奇独特的批判性研究和一部难以归类的自传体散文作品《泰斯特先生》(*Monsieur Teste*, 1896)为他的文学生涯开了个好头。但 1892 年 10 月 4 日,他经历了一次精神崩溃或存在危机,从 1898 年左右开始,他一直保持沉默。

　　1917 年,随着《年轻的命运女神》(*La Jeune Parque*)的出版,他重新成为著名作家,这部诗集虽然只有 512 行,却花了他四年时间。1920 年,他将自己早期的诗作收集在一起,以《旧诗稿》(*Album des vers anciens*)修订出版。1922 年《幻美集》的出版证实了他非凡的才能;其中一首名为《海边的墓地》("Le Cimitière marin")的诗作,已成为所有现代法国诗歌中最著名和最受人喜爱的一首诗。

伦敦 ★

艾略特在英国大选当晚给庞德写信,内容主要是关于"天才计划"和他对金钱的焦虑,但也涉及对薇薇安的维护,以及她对他成为诗人所起的作用:"……别忘记,她阻止我回到美国,我本应在那里成为一名教授,也许再也不会写诗了……"他最后的话很无奈:"我还没有见过 R 女士。我既害怕又盼望明天见到她……"

11 月 15 日

英国 ★

大选。工党候选人之一是伯特兰·罗素。他最初被——由激进历史学家(大学工党主席)R. H. 托尼(R. H. Tawney)——提名为伦敦大学有可能获胜席位的候选人。但该党成员坚持要代之以 H. G. 威尔斯[1],相反,罗素被要求坚守保守党大本营——他自己的社区切尔西,竞选对手将是不可战胜的塞缪尔·霍尔(Samuel Hoare)爵士。罗素接受了这一注定失败的使命,部分原因是他对成为国会议员的前景并不太感兴趣,部分原因是这给

---

1 托尼讨厌威尔斯,用比阿特丽斯·韦伯(Beatrice Webb)的话来说,他觉得"伯特兰·罗素是个绅士,而 H. G. 是个无赖"。

了他一个很好的机会,让人们知道他对工党的支持。

结果证明,这是一次重大的选举,塑造了英国在 20 世纪剩余时间的政治生活。在安德鲁·博纳·劳(Andrew Bonar Law, 1858—1923)的领导下,保守党获得了 344 个席位的绝对多数。但工党在下议院的席位增加了一倍,获得了 142 个席位;赫伯特·亨利·阿斯奎斯(Herbert Henry Asquith)领导的自由党只赢得了 62 席,而由大卫·劳埃德·乔治领导的所谓国家自由党获得 50 席。博纳·劳适时地被任命为首相。[1]

这实际上是英国政治自由主义时代的终结,工党现在已稳固地确立为英国的第二大党。11 月 22 日,反战领袖拉姆齐·麦克唐纳当选工党领袖,这让伦纳德·伍尔夫感到厌恶,却让罗素感到高兴。

★————————————————————————— **奥地利**

维特根斯坦曾写信给奥格登,说他刚在施尼堡(Schneeberg)山区的普什伯格村(Puchberg)收到了《逻辑哲学》的样书。"看起来真漂亮。我希望书的内容有外观的一半好。"维特根斯坦现在又在一所小学教书了。

1　博纳·劳并没有在位太久;他于 1923 年 1 月去世,拉姆齐·麦克唐纳(Ramsay MacDonald)继任首相,尽管麦克唐纳本人也只担任了九个月的首相职位。

11月16日

据《纽约时报》报道,俄国共产党对爱因斯坦的理论进行了谴责,称其"本质上为反革命思想提供了支持",是"资产阶级腐朽的产物"。

海明威写信给哈丽特·门罗(Harriet Monroe),问她打算什么时候发表他寄给她的诗;吹嘘三山出版社即将出版一本庞德编辑的他的作品集;信中也有各种熟人的八卦。他最关注的新闻是,著名的英国小说家兼编辑福特·马多克斯·福特将于次日抵达巴黎,在那里逗留大约一个月。这是海明威很感兴趣的话题,他喜欢密切关注来访的名人。[1]

---

1 然而,几天后,当他在庞德的工作室遇到福特时,立刻就对这个长着海象式胡子、水汪汪眼睛的高大、粗壮、相当生硬的人产生了反感。

弗拉基米尔·马雅可夫斯基,一位极具天赋的俄国年轻诗人,对布尔什维克的幻想仍未破灭,到作曲家的工作室拜访了伊戈尔·斯特拉文斯基。这是罗什舒亚特街(Rue Rochechouart)一家钢琴厂楼上的一个小房间,紧挨着肖邦在巴黎期间曾住过的房子。

　　即便关着门,钢琴调音也会传出发人深省的哀号……楼上这位作曲家小小的房间里摆满了三角钢琴和自动钢琴。斯特拉文斯基在这里创作他的交响曲;他可以把作品直接拿到厂里,在钢琴上试弹。他兴奋地说要为八个人作曲,为十六个人作曲,甚至为二十二个人作曲!

11 月 17 日

安德烈·布勒东在雅典人书店(Ateneo)发表了《现代进化的特征及内容》("Caractères de l'évolution moderne et ce qui en participe")的演讲——部分原因是为了推动在达尔莫画廊(Dalmau Gallery)开幕的皮

卡比亚作品展。[1] 正如题目所示,演讲是用法语进行的,尽管当地听众可能无法用外语进行深入的讨论,但还是引起了相当大的轰动。皮卡比亚和他的情人杰曼·埃弗林一起参加,杰曼后来成了他的妻子。

虽然演讲的某些部分是复杂而立场坚定的,但其总体倾向似乎很清楚:布勒东宣称达达已完全**过时**——这一言论激怒了当地的达达派——并在巴黎大会上谴责查拉的行为,"把恐怖法则重新应用到精神事物上,并不是一件坏事"。但他鼓励所谓的新一代——艺术家毕加索、皮卡比亚、曼·雷,作家阿拉贡、艾吕雅、佩雷、德斯诺("走得最远的骑士")——他还证实了洛特雷阿蒙、兰波、克拉万(Cravan)等人的持久重要性。他还认为,就像未来主义和立体主义一样,达达主义最好被理解为一场更广泛、更全面的现代运动的先驱,而这场运动尚未被命名,它即将找到充满活力和革命性的表达方式。两年后,布勒东将这场运动命名为"超现实主义"。

---

1 10 月 30 日,布勒东在西蒙娜、皮卡比亚和杰曼·埃弗林(Germaine Everling)的陪伴下从巴黎出发,乘坐皮卡比亚的跑车,一辆默瑟(Mercer)敞篷车。布勒东戴着一顶皮制飞行员头盔、一副厚厚的飞行员护目镜,穿着一件厚厚的皮大衣。这群奇怪的人在马赛停留,参观了一个殖民地博览会,布勒东用二十法郎买了一件他以为是犰狳的标本。他把那只东西像只哈巴狗一样带着,藏在大衣里,直到明显的奇迹发生了:那只犰狳显然根本没有吃饱,只是处于昏迷状态,它突然苏醒过来,跳到了地上。但是布勒东和皮卡比亚憎恨展览的其他部分,包括假的非洲小屋和同样假的黑人爵士乐队。为了让布勒东高兴,皮卡比亚把他和他的犰狳带到红灯区,但是奇怪而拘礼的布勒东在妓院很不自在,发现被妓女戏弄的经历令人尴尬和沮丧。

他们于 11 月 7 日抵达巴塞罗那,布勒东夫妇在隆达·圣佩德罗(Ronda San Pedro)的膳宿公寓租了一间房。虽然高迪(Gaudí)大教堂,即圣家族教堂(Sagrada Familia)令他神往,但布勒东对城里看到的大多数东西都不太感兴趣。他给毕加索寄了一张明信片,问他:"你知道这个奇迹吗?"西蒙娜因严重的食物中毒——感染沙门氏杆菌——而病倒,如果不是布勒东承诺要做演讲,这对夫妇会很高兴回到巴黎。她卧床不起;布勒东写了一首长达八页的诗来描述他们的困境,《牵牛花与我知道斜边》("Le Volubilis et je sais l'hypotenuse"),他把这首诗献给了她。

444

萨尔瓦多·达利没有参加这次演讲会,但他似乎读过,甚至拥有一份皮卡比亚展览目录,其中包括布勒东的前言,内容与他在巴塞罗那的演讲大致相同。如果这样的话,他就会注意到布勒东使用法语"nous"(我们)一词的意图,这个成问题的"我们"(we)指的是那些与他的《文学》杂志有关联的作家和艺术家;布勒东坚持认为,正是在巴黎,而且只有巴黎,才铸就了现代精神。

11 月 20 日,布勒东自己回到巴黎。为了挑战更传统的艺术展览,他曾试图建立一个新的沙龙"沙龙 X"(Salon X),但没有成功。他接触的艺术家(布朗库西、杜尚、恩斯特、皮卡比亚、毕加索)都不太热心,这个项目在年底就失败了。[1]

11 月 18 日

★————————————————————— 范堡罗英国皇家空军

曾将丘吉尔奉为英雄的 T. E. 劳伦斯给他写了一封慰问信:

1　也是在 11 月,马克斯·恩斯特创办了自己的"沙龙"——一个严格的绘画沙龙,在画布上,他将沙龙命名为"朋友的聚会"。右边是披着斗篷的布勒东;其他人物有保罗·艾吕雅和加拉·艾吕雅(恩斯特在圣布里斯的家中完成了这幅画),还有阿拉贡、克里维尔、德·基里科、德斯诺、佩雷、苏波……总之,大部分的主要成员将很快成为第一个真正的超现实主义团体。

当然，我知道您的战斗意识敦促您在第一时间回到这场混战中去，但最好还是让您的队伍休息一下，养精蓄锐。暂时脱身的策略不错。公众不会很快忘记您的，一段时间内，您可以更自由地选择您的新立场（原文如此）和行动路线。您需要我时——或者更确切地说，如果您需要的话，我不必说随时为您效劳。我一生中有过很多长官，但从来没有一个是我真正的长官……

丘吉尔在敦提的选举中仅名列第四；获胜的候选人是一个禁酒派，所以这并不完全反映全国上下都向保守党倾斜。尽管如此，感觉就像一次彻底的拒绝——不过，与他的一些支持者不同，丘吉尔从未对敦提选民发表过尖刻的言论。他目睹最贫穷的选民生活在可怕的环境中，能清醒甚至同情地理解，他们有理由仇恨和不信任富人。

巴黎 ★

下午5点半左右，普鲁斯特去世了。

在场的人中有他的弟弟罗伯特·普鲁斯特博士；贝兹医生和护士，拿着氧气袋和注射器；司机奥迪隆从里兹酒店给他端来了最后一杯冰啤酒；当然，在场的还有他一贯忠诚的管家塞莱斯特。他接受了注射，但恼怒地抓住塞莱斯特的手腕，用尽全力掐她，斥责她让医护人员来。[1] 他半昏迷

1　几天前，他告诉塞莱斯特，如果她不阻止医生在他生命的最后时刻对他进行干预，而不是任由死亡不受打扰地自行其是，他就会回来缠着她。

状态下说出的最后一个词是"妈妈"。

普鲁斯特逝世的消息在巴黎引起了巨大的反响。英国记者沃克利（A. K. Walkley）为《泰晤士报》做了报道：

> 从报纸上看，最近公共事务中发生了巨大的"危机"：法西斯主义在意大利的胜利、洛桑会议、英格兰大选。但对我们许多人来说，这些重大事件只是景观而已；它们在屏幕上快速地闪过，而乐队演奏着无关紧要的音乐片段，这些事件似乎并不比那些为我们闲散的时间而"拍摄"、号称虚构的冒险故事更真实。他们不会关涉我们的事业和生活。但上周《泰晤士报》上的一则布告，使我们许多人感到震惊，产生一种荒谬而愤怒的困惑，就像遭到突然袭击一样：我指的是马塞尔·普鲁斯特的去世……

★————————————————————————————— **伦敦**

艾略特写信给理查德·阿尔丁顿，并附上一份剪报——11月16日《利物浦邮报》（*Liverpool Post*）上布拉泽·萨维奇（Brother Savage）的"书籍和文人"（"Books and Bookmen"）专栏文章。这篇文章对"天才计划"的描述具有强烈的偏见和潜在的攻击性：

> 直到最近，艾略特还在一家伦敦银行谋生。他的崇拜者以前曾试图劝他投身于文学，他们以他的诗歌和一本文学评论集《圣林》（*The Sacred Wood*）为例，证明他是一个有前途的作家。实际上，正如那个有

趣的故事所讲的那样,筹集到 800 英镑的总额,并交给了艾略特先生。笑话是,他平静地接受了礼物,并回答:"很感谢大家,我会妥善利用这笔钱,但是我喜欢银行!"……

文章接着报道了艾略特随后的精神崩溃。不过,这篇文章的某些细节还是准确的——十分准确,可见艾略特的朋友和熟人圈子里肯定有消息透露出去。艾略特怀疑是阿尔丁顿,他的信几乎是直接指控:"……你**应该**和我一样清楚它可能是**从什么地方**传出来的……"

艾略特威胁要采取法律行动,但最终得到了一份完整的道歉信,刊登在 11 月 30 日的《利物浦每日邮报》(*Liverpool Daily Post*)和《水星报》(*Mercury*)上,排在他的正式抗议信下面,道歉信由该报编辑签名。

11 月 19 日

巴黎 ────────────────────────────────────── ★

十来位普鲁斯特的好友和家人受邀去瞻仰他的遗体。其中一位吊唁者是科克托,他注意到壁炉架上有二十卷《追忆逝水年华》的手稿:"他左边的那堆纸还活着,就像死去的士兵手腕上嘀嗒作响的手表。"两位画家、一位雕塑家和一位摄影师——曼·雷——被请来为这位作家制作画像。曼·雷的普鲁斯特肖像成为这些临终画像中最著名的。

　　《星期日快报》(*Sunday Express*)的著名八卦记者詹姆斯·道格拉斯(James Douglas)以《焚烧之书》("A Book for Burning")为标题,评论了阿莱斯特·克劳利的《一个毒枭的日记》。[1] 这篇文章引发了一场道德恐慌。

　　道格拉斯——最近曾斥责奥尔德斯·赫胥黎的《滑稽的环舞》(*Antic Hay*)一书"亵渎神明",他将《一个毒枭的日记》归结为:"描述了一群道德败坏的人的放荡恶习,他们用大量的可卡因和海洛因刺激他们堕落的欲望。"他将其与臭名昭著的堕落小说《尤利西斯》进行了比较,这无疑是一种诅咒。[2]

───────────

1　《一个毒枭的日记》已经被《泰晤士报文学增刊》的一位匿名评论家以一种奇怪的措辞评论过,他说它既没有德·昆西的文学才华,也没有左拉那种犀利的现实主义,但尽管如此,这本书还是"充满了极其丰富的事件和思想,也充满了异常丰富的修辞",是一种"狂喜、绝望,尤其是废话的幻影"。《观察家报》承认,"对堕落的描写有一定的说服力"。

2　克劳利在传统文学史上很少被提及,但他——撇开他丰富的作品不谈——接触了不少现代主义文学的关键人物。例如,1930 年,他应费尔南多·佩索阿(Fernando Pessoa)之邀前往里斯本——当时后者还是一个默默无闻、衣衫不整、彬彬有礼的小职员,如今几乎被公认为 20 世纪最伟大的葡萄牙语诗人。佩索阿涉猎神秘术,是克劳利《潘神赞美诗》(*Hymn to Pan*)的狂热崇拜者。这两位诗人在他们短暂的友谊中似乎相处融洽,但就像经常发生的那样,这个英国人和一个年轻得多的情妇吵吵闹闹,逗她开心而玩的资产阶级把戏使他在里斯本警察那儿惹上了麻烦,所以他在佩索阿的帮助下假装自杀。骗局揭穿时,克劳利已安全抵达柏林。这一事件亦少为人知。

　　克劳利也是《尤利西斯》的早期评论者之一,1923 年 7 月,他在《新培生杂志》(*New Pearson's Magazine*)上发表了一篇文章《詹姆斯·乔伊斯的天才》,对《尤利西斯》进行了富有同情心而又明智的讨论。像当时的大多数批评家一样,他也开始把下一个周末，《星期日快报》头版刊登了一个大标题：

彻底曝光《一个毒枭的日记》作者

阿莱斯特·克劳利的黑色记录

掠夺底层民众

他的修道院

西西里的放荡和堕落

这家报纸不知怎么找到了克劳利的前助手、小说家玛丽·巴兹（Mary Butts），并从她那里得到了一份谴责他的采访。所有这些耸人听闻的报道的一个结果是完全有利于这头猛兽：《一个毒枭的日记》首印 3000 册迅速售罄。但是，出版商威廉·柯林斯吓了一跳，拒绝授权第二次印刷，并取消了关于克劳利自传的出版合同。

乔伊斯和弗洛伊德联系起来：“每个新发现都会产生一个天才。它的敌人可能会说，精神分析——解释人类行为变幻莫测的最新、最深刻的理论——找到了它应得的天才……”但克劳利不是敌人，他对“一个最终会得到整个文明世界承认的作家”只有赞美之词：

我没有篇幅来谈论这本书真正的深度或它在纯粹技巧上的惊人成就。乔伊斯以《奥德赛》为例，一章接一章地进行了类比，把这部伟大的超自然史诗转化成俚语和赌注，也转化成今日都柏林的污秽、卑劣、机智和激情。然后，这个微妙的小外乡人，就像“宙斯血统、莱尔提斯的儿子、足智多谋的奥德修斯曾经善于利用一样”，利用了这个“世界上最好的故事”中的女士和女神……

如果这篇文章出自一位比较有声望的作家之手，乔伊斯一定有充分的理由感到高兴。但是，这个“世界上最邪恶的人”对这部小说印象如此深刻的事实，将证实他的天主教诽谤者所有最阴暗的怀疑。

克劳利这时已经回到了西西里的切法卢(Cefalù),他10月下旬经罗马(在罗马他和一个妓女表演了性魔术)到达那里;他在修道院读了《星期日快报》的长篇大论,感到很慌乱。[1] 在查阅了《易经》之后,他写信给这家报纸的所有者比弗布鲁克(Beaverbrook)勋爵,要求得到更好的对待并进行独立调查。他没有得到回音。

11月20日

★──────────────────────────── 洛桑

会议的开幕式确认了土耳其的胜利:有来自英国、法国和意大利的代表,还有希腊和土耳其的代表。

海明威22日抵达,并在那里一直待到12月16日。他违反了合同约定,向三个不同的雇主发送了报道:不仅给了他的报纸,还给了国际新闻社(使用笔名约翰·哈德利)和赫斯特环球新闻社(Hearst's Universal News Service)。12月,环球新闻社对他的报销要求进行了质询,并要求进一步查账,他愤怒地发了一封电报给他们:**建议你们再翻翻账单**。

他在洛桑对墨索里尼进行了第二次采访。

───────────

1　德廉美修道院(Abbey of Thelema)的日子已经屈指可数了。关于堕落、淫乱和活人祭祀的谣言从村民传到了当局,墨索里尼的新政府对颓废的外国人也不能容忍。1923年4月23日,克劳利被传唤到当地警察局,并收到了驱逐令。他最终于1923年4月30日被驱逐出西西里岛,并坐船前往非洲。

11月21日

任命美国第一位女参议员,乔治亚州(Georgia)的丽贝卡·L. 费尔顿(Rebecca L. Felton)。

捷克斯洛伐克 ──────────────────────── ★

卡雷尔·恰佩克(Karel Čapek)关于永生的戏剧《马克罗普洛斯案》(*The Makropulos Case*)在布拉格的维诺赫拉迪剧院(Vinohrady Theatre)开幕。[1] 对恰佩克(1890—1938)来说,这是一个好年份,他还出版了一部科幻小说《绝对整体》(*The Absolute at Large*),以及与他的画家兄弟合作的另一部戏剧《爱情的宿命游戏》(*The Fateful Game of Love*)。两年前,在戏剧《R.U.R.》(*R.U.R.*)中,这对兄弟创造了"机器人"(robot)这个词。

1　它启发了捷克作曲家雅那切克(Janáček),于 1923—1925 年根据此剧创作了一部歌剧,还有他自己写的歌词。

马塞尔·普鲁斯特的葬礼在圣皮埃尔·夏洛教堂(Saint-Pierre-de-Chaillot)举行。作为一名法国荣誉军团骑士勋章获得者,普鲁斯特被授予了完全的军人荣誉。乐师演奏拉威尔《悼念公主的帕凡舞曲》(*Pavane for a Dead Infanta*),德尔波夫神父(Abbé Delpouve)宣布赦免逝者。前来追悼的人群中有福特·马多克斯·福特[1]和詹姆斯·乔伊斯,后者无疑对今年5月在"美琪大酒店"失败的会面感到遗憾。佳吉列夫也在场,还有作家莫里斯·巴雷斯(Maurice Barrès)和弗朗索瓦·莫里亚克(François Mauriac),以及保守派政治家莱昂·都德(Leon Daudet)。出席葬礼的最不可思议的作家是弗拉基米尔·马雅可夫斯基。

11 月 22 日

伯特兰·罗素向乔维特学会(Jowett Society)提交了一篇题为《模糊性》("Vagueness")的论文。

1　福特后来说,正是参加普鲁斯特葬礼的经历激发了他开始写系列小说《队列之末》(*Parade's End*),这部小说现在少有人读,但偶尔仍被(如安东尼·伯吉斯)誉为20世纪英国小说家所写的最伟大的小说。

纽约 ──────────────────────────── ★

卡尔·范·韦克滕给他的朋友亚瑟·戴维森·菲克(Arthur Davidson Ficke)写了一封兴味盎然的信,他的朋友当天就要离婚了:

> 亲爱的亚瑟,生活太有趣了!华莱士·史蒂文斯(Wallace Stevens)昨天喝了一品脱我最好的波旁威士忌酒,然后告诉我他有多讨厌我……

华莱士·史蒂文斯的第一本诗集《风琴》(Harmonium)于 1923 年由克诺夫出版社(Knopf)出版——这是晚来的首次亮相,因为当时史蒂文斯四十四岁了。在接下来的几十年里,他的声誉与日俱增,尤其是在美国,现在他可以与艾略特、庞德和威廉·卡洛斯·威廉斯(William Carlos Williams)等人媲美,成为 20 世纪美国最重要的诗人。

11 月 24 日

都柏林 ──────────────────────────── ★

流行小说家、爱尔兰共和军成员罗伯特·厄斯金·查尔德斯(Robert

Erskine Childers)因非法持有枪械罪被爱尔兰自由邦军的行刑队处决。

11月25日

★────────────────────────────── 巴黎

在"光明之城"巴黎,斯特拉文斯基首次演奏了1919年的《火鸟组曲》(*Firebird Suite*),还有《焰火》(*Fireworks*)和《夜莺》(*The Nightingale*)乐曲。然后,他陪同母亲离开巴黎,带她到比亚里茨(Biarritz)去度一个期待已久的假期。

★────────────────────────────── 卢克索

在女儿伊夫琳·赫伯特(Evelyn Herbert)夫人的陪同下,卡那封勋爵终于到达卢克索。在他收到卡特的重要电报后的几个星期里,工人们已经成功地向下打通了一条30英尺的斜坡通道,直接通向墓室,在那里,他们和已故王子之间还有一道密封的门。

26日,霍华德·卡特和卡那封勋爵成为3000年来第一批进入图坦卡蒙陵墓的人。接下来发生的事情就在卡特的书《图坦卡蒙陵墓的发现》(*The Discovery of the Tomb of Tutankhamun*, 1923)中流传下来了:

455

决定性的时刻到了。我颤抖的双手在左上角挖了个小洞……为了防止可能产生的恶臭气体，我用蜡烛做了测试，然后，我把洞稍微弄大了一点，把蜡烛插进去。我向内张望，卡那封勋爵、伊夫琳夫人和卡伦达[1]焦急地站在旁边等待消息。一开始我什么也看不见，从室内逸出的气流使蜡烛的火焰闪烁不定，但不久，当我的眼睛渐渐习惯了光线，墓穴里的细节慢慢地从雾气中浮现出来，奇怪的动物、雕像和金色——到处闪烁着金色的光芒。我一时——对站在旁边的其他人来说，这必定是一种永恒——惊讶得说不出话来，这时卡那封勋爵再也忍不住了，焦急地问道："你能看到什么东西吗？"我所能说的就是："能，一些美妙的东西。"[2]

11 月 30 日，《泰晤士报》首次报道了这一发现，用克里斯托弗·弗雷林（Christopher Frayling）《图坦卡蒙的面貌》（*The Face of Tutankhamun*）中的话来说："公众对这个发现的兴趣……到 1922 年圣诞节前后在欧美达到了空前的规模。"对图坦卡蒙所有东西的"狂热"——这个词本身是 20 年代

1　亚瑟·卡伦达（Arthur Callendar），包括卡特在内的老朋友都叫他"佩基"（Pecky）。

2　这不是一个严格准确的说法，也并不就是卡特的原话。他的书是由纽约大都会博物馆埃及艺术的副馆长亚瑟·梅斯（Arthur Mace）——在畅销小说家埃及大学英国文学教授珀西·怀特（Percy White）的帮助下，在笔记的基础上代写的。怀特是一位多才多艺的工匠，拥有 30 多个头衔，最近出版了一部半自传体小说《开罗》（*Cairo*）。当人们把卡特的笔记或卡那封自己的叙述与《图坦卡蒙陵墓的发现》进行比较时，很明显，怀特笔下的整个过程更加戏剧化，也更加令人难忘。例如，根据卡那封在《泰晤士报》上的文章记载，卡特的话是"这里有一些奇妙的物品"，但历史记下了更有力的表述"能，一些美妙的东西"。激动人心的是：这是一部集侦探、神秘、异国情调和童话故事于一体的令人陶醉的作品。

456

的——立刻开始了[1]，持续的时间甚至超过了最乐观的收银员的预期：其鼎盛时期，一直持续到 1925 年，以及之后——因为它主要影响了被称为装饰艺术的风格——很多年。[2]

卡地亚（Cartier）和梵克雅宝（Van Cleef & Arpels）都推出了以阿努比斯犬、狒狒和秃鹫为特色的珠宝系列；聪明的年轻人跳着"图坦卡蒙古装舞"；法国的远洋客轮装饰着以埃及浮雕为基础的面板；开罗的拉美西斯公司（Ramses）发明了一款叫作"司芬克斯之谜"（Secret de Sphinx）的香水；设计师利昂·巴克斯特（Leon Bakst）推出了"伊希斯"（Isis）系列；女神游乐厅（Folies Bergères）为"图坦卡蒙的滑稽表演"引进了埃及风格的巨型羽毛扇。1923 年 2 月，《纽约时报》报道了对"图坦卡蒙款的手套、凉鞋和面料"的巨大需求——因为伦敦和纽约已经迅速赶上了巴黎的"图坦卡蒙热"。

3 月，利伯蒂公司（Liberty）推出一顶"图坦卡蒙式的帽子"，伊丽莎白·鲍斯-莱昂夫人——即将嫁入王室，后来又成为王后和太后——要求为她 4 月份的婚礼设计一个图坦卡蒙式的主题。并非只有富人和伟人才会屈尊俯就：大街上充斥着用胶木或塑料制作的古埃及杂七杂八的东西——圣甲虫、方尖碑、象形文字。亨特利-帕尔默（Huntley & Palmer）设计了一个形似骨灰盒的饼干罐；歌舞厅拥抱了沙滩舞；"埃及风格"的电影

1　然而，奇怪的是，一股古埃及时尚早了整整一季就在巴黎时装设计师中流行起来，仿佛这些服装设计师都有千里眼。

2　詹姆斯·乔伊斯就是其中一个受到这种狂热影响的人。据他的爱尔兰流亡同胞亚瑟·鲍尔（Arthur Power）所写的回忆录，乔伊斯被陵墓的装饰所暗示的宗教信仰深深吸引。这一发现让他回忆起大英博物馆的埃及和亚述古迹给他留下了多么深刻的印象，以及他们如何向他暗示："埃及人比我们更了解动物生命的奥秘，而这个奥秘基督教几乎忽略了……"

院遍布伦敦……每家商店都塞满了"埃及"太妃糖、"埃及"肥皂和新式"法老"辛格缝纫机。甚至有人建议,连接图廷和卡姆登镇的新伦敦地铁支线应该命名为"图坦卡姆登线"(Tutancamden Line)。

东京 ★

皇太子裕仁(Hirohito)被立为日本摄政王(Prince Regent)。

11月26日

美国 ★

《海逝》(*The Toll of the Sea*)上映——这是好莱坞第一部公认采用双色彩版的电影。此前曾有过七部使用各种技术的彩色影片,但这是第一部不要求发行商使用特殊放映机的电影。这部电影由当时还不出名的切斯特·富兰克林执导,同时也因好莱坞首位亚裔影星黄柳霜(Anna May Wong)首次领衔主演而闻名。它的故事是《蝴蝶夫人》(*Madame Butterfly*)主题的一个中国变体:年轻美丽的莲花看到一个美国人漂浮在中国沿海的海面上,把他救了上来。他们相爱了,但是美国人的朋友都警告他不要把莲花带回美国。几年后他们再次相遇,莲花生了一个有美国血统的儿子,决定让他在美国过更好的生活,所以她把儿子和他父亲一起送走,然后回到他们爱情开始的海上,蹈海自尽。

《纽约时报书评》(*New York Times Book Review*)报道称,《日晷》奖已授予"托马斯·西摩(原文如此)·艾略特"(Thomas Seymour Eliot)。

就在《祖母的孩子》成功上映两个月后,哈罗德·劳埃德的新五卷长片《杰克医生》(*Dr Jack*)在美国各大影院上映。这一次,劳埃德扮演一名善良而又平易近人的医生,他最终把一个患有忧郁症的有钱女孩从一个江湖骗子的魔爪中救了出来。

与此同时,劳埃德在喜剧领域最大的竞争对手走上了一条新的道路。

11 月 27 日

《巴黎一妇人》开机,这是卓别林在联美电影公司的首次亮相。这是他第一部严肃的故事片,也是他第一部没有出演的电影(除了他在片中饰演一个笨手笨脚的搬运工,只客串了三秒钟)。他多年来一直怀有远离喜剧片的心意。[1] 忧郁的调子开始渗入他最近的电影作品中,《寻子遇仙记》显然是他向正剧方向迈出的一步。

最后,他所选定的计划是根据声名狼藉的佩吉·霍普金斯·乔伊斯(Peggy Hopkins Joyce)夫人给他讲的那些生动的故事拼凑起来的。乔伊斯夫人出嫁前叫玛格丽特·厄普顿(Margaret Upton),卓别林从欧洲度假回来后不久与她有过一段短暂的恋情。[2] 他开始从乔伊斯夫人与亨利·莱特利埃(Henri Letellier)的风流韵事回忆录中收集详细的笔记,后者是卓别林在1921年认识的一位富有的出版商;以及一个年轻人为了爱她而自杀的故事。卓别林既喜欢这个故事,也喜欢巴黎的拍摄场景,于是他开始为一部名为《命运》(Destiny)的电影构思大纲。他又换了几次片名,最后确定为《巴黎一妇人》。

他为这部影片投入了大量的精力,这对他的艺术尊严意义重大:小丑终于要扮演哈姆莱特了。他聘请了一批助理和顾问,研究巴黎的氛围、建

---

1 早在1917年,他就试图购买霍尔·凯恩(Hall Caine)的《浪荡子》(The Prodigal Son)版权,将其视作实现自我的潜在媒介;他还考虑过《特洛伊女人》(The Trojan Women)和一部关于拿破仑与约瑟芬的电影,由他和埃德娜·普文斯(Edna Purviance)主演。

2 乔伊斯夫人最初是弗吉尼亚的一个乡村女孩,1920年左右,"拜金女"这个词就是为这样的女孩创造出来的。战争开始时,她嫁给了她的第一个百万富翁,斯坦利·乔伊斯(Stanley Joyce),和他离婚,得到一百万美元,成了一段时间的齐格飞女郎(Ziegfeld Girl,通常指歌舞女郎。——译注),然后很快又和四个百万富翁结婚又离婚。1922年,她来到好莱坞,决心进军电影界,不久就遇到了卓别林。当她的处女作导演马歇尔·尼兰(Marshall Neilan)胆敢拍她的屁股时,她勃然大怒,卓别林听说后就喜欢她了。有好几个星期,她和卓别林形影不离,报纸开始认为他是她的第六个百万富翁牺牲品。但这并没有发生,她开始勾引欧文·撒尔伯格(Irving Thalberg),而卓别林则与美丽的女演员波拉·内格里(Pola Negri)开始一段广为人知的恋情,后者喜欢告诉媒体他们已经订婚了。他们从未订婚。

筑、装饰、烹饪和礼仪,他们争先恐后地想要证明谁对"巴黎生活"最着迷。他甚至定期给一位为女主角画肖像的艺术家付薪水,尽管始终无法得到一个满意的结果。卓别林让埃德娜·普文斯扮演这位优雅的情妇,阿道夫·门吉欧(Adolphe Menjou)扮演她的情人。

拍摄持续了七个月。令摄制组大多数人惊讶的是,卓别林没有剧本;事实上,他根本不需要剧本,因为他已经计划好几乎每一个镜头,整部电影都在他的脑海里。这就是为什么他决定按照一场接一场的顺序来拍摄这部电影——这种做法在1922年和今天一样不寻常。[1]

到拍摄结束时,《巴黎一妇人》的花费已经高达351853美元。卓别林对他的第一部影片如何被接受感到紧张,这是可以理解的——他为此写了一份导演意图的解释,作为纽约首映式特别的影片说明印了出来。令他高兴的是,在大西洋两岸举行的开幕式都令人兴奋,而评论则是他梦寐以求的,"卓别林的《巴黎一妇人》比我所看过的任何电影都更具有真正的天才",《纽约先驱报》(New York Herald)如是说。这种情绪在美国和大西洋彼岸的评论中得到了呼应。在英国,《曼彻斯特卫报》(Manchester Guardian)称其为"银幕上迄今为止最伟大的现代故事"。

遗憾的是,正是这些影评中迸发出的热情导致这部电影的票房惨败。评论家称赞卓别林是一位重要的戏剧艺术家,但观众们不想要艺术,他们想要查理(Charlie),想要流浪汉(Tramp)。在纽约,第一次放映实际上是

1　这倒不是说他在别的方面挥霍无度。11月29/30日晚上拍摄的一个著名场景,意在表现一列火车抵达法国火车站。卓别林的摄影师罗利·托瑟罗(Rollie Totheroe)并没有使用真正的火车,而是简单地在一块十英尺高的板上剪出合适的孔,然后在聚光灯前经过。灯光照在女主人公仰起的脸上,就像行驶的火车车厢里的灯光一样。

赔钱的;在其他地方,收支勉强平衡。卓别林感到非常失望,于是他尽快将电影拷贝收回五十年,不再发行。这是一次失败,他没有做好充分准备,他知道他必须重新树立自己作为喜剧演员的声誉,而且要快。在寻找新题材的过程中,他拜访了玛丽·皮克福德和道格拉斯·费尔班克斯。早餐后,他开始看历史题材的老照片自娱自乐。其中有张照片特别打动他。这是1898年的作品,展示了克朗代克(Klondike)的勘探者:淘金热(Gold Rush)。

伦敦 ★

弗吉尼亚·伍尔夫记录了《雅各的房间》引起的热烈反响:"人们——我是说我的朋友——似乎都认为这是我的杰作,也是新征程的起点。"

11月28日

巴黎 ★

曼·雷寄给他在美国的朋友兼赞助人费迪南德·霍华德两张相片——"实物投影法",这一术语将为他的新著《美味的田野》(*Les champs délicieux*)所采用,特里斯坦·查拉写了序言。曼·雷向霍华德和他的父母抱怨说他患了"重感冒";这种自我诊断可能是正确的,但并没有说明使他躺在床上的更紧迫的情况是极度抑郁,严重到几乎要自杀了。

他抑郁的原因是一个谜。表面上看,曼·雷有充分的理由感到高兴。他来巴黎时,钱包里只有一百多法郎,行李里有几幅画,之后十八个月里,他收获颇多。在很短的时间内,他结交了许多有影响力的朋友,有了一些重要的赞助人,上演了一场个人秀。作为一名肖像摄影师,[1]他在上流社会中变得时髦起来,也赚了一笔可观的钱(虽然还远远没有他即将赚到的那么多,他仍然雇不起固定的助手),并即将真正成名。[2]

他也不再孤独了。几个月前,他遇到了一位年轻美丽的艺术模特爱丽丝·普林(Alice Prin),并立即爱上了她。爱丽丝在她的邻居中更为人所知,她的后人也称她为传奇的"蒙帕纳斯的吉吉"(Kiki de Montparnasse)。他们一起生活了六年;她是他的情人、他的缪斯女神,也是他经常拍摄的对象。[3]他们从未结婚,尽管她习惯称自己为吉吉·曼·雷。

他搬到距离拉斯帕伊大道(Boulevard Raspail)——"一个很棒的地方",1922年7月,他在给父母的明信片上热情洋溢地写道——地铁站不远的康帕涅普米亚街(Rue Campagne-Premiere)31号之一的一间相当大的工作室后不久,就遇到了她。那时,他刚完成了自己另一幅著名作品——令人难忘的卡萨蒂侯爵夫人(Marquise Casati)的肖像照。曼·雷无意中对这张照片进行了二次曝光,因此给了她两双诡异凝视的眼睛。她不但没有

---

1 正是曼·雷被科克托召来为普鲁斯特进行临终摄影。

2 就在这个月,《名利场》杂志刊登了他的四幅"实物投影"作品,作为一篇吹捧文章的一部分:"一种实现摄影艺术可能性的新方法。美国艺术家曼·雷在没有镜头的情况下进行抽象形式的实验。"

3 例如,吉吉为经典的超现实主义情色玩笑照片《安格尔的小提琴》(Le Violon d'Ingres)摆造型,从背面看她的姿势和服装,就像是一个安格尔宫女;曼·雷在她背上刻了两个小提琴声孔,所以这是一个视觉双关语(女人=小提琴),灵感来自一个成语(一把"安格尔小提琴"是一种爱好)。

463

毁掉照片,反而觉得结果"令人兴奋",于是订购了几十张,并分发给她圈子里的朋友。从那时起,曼·雷开始从富人和蒙帕纳斯居民那里获得佣金。

曼·雷在巴黎生活的最初几个月,在马塞尔·杜尚的慷慨照顾下,还是可以忍受,甚至是适应的。[1] 在杜尚的鼓励下,他订了一张飞越大西洋的机票,并于 1921 年 7 月 22 日抵达这座城市。杜尚在圣拉扎尔车站(Gare Saint-Lazare)等他;他把曼·雷安顿在一家便宜的旅馆(每周三美元),然后带他去了歌剧院步行街 11 号的塞尔塔咖啡馆(Cafe Certa)的一个接待会。前来迎接他的有阿拉贡、布勒东、艾吕雅、雅克·里高(Jaques Rigaut)和苏波。所有这些作家很快都成了他的朋友。[2] 当杜尚 1922 年初前往纽约时,特里斯坦·查拉接替了这一极为重要的本地向导和中间人角色;虽然当时布勒东和他的同伴正忙着给巴黎的达达致命一击,但布勒东从未反对过这种友好的接触。

曼·雷很喜欢巴黎的咖啡馆氛围及其新的夜生活:酒吧爵士乐、鸡尾

1　他第一次见到杜尚是 1915 年 6 月这位艺术家访问美国期间;他们几乎立刻成了朋友,而且在接下来的半个世纪里一直是朋友。曼·雷已经开始了艺术家的职业生涯。1890 年 8 月 27 日,他出生在作为犹太俄罗斯移民的拉德尼茨基(Radnitsky)家庭,取名伊曼纽尔。早在 1911 年,他就采用笔名曼·雷。他家里很穷,但他们仍然很欣赏儿子的才华,即使在他放弃了在他们看来可以带来一份稳定职业的建筑学业,并宣称自己是一名画家之后。

　　和许多其他美国艺术家一样,曼·雷也受到 1913 年 2 月军械库艺术展(Armory Show)的巨大影响,这次艺术展将立体主义和其他前卫艺术引入了美国。他遇到了斯蒂格利茨(Stieglitz),后者成了他的导师,他还怀着成为诗人的想法,和庞德通信。但真正改变他人生的是杜尚,杜尚让他走上了正确的道路。

2　事实上,曼·雷一生中最伟大的社交功绩之一,就是在 1922 年至 1924 年间各种艺术和意识形态的纷争中,他能够与各方保持友好关系。他以从不与任何人结仇而闻名。

酒……但他囊中羞涩,常常只能靠新朋友来救济自己。杜尚足智多谋,又一次伸出援手,给他在孔达米纳街(Rue la Condamine)22号找了一间女仆的房间,他可以免费住上一段时间。渐渐地,人像摄影的订单开始多起来。[1]

当时另一位重要的赞助人是华丽耀眼而才华横溢的时装设计师保罗·波烈(Paul Poiret),他很快就被美国作家兼记者珍妮特·弗兰纳(Janet Flanner)——现在人们记住的主要是她在《纽约客》担任了半个世纪的驻巴黎记者,从1925年到1975年退休——誉为时尚界的"缝纫天才"。曼·雷在拍摄模特和服装方面表现出了极高的天赋,所以波烈很乐意雇用他,在接下来的几年里,他经常在奢华的晚宴上请曼·雷当专职摄影师。

不久,曼·雷有了足够的钱,可以搬进蒙帕纳斯中心迪兰姆街(Rue Delambre)15号的一个小房间。[2] 1921年12月3日,他在西克斯书店(Librarie Six)举办了他的第一次巴黎个人作品展——35件作品,大部分是他从纽约带来的画作,也有一些拼贴画和其他"物品"。[3] 这次画展在公众中引起轰动,引发许多讨论,但没有人买一幅画。曼·雷的乐观程度超出

---

1 早期的一个妙招:为了宣传《尤利西斯》,西尔维娅·比奇请他为乔伊斯拍一张照片(曼·雷参加了瓦莱里·拉博关于乔伊斯的讲座),她开始用曼·雷的画像装饰莎士比亚书店的墙壁。

2 在《艾丽丝·B.托克拉斯自传》(The Autobiography of Alice B. Toklas)中,格特鲁德·斯坦因钦佩地描述说,这个紧凑的地方布置得比她见过的任何空间都要巧妙,包括小船的船舱。他设法把三台大相机、一个冲洗区和一张床塞进了一个比超大橱柜大不了多少的房间。他拍摄过斯坦因,以及绘画和雕塑界的所有主要人物,包括毕加索、马蒂斯、皮卡比亚、莱热、布拉克,还有普朗克、艾吕雅、马克斯·雅各布(Max Jacob)……

3 其中最著名的是《礼物》(Le Cadeau),制作于当天,作为送给菲利普·苏波的礼物。他只是把14个锡钉粘在一块扁铁的底部:一件最简单但最令人费解的达达物品。这天结束时,有人把它偷走了,但它已经进入艺术史,曼·雷会时不时地重新创作这件物品。在八十三岁时,他为5000件复制品签售,每件售价300美元。

了人们的预期；他越来越感到，绘画是他过去在美国的东西。从现在开始，摄影将不仅仅是一种方便的谋生方式，也将是他艺术的中心。[1]

　　1922 年的最后几个月里，无论他的抑郁症是由什么原因造成的——其中之一可能是他非常嫉妒吉吉——似乎并没有长久存在。在接下来的几个月里，他的收入和国际声誉都在不断增长。他用胶卷做实验；他雇用了一些助手，包括贝伦尼斯·阿伯特（Berenice Abbott），后者后来凭借自己的能力成了重要的摄影师；他和巴黎资深的街拍摄影师尤金·阿杰（Eugene Atget）成了朋友。[2] 几年后，布勒东称赞这位美国新来者是艺术超现实主义的主要支持者，是恩斯特、德·基里科和杜尚的同行。

11 月 30 日

慕尼黑 ————————————————————————★

　　希特勒向五万名国社党徒发表演说。

1　1921—1922 年冬天之后，他的摄影事业开始发展，当时他发现（可能是偶然），不用镜头，只用简单的小物件、多变的光源和相纸就能产生富有诗意的图像。这种技术本身并不是什么新技术——它在摄影诞生年代就已经出现了，亨利·福克斯·塔尔博特（Henry Fox Talbot）也做过类似的实验——其他艺术家在整个 1920 年代都在研究类似的技术。然而，正是曼·雷在这些作品中开创了独特的风格，并影响了后来的许多人——包括莫霍利-纳吉（Moholy-Nagy），他多年来一直声称自己在 1922 年也提出了这个方法，但后来承认曼·雷的例子在其作品的展示中更深刻。

2　曼·雷 1920 年代的所有助手后来都成了这个领域的重要人物：雅克-安德烈·勃法（Jacques-Andre Boiffard）、比尔·布兰特（Bill Brandt）和李·米勒（Lee Miller）。

DECEMBER 十二月

★————————————————————————— 都柏林

叶芝写信给艺术家埃德蒙·杜拉克（Edmund Dulac）——他为叶芝新诗集所做的装帧设计让叶芝很满意——说他已当选为参议员。

> 我现在是爱尔兰的参议员。做参议员有一笔可观的收入，当我接受邀请的时候，我对这笔收入一无所知。这将在一定程度上补偿我可能被烧或被炸的损失。我们是一个相当出色的机构，比下院更出色，我们对政府应有更多的掌控……

他还告诉杜拉克，他早晨都用来研究他的"哲学"——也就是说，用在《幻象》（*A Vision*）的早期构思上。[1] 信的结尾有点阴郁："没有人知道我们的战争会持续多久。有些人预计今年圣诞节战争将会结束，而一些消息灵通人士则预料还将持续三年……"

1　1925 年，它最终由沃纳·劳里（Werner Laurie）出版，共有 600 册签名本。

新墨西哥州 ──────────────────────────────── ★

劳伦斯一家离开了陶斯,由他的新朋友、年轻的丹麦画家凯·戈茨谢(Kai Gotzsche)开一辆破旧的福特车带到德尔蒙特的小木屋。正如他们所料,德尔蒙特房子的住宿条件相当不舒适,尤其是刚开始的时候,但他们很快就在新墨西哥州这个更偏远的地方享受生活了。在整个冬季的几个月里,他们不会完全与世隔绝:戈茨谢和他的朋友克努德·梅瑞尔德(Knud Merrild)已同意在劳伦斯家隔壁租一间有三个房间的小木屋,后者也是丹麦人,也是画家;在弗里达的余生中,梅瑞尔德一直是她的好朋友。[1]

三个男人着手改善这个地方的居住条件——驱赶老鼠、劈柴、挑水。他们在地窖里贮藏苹果,还从当地的奶农那里买新鲜美味的牛奶。四个人经常一起吃晚餐,喜欢在深夜唱歌。劳伦斯的身体好得异乎寻常,他很高兴能从强悍的梅布尔身边逃脱,特别是他们成功地在没有发生明显的激烈争吵的情况下分手了。

几乎是在偶然的情况下,这对夫妇最终实现了符合劳伦斯理想的生活方式,即和谐的、准社区的隐居。[2] 在不忙于木工、粉刷和其他家务的时候,劳伦斯就会去修订他的《经典美国文学研究》手稿,并以这一地址作为

---

1 1938年,他写了一本关于这个时期的回忆录。
2 这就是他们在1916年曾希望与凯瑟琳·曼斯菲尔德和约翰·米德尔顿·默里一起生活的方式。

结束：新墨西哥州洛博。[1]

艾略特给《标准》出版商科布登－桑德森的信中，提到皮兰德娄（Pirandello）的一个短篇小说，该小说译本已交给《标准》季刊。艾略特说，他认为这篇小说很不错，于是小说《圣地》（"The Shrine"）适时地出现在

---

1 他们很快也会有客人来。劳伦斯邀请他的美国经纪人罗伯特·蒙提瑟来这里暂住，并告诉后者可以用他累积的版税来支付去新墨西哥的火车费用。他还邀请了忠实而热情的美国出版商托马斯·萨尔茨（Thomas Seltzer）和阿黛尔·萨尔茨（Adele Seltzer）。蒙提瑟和萨尔茨夫妇都在月底到来了，尽管他们很幸运（蒙提瑟是激烈的反犹太主义者，而萨尔茨是犹太人），他们只重叠了一天。

萨尔茨夫妇的逗留是田园诗般的，是一种怀旧的欧洲风格。劳伦斯和弗里达架起了巨大的松木篝火，做了圣诞布丁和百果馅饼，烤了面包，烤了火鸡，唱了圣诞颂歌，和他们的新小狗比波玩耍，比波是梅布尔送给他们的礼物。他们带萨尔茨一家参观当地的曼比（Manby）温泉、陶斯印第安村落，并在圣达菲拜访了作家威特·宾纳（Witter Bynner）。托马斯和劳伦斯开始了一场狂欢式的专题交谈，其中包括一场关于《尤利西斯》的讨论，萨尔茨几周前寄给劳伦斯一本《尤利西斯》。劳伦斯觉得此书"很无聊"。

萨尔茨夫妇喜欢待在这里的每一分钟，但他们并没有被这种老派的款待所迷惑，一提到蒙提瑟语气仍然生硬。托马斯坚持认为，劳伦斯应该离开蒙提瑟：他很清楚萨尔茨夫妇会慷慨而公正地出版他的作品；劳伦斯不需要一个经纪人，更不用说一个不像萨尔茨夫妇那样完全相信他的天才的经纪人了。最后一句话戳到了痛点。蒙提瑟并不认同《亚伦的手杖》和《袋鼠》。

他们的看法很有力。当蒙提瑟月底来到这里，在这里不舒服地待了至少四个星期时，劳伦斯发现自己不可能对他产生好感。最终，1923年2月，他解雇了蒙提瑟。从现在起，他在美国的业务也将由他的英国代理柯蒂斯·布朗公司（Curtis Brown）负责。然而，他并没有觉得轻松；整个事件让他感到所有现代美国人的粗鲁和不耐烦。"我告诉你，这里的生命没有血。血液不能正常流动。"他开始渴望一个更接近黑暗之神（Dark Gods）的社会景观，并开始制订前往墨西哥的旅行计划。

1923 年 1 月的那期杂志上。[1]

　　几天后,艾略特与叶芝在萨维尔俱乐部(Savile Club)共进午餐。"见到他我很高兴;我已经有六七年没见过他了,这是我第一次单独和他聊这么长时间。他确实是为数不多的能与其谈论诗歌的人之一。"他给奥托琳·莫雷尔的信中写道。

巴黎 ────────────────────────★

　　《文学》第 7 期发表了皮卡比亚为杜尚的文字游戏《床与橡皮》("Lits et Ratures")画的配图。这是一张有伤风化的图片,一双男人的大鞋指向下方,而一双女鞋指向上方,在男鞋的两侧。男鞋的鞋底画着一个女人和一个男人。只有过于天真无邪的脑瓜才会忽略其中的色情意味。

波兰 ────────────────────────★

　　约瑟夫·毕苏斯基(Josef Pilsudski)辞去波兰国家元首之职。

1　对皮兰德娄来说,这是不错的一年——他最著名的作品之一《亨利四世》(*Enrico IV*)在米兰的舞台上大获成功,并巩固了他的名声,或者说恶名,那是前一年他因《六个寻找剧作家的角色》(*Six Characters in Search of an Author*)的首轮竞选而获得的。在接下来的两年里,皮兰德娄成了全欧洲家喻户晓的公众人物。

12月3日

★ ──────────────────────────────── 洛桑

海明威去火车站迎接他的妻子哈德利,她是从他们在巴黎的公寓来的。他发现她哭得那么厉害,说不出刚刚发生了什么可怕的事,感到又惊又怕。根据他在《流动的盛宴》中对事件的描述,海明威试图让她放心,不管发生什么,都不可能让她承受这样的痛苦,一切都会好起来的。

哈德利平静下来,把自己的经历告诉了他。当她为旅行收拾行装时,她突然想到海明威可能想把他的作品展示给他的记者同事林肯·斯蒂芬斯,后者也在洛桑。于是她急忙把他的文件收集起来,塞进一只小提箱,然后动身去里昂车站。到了车站,她把提箱交给了搬运工;但当她走进自己的车厢时,手提箱却不见了。在列车员的帮助下,她搜寻了火车的其他车厢,什么也没找到。箱子显然被偷走了。

更糟糕的是,她收集起来的文件不仅包括海明威第一部小说的唯一草稿,还有他去年的大部分手稿,包括复写稿。据海明威说,[1] 他立即坐火车去了巴黎,在公寓里搜寻,确认他的作品几乎都不见了。他还暗示,他开始暴饮暴食来发泄对哈德利的愤怒。在斯蒂芬斯、比尔·伯德(Bill Bird)和

1　他的传记作者对他的描述提出了质疑,并证明他直到圣诞节后很久才从洛桑回来。

其他朋友的建议下,他考虑过刊登广告,悬赏归还箱子,但毫无结果。[1]

美国 ————————————————————————————★

12 月初,小说家薇拉·凯瑟(Willa Cather)——其新作《我们的一员》
(*One of Ours*)9 月份已出版[2]——从佛蒙特州出发,前往她 1873 年(虽然
她喜欢将自己的年龄减去三岁,说自己是 1876 年)出生的家乡内布拉斯加
州的红云镇(Red Cloud)。尽管当时她已经很出名了,但她一直在明德学
院(Middlebury College)教书。她这个月回家的原因之一是她和她的父母
将被当地主教乔治·比彻(George Beecher)博士接纳进圣公会教堂。她从
小就是浸信会教徒。

伦敦 ————————————————————————————★

整个 12 月,弗吉尼亚·伍尔夫全力以赴与哈钦森就霍加斯出版社的
未来进行一系列谈判;这严重分散了她的注意力——她在 12 月 3 日的日

1　《流动的盛宴》的一些读者觉得,丢失手稿的故事太糟糕了,不像是真的;尽管海明
　　威晚年对这个故事进行了精心的修饰,但我们没有理由怀疑主要事件的真实性,他
　　曾向他的朋友详细地抱怨过这件事。1923 年 1 月 23 日,当他写信给庞德谈论失去
　　《少年》("Juvenilia")这首诗时,他承认诗人无疑会认为这是一种有益的净化,但恳
　　求他不要把它强加于人。三年后,他也许能平静地回顾这一灾难。当时,他非常痛
　　苦,尤其是失去了一篇他称之为《1922 年的巴黎》的作品。海明威对庞德的性格有
　　很好的判断。庞德回信告诉他,他应该把这件事看作"天意";他坚持认为,没有人
　　会因为压制不成熟的作品而失去多少价值。
2　尽管埃德蒙·威尔逊对这部小说评价不高,但它还是在 1923 年获得了普利策奖。

记中写道:"在我散漫的生活中,今年秋天可能是最忙碌的。"——但她仍然保持着各种联系。[1] 4日,艾略特写信给她,详细描述了《利物浦邮报》事件(见11月18日),并解释了"祝福者"(Wellwisher)的侮辱;[2]他认为他已经找到了诽谤的源头,那就是博舍尔家里的一个茶话会。[3] 他还谈到了《雅各的房间》,到目前为止,他只看了一部分。他说自己被小说打动了。[4]

★─────────────────────────────── **伦敦**

　　由于福斯特的出版商在出版《亚历山大》(*Alexandria*)时慢得令人难以

1　就是在这个时候,伍尔夫第一次见到奥尔德斯·赫胥黎。"奥尔德斯个子高,有点胖,脸圆,脸色苍白,头发浓密。穿淡色袜子,是个健谈的人,是饱经世故的青年文人。"12月15日,她写道。她刚刚在克莱夫·贝尔举办的晚宴上认识了未来的情人维塔(Vita)——"可爱的贵族才俊萨克维尔·韦斯特(Sackville West)"——和哈罗德·尼科尔森(Harold Nicolson)。四天后,她与维塔共进晚餐,但双方并没有立即示好,这段关系发展得很慢。她还关心其他同龄人的风流韵事。12月22日,她写信给凡妮莎·贝尔,对梅纳德·凯恩斯爱上莉迪亚·洛波科娃的流言表示震惊。"说正经的,我认为你应该趁现在还来得及,赶紧阻止梅纳德。"

　　几天后,她写道:"在我看来,人的灵魂时不时会重新定位。它现在正在这样做……"她又说:"因此,没有人能完整地看到它。我们当中最优秀的人也只能瞥见一个鼻子、一个肩膀,瞥见某个转身而去、总是在移动的东西。不过,这一瞥似乎比和休·沃波尔(Hugh Walpole)、威尔斯等人坐在一起,从头到脚制作出令人难以置信的肉乎乎的怪物的大型油画要好……"

2　艾略特收到一封署名为"祝福者"的信,其中包括四张三便士半的邮票;这种讽刺的举动使他非常痛苦。这位匿名的"祝福者"显然听说过庞德的"天才计划",该计划旨在缓解艾略特的财务问题,帮助他摆脱在劳埃德银行疲惫的工作。

3　让·德·博舍尔(Jean de Bosschere, 1893—1954)是一位比利时雕刻师、诗人和小说家。

4　霍加斯出版社1923年成为第一个以图书形式出版《荒原》的出版社。艾略特对结果非常满意,并把书中一些打字错误归咎于自己糟糕的校对。二十年后,1941年5月,他为伍尔夫写了讣告。

忍受,而且无视他向他们射出的一系列"毒刺",他突然想到,霍加斯出版社可能更适合出版他的第二本有关亚历山大的随笔。此书主要基于战时他为《埃及邮报》(*Egyptian Mail*)和其他报纸所做的新闻报道。弗吉尼亚和伦纳德都对这个想法感兴趣,《灯塔》(*Pharos and Pharillon*)最终在1923年出版。[1] 此书有一段希腊文献词,译文为:"献给亡灵接引者赫尔墨斯"——通常认为,这是福斯特在向最近去世的情人穆罕默德致敬。

《亚历山大:历史与指南》(*Alexandria:a History and a Guide*)是福斯特1922年唯一的一本书,最终于12月出版。[2]

---

1 尽管此书不如福斯特的其他作品受欢迎,但它的独特之处在于,它让英语世界第一次认识了伟大的诗人卡瓦菲(Cavafy),福斯特在亚历山大时就对他非常熟悉了。艾略特很快在《标准》上发表了卡瓦菲的作品。

2 不久,此书遭遇了一场半是悲剧半是闹剧的波折。福斯特收到了一封信,解释说仓库里发生了一场蹊跷的大火,烧毁了所有没有送到商店的样书;随信附上一张由出版商保险资助的数额慷慨的支票。几个星期后,他又收到了第二封信。出版商吃惊地发现这些书并没有被全部烧掉,因为它们被存放在一个防火的地窖里。这是一个尴尬的局面,他们按照一种奇怪的逻辑解决了这个问题。他们没有退还保险索赔,而是自行烧毁了样书。直到1938年才有了另一个版本。

与此同时,福斯特继续写他最后一部也是最受推崇的一部小说。1924年出版了《印度之行》。他对 T. E. 劳伦斯《智慧七柱》的热情深深地影响了此书的最后部分,劳伦斯这本书内省与开阔视野的结合让他感到惊讶。他从齐格弗里德·萨松那里借来这本书;他告诉萨松,那本书几乎令他感动得流泪,他请求将劳伦斯介绍给他。(事实上,他们在1921年2月22日在伯克利广场为费萨尔亲王举行的午餐会上曾短暂地见过面。)他们在1924年3月会面,尽管有一些尴尬,但还是成了好朋友。

★ ——————————————————————————— 纽约

　　吉尔伯特·塞尔德斯在《国家》杂志上发表了一篇很长的、令人钦佩且有影响力的文章《T. S. 艾略特》。这篇文章的第一部分主要介绍和解释了艾略特作为评论家的优势，并告诉读者，在精英读者中，艾略特的声望已经远远超过了他相当单薄的作品所提示的。随后，塞尔德斯转向《荒原》，主要论述了这首诗的起源，关于丰产和不育的神话，并指出，尽管它丝毫没有感伤欧洲失落的过去，但它处处暗示，"即使那些在历史和艺术中留下记录的残酷和疯狂中，也有一种强烈的生命，一种萌芽和丰硕的果实，而这些现在已经不复存在了"。

　　最后，他提到了《尤利西斯》和《荒原》之间的亲缘关系：

　　　　对那些了解我们这个时代的另一部伟大作品，即乔伊斯《尤利西斯》的人来说，把这两部作品放在一起思考会很有趣。在某种意义上，《荒原》是《尤利西斯》的倒置和补充，这至少是站得住脚的。在《尤利西斯》中我们看到，诗人被打败了，他转向外部，品味着不再能转化为美的丑陋，最后无家可归。在《荒原》中，我们可以看到这样一位诗人的内心生活。这两部作品形式上的对比，并非表现在承认两部作品分别是同类型作品中最长的和最短的;重要的是,在每个主题中,一旦它被理解,它就被视为决定了形式。我想,更重要的是,两者都在永恒的艺术范畴中确立了与我们当前生活的某种高度相关性。

27 日,艾略特给塞尔德斯写了一封感谢信:见下文。

爱尔兰 ★

爱尔兰自由邦成立了。蒂姆·希利(Tim Healy)被任命为自由邦首任总督;W. T. 科斯格罗夫(W. T. Cosgrove)成为执委会主席。在伦敦,英国议会刚刚通过了《爱尔兰自由邦宪法》,从法律上批准建立一个独立的爱尔兰国家。然而,内战仍在继续。

伯明翰 ★

伯明翰市合唱团首次演出了拉尔夫·沃恩·威廉斯(Ralph Vaughan Williams)的《G 小调弥撒》。这是自 16 世纪以来第一次用英式风格写的弥撒曲。

美国 ★

美国《瞭望》(Outlook)杂志发表了一篇由艾伦·韦尔斯·佩吉(Ellen Welles Page)撰写的文章,题为《摩登女郎对父母的吸引力》。文章这样开头：

> 若以貌取人，我想我是个摩登女郎。我在年龄歧视之内。我留着短发，那是摩登女的标志。（哦，这是多么令人欣慰的事啊！）我在鼻子上抹一点粉，穿带流苏的裙子、鲜艳的毛衣，系围巾，穿带彼得·潘式衣领的紧身胸衣、平跟鞋，就是那种"结账时方便溜走"的鞋。我喜欢跳舞。我常常坐汽车兜风……

过于刻板的语法泄露了秘密：或许本是一篇关于时尚的有趣评论，却很快就变成了一种病态的恳求——父母和孩子要成为彼此最好的朋友。

12月9日

★─────────────────────────── 波兰

毕苏斯基元帅正式将权力移交给加布里埃尔·纳鲁托维兹（Gabriel Narutowicz），后者成为波兰新总统。他在职仅为一周。

12月16日，纳鲁托维兹遭暗杀——在波兰历史上这是个臭名昭著的日子。波兰议会选择斯坦尼斯劳·沃西乔夫斯基（Stanislaw Wojciechowski）作为他的继任者。

12月11日

爱尔兰参议院第一次会议。

这是伦敦中央刑事法庭对弗雷德里克·比沃特斯（Frederick Bywaters）和伊迪丝·汤普森（Edith Thompson）谋杀案进行审判的最后一天——这次审判即使没有引起全世界的关注，也引起了整个社会病态的想象，并以非常耸人听闻的方式被大量报道。两名被告均被判有罪并被判处死刑。

这个案件让同时代人着迷的一个方面是，伊迪丝很可能只是犯了欺骗丈夫和想象力过于丰富的错误。伊迪丝（生于 1893 年）与珀西·汤普森（Percy Thompson）刚结婚几年，就和比她小十岁的商船船员比沃特斯发生了婚外情。她给情人写了许多耸人听闻、言词夸张的信，在其中一些信中，她谈到了渴望丈夫死亡，并吹嘘自己曾试图在他的食物中下毒（虽然没有证据说明她下过毒）。

10 月 3 日，汤普森夫妇晚上从剧院回来时，一个男人从灌木丛中跳出来袭击他们。邻居听到伊迪丝尖叫:"不,不,不要!"她被猛击,倒在地上。珀西被殴打,又被捅刀,不久就因伤势过重死亡。行凶者——就是比沃特斯——逃离现场,但被警察抓住了。他没有反抗,自愿向警察说出了他藏血淋淋的刀子的地方。他否认自己故意杀人,说珀西的反抗比他想象的更加激烈。他还坚称伊迪丝并不知道他的行凶意图;但警察看到他保存的情书时,她也被捕了。

审判于 12 月 6 日开始,受到媒体的高度关注。伊迪丝年轻漂亮,属于中产阶级,精力充沛,这并没有影响报纸的销量。有一段时间,一切似乎都朝着有利于她的方向发展,尤其是比沃特斯一再证实她并没有参与这次攻击。她的律师告诉她要尽可能保持沉默,以便给控方制造麻烦,但她显然非常享受聚光灯下的气氛,忍不住要表演一番,与陪审员调情,自相矛盾,摆出各种夸张的姿势。后来,她的律师说,她责备自己"虚荣和傲慢"。

当宣判死刑时,伊迪丝歇斯底里地尖叫起来,弗雷德里克最后一次大声说她是无辜的。审判结束了,但公众舆论出现了巨大的反转,支持这两个凶手。比沃特斯的忠诚被视为勇敢,绞死一个(年轻漂亮、中产阶级的)女子的想法令人憎恶。上一次英国女性被送上绞刑架是在 1907 年。一百多万人在请愿书上签名,要求内政大臣宽大处理。

伊迪丝 1923 年 1 月 9 日被执行死刑,过程惨不忍睹。虽然给她服了镇静剂,但她仍在挣扎和尖叫;当她坠下的时候,她的阴道大量出血——几乎可以肯定是流产的胎儿。她的绞刑官约翰·埃利斯(John Ellis)受这个过程困扰,最终自杀了。这个案件进入了流行文化,并在许多电影——包

481

括希区柯克的《怯场》(*Stage Fright*)——书籍和戏剧中得到直接或间接的反映。[1]

12月12日

哈莱姆 ————————————————————————★

　　吉恩·图默(Jean Toomer)，当时还不太为人所知，但在短短几个月内成了美国黑人诗歌、小说、绘画、音乐和其他艺术——哈莱姆文艺复兴——突然爆发、引发狂热的明星之一。他写信给他的白人朋友沃尔多·弗兰克(Waldo Frank)，宣称他的第一部小说已经完成："兄弟！**甘蔗**正在路上！两个星期以来，我一直在忙这件事。书写完了。"

　　《甘蔗》(*Cane*)次年出版时被广泛誉为杰作，现在仍然被认为是哈莱

1　乔伊斯和艾略特都对这个案件感兴趣。对乔伊斯来说，死刑是骇人听闻的，他和朋友亚瑟·鲍尔(Arthur Power)详细谈论了这件事："有时候法律是多么可怕的事情啊……应该对法律进行一些调整，以区别残忍的谋杀和这种行为，例如一个妇女在绝望中杀死自己的孩子，然后试图自杀——从法律的角度看，这是双重犯罪……"乔伊斯相信，在法国，像汤普森夫人这样的女人是永远不会被处决的。乔伊斯学者在《芬尼根守灵夜》中至少发现了45条与此案有关的暗示。

　　艾略特对这个问题的看法完全不同。1923年1月8日，他写信给《每日邮报》的主编，支持他对"感伤主义者十字军"的强硬立场——指数百万人写信给内政部，要求废除对"伊尔福德杀人犯"(Ilford Murderers)的死刑。艾略特称赞《每日邮报》拒绝陷入"软弱无力的多愁善感"。在同一封信中，他称赞了该报对法西斯主义的报道。有人认为，艾略特的诗《凯旋进行曲》("Triumphal March")一定程度上是受到了《每日邮报》对"向罗马进军"报道的启发。

姆文艺复兴时期最好的作品之一。但是图默会继续让他那些更激进的、政治化的同行失望。像许多其他作家和知识分子一样，他被 G. I. 葛吉夫的魅力所吸引，从欧洲旅行回来后，他只对宣讲葛吉夫的"第四道"（Fourth Way）哲学感兴趣。[1]

12月14日

★————————————————————————————— 伦敦

约翰·里斯（John Reith），三十三岁，身材高大，清心寡欲，曾是一名工程师，父亲是苏格兰自由教会的一名牧师，他自己也是一名虔诚的基督徒。他接受英国广播公司的邀请，担任公司总经理，尽管他并不太清楚这份工作涉及什么（正如他在两年后的第一本书中所指出的那样），也不清楚"广播"到底意味着什么。他于 12 月 29 日上任，并在日记中写道："在我所做的每件事上，我都努力与基督保持密切联系，我祈祷他能与我紧密相联。我有一项伟大的工作要做。"

里斯是英国广播公司发展过程中最重要的人物。到 1938 年 6 月退休

1　简单地说，"第四道"是葛吉夫对自我超越的三种深奥传统的综合：身体的控制（苦行方式）、心智的控制（僧侣方式）、情绪的控制（瑜伽方式）。葛吉夫声称他的系统采用了其他三种方式中最好的成分，然后将它们完善为第四种方式。"第四道"这一概念仍然被葛吉夫和乌斯宾斯基的追随者广泛运用。

之前，[1] 他一直是英国广播公司的总经理，然后是董事长。正是他对英国广播公司职责的远见卓识，使其成为英国文化中的主导力量。他自己在《全英广播》（*Broadcast Over Britain*）一书中的表述可能是最好的总结：

> 按照设想，我们的责任是把人类各方面的知识、努力和成就中最好的东西带进尽可能多的家庭，并避免那些有害的或可能有害的东西。偶尔有人会向我们指出，我们显然是要为公众提供我们认为他们需要的东西，而不是他们自己想要的东西，但很少有人知道他们想要什么，他们需要什么。

这种对大众毫不掩饰的父权态度，听起来可能相当冷酷，而里斯自己可能也是一个没有吸引力的、专制的人（多年来，他一直喜欢墨索里尼，直到1930 年代，他都钦佩希特勒）。然而这种高压和高尚结合起来的实际结果在很大程度上是良好的，而且比听起来要民主得多。[2]

1　他后来成为帝国航空公司（Imperial Airways）的主席。

2　几乎每个人都买得起收音机，或者至少能找到一台收音机，就像许可证数据显示的那样。1923 年，在英国广播公司第一个全年运营期间，发放了 8 万张执照；1924 年，100 万；到1939 年，达到 900 万。但是这些数字并不能代表真正的听众人数。据知情人士估计，每一台有牌照的无线接收器，就有五台在使用。1928 年以后，英国广播公司节目的听众很少于 100 万，甚至可能高达 1100 万。到 1935 年，约 98%的人口定期收听广播。这个国家在空中以前所未有的方式联系起来。

　　除了最贫穷和身无分文的人之外，所有人都可以收听广播。对许多听众来说，广播不仅提供了丰富多样的娱乐和新闻来源，而且还提供了许多因贫穷或受教育程度极低而无法享受的乐趣。受益也不全是单向的：本书中的许多作家和艺术家通过

★————————————————————————————————— 京都

　　爱因斯坦做了一次公开演讲，解释了他提出相对论的过程，这一演讲在全世界得到了广泛的报道。

12月15日

★————————————————————————————————— 纽约

《荒原》第一次以图书形式出版。

★————————————————————————————————— 莫斯科

　　列宁第二次严重中风。从现在起直到他去世，他一直卧病在床。

　　里斯的英国广播公司找到了新的传播渠道和受众。从1929年开始，艾略特频繁地发表广播演讲，从伊丽莎白时代的散文，到从邓恩（Donne）到弥尔顿（Milton）的17世纪诗歌，到后来涉及基督教教义和伦理价值的话题。（直到1937年，《荒原》才在英国广播公司全面播出。播出效果令人满意，并激发了许多听众寄来赞许的信件。）

　　到1926年，里斯对自己的成就有了足够的信心，他写道："我们认为，已经创造了一种新的国家资产……所指的资产是道德上的，而不是物质上的——这些东西经过几个世纪的发展，会带来更幸福的家庭、文化普及和真正的公民身份的复合利益。"当然，这很自负；但比里斯的批评者愿意承认的更接近事实。

12月17日

　　哈里·凯斯勒伯爵在哈威治港靠岸后前往首都。由于战争,他自1914年以来就没能访问伦敦。他上次访问是在罗丹(Rodin)的陪同下,就在敌对行动开始的前一周。他还记得,在横渡英吉利海峡时,他问罗丹要不要吃点东西,这位雕塑家回答说:"不要,我不饿。我看风景呢。风景秀色可餐。""当火车载着我穿过烟雾缭绕、环境恶劣的伦敦郊区时,我回忆起这一切,"凯斯勒写道,"傍晚时分,我沿着堤岸向威斯敏斯特走去。阳光照在潮湿的街道上,大块云彩在空中低低地掠过。整个城市沐浴在紫金色的阳光中,泰晤士河成了闪闪发光的铜盘。"

　　第二天,他去购物。

　　　　商场没多大变化,和以前一样华丽优雅。但这里已不再有1914年那种令人震惊的喧嚣和奢华,这些有待去巴黎得到满足。这个国家越来越贫困,购物者越来越少……

晚上去剧院看音乐喜剧《玫瑰夫人》(*The Lady of the Rose*):"令我吃惊的是,前排座位上至少有一半的男人穿着休闲西装,其余都穿着晚礼服,只有五六个人穿燕尾服。一场真正的革命，或者更准确地说，是这种革命的征兆。"

★ ───────────────────────── **爱尔兰自由邦**

最后一批英军撤出爱尔兰。

12月18日

★ ───────────────────────── **下奥地利基尔林**

卡夫卡在日记中写下了倒数第二条记录。[1] 这是他一个多月来的第一次笔记。他显然在读克尔凯郭尔："我一直卧床。昨天读《非此即彼》（*Either/Or*）。"

★ ───────────────────────── **都柏林**

叶芝写信给奥利维亚·莎士比亚："下周三我将获得三一学院的荣誉

1　最后一次记录是在大约六个月后，即 1923 年 6 月 12 日。写下最后的日记一年后，卡夫卡死于 1924 年 6 月 3 日。他的遗体葬在布拉格–斯特拉什尼茨（Prague-Strashnitz）的犹太人公墓。

博士学位,感觉自己成了一个名人。"在 19 日和 20 日的两篇附记中,他记载了参议员坎贝尔(Campbell)的处决和住宅被烧毁的情况。坎贝尔夫人恳求那些游击队员不要在晚上把她的孩子赶到街上去;他们似乎被这一恳求打动了,但表示不能违抗命令;其中一人帮助坎贝尔夫人从火焰中抢出了孩子们的圣诞玩具。

奇怪的思想悲剧使人们犯下这样的罪行,但我不认为这些人只是应征入伍的叛乱者。民主已死,武力主张其古老的权利,而这些拥有武力的人相信他们有统治的权利。随着民主的消亡,旧的政治模式也消失了。人们不知道什么是合法的战争,什么不是。

意大利 ─────────────────────────────── ★

法西斯势力在都灵开始了为期三天的疯狂杀戮;都灵是一个激进主义的城市,现在被墨索里尼政权认定为抵抗新秩序的潜在基地。共产主义者、社会主义者和工会成员遭到殴打和枪杀。

12月19日

★———————————————————————— 美国

　　《日晷》发表艾略特关于玛丽·劳埃德之死的著名文章。(玛丽·劳埃德之死,见10月7日。)这是一种奇特的混合体:个人忏悔(他说,想到她的死,他很沮丧,甚而感到所有文学方面的事情似乎都无足轻重)、美学论证和世界末日的预感。他问自己为什么玛丽·劳埃德是她艺术的最后一位伟大倡导者,他的结论是:首先,她的伦敦观众意识到,她以一种只有亲近感才能产生的精准方式来反映他们的生活;其次,她的艺术是以合作为基础的。玛丽的观众不是被动地欣赏她的才华,而是积极地参与她的表演,共同产生意义——举个简单的例子,她表面上天真却含有下流意味的玩笑是离不开观众的。

　　艾略特进一步认为,这种联系对于所有艺术,尤其是戏剧艺术,都是必不可少的。他将玛丽·劳埃德作品的活力与电影及其他现代娱乐节目中观众的沉迷和懒散进行了对比;他痛斥中产阶级精神上的死亡,完全没有能力培养出像玛丽这样对下层群众具有吸引力的代表性艺术家。就此而

489

言,他引用了 W. H. R. 里弗斯的例子:[1]

在最近关于美拉尼西亚(Melanesia)人口减少的论文集中,有一篇非常有趣的文章,伟大的心理学家 W. H. R. 里弗斯引用的证据使他相信,那个不幸的群岛上的土著居民正在灭绝,主要原因是强加于他们的"文明"剥夺了他们对生活的一切兴趣。他们纯粹是无聊而死。

最后他预言般地总结道,想象一个充满梦魇般的虚幻寄生的未来社会,在这个社会里,先进的技术提供了所有可能的舒适和娱乐,所有的体验都唾手可得,孩子们甚至通过耳机听睡前故事。(有多少《日暑》的读者会认为这不仅仅是一种病态的危言耸听?)他以一种失败的口吻结束了文章,仿佛那严峻的推测使他沉默了。

1　在接下来的几年里,艾略特一直对里弗斯保持着浓厚的兴趣,而这位"伟大的心理学家"是影响《力士斯威尼》(*Sweeney Agonistes*)的主要人物之一。当里弗斯的晚期作品在他死后开始出现时,艾略特一直给予关注。他请温德姆·刘易斯为 1925 年 1 月号的《标准》杂志评论里弗斯的《医学、魔法和宗教》(*Medicine, Magic and Religion*),并在他自己的文章《查尔斯顿,嘿! 嘿!》("Charleston, Hey! Hey!")中再次提到了里弗斯(此文发表于 1927 年 1 月 29 日的《国民与雅典娜神殿》),在文章中他说约翰·罗克尔(John Rodker)是"最新的,如果有人是的话;我们确信他知道所有关于荷尔蒙、W.H.R.里弗斯和我们中间的蒙古人的事情"。同年,他邀请罗伯特·格雷夫斯为《标准》杂志评论里弗斯的《心理学和民族学》(*Psychology and Ethnology*)。里弗斯现在是英国文学和英国科学的永久组成部分。

在同一期《日晷》上，埃德蒙·威尔逊发表了关于艾略特的第一篇重要文章《干旱之诗》（"The Poetry of Drouth"）。他首先用书信的形式概括了艾略特写作生涯的关键因素，并强调这是多么了不起：薄薄一部作品，却产生了如此不成比例的巨大影响，这使艾略特成为文学领域举足轻重的人物。威尔逊说，尽管他看到了艾略特的局限性，但也承认《荒原》对于艾略特早期诗歌来说是一大进步："这是第一次以全部的强度，没有讽刺或伪装加以调和，让我们听到对美的渴望和生活的痛苦，而这是他所有作品的底色。"

威尔逊在文章中花了很大篇幅来阐明"渔王"（Fisher King）神话对于诗歌主旨和创作意图的重要性。他认为，艾略特用杰西·L. 韦斯顿（Jessie L. Weston）在《从仪式到传奇》（*From Ritual to Romance*）一书中研究的古代神话作为"精神干枯的具体形象"。他接着预测了所有已经提出，而且无疑还会继续提出的针对艾略特诗歌的反对意见，首先是那种指责，说这部作品不过是一堆碎片，就像瓶子里的船一样毫无意义。[1]

威尔逊承认，这些抱怨中的大多数，以及其他一些批评，至少有一定的现实基础——例如，艾略特的诗似乎是一种压抑的情感体验的产物，他的某些作品中有一种可以被视为"怪戾的优越感"的特性。但他又反驳说：

---

[1] 文中意外地提到了尤金·奥尼尔。威尔逊指出，至少有一个评论家说过，如果更仔细地观察他的斯维尼（Sweeney）形象，他会发现"奥尼尔的毛猿"。

"艾略特先生是位诗人——也就是说,他的感觉强烈而鲜明,说话自然而有诗意——因此,无论他居于何处,他都属于神圣一族……"他总结道:

> ……诗人一族——尽管越来越稀少——还没有完全灭绝;如庞德所说,至少有一个人给语言带来了一种新的个人节奏,甚至给他伟大的前辈们的语言赋予了一种新的音乐和新的含义。

爱尔兰自由邦 ────────────────────── ★

爱尔兰国民军在克拉营地(Curragh Camp)处决了七名共和军游击队员,他们是破坏当地铁路设施的一个小组的成员。处决在本地区引起了极大的怨恨和愤怒。

12月20日

德国 ──────────────────────────── ★

托马斯·曼参加了一个巫师降神会。这不是他第一次接触灵媒——据他的家人说,他曾经有一段时间习惯每星期悄悄出去参加两次降神会——但这次的场合给他留下了深刻印象。

这有点令人吃惊，因为从他后来对这个夜晚（以及 1923 年 1 月的两次）的描述来看，整个场合都散发着表演艺术的气息。这次降神会是由男爵冯·施伦克·诺青（von Schrenk-Notzing）博士组织的，他是性病理学和神经疾病方面的专家；[1] 参加这次活动的有一位动物学家、一位著名演员、一位波兰画家和其他几个人。灵媒是个十几岁的男孩，"威利"（Willi），他穿着黑色长袍，上面有发光的胶带，这样当灯光暗下来时，人们就可以跟随他的动作。一个女人握住威利的手腕，曼则被要求把威利的膝盖夹在自己的膝盖之间。要领是，威利将通过身体动作来回答"是"或"否"的问题——如果答案是肯定的，他会紧握曼的手；如果答案是否定的，他会把身体侧向一边。动物学家吹奏一种口琴；还有许多道具——一只手铃、一台打字机、一块写粉笔字的石板、一个电铃。

活动的前半部分给人的印象并不深刻。下半场，曼把他的膝盖夹紧工作交给了另一个参与者，事情开始有了进展。他感到全身不舒服，类似晕船。一块手帕掉在地上，跳了三下，然后扑倒在桌子上。电铃响起来。手铃也跟着响了。看不见的手指划过打字机，打出两行胡言乱语。出于某种原因——可能是眩晕——曼确信这些现象并不是欺骗。[2]

1　他的神秘著作《物化现象》（*Materialisations-Phänomene*）战前第一次出版时遭到广泛的嘲笑，但战后再版受到了更为严肃的对待。

2　事实上，他对这段经历感到震撼，甚至写了一篇文章《神秘体验》（"Okkulte Erlebnisse"）发表在《新评论》上。他还在长篇小说《魔山》（*The Magic Mountain*）中使用了降神会的许多细节（第七章，也就是最后一章的倒数第七节）。他把自己所感受到的晕船的感觉传达给了主人公汉斯（Hans），并运用了不停的音乐、跳跃的手绢等细节。他还让汉斯惊恐地逃离了活动——这一举动与他离开第三次降神会并决定再也不涉足唯灵论有关。1923 年 3 月 11 日，他母亲去世后，他没有尝试通过灵媒进入她的灵魂。

科克托的《安提戈涅》(*Antigone*)在蒙马特夏尔·迪兰(Charles Dullin)的工作室剧场上演,同时上演的还有皮兰德娄的《诚实的快乐》(*La Volupté de l'Honneur*)。作为索福克勒斯悲剧的精简版,《安提戈涅》汇集了当时一些杰出人才:阿尔蒂尔·奥涅格(Arthur Honegger)的配乐、毕加索的舞台装饰、香奈儿的服装设计。

为了装扮我的公主们,我请香奈儿小姐出马,因为她是我们首屈一指的服装师,我无法想象俄狄浦斯的女儿会光顾一个"小"裁缝。我选择了一些厚实的苏格兰毛呢,香奈儿小姐的直觉、设计如此准确,以至《通讯》(*Correspondent*)上的一篇文章称赞这些服装就史实而言无懈可击……

迪兰扮演克瑞翁,而安提戈涅则由一位年轻的希腊舞蹈家吉尼卡·阿塔纳西奥(Genica Atanasiou)扮演。她不会说法语,必须一个音节一个音节地学习把握她的角色。在这部剧的开头部分,科克托自己担任歌队主唱。

第一晚排练气氛紧张,有时还很混乱,当毕加索最终被请来为戏剧布景时,他看到的是一个光秃秃的舞台,几乎什么都没准备好,只有一些科克托制作的面具,高高地挂在一个洞的两侧,蓝色的背景下是一块白色的木板。科克托给了他一个简单的提示:用这套装置让人想起一个炎热、阳光灿烂的日子。

此时此刻，许多其他艺术家会愤而退避；相反，毕加索创造了他标志性的"奇迹"之一，人们开始将他的这个瞬间称为闪电般的即兴创作。他在舞台上走来走去，思考了一会儿，然后拿起一根血红色棒子，开始在粗糙的白板上擦来擦去，让它们看起来像大理石。接着，他拿起画笔和墨水，迅速地画了几条粗线条。最后他把有些地方涂黑。仿佛受到超自然力量的干预，三根希腊柱子突然出现了。这简直神人化，在场的人站起来为他鼓掌。

演出一开始，全场掌声不断：《安提戈涅》一炮而红。[1] 迪兰回忆说，此剧连演了差不多一百场，"许多上流社会的人都因为香奈儿、毕加索和科克托而前来观看演出。索福克勒斯只不过是个借口，而皮兰德娄也就是一个拉开帷幕的人"。这次演出也见证了科克托作为受到年轻一代崇拜的偶像，开始了其长期的统治："年轻人被科克托其人其作迷住了，他们觉得来给《安提戈涅》喝彩捧场是很自然的，就像他们去做弥撒一样……我们甚至听到这样一个故事，有人爬上安茹街的灯柱，要看科克托离家的模样。"[2]

1　埃兹拉·庞德在《日晷》的"巴黎来信"中称赞了这场演出。

2　正如人们所预料的，超现实主义者并没有错过给科克托制造麻烦的机会。第三天晚上，幕布拉开后不久，一位演员念了这句台词："他（克瑞翁）极为重视执行他的命令。"观众席上响起一个声音——熟知的人马上就能听出那是安德烈·布勒东的声音——"他错了！"正如科克托晚年所说："这是我们的一个同行的声音，我通过洞口对他喊，除非干扰结束，捣乱分子被赶走，否则我们不会继续表演。他们被赶出去，演出继续进行。这就是那时候发生的事情——什么事都很随意。"

12月21日

巴黎 ━━ ★

　　乔伊斯写信给他住在都柏林的姨妈威廉·默里（William Murry）夫人，问如果给她寄一本练习本，她是否愿意记下任何她能记得的关于他小时候的一些"奇行怪状"。这是他为写《芬尼根守灵夜》做准备的最早阶段之一。[1] 圣诞节时，他送给哈丽特·肖·韦弗一本爱德华·奥沙利文（Edward O'Sullivan）爵士复制的《凯尔书卷》（*The Book of Kells*）——此书不仅在《芬尼根守灵夜》中经常被引用，而且是它的先驱之一。

12月23日

伦敦 ━━ ★

　　英国广播公司开始每天定期广播一档新闻节目。第二天，即圣诞夜，

─────────────

1　1923 年 3 月 11 日，乔伊斯终于拿起笔，开始了《芬尼根守灵夜》的写作。在接下来的 16 年，他一直忙于写这本书。

它播放了英国第一部广播剧《圣诞老人的真相》(*The Truth about Father Christmas*)。

★————————————————————————————— **莫斯科**

　　弗拉基米尔·列宁病重,他开始口述一系列笔记,这些笔记最终成为著名的"1922 年文件":他政治上最后的遗愿和遗嘱,原计划是作为他出席下一届党代会的笔记。这些笔记在党代会召开之前属于最高机密。有些是口述给速记员听的,他就坐在隔壁房间,通过电话线接听列宁的声音。[1]

　　尽管这些笔记偶尔有不连贯的地方,但有三个主题清晰地显现出来。这三个主题可归结为:格鲁吉亚的命运、政治局和中央执行委员会等机构的权力正在急剧膨胀,以及列宁去世后谁将继任他的职位。

　　列宁盘点了主要的领导人竞争人选的素质,认为他们都有一些明显的不足之处。他开始赞成集体领导的想法,因为集体领导可能包含任何一个领导的声音。布哈林? 他是"全党的宠儿",但他的理论观点"只能说是有保留的马克思主义";虽然他是年轻人中最有智慧的,但他的思想本质上仍然是"学究式"的,而且他从来没有正确地接受过辩证唯物主义。托洛茨基? 他"个人也许是现在中央委员会中最能干的人,但是他过分自信,过分专注于纯粹的行政事务"。斯大林? 列宁也表达出深深的忧虑。

1　人们常常注意到,这些笔记显示出悲痛的情绪——甚至是极为深沉的思虑:反反复复、漫无边际,有时似乎混乱而难以理解。

12月24日

　　勒·柯布西耶从父母家里给伊冯·加里斯寄去一封充满激情和渴望的信。他还没有告诉父母他的恋情,为了和她交流,他只好偷偷写信,然后踏着雪偷偷把信寄出去。他现在三十六岁了,还在扮演好孩子的角色,帮忙砍柴准备过冬,为节日庆祝宰杀猪羊;尽管他不得不睡在冰冷的阁楼的地板上,但他看起来还是很高兴的。最使他烦恼的是这种无性生活——他刚刚发现了令人欣喜的完美爱情,就开始为他的女人感到痛苦:"在屋檐下寒冷的房间里,当我睡在一块木板上时,我会想起我勇敢的小女孩,她在远方躺在柔软的床上……"

12月25日

　　圣诞节当天,至少有八部戏在曼哈顿上演。作为一名专业的戏剧评论家,多萝西·帕克不得不"裹着厚实的衣服,冒着刺骨的寒风冲出去,尽可能多地看新的剧作"。她疲惫、沮丧、孤独,常常流泪。她只有她的宠物狗伍德罗·威尔逊和她的笼中鸟奥南（Onan，之所以这么叫是因为它把精子射到地上）做伴，因为她从夏末开始和查尔斯·麦克阿瑟（Charles MacArthur）的热恋在几个星期前就已经结束了。[1]

★————————————————————————————————巴黎

　　庞德给他的母亲写了一封简短但信息丰富的信，除了提到其他事情外，还提到乔伊斯带了一些食物和饮料过来串门。他还说"叶芝摇身一变成了新爱尔兰的参议大员[2]"；他关于科克托《安提戈涅》的评论文章发表

1　虽然最初麦克阿瑟觉得她很迷人，但这种魅力很快就消失了，况且他是一个多才多艺、不知疲倦的诱惑者，他的目光开始转向其他女人。然而，多萝西却无可救药地被迷住了。她花时间给他写情诗，写有关他的情诗，当她看到他与最近征服的女孩在一起时，哭得很伤心。后来她发现自己怀了他的孩子。这令人痛苦：她知道自己甚至连温柔的母爱都没有，但她不想失去麦克阿瑟的孩子。在她犹豫的时候，"圆桌会"上演了另一场戏剧，是《不，先生!》的续集《淘金者》（The Forty-Niners）。
　　再一次，所有的智慧都投入了。她和本切利（Benchley）创作了一部奇怪的独幕剧《尼禄》（Nero）。这部剧与古罗马无关，剧中人物却包括维多利亚女王（Queen Victoria）、黎塞留红衣主教（Cardinal Richelieu）和纽约巨人（New York Giants）。乔治·考夫曼（George Kaufman）和马克·康纳利（Marc Connelly）执导。演出活动结束，在 15 场演出之后，多萝西决定堕胎。有几天，她对这次经历只字未提。然而，酒精很快使她打开了这个话题，她在托尼之家和其他酒吧里度过了悲伤和诅咒的夜晚。有传言说麦克阿瑟给了她 30 美元用于堕胎。她说，这就像犹大在退款。
　　她喝得越来越厉害，整天躺在床上，直到去看戏的时候。慢慢地，她对自杀越来越感兴趣，决心自杀。直到 1 月份，她终于将计划付诸实施。她用丈夫的锋利剃刀在左手腕上割了一道很深的口子，在右手腕上割了一道较轻的口子。她死亡意愿的强烈性令人怀疑；在割腕之前，她在住宅一楼的瑞士阿尔卑斯餐厅订了晚餐，是送餐员发现了她。她被紧急送往医院。当她身体恢复到可以待客时，她像往常一样扮小丑，说俏皮话，咒骂，打着手势，并在手腕上系上浅蓝色的缎带。

2　参议员英文为 senator，庞德将此词变形为 sennatorrrr，以含讽义，故译为"参议大员"。——译者注

在《日暑》上；他有篇稿子要在《标准》上发表；[1]他还提到，他已经把他的三篇马拉斯塔诗章整理得差不多了，这样就不用为即将到来的意大利之行携带太多的笔记了。

12月27日

伦敦 ────────────────────────────────★

用艾略特的话来说，圣诞节期间英国的天气"糟透了"。他写信给吉尔伯特·塞尔迪斯，表达了感激和苦恼：感谢塞尔迪斯和埃德蒙·威尔逊对《荒原》的肯定；苦恼的是，威尔逊利用这篇评论，以牺牲庞德为代价来支持艾略特——他写到"艾略特的模仿者埃兹拉·庞德先生极度缺乏重点的八篇诗章"。艾略特坚持认为，庞德是英语文学中最重要的在世诗人。

英国 ────────────────────────────────★

《每日快报》头版刊登一篇报道，声称一位著名的战争英雄化名加入英国皇家空军的队伍：标题是《"无冕之王"作为列兵》，在接下来的几天里，还有更多更耸人听闻的新闻标题，如《扛着步枪的麦加王子》。记者蜂拥至范堡罗，在那里——正如大卫·加内特所说——T. E. 劳伦斯被他的

1　尽管他似乎怀疑这篇文章能否逃过编辑的砍刀，但这篇《论总体批评》（"On Criticism in General"）确实发表在 1923 年 1 月号上。

战友们"妥善保护",但损害是不可避免的。由于身份暴露,劳伦斯被迫于1923 年 1 月 23 日离开英国皇家空军,尽管由于他的坚韧和他在高层的影响力,1923 年 3 月他又回到部队——这次作为一名二等兵,以新的身份"T. E. 萧"(T. E. Shaw)服役。[1]

---

1 就在风暴刮起的同一天,劳伦斯给乔治·萧伯纳写了一封长信,并寄去了一本"牛津版"《智慧七柱》,征求他的专业意见(见 8 月 17 日)。

　　亲爱的萧先生:

　　　我圣诞节收到您的信,非常感兴趣——尤其是这句话……我提及这件事似乎不够谦虚——但您说这是一本了不起的书。就物质来说,是的;就学科来说,是的:一个局外人看到了一场全国性运动的内部结构,这是一个巨大的主题,但就其治疗而言很了不起吗? 我非常关心这一点,因为这是我一生的抱负,写一些本质上有益的东西。我不敢相信我做到了,因为这是世界上最困难的事情,我在其他领域取得了很大的成功,因而指望在这样一件技术性的事情上也成功未免贪婪。不过,您的话让我有了一些希望:这件事做得好不好,请您老实告诉我,好吗? 我真的写起来,十分激动,几乎写不下去,但在这段时间里,整部作品看起来很糟糕,我写完的时候,几乎把它都烧了,而这是第三次了。我的思想和感觉我能做到的,与我的弱点导致我去做的事实之间的对比让人觉得很可怜。您知道,我深深地感觉到,如果我真的尝试,坐下来,绞尽脑汁,结果会达到一个更高的层次。我对这种下死功的努力感到害怕,因为我在写这一稿时,已经把自己累死了:我更愿意采取逃避的做法。这样做是不是错了? 我的意思是,它不应该是客观的,没有第一人称单数吗? 我的写作有什么风格吗? 有可以识别的个人因素吗? ……

　　尽管劳伦斯从未见过詹姆斯·乔伊斯,他却被这位爱尔兰作家的作品深深吸引。(随着年龄增长,他接受了自己是爱尔兰爱国者的想法;在他看来,他是爱尔兰的劳伦斯,而不是阿拉伯的劳伦斯。)虽然他从来没有积累多少财产,但他对自己的一些藏书非常珍惜,尤其是签名的初版《尤利西斯》(编号 36)。劳伦斯临终时,他的藏书目录中包括《都柏林人》、《一个青年艺术家的画像》、《一便士一个水果》(Pomes Penyeach),以及由费伯(Faber)和其他出版商出版的《进行中的作品》,即后来的《芬尼根守灵夜》)的三个节选本,《安娜·丽维雅·普拉贝尔》(Anna Livia Plurabelle, NY, Crosby Gaige, 1928)、《处处有儿女》(Haveth Childers Everywhere, London, Faber, 1931)及《闪和肖恩的故事》(Tales Told of Shem and Shaun, Paris, Black Sun Press, 1929)。顺便说一句,劳伦斯翻译了《奥德赛》。

巴黎 ━━━━━━━━━━━━━━━━━━━━━━━━━━━━━━━━━★

到年底,庞德夫妇离开公寓去意大利待了大约三个月——佛罗伦萨、罗马,但主要是拉帕洛,他们最终在 1924 年定居于此。2 月中旬,海明威夫妇也加入他们的行列,直到 1923 年 3 月 10 日,这两对夫妇在罗马涅(Romagna)地区进行了一次非常愉快的徒步旅行——这是庞德的历史英雄之一西吉斯蒙多·马拉泰斯塔(Sigismondo Malatesta)的家乡,此人是文艺复兴时期的佣兵队长和重要的艺术赞助人。[1]

两位作家承认在墨索里尼这个话题上暂时存在分歧,庞德越来越(令人难以置信)称赞墨索里尼是当今的马拉泰斯塔。海明威向庞德吹嘘说,墨索里尼在洛桑会议上威胁过他,并告诉他再也不能去意大利了。这个说法极为可疑,尤其因为海明威很少会不愿谈论他与名人的接触,然而这件事,他似乎没有向任何人提起过。

12 月 30 日

莫斯科 ━━━━━━━━━━━━━━━━━━━━━━━━━━━━━━━━━★

列宁发现,在奥尔忠尼启则(Ordzhonikidze)的指挥下,苏维埃军队入

1　庞德开始为他的新诗章写马拉泰斯塔。海明威后来声称,他利用自己的军事知识,澄清了马拉泰斯塔在皮奥比诺(Piombino)和奥贝泰罗(Orbetello)战役中的行为。

侵了以前自治的格鲁吉亚，这让他既震惊又愤怒。费利克斯·捷尔任斯基（Felix Dzerzhinsky）向莫斯科汇报了这次行动。捷尔任斯基温和地指出，虽然有过"一些过分"的行为，但这个地区现在很平静。谁下令进行了这种"大俄罗斯沙文主义"的行动？列宁立刻明白这个人一定是斯大林。他写了一封愤怒的信，不仅指名道姓地谴责斯大林、奥尔忠尼启则和捷尔任斯基，而且还暗指整个政府机构——"典型的俄罗斯官僚主义、无赖和暴力嗜好者"。

就在列宁把他的愤怒、焦虑和担忧倾泻在纸上的时候，"官僚们"正在起草条约，将俄罗斯、乌克兰、白俄罗斯和外高加索统一为苏联——苏维埃社会主义共和国联盟（Union of Soviet Socialist Republics）。他拼命写作，一直写到1922年的最后一天。条约在前一天已经签署。苏联诞生了。

12月31日

纽约

当年最后一部重要的电影《莎乐美》（Salome）首映，改编自奥斯卡·王尔德的戏剧，由"娜兹莫娃"——即俄罗斯出生的女演员艾拉·娜兹莫娃（Alla Nasimova, 1879—1945）扮演主角。《莎乐美》是一部不寻常的电影，票房不佳却制造了丑闻，现在是她最著名的电影。人们至今还记得她是一个勾引美女的高手。

艾略特当年的最后两封信是写给科布登-桑德森和亨利·艾略特（Henry Eliot）的。对他的兄弟，他主要倾诉了经营《标准》杂志的困难，并哀叹他很少有时间读书。

> ……我特别渴望有时间来填补我在过去的文学和历史教育中留
> 下的无数空白。几乎没有什么当代作品能让我满意；当代小说家除了
> 劳伦斯，当然还有乔伊斯，我很喜欢读他的作品……

他接着描述了薇薇安最近的疾病和痛苦。"圣诞节以来，薇薇安一直觉得累。那天晚上，她坐起来用餐，这是几个月来的第一次……"

他1922年写的最后一句话采用了简短附言的形式，关于1922年美国一本著名的书："薇给我读了一点《巴比特》。书里有些不错的东西。"

后续

重要人物

T. S. 艾略特一直被认为是 20 世纪最重要的英语诗人,尽管学术潮流出现了极端的波动,也有许多人试图削弱甚至摧毁他的声誉,《荒原》至今仍被广泛认为是 20 世纪最重要的一部诗作。他的许多文学散文也使他成为那个时期的主要评论家之一,对一代又一代学者和教师影响深远,甚至比那些向他学习的稍年轻一些的评论家的著作更持久:英国的 I. A. 理查兹、威廉·燕卜荪和 F. A. 利维斯,美国的艾伦·泰特、约翰·克罗·兰瑟姆、埃德蒙·威尔逊及其他人。

当艾略特 1927 年 6 月 29 日加入圣公会时,《荒原》中反映的精神危机得到了解决。在他的余生中,他一直是个谨慎虔诚而谦逊的教徒,并在格洛斯特路的圣斯蒂芬教堂担任了多年的教堂执事。1927 年,艾略特加入英国国籍,并在改变国籍后不久宣称自己是一名保皇主义者,这让他的政治左派崇拜者大失所望。薇薇安·艾略特的精神和身体状况恶化;两人于 1932 年分手,当时艾略特利用被邀请回哈佛担任查尔斯·艾略特·诺顿(Charles Eliot Norton)主席的机会,切断了与她的联系。1938 年,薇薇安被关进斯托克纽因顿(Stoke Newington)的一家精神病院,在那里待了九年,直到 1947 年去世。

艾略特一直编辑《标准》杂志,直到 1939 年 1 月最后一期。那时,他已经辞去劳埃德银行的工作(1925 年),加入了新的出版公司费伯和格威尔(Faber and Gwyer),即后来的费伯-费伯出版社(Faber and Faber)。在那里他工作非常出色,直到退休。他乐于介绍乔伊斯、庞德和其他老朋友的新作,也乐于培养包括 W. H. 奥登(W. H. Auden)在内的新生代作家。

艾略特不是一位多产的诗歌作家,他的《诗集》(*Collected Poems*)并不太厚;《荒原》之后,他最著名的诗篇包括奇特而可怕的《力士斯维尼》(1932,虽然由 1926 年和 1927 年的两个"片断"组成)、《空心人》(*The Hollow Men*,1925)、《圣灰星期三》(*Ash Wednesday*,1930)以及长篇组诗《四个四重奏》。《四个四重奏》是关于宗教和哲学主题的复杂作品,随着时间的推移,也包含了艾略特对第二次世界大战的反应,就像《荒原》一样,这本书是他明显或不明显的自传。它的四个组成部分分别是《焚毁的诺顿》(*Burnt Norton*,1936)、《东科克》(*East Coker*,1940)、《干燥的萨尔维吉斯》(*The Dry Salvages*,1941)和《小吉丁》(*Little Gidding*,1942);这四部分首次合集出版于 1945 年。

他还写了一些完整的诗剧。从 1935 年的《大教堂谋杀案》(*Murder in the Cathedral*)开始,故意用阿加莎·克里斯蒂式的剧名来指称托马斯·贝克特的殉难故事;接着是一组重述经典悲剧主题的戏剧,采用的是伦敦西区观众熟悉的诺尔·科沃德(Noel Coward)或泰伦斯·拉蒂根(Terence Rattigan)舞台上的中上层阶级当代背景:《家庭团聚》(*The Family Reunion*)、《鸡尾酒会》(*The Cocktail Party*)等。在那个时代,它们的商业化令人惊讶,却很少能获得成功。

在履行办公室职责或担任牧师之余,艾略特还写了大量关于社会、政治和宗教问题的文章。他的论文《关于文化定义的注解》(*Notes Towards the Definition of Culture*)和《基督教社会的观念》(*The Idea of a Christian Society*)充分地阐明了他的观点。艾略特对其早期作品《异神之后》(*After Strange Gods*)中某些段落的主旨(其中包括一则经常被引用,但经常被错误引用,关于"大量自由思想的犹太人"对传统社区影响的评论)感到不满,于是巧妙地任其绝版。所有这些作品篇幅都很短小,不足以勾勒出他的政治哲学,而且经常被那些认为艾略特的极端保守主义不人道或令人反感的人嘲笑。然而,他作为右翼思想家的地位,如果说有所不同的话,却随着岁月的流逝而提升。

晚年,艾略特与埃斯梅·瓦莱丽·弗莱彻(Esme Valerie Fletcher)——朋友们都称她为瓦莱丽——结婚,最终实现了个人幸福。自从 1949 年以来,她一直是他在费伯出版社的秘书,所以他们在 1957 年 1 月 10 日结婚时已经很了解对方了。新郎六十九岁,新娘三十二岁。到 1965 年 1 月 4 日艾略特去世时,他已蜚声世界文坛,其知名度之高,在四十年前是任何人都无法合理预测的。他的遗体在戈尔德斯格林(Golder's Green)火化,骨灰送到东科克(East Coker)教区教堂,那里是他的祖先移居美国之前居住的村庄。

无论在他的一生中,还是最近几年,艾略特都因其散文和诗歌中某些反犹太的段落而受到攻击——通常不是因为他不应该发表这样的文章(在他那个时代,其他作家也对犹太民族进行恶毒的嘲笑或者有意侮辱,相比之下,他那些文字即使不更温和,但也不更糟糕),而是因为在自由世界得知了最终解决方案(Final Solution)[1]之后,他还允许这些东西未经修改就

1　指德国纳粹对犹太人的大屠杀。——译注

发表。这个问题仍有争议，而且让那些仰慕艾略特的中间派和左翼人士不安，他们很难接受如此有力量的诗句竟然会被如此肮脏的偏见滋养。

自 1960 年代女权主义兴起以来，人们经常将艾略特描绘成"汤姆和薇芙"（Tom and Viv）故事中的反面人物：说好听点，他是一个胆怯、感情上无能、最终怯懦地背叛他可怜的妻子的人；说难听点，他是一个虐待狂和恶霸，是她悲惨状况的真正起因。这场争论还在继续，尽管随着艾略特书信（1925 年之前）的出版，出现了对他悲惨遭遇的描述，却并没有给反对者提供多少燃料。

也许在艾略特死后的遭遇中，最奇怪和最愚蠢的方面是音乐剧《猫》（Cats）的巨大成功，这是一个取悦大众的奇观，基于他为孩子和其他人写的谐趣诗集《擅长装扮的老猫经》（Old Possum's Book of Practical Cats, 1930）。这部作品的收入大大增加了艾略特遗孀和出版商的财富。

2009 年，英国一项针对普通读者的调查显示，读者对通俗读物和学术读物的品位异乎寻常地一致。艾略特被选为全国最受欢迎的诗人。

詹姆斯·乔伊斯 ————————————————★

詹姆斯·乔伊斯和他家人继续在巴黎生活了 18 年。在年轻时经历了频繁的动荡和持续的经济危机之后，他现在开始了相对平静的中年生活。在此阶段的大部分时间里，他都埋头进行着他的下一部作品，无与伦比的梦幻小说《芬尼根守灵夜》的写作；他善于寻找赞助人，他与前卫杂志《过渡》（Transition）的编辑玛利亚和尤金·乔拉斯（Eugene Jolas）建立了宝贵的友谊。在乔伊斯的追随者中，《芬尼根守灵夜》的章节被称为"进行中的作品",经常在《过渡》上发表。与此同时,哈丽特·肖·韦弗一如既往地慷慨资助乔伊斯的生活。

因此,乔伊斯有充分的理由对自己的命运感到满足,但他也有理由感到痛苦。他的眼睛一直受到病痛的折磨,在路易·博尔希医生1929年去世之前,他接受了九次手术。在1930年代,他多次前往瑞士,有时是为了治疗眼睛,有时是因为女儿的问题。露西娅在1930年左右开始出现严重的精神疾病症状,大约是在她与乔伊斯年轻的新朋友、偶尔作为抄写员的塞缪尔·贝克特短暂的调情结束的时候。1934年,荣格为她做心理分析,但这种治疗似乎并没有给她带来多大好处。1935年,她被安置在塞纳河畔伊夫里的一家精神病院。

1940年,德国坦克开进法国时,乔伊斯带着诺拉,也就是他现在合法的妻子(他们1931年在伦敦结婚)逃到了他在苏黎世的旧居。他在那里本来是安全的,但他自己的身体背叛了他。1941年1月11日,他得了溃疡穿孔;两天后,即1月13日,他去世了。他被葬在动物园附近的弗伦特恩公墓(Fluntern Cemetery)。他的葬礼是世俗的,瑞士男高音马克斯·米耶利(Max Mieli)演唱了蒙特威尔第(Monteverdi)的《奥菲欧》(*L'Orfeo*)节选来纪念他。

诺拉一直活到1951年;同年,露西娅从法国转到英国北安普顿的圣安德鲁精神病院,她一直作为精神病人住在那里,直到七十五岁去世。(可怕的对应:艾略特的第一任妻子和乔伊斯的女儿都作为精神病患者度过余生。)乔伊斯之子乔治·乔伊斯于1976年去世。

埃兹拉·庞德 ———————————————————————★

　　1922 年之后,埃兹拉·庞德的职业生涯如此不同寻常,读起来就像一部不太可信的小说。从那一年起,他开始推进几年前就筹划的一个重大项目,直到近半个世纪后,把自己的诗歌才华都投入《诗章》的创作上。1923年,艾略特在《标准》上首次发表了真正的"诗章"(早期版本,现在称为"珍稀版诗章")。《诗章》是一部很难描述的诗篇:有时极其平淡无奇,以一种相当老派的方式抒情;有时蒐集一大堆未经消化的研究;有时则混杂着多种语言(汉语、古埃及象形文字、古典希腊语以及意大利语、法语、德语……),支离破碎、过于晦涩而难以理解。这是一部历史之诗,既包括欧洲、美国和中国的历史,也包括在庞德笔下正在展开的灾难性历史。将他视作那段历史的反面人物之一是公正的,但他也可能是它的受害者之一。

　　庞德的个人生活在写作的岁月里是非正统的。1922 年秋天,他在音乐会上遇到了小提琴手奥尔加·拉吉(Olga Rudge),并与她开始了一段恋情,这段恋情一直持续到将近五十年后他去世。1924 年,当他和多萝西最终定居拉帕洛时,奥尔加已经怀上了他的孩子;玛丽生于 1925 年 7 月 9日,几乎一出生就寄养到当地的一个农妇家,每月只能得到一笔微薄的生活费。似乎是为了报复,多萝西怀孕了,并在 1926 年 9 月 10 日生下了他们的儿子奥马尔·庞德(Omar Pound)。孩子再次被交给了别人——这次是多萝西的母亲奥利维亚,她住在肯辛顿,她把奥马尔养育成了一个英国小绅士。1938 年,庞德短暂访问伦敦之前几乎没有见过奥马尔,那年奥马尔十二岁。

庞德的公众生活是一种耻辱。就像许多通往地狱的路一样,它的出发点是好的。他对第一次世界大战的杀戮感到震惊,决心探究其最深层的原因。不久,他就得出结论,这是一场关于利益的战争,是由武器制造商和其他金融资本主义势力操纵的。这种观点很可能使他在政治上倾向左派,他确实曾一度表达过对列宁的钦佩。然而,他着迷的不是马克思的经济理论,而是 C. H. 道格拉斯(C. H. Douglas)的学说,后者提出了一个被称为"社会信用"的异端经济模型。

到目前为止,一切都还无伤大雅。但庞德并不满足于推行一项被凯恩斯等大多数传统经济学家视为不切实际的计划。他设想谁是恶棍,并给出了答案:资本家。谁是最大的资本家? 当然是犹太人。至此,庞德似乎并不比同时代的大多数男人或女人更反犹。但他的研究激起了他的仇恨,令他满意的是,研究"证明"了文明的兴衰,到了一定的程度就出现了有息借贷:这就是高利贷,或者用意大利语说,是乌苏拉(Usura)。这位最老练的文学头脑竟说服自己,历史就是好人和坏人的简单问题。下一步就是四处寻找一位适合现代社会的好人。庞德认为理想的人选是贝尼托·墨索里尼。

庞德只见过他的英雄一次,那是 1933 年 1 月 30 日。从他夸耀的叙述中,可以看出这是一场闹剧。当庞德试图解释《诗章》的所有内容时,墨索里尼只说了一个词作为评价:听起来像是"好玩"。这像是敷衍,甚至侮辱性的恭维,但庞德急切地把它当作证据,证明"老板"直接切入了问题的核心,因为他明白诗歌最深层的功能就是提供快乐。受此鼓舞,他梦想成为君王的诗人哲学家,开始为意大利媒体和奥斯瓦尔德·莫斯利(Oswald Mosley)的英国法西斯杂志《行动》(Action)写反犹文章。

1935年起,他开始在罗马广播电台广播。几个月来,当局一直很担心,不让他靠近麦克风,怀疑他可能是某种非常规的双面间谍。一旦对他的资历感到满意,他们就让他随心所欲地发挥。他当时的主要任务是警告美国不要参与任何即将到来的欧洲战争。他越来越确信,自己的声音是一个重要的声音,政治家会尊重地倾听。于是他远征美国,在纽约举行了一场新闻发布会,游说华盛顿特区的政府官员。

战争开始时,庞德继续他的广播,在美国愚蠢地无视他的建议而参战后,他变得更加疯狂和愤怒。他痛斥罗斯福(Roosevelt)——"犹斯福"(Jewsevelt)——说战争是由"六十个犹太佬"引起的。收听他广播的人群中有盟军武装部队的成员,其中一些人为军事情报部门工作。他们认为庞德的话是在安慰敌人,煽动军队中的不满情绪。他于1943年7月20日以叛国罪被缺席起诉。

在盟军成功进入意大利之后,庞德逃亡了一段时间,最后回到了拉帕洛。1945年5月2日,他被一群游击队员俘虏,几天后得到释放。但庞德意识到自己即将再次被捕,所以他和奥尔加向美国当局自首。5月24日,庞德被移送到比萨北部的美国陆军惩戒中心。尽管他已经六十岁了,他的罪行是非暴力性质,他还是被关在金属囚牢里,与杀人犯、强奸犯和其他重罪犯一起,白天受热,晚上挨冻。这种待遇并不人道,尽管很容易理解为什么军官们认为一个众所周知的叛国者应该受到严厉惩处。三星期后,庞德病倒了,这才被转到监狱医院更舒适的病房。他被允许使用打字机在囚牢里开始写他的新诗章。

法律规定庞德应该回到美国接受适当的审判。他于 1945 年 11 月 15 日抵达美国，十天后正式以叛国罪被起诉。在对案件进行审理后，华盛顿特区法院下令将他送到当地的圣伊丽莎白（St Elizabeth）精神病院，以便对他的精神健全（或精神错乱）程度进行评估。他刚到医院时的生活是残酷的：他被关在一个叫作"地狱洞"的病房里，受到严密的监视，周围的病人尖叫、胡言乱语、流口水。由于他显然不像这些病人精神错乱到如此程度，他就被转到了环境更舒适的"栗子病房"，在接下来的十二年里，这里就是他的家。

庞德的同情者倾向于用耸人听闻的色彩描绘他的这段生活，暗示这对他来说是一种折磨。另一些人则指出，在许多方面，这非常适合他。成年后，他第一次不需要为钱而四处奔波，而且可以自由地阅读和写作。除了其他项目，他还翻译了索福克勒斯的《特拉基斯妇女》（*Women of Trachis*），写新的《诗章》。他获准招待客人，包括多萝西，并经常在一个凉亭里举行非正式的会谈，他或多或少把凉亭当作了自己的领地。

与此同时，他日益显赫的朋友——包括艾略特和海明威——也不断努力想让他获释。这些尝试中最广为人知的一次发生在 1949 年，当时艾略特和其他评委同意将新设立的博林根诗歌奖（Bollingen Prize for Poetry）授予庞德的《比萨诗章》（*Pisan Cantos*，1948）——这不仅是为了确认他们对庞德文学天赋的坚定信念，也是为了让当局重审他的案子。他们在第一件事上也许是成功的，《比萨诗章》被认为是庞德史诗的高潮之一，但是这个奖激怒了太多人，以致主要起到了提醒公众注意庞德恶名的作用。他在圣伊丽莎白精神病院又住了将近十年。

1958年，当局终于同意可以安全释放他。7月，他乘船回到意大利；他抵达后做的第一件事，几乎就是用法西斯式的敬礼来迎接媒体。有一段时间，他和他的女儿及女婿住在莫拉诺（Morano）附近的布伦南伯格城堡（Castle Brunnenberg）；后来他又回到拉帕洛熟悉的地方。到1959年底，他开始表现出抑郁的迹象，慢慢地几乎陷入完全的沉默。有时他会哀叹自己一生的工作，称之为"拙劣"，并为自己的愚蠢而自责。在一个著名的场合，他遇到了年轻的（犹太）诗人艾伦·金斯堡（Allen Ginsberg），后者非常钦佩庞德，尽管这位老人有恶毒的种族主义理论。庞德罕见地改口承认，他被反犹主义"愚蠢狭隘的偏见"所毒害。是的，这是一种改进，但并不是一种道歉。

庞德在他生命的最后阶段回到威尼斯——他在欧洲的第一个家。他和奥尔加·拉吉在圣马可广场附近合租了一套简朴的公寓；他为数不多但经久不衰的乐趣之一就是品尝当地的冰激凌。他死于1972年11月1日——现代主义纪年第五十年——奥尔加陪在他身边。他的遗体葬在威尼斯的一个公墓里，离伊戈尔·斯特拉文斯基的坟墓不远。翌年，多萝西·庞德去世；奥尔加虽然身体虚弱，却活到了1996年。

庞德的作品引起了激烈的争论，不仅仅因为他的法西斯主义。他的名字不像艾略特和乔伊斯那样为公众所熟知，在大学之外也没有人广泛阅读他的作品。许多开创性的批评研究，包括北美的休·肯纳和英国的唐纳德·戴维（Donald Davie）的著作，都有力地证明了庞德作为原创诗人、翻译家、批评家和教师的成就；随后又出版了无数的专著、论文、作品集、传记和会议论文集。到 1970 年代初，肯纳出版了他极具影响力的著作《庞德时代》（*The Pound Era*），许多读者已经准备好接受他的观点，认为庞德是现代主义的中心人物；他无疑是 20 世纪最伟大的诗人。

许多，但不是全部。英国诗人菲利普·拉金（Philip Larkin）——顺便说一句，他 1922 年出生——可能是这些文人中最著名的，他们认为往好了说，庞德是一个才华单薄、作品零散的人，往坏了说，则是一个恶毒的江湖骗子。拉金将庞德与另外两个可怕的"P"派人物即毕加索（Picasso）和查理·帕克（Charlie Parker）相提并论，认为他们是摧毁了诗歌、绘画和爵士乐的恶人，用任性的丑陋代替美观，用胡言乱语和虚假的博学代替清晰，用刺耳的声音代替旋律，用混乱代替形态。普通读者如果读多了庞德的作品，似乎也会倾向于认同这种观点。在 21 世纪初，越来越少的大学会要求他们的本科生阅读少量无伤大雅的庞德诗歌选集。

这里不是论证庞德诗歌优点的地方。（但值得一提的是，他是一个非常典型的诗人，并启发了数量惊人的其他作家，从最传统的到最有实验性的。）但是，任何关心艾略特或乔伊斯作品的人都应该感谢庞德的鉴别力、活力、无私和决心。如前所述，如果没有他的干预，艾略特可能一辈子都在哈佛大学教授哲学，并在很大程度上被文学界遗忘；乔伊斯可能会继续酗酒、懒散，疏远潜在的出版商，直到作为《室内乐》（*Chamber Music*）的无名作者入土。又或者，他们各自的才华可能会吸引其他人来加以培养并为之奋斗。可以肯定的是，1922 年的文学奇迹很大程度上是由埃兹拉·庞德创造的。

诺贝尔文学奖获得者

在这一年发挥重要作用的作家中,至少有十二位后来获得了诺贝尔文学奖:

1923:威廉·巴特勒·叶芝

1925:乔治·伯纳德·萧(萧伯纳)

1929:托马斯·曼

1930:辛克莱·刘易斯

1934:路伊吉·皮兰德娄

1936:尤金·奥尼尔

1946:赫尔曼·黑塞

1947:安德烈·纪德

1948:T. S. 艾略特

1950:伯特兰·罗素

1953:温斯顿·丘吉尔

1954:欧内斯特·海明威

毫无疑问,如果乔伊斯再多活几年,他就会获得这个奖项。毫无疑问,庞德永远不会成为诺贝尔文学奖得主;对许多读者来说,他在战时的行为仍然不可原谅。

暴君和领袖

★———————————————————— 温斯顿·丘吉尔爵士

温斯顿·丘吉尔爵士曾在 1940 年至 1945 年和 1951 年至 1955 年两度担任英国首相。即使他最狂热的崇拜者也会承认,他漫长而曲折的政治生涯因严重的错误甚至更糟的事而被玷污:在他自己看来,他做过的最可悲的决定是 1924 年让英国恢复金本位制(Gold Standard),从而引发大萧条,并导致 1926 年的大罢工。即使是他最激烈的诋毁者也不能否认他的果断正直所起的作用,这种作用体现在察觉并警告希特勒的威胁,体现在为全国进行一场长期、残酷但必不可少的战争所做的准备,在可怕的战争初期极力维持士气,也体现在与罗斯福和斯大林建立必要的联盟。1945 年,丘吉尔在大选中落败,深受打击,工党获胜执政;他的第二个任期因健康状况不佳和抑郁症("黑狗")而受到破坏。他于 1965 年 1 月 24 日去世;2002年,英国广播公司进行的一项民意调查显示,大多数英国人仍然认为他是所有英国人中最伟大的。

★———————————————————— "圣雄"莫罕达斯·甘地

"圣雄"莫罕达斯·甘地于 1948 年 1 月 30 日被一名印度教民族主义

者暗杀,就在《印度独立法案》(Indian Independence Act)颁布(1947年7月18日)几个月后。他的公民非暴力不合作("非暴力抵抗")政策以及对英国商品和制度的大规模抵制,是结束英国在印度统治的主要手段;他的美德在国际上享有无懈可击的声誉,这也是导致英国殖民统治不可避免终结的重要原因。爱因斯坦曾称赞他为未来几代人的榜样,而《时代》杂志评选"世纪人物"的民意调查中,甘地排在第二位,仅次于爱因斯坦。独立的直接后果是悲惨的:约有1200万人流离失所,死亡人数不详,大约几十万人,但甘地仍然深受大多数印度人的尊敬,被称为"国父"。爱因斯坦的预言实现了:从马丁·路德·金到巴拉克·奥巴马,甘地一直激励着许多平等和正义的拥护者。

阿道夫·希特勒 ────────────────────── ★

阿道夫·希特勒于1933年1月30日被任命为德国总理,并着手将魏玛共和国转变为第三帝国(Third Reich)。纳粹运动在重建德国工厂、道路和军队方面取得的进展如此迅速和惊人,这在当时的德国民众看来简直是个奇迹。当希特勒计划让德国成为整个欧洲大陆的统治者时,他向民众展示了他在战争中和在和平时期一样势不可挡。到1941年初,他几乎控制了整个西欧(除了他的盟友执掌政权的意大利和西班牙)以及北非的大部分地区。瑞士和爱尔兰保持中立。只有英国仍然是自由的并且还在战斗。在他决定违反纳粹与苏联的和平条约,派遣一支300万人的军队进入俄罗斯,而日本袭击珍珠港,美国加入了对抗轴心国的战争后,他的命运发生了转变。1945年4月30日,当苏联军队占领柏林时,他在柏林自杀。据估计

(除了那些在他发动的战争中丧生的人),约有 1700 万人在他的命令下被杀害:犹太人、波兰人、苏联战俘和平民、同性恋者、残疾人和精神病患者,以及政治对手。希特勒作为历史上最邪恶的暴君的恶名一如既往地无出其右,部分原因是他为自己的暴行披上了可怕而又戏剧性的外衣,部分原因是他的疯狂愿景激发了他的大规模屠杀。

★ 弗拉基米尔·列宁

弗拉基米尔·列宁于 1924 年 1 月 21 日逝世。

★ 胡志明

胡志明建立了越南民主共和国。从 1945 年起,他一直担任越南国家主席,直到 1969 年去世。尽管在他生命的最后几年,他的政治权力越来越小,但他仍然是一位鼓舞人心的名义上的领袖。作为越盟(Viet Minh)的领导人,他领导了独立战争,并在 1954 年以法国军队耻辱性的失败和撤退而如日中天。作为越共(Viet Cong)领导人,他随后指挥了针对驻扎在南越的美军的战争。他于 1969 年 9 月 3 日去世,比越共军队最终取得胜利早了六年。被占领的西贡市被重新命名为胡志明市;个人崇拜使"胡伯伯"(Uncle Ho)成为国人敬仰的对象,这种崇拜一直延续到今天。

贝尼托·墨索里尼 ————————————————★

　　贝尼托·墨索里尼迅速掌握了越来越多的权力,到 1925 年,他实际上已经是意大利的绝对统治者。为了巩固自己的影响力,他建立了一个强大的警察国家(1925—1927),并梦想建立一个"新罗马帝国",开始奉行咄咄逼人的外交政策。特别是在埃塞俄比亚,意大利军队的强大火力,以及他们对毒气和其他现代战争工具的无情使用,确保了对当地抵抗力量轻而易举的胜利。墨索里尼继续寻求与欧洲其他右翼运动结成联盟。1936 年至 1939 年期间,他为西班牙的佛朗哥提供武装支持,同年 5 月,他与希特勒签订了条约。这使得意大利不可避免地加入第二次世界大战,1940 年 7 月 10 日,墨索里尼对英国宣战。当他看到希特勒进攻苏联的愚蠢军事行动,以及盟军在北非一路向东胜利攻进意大利时,他早期的乐观情绪开始消退。他的政治地位急剧下降,甚至在 1943 年被迫下台。德国人任命他为意大利北部被占领地区的名义统治者,但这种脆弱的安排是短暂的。4 月 28 日,墨索里尼和他新的情妇克拉拉·贝塔奇(Clara Petacci)被游击队抓获并枪杀。第二天,他们的尸体被运到米兰,扔在一个露天广场上。聚集的人群把尸体用挂肉钩吊起来,向它们扔石头、吐唾沫。埃兹拉·庞德在《比萨诗章》中为墨索里尼写的一首简短的挽歌提到了这一幕。

★ ─────────────────────────────── 约瑟夫·斯大林

约瑟夫·斯大林,1922 年被任命为苏联共产党中央委员会总书记,直到大约三十年后去世。

★ ─────────────────────────────── 列夫·托洛茨基

列夫·托洛茨基领导了一场反对斯大林政府的行动,但失败了;他被开除出苏联共产党,并于 1929 年 2 月被驱逐出境。他早年流亡土耳其、法国和其他国家,撰写文章和著书立说,谴责斯大林对列宁主义的背叛,并形成了自己永久革命的理论——后来被称为托洛茨基主义,几十年来一直是反斯大林主义极左势力的灵感源泉。他最终定居墨西哥,在著名画家迭戈·里维拉(Diego Rivera)和他的艺术家妻子弗里达·卡罗(Frida Kahlo)家中住了一段时间;托洛茨基和卡罗有过一段婚外情。在此期间,托洛茨基遇到了安德烈·布勒东。1940 年 8 月 20 日,托洛茨基遭到暗杀;第二天他死去了。

作家

安娜·阿赫玛托娃 ——————————————————★

　　安娜·阿赫玛托娃长期以来被西方公认为 20 世纪俄罗斯主要诗人之一，或许也是最伟大的诗人。她还表现出了文学史上罕见的勇气和执着。她的代表作之一《安魂曲》(Requiem)，充满了激情和痛苦。尽管她的作品在苏联并没有被官方禁止，除了臭名昭著的文化部长安德烈·日丹诺夫当政的那段时间，但非官方的抵制行为使得她在 1925 年到 1936 年间几乎陷入了饥饿的境地——她称之为"素食岁月"。她靠（通常匿名）翻译杂活的收入勉强度日：她翻译的作家包括维克多·雨果和莱奥帕迪(Leopardi)。她的儿子列夫在这几年里多次入狱，1949 年被判在西伯利亚劳改营服刑十年。值得注意的是，阿赫玛托娃发表过的唯一一首支持斯大林政权的诗歌却是在这个时候，毫无疑问，这是为了让儿子活下去。与此同时，她自己的作品在幸存的知识分子中间享有盛誉，尽管它的传播手段往往只是口头的。阿赫玛托娃会写下一首诗，把它交给朋友记住，然后立刻烧掉。通过这种方式，她的作品深入到了古拉格集中营的内部。她还成为一群正在崛起的年轻诗人的导师，其中最著名的是约瑟夫·布罗茨基(1987 年诺贝尔文学奖得主)。斯大林去世后，她享受到解冻带来的好处，不仅可以正式出版作品，还可以去西方旅行。1965 年，她访问牛津大学，并被授予荣誉博士学位。她于 1966 年 3 月 5 日去世,成千上万的人参加了她的葬礼。

★————————————————————— 贝托尔特·布莱希特

贝托尔特·布莱希特放弃了他早期含糊不清的无政府主义、无端反抗的姿态,在 1920 年代末成了坚定的马克思主义者;奇特的是,他从未加入共产党。不出所料,当纳粹掌权时,他被迫流亡斯堪的纳维亚、美洲,但战后不久就回到东德,并拥有了自己的公司"柏林剧团",由他和妻子海伦·威格尔(Helene Weigel)经营。尽管正如他的批评者所指出的那样,他显然是斯大林政权心甘情愿的仆人,但他在西方的声誉却很少受损;许多对他的政治观点持反对态度的人都愿意承认,柏林剧团在西方广泛巡演的作品是辉煌的。至少在左翼知识分子看来,布莱希特是 20 世纪杰出的剧作家,他的作品包括《伽利略传》(*Life of Galileo*)、《大胆妈妈和她的孩子们》(*Mother Courage and Her Children*)、《屠宰场的圣女贞德》(*Saint Joan of the Stockyards*)等;他对激进戏剧和电影摄制的影响——如让-吕克·戈达尔的后期作品——是无与伦比的。1956 年 8 月 14 日,他死于心力衰竭,享年五十八岁;在他生命的最后几年,他已经表现出一些迹象,开始对民主德国(DDR)的暴政感到不满。海伦·威格尔继续管理柏林剧团,直到 1971 年去世。

★————————————————————— 安德烈·布勒东

1924 年,安德烈·布勒东发表了第一个超现实主义宣言,正式创立了超现实主义,并一直担任该运动的领袖,直到去世——他有时是个暴君,凡是在他看来偏离了真正信仰的人,他总要把此人逐出"教会"。(因此,他偶尔被称为超现实主义的"教皇"。)他一直是个左翼人士,于1927年加入法国共产党;他一直是个叛逆者,于1933年退党。1938年,他获得政府资助,得以前往墨西哥——这自然是一片超现实主义的土地,给他留下了深刻印象——在那里他遇到了托洛茨基。战争爆发后,他加入了法国陆军医疗队。当法国沦陷时,他的著作被宣布为不爱国,被正式禁止。1941年,他成功地逃到了加勒比地区和美国,并在纽约度过了战争的大部分时间,但并不快乐。1946年,他回到法国,重新开始写作,收集了大量的现代艺术和民族志物品。他的著作包括迷幻回忆录小说《娜嘉》(*Nadja*, 1928)、影响深远的黑色幽默选集(1940)、《秘术17》(*Arcane 17*, 1945)和《查尔斯·傅立叶颂》(*Ode to Charles Fourier*, 1947)。布勒东的诗歌现在已被公认为法国现代经典的一部分。他于1966年9月28日去世。对于1968年5月巴黎街头出现的超现实主义口号来说,他的去世有点太早了。

西里尔·康诺利 ───────────────────★

西里尔·康诺利写了两部关于性情忧郁的杰作,《前途的敌人》(*Enemies of Promise*)和《不安的坟墓》(*The Unquiet Grave*, 1944),还有数百篇评论和散文。他是英国最具影响力的非学院派批评家之一,可与埃德蒙·威尔逊相媲美,他对艾略特和乔伊斯(当然还有庞德)的崇拜是他们成为权威的因素之一。从1940年到1949年,他出色地编辑了著名的文学刊物《地平线》(*Horizon*)——帮助英国在战争最艰难的时期维持了出人意料的活跃的文化生活。他于 1974 年 11 月 26 日去世。

★——————————————————————阿莱斯特·克劳利

阿莱斯特·克劳利 1947 年在英格兰南海岸的一所简陋的公寓里去世,他穷困潦倒,吸毒成瘾,几乎被人遗忘。1960 年代,当他被视为反文化英雄时,他的身后名急剧上升——他的脸出现在披头士音乐专辑《佩珀军士》(*Sgt Pepper*)的封面上。今天,他可能比以往任何时候都更为人所知,更为人所理解,特别是他扮演的恶作剧者或骗子的角色。他启发了许多作家、音乐家和电影制作人,从萨默塞特·毛姆到唐纳德·卡梅尔(Donald Cammell),从肯尼斯·安格(Kenneth Anger)到吉尼西斯·奥里奇(Genesis P-Orridge)

★——————————————————————E. E. 卡明斯

E. E. 卡明斯以他那种迅速被人们所熟知的诗歌风格俘获了美国的俗体诗听众——形式上有趣,感情上往往是温和的。结果,他的书卖得异常好,现在依然如此。尽管对他生平知之甚少的人经常认为他叛逆不羁,但随着时间的推移,他变得越来越保守,成了一名右翼共和党人,同时也是约瑟夫·麦卡锡的支持者。他于 1962 年 9 月 3 日去世。

约翰·多斯·帕索斯

约翰·多斯·帕索斯的主要作品是他的美国三部曲：《北纬四十二度》(*The 42nd Parallel*, 1930)、《一九一九年》(*Nineteen Nineteen*, 1932)和《赚大钱》(*The Big Money*, 1936)。1970年9月28日去世之前，他又出版了二十多本书，但这些书今天很少有人读过。

谢尔盖·叶赛宁

谢尔盖·叶赛宁和伊莎多拉·邓肯的婚姻不到一年就破裂了。他回到莫斯科，在酗酒和追求女色的混乱生活中度过了生命的最后两年，尽管他在那个时候也写了一些著名的诗歌。他于1925年12月27日上吊自杀。他的作品在斯大林和赫鲁晓夫时期都被禁止，但他现在是俄罗斯最受欢迎的诗人之一。

司各特·菲茨杰拉德

《了不起的盖茨比》是司各特·菲茨杰拉德最著名的小说，它以1922年夏天为背景，畅销数百万册，常被称为"美国最伟大的小说"；其中包括一些受《荒原》启发的段落。艾略特本人就是这部小说的最初崇拜者之一，他在给菲茨杰拉德的信中说，"在我看来，这是自亨利·詹姆斯以来美国小说迈出的第一步"。这本书出版后，司各特·菲茨杰拉德和泽尔达·

菲茨杰拉德花了很长一段时间,在法国和其他地方作为富有魅力的侨民过着表面上无忧无虑的快乐生活。司各特和海明威成了好朋友,尽管海明威不喜欢也不信任泽尔达,他怀疑泽尔达怂恿菲茨杰拉德酗酒,试图损害他的才华。的确,长期入不敷出导致的酗酒和金钱忧虑是这段时间的阴暗面,菲茨杰拉德花了九年的时间完成了他的第四部小说《夜色温柔》(1934)。与此同时,1930年,泽尔达被诊断患有精神分裂症,从1932年起直到她去世,她总是由一家精神病院转到另一家精神病院。她出版了自己的小说《留住我的华尔兹》(*Save Me the Waltz*, 1932),司各特不喜欢这本书,因为它披露了他们共同生活的难堪。由于手头拮据,菲茨杰拉德搬到好莱坞,在电影制片厂当"写手";他以在那里的经历为基础,写了十七个关于"帕特的爱好"(Pat Hobby)的故事,这是一个略微虚构的他自己的版本。他还创作了一部小说,灵感来自欧文·撒尔伯格的职业生涯,这部小说未完成,但最终作为《最后的大亨》(*The Last Tycoon*, 1941)一书在去世后出版。他开始了最后一段恋情,继续不顾一切地喝酒,并于1940年12月21日死于心力衰竭。泽尔达比他多活了八年,在北卡罗来纳州阿什维尔(Asheville)她入住的最后一家医院死于火灾。

★───────────────────────── E. M. 福斯特

E. M. 福斯特1924年出版了《印度之行》,之后再也没有完成一部小说,尽管也以其他文体形式写作:新闻、散文、剧本和纪录片脚本。《莫瑞斯》(*Maurice*),一部始于1913年而未出版的关于同性恋主题的小说,终于在福斯特1970年6月7日去世几个月后的1971年出版。1946年,他被授予剑桥大学国王学院荣誉院士称号，并在那里度过了人生的大部分时光。他的小说被改编成观众喜爱的电影，这大大提高了小说的受欢迎程度。

达希尔·哈米特 ──────────────────────★

达希尔·哈米特写了一些迄今为止出版过的最好的侦探故事，包括《马耳他之鹰》(1930) 和《瘦子》(1934)。在他生命的大部分时间里，他的健康状况都很差，但在美国参战后，他坚持志愿加入美国武装部队。他在阿留申群岛服役。哈米特一生都是左派人士 (1937 年，他加入美国共产党)，花了大量时间在政治宣传上，并为此遭受了痛苦：他在接受质询时，反复援引美国宪法第五修正案 (Fifth Amendment)，因藐视法庭而入狱，并在麦卡锡时期被列入黑名单。他于 1961 年 1 月 10 日去世。

托马斯·哈代 ──────────────────────★

托马斯·哈代，他认为自己主要是个诗人，无疑会对 1950 年代及之后他的诗歌被戏剧性地重估感到高兴，这主要是由被称为"革新运动"的一群联系松散的作家带来的，特别是菲利普·拉金和唐纳德·戴维。他们写了一部有影响力的专著《托马斯·哈代和英国诗歌》(*Thomas Hardy and British Poetry*)，断言了哈代在民族传统中的中心地位。他于 1946 年 1 月 11 日去世，享年八十七岁。

欧内斯特·海明威

欧内斯特·海明威成为他那一代人中最著名、辨识度最高的美国作家，不仅因为他那锋芒外露、极具男子气概的个性，也因为他的作品。他的文学作品数量不多——只有七部小说，其中读者最多的是《永别了，武器》（1929），灵感来自他在第一次世界大战中的经历；《丧钟为谁而鸣》（1940），同样，灵感来自他在西班牙内战期间的经历；以及取材于他对深海捕鱼的热爱的《老人与海》（1951）。他在第二次世界大战期间担任记者，有时会超越自己的职责参与军事行动，并在解放他心爱的巴黎的战斗中发挥了积极的作用。尽管他憎恶庞德的政治观点，但他仍然忠于他与庞德的友谊，并利用他日益增长的声望游说释放庞德。酗酒严重损害了他的身心健康；1961 年 7 月 2 日，他用猎枪自杀。他那种刻意简化的写作风格和他那老派大男子主义的价值观继续在读者中产生分歧，尽管前者对美国的一个写作流派产生了巨大影响。

赫尔曼·黑塞

在 20 世纪 60 年代和 70 年代，赫尔曼·黑塞也成了反主流文化的英雄。当时，理想主义青年必须阅读《悉达多》《荒原狼》《玻璃球游戏》（The Glass Bead Game）等小说，其中一些小说销量达数百万。黑塞预示了嬉皮士文化的各种主题：精神追求、东方智慧以及麻醉剂（LSD）和其他致幻药物所引发的幻觉（似乎如此）。虽然黑塞的主要作品仍在出版，但这种狂热早已消退。他于 1962 年 8 月 9 日去世,自然不会意识到他的新一代追随者将发展到多么惊人的规模。

A. E. 豪斯曼 ─────────────────────────────────── ★

A. E. 豪斯曼 1936 年去世,享年七十七岁。

奥尔德斯 · 赫胥黎 ─────────────────────────────── ★

奥尔德斯 · 赫胥黎从一个聪明的年轻讽刺作家成长为一个有远见的小说家,最后成为一个神秘主义者。他 1930 年代的主要小说包括经久不衰的《美丽新世界》(1932)——现在看来,此书对未来世界的想象比奥威尔的反乌托邦更准确,以及《加沙盲人》(*Eyeless in Gaza*, 1936)。赫胥黎 1937 年移居美国,定居洛杉矶,并通过为好莱坞写电影剧本赚了一些钱;他最重要的成就是 1940 年的《傲慢与偏见》,尽管他也是 1944 年《简 · 爱》剧本的合著者。他到美国的最初几年里,对神秘主义越来越着迷,并一度接受了吠檀多[1]。1950 年代,他还对通灵研究和改变意识的药物产生了兴趣。(他可能早在 1930 年就知道了佩约特崇拜[2],当时他在柏林与阿莱斯特 · 克劳利共进晚餐。)服用致幻剂酶斯卡灵(mescalin)的经历激发他创作了长篇散文《感知之门》(*The Doors of Perception*, 1954)和《天堂与地狱》

---

1 吠檀多(Vedanta),一种印度教哲学。——译注
2 佩约特(peyote)崇拜,美洲的一种仙人掌崇拜。——译注

（*Heaven and Hell*，1956），这些作品后来成为嬉皮士文化的基础阅读书目之一。他继续服用大量麻醉剂（当时仍合法），并在临终时——应他的书面要求——也服用了一剂。1963 年 11 月 22 日，约翰·肯尼迪总统在达拉斯被暗杀的报道使赫胥黎的死讯（另一位英国文学家 C. S. 刘易斯也在同天去世）没有成为头版新闻。

★──────────────────────── 弗朗茨·卡夫卡

　　弗朗茨·卡夫卡死于 1924 年 6 月 3 日。众所周知，他最好的朋友马克斯·布洛德拒绝遵照卡夫卡的指示销毁他所有未出版的手稿。在接下来的几年里，布洛德安排这些手稿在德国出版：1925 年《审判》（*Der Prozess*）、1926 年《城堡》（*Das Schloss*）和 1927 年《美国》（*Amerika*）。1930 年代，威拉·缪尔（Willa Muir）和埃德温·缪尔（Edwin Muir）夫妇的英文译本开始发行：《城堡》（*The Castle*，1930）、《审判》（*The Trial*，1935）和《美国》（*America*，1938）。在战争前几年的焦虑气氛中，随着纳粹德国变得日益强大，卡夫卡的作品似乎是超自然的预言，在知识分子中得到了强烈的反响。战争结束后，卡夫卡小说不可否认的强大而神秘的特质使其适合各种不同的阅读方式——作为宗教性寓言、作为东欧（或作为害怕核战争的"存在主义"的西方）生活异化的征兆、作为弗洛伊德神话之诗……卡夫卡短篇小说的再版，以及他的书信、日记和其他个人作品的发现，使卡夫卡小说的数量迅速增加。他已经被写进无数的书里，在各种严肃的艺术作品和搞笑的流行文化版本中都有关于他的描绘。

D. H. 劳伦斯 ————————————————————★

D. H. 劳伦斯在接下来的三年里断断续续地留在了美国,但在 1925 年他回到意大利北部,在那里他与奥尔德斯·赫胥黎等人建立起友谊。他继续写作,尽管他也重新开始画油画;1929 年,他在伦敦的一次作品展遭到警方猥亵罪的指控。他 1930 年 3 月 2 日死于肺结核并发症。他最后几年的主要小说《查泰莱夫人的情人》一直没有完整出版,直到 1960 年企鹅出版社决定推出平装版来挑战英国的淫秽法。著名的“查泰莱案”(Chatterley Trial)——现在被视为英国文化史上的重大事件——1960 年 11 月 20 日以“无罪”判决结束。劳伦斯在英国文学史上的地位在他去世时并不是很高,大多数讣告都充满敌意,除了 E. M. 福斯特,他热情地称赞劳伦斯是“我们这一代最富有想象力的小说家”。劳伦斯死后声誉最重要的支持者是剑桥评论家 F. R. 利维斯,他在《小说家 D. H. 劳伦斯》(D. H. Lawrence, Novelist, 1955)和其他著作中赞誉他是英国小说“伟大传统”的核心。

T. E. 劳伦斯 ————————————————————★

1923 年 2 月,就在 T. E. 劳伦斯被媒体曝光几周后,他被迫从英国皇家空军辞职。那年晚些时候,他化名 T. E. 肖加入了坦克兵团,但他觉得陆军不如英国皇家空军那么合他的胃口。经过持续的游说和牵线搭桥,他于 1925 年 8 月重返英国皇家空军,并一直服役到 1935 年 3 月被迫退休;他通常声称对自己卑微的角色很满意。劳伦斯在皇家空军的服役没有他在阿拉伯的职业生涯那么高度戏剧化，但也不是没有故事。1926年至1928年，他被派往印度——在那里，他利用空闲时间，接受委托翻译荷马的《奥德赛》——但当印度和国内都有传言说他在执行一项秘密任务时，他不得不被召回。他1936年5月19日死于一场摩托车事故；在英国皇家空军中，他因喜爱飙车而臭名昭著。几周后，《智慧七柱》第一版出版，立即成为畅销书。1955年，劳伦斯的另一本重要著作《铸币厂》(*The Mint*)经过严格审查后出版：这本书叙述了他在英国皇家空军服役的经历，简明扼要，有时不乏残酷。劳伦斯的名气在他生前就已经很大，而在过去的几十年里，他的声誉更是与日俱增：有数百本关于他的书籍，还有许多对他进行描述的纪录片和戏剧。后者突出的例子是1962年由大卫·里恩(David Lean)执导、罗伯特·博尔特(Robert Bolt)编剧的电影《阿拉伯的劳伦斯》；尽管对事实记录的处理有些轻率，但它对劳伦斯复杂而又自相矛盾的性格进行了细致入微、颇有说服力的刻画。

★————————————————————————辛克莱·刘易斯

辛克莱·刘易斯的小说《阿罗史密斯》(*Arrowsmith*, 1925)、《埃尔默·甘特里》(*Elmer Gantry*, 1927)和《多兹沃斯》(*Dodsworth*, 1929)在文学上取得了进一步的成功，这些小说都被拍成了著名的电影。他还出版了另外几本书——现在少有人读了——直到1951年因酗酒而死。

费德里科·加西亚·洛尔迦 ——————————————————★

费德里科·加西亚·洛尔迦跟他以前的朋友达利和布努埃尔因为电影《安达鲁之犬》(*Un Chien Andalou*)发生了激烈的争吵,他选择将其解读为人身攻击。1936年8月19日,他被一名反共敢死队员杀害。洛尔迦的作品在佛朗哥统治下遭禁,直到1953年才开始部分解禁。从那以后,他的名气一路飙升,经常被视为西班牙最重要的现代诗人;并且凭借他所创作的《血色婚礼》(*Blood Wedding*, 1932)和《贝尔纳多·阿尔巴之家》(*The House of Bernardo Alba*,写于1936年,但直到1945年才演出)等享誉国际的戏剧,他也是西班牙重要的剧作家。

奥西普·曼德尔施塔姆 ——————————————————★

奥西普·曼德尔施塔姆1938年12月27日死于(被谋杀于?)西伯利亚难民营,官方称死于未指明的"疾病"。这个可怕结局的种子早在五年前就已经播下,当时曼德尔施塔姆勇敢或鲁莽地发表了所谓的"斯大林格言"(Stalin Epigram),这是对1930年代早期大饥荒的惊恐回应;它被描述为一封十六行的自杀遗书。他和他妻子娜杰日达(Nadezhda)——她后来写了两本感人的回忆录,讲述与诗人的共同生活——被流放,最终被释放,然后再次被捕。在西方,他和他曾经的情人安娜·阿赫玛托娃受到高度推崇,他们不仅仅是俄语的魔术师:他们是俄罗斯黑暗时期的英雄。

★─────────────── 托马斯·曼

托马斯·曼于 1955 年 8 月 12 日去世;从 1939 年到 1952 年,他一直住在美国,最后三年在瑞士度过。他的主要作品包括《魔山》(*The Magic Mountain*,1924)、四部曲《约瑟夫和他的兄弟》(*Joseph and his Brothers*,1933—1943)和《浮士德博士》(*Doctor Faustus*,1947)。

★─────────────── 弗拉基米尔·马雅可夫斯基

1922 年之后的几年里,弗拉基米尔·马雅可夫斯基一直是个忠诚的布尔什维克;由于他的才华和他在意识形态上的可信赖性,他被允许在西方旅行,几乎是无与伦比的自由。但他开始怀疑苏联的方向,他把这些怀疑表达在有关俄罗斯官僚主义和相关话题的讽刺剧中,特别是《臭虫》(*The Bedbug*,1929)。参考书上说他 1930 年 4 月 14 日自杀身亡;这可能是真的,尽管已经曝光的文件使自杀看起来有可能是内务部幕后策划的。在他死后不久,苏联媒体觉得可以自由地攻击他的形式主义——当斯大林宣称马雅可夫斯基是苏维埃政权早期所有诗人中最有才华的,不欣赏他就等于犯罪时,反对之声迅速改变了调子。有了这份许可,马雅可夫斯基在苏联的名声得到了保证;尽管如此,许多资本家和资产阶级人士也承认他的诗歌才华。

克劳德·麦凯 ————————————————————★

　　克劳德·麦凯 1922 年的诗集《哈莱姆的阴影》(*Harlem Shadows*)很快被誉为哈莱姆文艺复兴早期的主要里程碑之一。他接着又写了几本书，其中最著名的是《哈莱姆之家》(*Home to Harlem*, 1928)，这本书成了畅销书，并为他赢得了为美国黑人文学做出贡献的哈蒙金奖(Harmon-Gold Award)。尽管从未加入共产党，但麦凯一直是左派，他在 1944 年改信天主教，四年后，也就是 1948 年去世。他激进的政治立场——比哈莱姆文艺复兴的知识领袖们激进得多——使他成为包括理查德·赖特(Richard Wright)和詹姆斯·鲍德温(James Baldwin)在内的年轻黑人作家的榜样。

弗拉基米尔·纳博科夫 ————————————————★

　　弗拉基米尔·纳博科夫因其小说《洛丽塔》(1955)所引发的丑闻而闻名于世，小说的叙述者是个迷恋前青春期女孩的中年男人。这桩丑闻也让他变得足够富有，他生平第一次实现了经济独立。1922 年在柏林定居后，他一直在这座城市——他并不十分在意——待到 1937 年，在那里教书、写作，并在当地获得了声誉。1925 年，他与薇拉结婚；他们有个儿子。1940年，他加入移民美国的大潮，韦尔斯利学院(Wellesley College)接纳了他，为他提供了一份体面的工作，担任比较文学教授。这个职位让他有足够的时间写英文小说，也有足够的时间去追求他另一个伟大的学术激情：鳞翅目分类学。他后来在康奈尔大学担任了一个类似的职位。纳博科夫经常告诉他的学生,20 世纪最伟大的小说是《尤利西斯》、普鲁斯持的《追忆似水年华》……卡夫卡的《变形记》和别雷的《彼得堡》(*Petersburg*)。洛丽塔事件之后,纳博科夫有了足够的钱退休去瑞士,并在 1960 年搬到了蒙特勒(Montreux)。他于 1977 年 7 月 2 日去世。对于他的文学成就,评论界分为两派,一派认为就语言而言,他是最好的散文家之一,另一派则持怀疑态度。《洛丽塔》仍然是他最著名的小说,尽管专家们倾向于喜欢《微暗的火》(*Pale Fire*,1962)。

★————————————— 尤金·奥尼尔

自 1922 年始,到他 1952 年 11 月 27 日去世,尤金·奥尼尔写了十几部戏剧。在他生命的最后十年里,他的写作能力受到各种疾病的严重阻碍,包括一种类似帕金森病症的手部颤抖,这迫使他口述自己的作品。尽管如此,他的自传体杰作《进入黑夜的漫长旅程》(创作于 1941 年,首次演出于1956 年)仍是他疾病缠身的这些年的成果之一。文学界普遍认为,他仍然是美国最重要的剧作家。

★————————————— 乔治·奥威尔/埃里克·布莱尔

奥威尔在缅甸服役到 1927 年。休假回家后,他重新审视了自己的生活,并决定重塑自我,成为一名作家。在普通读者中,他最令人难忘的作品是《动物庄园》和《一九八四》,在他 1950 年 1 月 21 日英年早逝前不久出版;更多认真的读者倾向于将他作为一名评论家和随笔作家,以及拥有清晰、鲜明、令人难忘的散文风格的大师来欣赏,从中获得意想不到的美感。他被称为自黑兹利特(Hazlitt)以来最好的英国散文家。近年来,他的名字经常被新保守主义者津津乐道;尽管奥威尔猛烈抨击共产主义及各种异端学说,但他始终是个民主社会主义者,并对他们的勇气感到厌烦。奥威尔曾写道,他最感兴趣的三位现代作家是艾略特、乔伊斯和劳伦斯——尽管他对艾略特后期的诗歌反应冷淡。

多萝西·帕克 ————————————————————★

多萝西·帕克自杀未遂后活了 45 年,一直活到 1967 年。1925 年,她被任命为《纽约客》创刊的编辑委员会成员之一,在 20 世纪 20 年代及之后,她一直为该刊撰写诗歌、文章和评论。作为一名非常成功的记者和古怪的诗歌作家,她发展了同样有利可图的第二职业,即舞台和银幕编剧。她的观点也变得越来越激进,并在麦卡锡时期为此付出了代价。她的主要政治热情之一是正在兴起的民权运动,她把自己的全部财产都捐给了马丁·路德·金基金会。她把这句话作为自己的墓志铭:"请原谅,我曾经来过。"(Excuse my dust)。

路伊吉·皮兰德娄 ————————————————————★

路伊吉·皮兰德娄写了许多小说、戏剧和其他文学作品,但在意大利以外的地方,他的声望主要来自两部戏剧,1921 年的《六个寻找剧作家的角色》(首演当晚引起了一场骚乱)和 1922 年的《亨利四世》。非意大利人往往不知道皮兰德娄在墨索里尼时代令人讨厌的行为："领袖"（Il Duce）任命他为罗马艺术剧院的负责人,在墨索里尼统治时期,他享有各种特权。确实,在 1927 年的一次争论中,他撕毁了自己的法西斯党证,并长期受到秘密警察的监视。然而,我们必须注意,他显然全心全意地宣示过对法西斯的忠诚,以及他将 1934 年诺贝尔文学奖的奖章熔化,作为阿比西尼亚战争努力的一部分这一奇怪的事实。他于 1936 年 12 月 10 日去世。

★——————————————————— 雷蒙·雷迪格

雷蒙·雷迪格 1923 年出版了他的第一部小说《肉体恶魔》。12 月 12 日,他死于伤寒。他年仅二十岁。他的第二部小说《奥格尔伯爵的舞会》1924 年出版。

★——————————————————— 乔治·萧伯纳

从 1922 年到他 1950 年 11 月 2 日去世,乔治·萧伯纳写了所有作品中最有意义的一部剧作:《圣女贞德》（Saint Joan）。这位法国女英雄 1920 年被册封为圣徒,此作在国际上大获成功。尽管在公众的想象中,萧伯纳仍然是个诙谐、迷人的人物,但他经常接受一些往好了说是可疑、往坏了说是邪恶的观点。1930 年代,他成为斯大林政权的狂热支持者（当然,他绝不是唯一如此的西方知识分子）;在另一个极端,他支持德·瓦莱拉（de Valera）[1]就

1　"二战"期间,爱尔兰保持中立,德·瓦莱拉任政府总理。——译注

希特勒之死致德意志民族的吊唁信。他仍然是唯一一个同时获诺贝尔文学奖（1925 年）和奥斯卡奖（凭借 1938 年电影版《卖花女》）的人。

伊迪丝·西特韦尔 ─────────────────────── ★

伊迪丝·西特韦尔的许多作品中包括畅销书《英国怪人》（*English Eccentrics*, 1933）；她被广泛认为是这一类型作品的杰出代表，成千上万的人没有读过她的诗，但很熟悉她奢华的外表。她 1964 年 9 月 9 日去世。诗集《门面》（*Façade*）仍然经常被朗诵并为人们所喜爱。

格特鲁德·斯坦因 ─────────────────────── ★

1933 年，格特鲁德·斯坦因出版了她的第一本也是唯一一本畅销书——平装版的《爱丽丝·托克拉斯自传》（*The Autobiography of Alice B. Toklas*）。在斯坦因的情人看来，这是她的回忆录，但事实上，这是一本自传，以一种相当朴素和令人愉快的风格写成。她在政治上相当保守，这使她的一些仰慕者感到惊讶。她有时会宣称自己是一名共和党人，她在书中赞美佛朗哥，在战争期间，她甚至还称赞了贝当元帅[1]（也许出于现实考虑：作为一个身处被占领的法国的犹太人，她需要巴结别人）。她于 1946 年去世，享年七十二岁；卡尔·范·韦克滕是她的文学遗嘱执行人。

─────────────────

[1] 贝当元帅（Maréchal Pétain），"二战"德国占领时期，曾任法国维希政府元首。——译注

伊夫林·沃最著名(更挑剔的崇拜者会说,这是他写得最差)的小说《旧地重游》以他1922年作为大一新生的经历为灵感,以他早期在牛津校园悠闲的新生生活为开端。这部小说给他带来了两次名声:第一次是1945年出版,成为畅销书;第二次是1982年,格拉纳达电视台把它改编成了一部奢华的连续剧。沃1930年皈依天主教,但《旧地重游》是他第一部明显以天主教为主题的小说。他晚年生活悲惨,有时饱受折磨——他鄙视作为福利国家的英国日益增长的平等主义文化——1966年4月2日去世,享年六十二岁。他的小说《一把尘土》(*A Handful of Dust*)的标题取自《荒原》。

★ ──────────────────────────── H. G. 威尔斯

H. G. 威尔斯一直活到1936年8月13日,以每年一两本书的稳定速度写作。除了1933年的小说《未来事物的形状》(*The Shape of Things to Come*)——这是英国著名电影《将来的事》(*Things to Come*, 1936)的基础,该片由威廉·卡梅隆·孟席斯(William Cameron Menzies)执导,剧本由威尔斯撰写——他后来的作品现在很少有人读了。然而,他的科幻传奇却不断地出版,仍然吸引读者,并被拍成电影。威尔斯曾建议他的墓志铭应该是:"我告诉过你。该死的傻瓜。"

伊迪丝·华顿 ─────────────────────────── ★

伊迪丝·华顿的自传《回眸》(*A Backward Glance*)出版于 1934 年,虽然她出版过十几部小说和非小说作品,但这是她继《月亮的隐现》之后出版的唯一重要的书,可能《海盗》(*The Buccaneers*)除外。部分获益于 1970 年代女权主义文学批评的蓬勃发展——还有一部分原因是,这些作品也具有突出的优点——她早期小说的声誉随着岁月的流逝越来越高。她的作品经常被搬上银幕,最著名的电影是马丁·斯科塞斯执导的《纯真年代》(*The Age of Innocence*,1993)。

埃德蒙·威尔逊 ─────────────────────────── ★

埃德蒙·威尔逊轻而易举地实现了他早期作为一名才华横溢的年轻评论家的诺言,并成为美国文坛的领军人物。他用多种体裁创作,包括小说,但主要是作为评论家和思想史学家而受人尊敬。他的著作《阿克瑟尔的城堡》(*Axel's Castle*,1931)讨论了从 19 世纪晚期象征主义开始的现代主义文学的发展,是确立乔伊斯和艾略特现代经典地位的重要作品之一。他 1940 年的著作《到芬兰车站》(*To the Finland Station*),研究了从维科(乔伊斯的英雄)到列宁的革命理论和实践,有时被认为是他的杰作。作为一个花花公子和酒鬼,不知威尔逊怎么能抽出时间写出数百篇评论文章,学习新的语言,并参与各种各样的政治活动,从反对冷战期间的美国税收制度,到为美国原住民争取权利。除了推崇艾略特和乔伊斯,他还推崇海明威、多斯·帕索斯、福克纳、纳博科夫和他在普林斯顿的老朋友司各特·菲茨杰拉德的作品。在他去世十年后（1972 年 6 月 12 日），"美国文库"（Library of America）丛书出版了；这个出版项目，威尔逊孜孜不倦地为之奋斗，目的是出版美国文学的重要作品，以权威性、美观但价格合理的版本推出。

★────────────────────────────── 弗吉尼亚·伍尔夫

弗吉尼亚·伍尔夫，女权主义批评兴起的另一位受益者，现在被广泛誉为文学现代主义的重要人物，尤其因为她的《达洛卫夫人》（1925）和《到灯塔去》（1928）等小说。她也被视为女权主义的重要批评家和理论家：文论《一间自己的房间》（1929）和不太知名但更具感染力的《三个几尼》（*Three Guineas*，1938）是这方面的主要作品。在战争初期，伍尔夫陷入了一种熟悉的抑郁状态，她害怕自己会精神失常。1941 年 3 月 28 日，她投河自尽。她的朋友艾略特是为她写讣告的人之一。

★────────────────────────────── W. B. 叶芝

叶芝用 1923 年诺贝尔文学奖的奖金还清了自己和已故父亲的所有债务。他一直是爱尔兰参议院的议员，直到 1928 年，那年他以健康状况不佳为由辞职。他担任参议员期间，最持久的成果就是漂亮的爱尔兰铸币：1924 年，他被任命为货币委员会委员，尽管他对结果并不完全满意，但他的建议影响了爱尔兰的铸币，直到爱尔兰采用欧元。与许多抒情诗人不同,叶芝在晚年仍然才气勃发。(他有时把这种创造力的洪流和充满活力的新性爱生活归功于他在 1934 年做的输精管结扎术。)他晚期的许多诗都表达了他在《幻象》(首次出版于 1925 年,后来修订再版)中描绘的宇宙的超自然模式。其中一些诗还表达了一种极端反民主的政治观点,即使不是完全赞同,也接近法西斯主义了;在庞德的影响下,叶芝是仰慕墨索里尼的几个主要的现代主义作家之一。叶芝的一些崇拜者认为《塔楼》(*The Tower*, 1926)、《螺旋楼梯》(*The Winding Stairs*, 1929)和《新诗》(*New Poems*, 1938)是他成就的巅峰之作。他 1939 年 7 月 28 日去世。

艺术家、建筑师、音乐家和演奏家

路易斯·阿姆斯特朗 ─────────★

路易斯·阿姆斯特朗是一位多产而勤奋的号手、歌手和全能型艺人,给无数人带来了莫大的快乐。他是所有爵士乐艺术家中最伟大的,如果有的话,也只有艾灵顿公爵能与之相比;尽管艾灵顿很有教养,而阿姆斯特朗则毫不掩饰其粗俗,但从来没有人能与"书包嘴"的流行风格媲美。阿姆斯特朗 1971 年 7 月 6 日去世时,富有、充实、广受爱戴。他最近(1968 年)的作品《多么美好的世界》(*What a Wonderful World*)在英国排名第一——歌曲过分伤感,但往往被他那沙哑而又令人惊叹、无与伦比的嗓音所弥补。

★────────────────────── 贝拉·巴托克

贝拉·巴托克(Béla Bartók)现在被认为是匈牙利最伟大的作曲家(李斯特可能除外)。他职业生涯的巅峰是 1936 年创作的《弦乐》《打击乐》和《钢片琴音乐》,以及六首出色的弦乐四重奏。作为早期的反法西斯分子,巴托克在纳粹掌权后拒绝了在德国演出的邀请,并在战争爆发后逃往美国。他在美国的日子并不轻松——尽管不像一些报道所说的那么糟糕——因为他不是一个有名的作曲家,只是一个钢琴家和民族音乐学家。哥伦比亚大学为他提供了研究塞尔维亚和克罗地亚民歌的经费,这使他免于极度贫困。1944 年 12 月,他的《管弦乐协奏曲》(*Concerto for Orchestra*)首演,立即引起轰动,最终赢得了美国听众的喜爱;但次年 9 月 26 日,他死于白血病。

★────────────────────── "可可"·香奈儿

"可可"·香奈儿 1971 年 1 月 10 日去世。在纳粹占领法国期间,她与德国高级军官的风流韵事损害了她的个人声誉。战争结束后,她移居瑞士近十年,直到 1954 年顺利返回巴黎,重返职业生涯。她是几部电影和戏剧的灵感来源,其中一部讲述了她和斯特拉文斯基的短暂恋情;该领域的专家往往认为她是那个时代最有影响力的服装设计师。

让·科克托 ————————————————————————— ★

直到 1963 年 10 月 11 日七十四岁去世之前,让·科克托始终给新一代人带来兴奋和惊奇。科克托坚持认为,无论他以哪种媒介工作,他首先是个诗人;如果这样的话,那么他可能是杰出的电影诗人,因为他在中年后期导演的至少两部电影,《美女与野兽》(1946)和《奥菲斯》(1949)都是经典之作。《新浪潮》杂志热情的年轻影评人和电影制作人都深深钦佩他,认为他是为数不多拯救法国电影业的远见者之一(其他还有雷诺阿、维戈、冈斯)。据说,他致命的心脏病发作是由于听到他的好朋友伊迪丝·琵雅芙(Edith Piaf)在当天早晨去世的消息,因震惊而引起的。

萨尔瓦多·达利 ————————————————————————— ★

萨尔瓦多·达利成功地让他的画作和其他艺术品受到富有的投资者青睐,尤其是在美国,这让他自己也变得非常富有。1939 年,布勒东给他起了一个讽刺的、姓名颠倒的绰号"美元迷"(Avida Dollars),并将他驱逐出超现实主义运动——这一事实很大程度上被世人所忽视,对他们来说,达利的作品是超现实主义的精髓。他一生中最重要的事件之一是 1934 年与加拉(保罗·艾吕雅的前妻)结婚;加拉是他的缪斯女神,她的形象出现在他的许多画作中。他在美国安然度过了战争(1944 年,奥威尔在一篇对达利自传的尖刻评论中轻蔑地指出了这一事实,称他是一个"卑鄙的人"),并于 1949 年回到加泰罗尼亚,在那里他与佛朗哥政权保持着良好的关系,并最终升格为西班牙贵族。在度过了相当可悲的晚年之后,他于1989 年 1 月 23 日去世。他后期作品的庸俗和表现出的机会主义,不应抹杀他年轻时表现出来的许多美德。他在家乡受到极大的尊敬,那里与达利有关的景点,包括一个大型博物馆,很受游客欢迎。

★———————————————— 曼努埃尔·德·法雅

曼努埃尔·德·法雅,现在被认为是 20 世纪西班牙最重要的作曲家,在佛朗哥掌权后逃离祖国,定居阿根廷。他固执地拒绝了所有劝说他回到西班牙的尝试,并于 1946 年 11 月 14 日在他的新国家去世。

★———————————————— 谢尔盖·佳吉列夫

谢尔盖·佳吉列夫于 1929 年 8 月 19 日在威尼斯去世。他的遗体和他的合作者伊戈尔·斯特拉文斯基和埃兹拉·庞德的遗体一样,埋葬在圣米歇尔(San Michele)公墓。

★———————————————— 马塞尔·杜尚

马塞尔·杜尚 1923 年完成了他的不朽作品《大玻璃》(又名《新娘被光棍们剥光了衣服》)。他与超现实主义者关系密切,尽管他从未正式加入他们。然而,他加入了"啪哒学院"(Collège de Pataphysique),并且是学院下设委员会"乌力波"(Oulipo)的联合创始人之一。大多数人认为,1923

年以后,他完全放弃了艺术创作,而把余生献给了国际象棋。事实上,在 1946 年到 1966 年间,他一直在秘密地创作他的最后一部重要作品《给予》(*Étant Donnés*)。他于 1968 年 10 月 2 日去世。他主张任何事物都可以仅仅通过指令就转化为艺术创作,这从根本上改变了现代艺术,他的崇拜者和批评者都会赞同这一点。这究竟是一场大解放还是一场大灾难,则是一个信念问题。

伊莎多拉·邓肯 ────────────────── ★

伊莎多拉·邓肯陷入酗酒,并于 1927 年 9 月 14 日在尼斯死于一场离奇的车祸,当时她的长围巾被车轮缠住了。她作为现代舞不可或缺的缔造者之一的声誉依然完好无损。

乔治·格什温 ────────────────── ★

乔治·格什温被认为是西方古典音乐史上收入最高的作曲家。他最雄心勃勃、最复杂的作品是"民谣歌剧"《波吉与贝丝》(1935),经常被称为美国最伟大的歌剧。他最常被演奏的作品是受爵士乐影响的《蓝色狂想曲》(1924),由保罗·怀特曼的管弦乐队首次演奏。他于 1937 年 7 月 11 日去世。

★─────────────────────── 乔治·赫里曼

乔治·赫里曼 1944 年 4 月 26 日去世。他的"疯狂猫"系列漫画经常重印,并吸引了好几代人。

★─────────────────────── 保罗·亨德密特

多年来,保罗·亨德密特一直被怀疑是纳粹的同情者,并接受了纳粹的庇护。现实远没有那么清晰:现在看来,他对政权的支持主要是为了自保;他经常既受纳粹支持,也遭到纳粹谴责:例如,戈培尔(Goebbels)就嘲笑他是一个"无调性的噪音制造者"。在 1930 年代,亨德密特应阿塔图尔克(Atatürk)之邀,花了大量时间去土耳其执行任务;他帮助改革和建立了那个国家的音乐教育法,并成立了音乐公司。1938 年,他和他的犹太妻子逃往瑞士,然后在 1940 年去了美国,在耶鲁大学任教。亨德密特 1953 年回到苏黎世,并在那里一直待到 1963 年去世。

★─────────────────────── 瓦西里·康定斯基

瓦西里·康定斯基继续在包豪斯学校任教,直到 1933 年该学校最终被纳粹关闭。他逃到巴黎,并于 1939 年成为法国公民。他在巴黎的日子并不轻松,因为当时抽象画还不流行,他不得不节俭地生活和工作,住在一间兼作工作室的小公寓里。评论家倾向于对他后期的作品给予好评,这些作品可以看作他多年来各种艺术手法的综合。他 1944 年 11 月 13 日去世。

保罗·克利 ━━━━━━━━━━━━━━━━━━━━━━━━━━━━★

保罗·克利也继续在包豪斯学校任教，直到 1931 年 4 月，然后在杜塞尔多夫担任一个新的教学职位。这些年来，他在国际上的声誉显著提高，除了其他方面，他还是超现实主义者的偶像，1925 年，他们第一次看到了他的作品。随着希特勒的崛起，他遭到了纳粹媒体的攻击，他的家也遭到盖世太保的袭击。1933 年，他逃到瑞士；同年，他出现了硬皮病的初期症状，最终于 1940 年 1 月 29 日死亡。他的作品——总共有 9000 幅油画和素描——至今仍经常展出并广受赞赏。

勒·柯布西耶 ━━━━━━━━━━━━━━━━━━━━━━━━━━━━★

相比其他建筑师，勒·柯布西耶一直是被愤怒诋毁或奉承得更多的对象。对他的敌人来说（其中，美国城市历史学家简·雅各布斯的表达最为清晰），他是个恶棍，激发了上千个丑陋、降低生命成本、对社会造成灾难的住房项目。对他的崇拜者来说，他具有远见卓识，最好地把握了现代建筑可能和必然的本质。也许有人会说，他是一个理论家，而不是一个实践者，尽管他确实有很多机会实现自己的愿景。他的主要项目包括萨伏伊别墅（1924—1931）、马赛的大型住宅项目"理想居住单元"（Unité d'Habitation，1946—1952），以及印度昌迪加尔（Chandigarh）市中心的大部分地区，这些地区是他关于"光辉之城"理论的例证。让许多人，尤其是那些认为他的作品是建筑布尔什维克主义的人感到惊讶的是，他持相当右翼的观点，而且随着年龄的增长更加右倾。1965 年 8 月 27 日，他在游泳时去世，从林登·B. 约翰逊总统到克里姆林宫，全世界都对他赞不绝口。

★ 温德姆·刘易斯

无论是作为艺术家还是作家（创作小说、论辩、批评、哲学和诗歌），温德姆·刘易斯都异常多产。他不无道理地坚称，他被推到了英国文化生活的边缘，是由于他的右翼观点在大多数文艺知识分子迅速"左倾"的时代是不可接受的——他的观点一度接近法西斯主义；1930 年代初，他写了一份关于赞同希特勒的研究报告，但他很快就改变了主意。战争期间，刘易斯在美国和加拿大度过，然后回到英国继续他的文学和艺术事业——这两者都因眼疾的持续发作而有所减少。他于 1957 年 3 月 7 日去世。在很长一段时间里，他作为作家的名声完全被艾略特、庞德和乔伊斯盖过——他在《时代》和《西方人》上严厉批评过他们——他的大部分作品要么绝版，要么由独立出版社小规模再版。然而，在过去的几十年里，作为一个艺术家，他的作品得到了广泛的讨论、频繁的展出和普遍的赞扬；众所周知，他是英国最伟大的画家之一，尤其是在肖像画领域。他最著名的作品包括艾略特肖像（1938 年、1949 年）和庞德肖像（1939 年）。

曼·雷 ─────────────────────────── ★

曼·雷在蒙帕纳斯待了二十年,他与超现实主义者建立了友谊,并与他们一起办展览,尝试前卫电影,最重要的是他擅长摄影。他最著名的主题之一就是乔伊斯。1939 年,他和他的模特兼助理李·米勒(Lee Miller)开始了一段混乱的恋情,米勒后来凭借自己的能力成了一名重要的摄影师。曼·雷在战争期间回到美国,主要生活在洛杉矶。1946 年,他参加了一场两对新人的婚礼:他和他的新娘朱丽叶、马克斯·恩斯特和多萝西娅·坦宁(Dorothea Tanning)。但他非常想念巴黎,并在 1951 年搬回巴黎定居。他于 1976 年 11 月 18 日去世。

亨利·马蒂斯 ─────────────────────── ★

亨利·马蒂斯于 1954 年 11 月 3 日去世,享年八十四岁。人们通常把他和巴勃罗·毕加索相提并论,称其为 20 世纪绘画及相关艺术的两位巨人之一。两者之中,因其绚丽的色彩和充满生命气息的精神,马蒂斯的作品无论是感性的还是安详的,仍然是两人中更受欢迎的;比如,《爵士乐》(*Jazz*,1947)和其他复制品被挂在墙上,而《阿维尼翁的少女》则不会展出。1941 年,马蒂斯接受了结肠造口手术;虽然他经常不得不使用轮椅,但他继续以旺盛的精力和各种发明进行艺术创作,并在他或多或少发明的技法——剪纸艺术——上表现出色。他以这种形式创作的最著名的作品之一《蜗牛》(*The Snail*)是他在去世前不久完成的。

在大众的想象中,巴勃罗·毕加索是最权威的现代艺术家,无论好坏。在《阿维尼翁的少女》问世一个多世纪后,许多人仍然无法接受毕加索的任何作品,也许除了他的前立体主义作品之外。保守派和自由派都对他后来的政治倾向感到失望:在看似漠不关心政治的几年后,他于1944年加入了法国共产党,并在1956年匈牙利起义遭到镇压、1968年苏军入侵捷克斯洛伐克等事件后,许多其他共产党人退出,但他一直是一名党员,直到去世。1950年,他接受了列宁和平奖。传统主义者和女权主义者都对他的情色冒险感到震惊:他只结过两次婚,但有过几次长期的婚外情——1927年起和玛丽·特雷莎(Marie-Thérèse),20世纪三四十年代和朵拉·玛尔(Dora Maar),1944年至1953年和弗朗索瓦丝·吉洛(Françoise Gilot)——也经常和比他年轻几十岁的女人调情。然而,这些攻击都没有严重损害他的历史地位。他促成了自透视法发展以来绘画语言最重大、影响最深远的革命。他一次又一次地重塑自己,表现出惊人的活力和创造力。他对男性和女性性行为的处理既野蛮又有探索性,并保留了令人不安的力量;《格尔尼卡》(Guernica)在怜悯和恐怖方面与戈雅不相上下;然而,他也可以是轻松、机智、游戏、迷人的。简而言之,他的才华和他在现代文化中的地位独一无二。

埃里克·萨蒂 ──────────────────────── ★

　　埃里克·萨蒂的名气在他生前从来没有远远超出巴黎的艺术圈,但如今他已成为国际知名人物,其知名度之高肯定会令他自己感到震惊。他的作品之一《裸体歌舞三首》(*Trois Gymnopédies*)如此频繁地被演奏和录制,以致成了音乐上的一种陈词滥调。他的成名部分是由于得到了更有思想的摇滚音乐家的支持,比如弗兰克·扎帕;另一部分是因为"环境音乐"等形式的兴起使得萨蒂的作品更能取悦那些见多识广的人。1925 年 7 月 1日,他死于肝硬化,他的朋友探查了他在巴黎郊区阿尔克伊(Arcueil)的小公寓,在他贫乏而零散的财物中,发现了一大堆未发表、未完成的乐谱。

阿诺德·勋伯格 ──────────────────────── ★

　　阿诺德·勋伯格,20 世纪最伟大的作曲家?(见下文,伊戈尔·斯特拉文斯基。)除了早期组曲前的几首作品,勋伯格的音乐从来没有像斯特拉文斯基的那样能够取悦大众,而且对许多听众来说,他的音乐仍然是粗糙的,过于理智和令人生畏。然而,他作为现代音乐巨人的地位无可争议,无论是因为他自己的作品,还是因为他对众多门徒的巨大影响,尤其是安东·韦伯恩(Anton Webern)和阿尔班·贝尔格(Alban Berg)。1926 年至1933 年,勋伯格在柏林的普鲁士艺术学院教授高级讲习班。和许多人一样,他被迫移民——结果似乎重新接受了自己的犹太传统——先去巴黎,然后去洛杉矶,在那里度过了他的余生。他不太喜欢斯特拉文斯基,也很少见到他,但他确实和另一位爱好音乐的邻居乔治·格什温成了朋友,他很喜欢和格什温一起打网球。勋伯格同时在加州大学洛杉矶分校(UCLA)和南加州大学(USC)任教;他最著名的学生是约翰·凯奇(John Cage)。他于 1951 年 7 月 13 日去世,留下了他最雄心勃勃的作品——三幕歌剧《摩西和亚伦》(*Moses and Aaron*)。

★——————————————————————— 伊戈尔·斯特拉文斯基

伊戈尔·斯特拉文斯基,20 世纪最伟大的作曲家?(见上文,阿诺德·勋伯格。)1922 年后,斯特拉文斯基继续创作了大约 30 年的新古典主义风格的作品,这种风格是他 1920 年左右开始发展的。这一时期的重要作品是他的三部交响乐——《诗篇交响曲》(1930)、《C 大调交响曲》(1940)及《三乐章交响曲》(1945)——和他的歌剧《浪子的历程》(*The Rake's Progress*),剧本出自 W. H. 奥登之手。他 1934 年获得法国国籍,五十八岁时移居美国,1945 年获得美国国籍。他的第一任妻子卡捷琳娜 1939 年去世,他得以在 1940 年与情人薇拉·德·博塞特(1888—1962)结婚。斯特拉文斯基在洛杉矶的美国新家经历了一段最初的尴尬之后,开始与所有艺术圈的一些领军人物建立密切的友谊。(勋伯格住得不远,但他们不常见面。)他特别喜欢和当地或来访的英国作家做伴,尤其是赫胥黎,还有奥登、迪伦·托马斯和克里斯托弗·伊舍伍德。他很少见到艾略特,但这位诗人和这位作曲家彼此仰慕和喜欢。像许多现代主义者一样,斯特拉文斯基在政治上是保守的;不过,除了对墨索里尼短暂的热情外,他并没有走向极端主义的立场。他于 1971 年 4 月 6 日在纽约去世,遗体被送往威尼斯的圣米歇尔公墓。

弗兰克·劳埃德·赖特 ————————————————★

　　弗兰克·劳埃德·赖特通常被认为是美国最伟大的建筑师。他最著名的作品，也可能是他晚年的杰作，是纽约市的古根海姆艺术博物馆（Guggenheim Museum of Art）——有一个优雅的螺旋斜坡，暗示贝壳的形状。从 1943 年到 1959 年，他一直在为这座建筑工作。他晚年的其他杰出作品还包括闻名世界的位于宾夕法尼亚州熊跑溪（Bear Run）的"落水山庄"（Fallingwater, 1934—1937）；他在亚利桑那州斯科茨代尔的西塔里埃森住宅（Taliesin West）；还有一幢摩天大楼，位于俄克拉荷马州巴特克斯维尔的普赖斯大厦（Price Tower）。他于 1969 年 4 月 9 日去世，在他自己的国家是先知般受人尊敬的人物。

电影人

路易斯·布努埃尔 ————————————————★

　　布努埃尔早期与达利的合作——《安达鲁之犬》和《黄金年代》——在巴黎取得了耀眼的成功，之后他在法国和西班牙制作了一些优秀的电影，后来在佛朗哥军队赢得内战后逃往美国。他在好莱坞工作了一段时间，然后在纽约的现代艺术博物馆工作。战争结束后,1946 年,他移居墨西哥,那是他余生的安家之地,不过他又回过法国甚至西班牙,导演了一些电影。与许多导演不同的是,他的事业起步较晚:《资产阶级的审慎魅力》(*The Discreet Charm of the Bourgeoisie*,1972)和《朦胧的欲望》(*That Obscure Object of Desire*,1977)是他最好的两部电影。与他最喜欢的编剧让-克洛德·卡里埃(Jean-Claude Carrière)合作,他出版了一本非常有趣的自传《我的最后叹息》(*Mon Dernier Soupir*)。他于 1983 年去世。

★————————————————————查理·卓别林

查理·卓别林,又名查尔斯·卓别林爵士,以他作为故事片导演的经历为基础,继续执导了《淘金记》(1925)——这是一部商业大片,可能也是他最著名的电影——《城市之光》(1931)、《摩登时代》(1936)、《大独裁者》(1940)、《凡尔杜先生》(1947)和《舞台生涯》(1952)。当他在欧洲时,他的政敌——他是麦卡锡时代的受害者——设法让他被拒绝再入境签证。他的余生几乎都在瑞士度过,直到 1977 年圣诞节去世前不久,他的健康状况一直很好。

★————————————————————谢尔盖·爱森斯坦

谢尔盖·爱森斯坦创作了一些经久不衰的早期苏联电影经典:《大罢工》(1924)、《战舰波将金号》(1928)和《十月》(1927)。这些电影为他在国内和西方都赢得了赞誉,有一段时间他很受青睐,不仅得到允许去海外旅行,而且在 1930 年接受了一份好莱坞合同。但这件事没有任何实质性的进展,更不用说在墨西哥拍摄计划的流产。爱森斯坦被召回国,并用普罗科菲耶夫的音乐创作了爱国历史剧《亚历山大·涅夫斯基》(*Alexander Nevsky*)来救赎自己。不幸的是,《苏德互不侵犯条约》使得这部电影的反德色彩在意识形态上是不可接受的。这位导演有了另一次赎罪的机会,计划拍摄"伊凡雷帝"(Ivan the Terrible)三部曲。电影的第一部分(1944 年)因斯大林而取得了巨大的成功,但爱森斯坦越来越多地被指责搞"形式主义"。1948 年 2 月 11 日,爱森斯坦死于心脏病,年仅五十岁,"形式主义"的指责再次让他蒙羞。

罗伯特 · 弗莱厄蒂 ————————————————★

罗伯特·弗莱厄蒂的余生都在从事纪录片的工作(他死于 1951 年 7 月 23 日),但再未有过《北方的纳努克》这样的成功。他的其他著名电影有《亚兰岛人》(1934)——和《北方的纳努克》一样,这部电影也因为对"传统"生活方式的伪造而受到抨击,以及《路易斯安那州的故事》(*Louisiana Story*, 1948)。

阿尔弗雷德 · 希区柯克 ————————————————★

阿尔弗雷德·希区柯克爵士在 1922 年出道失败以后,迅速成为英国著名的电影制作人之一——先是凭借无声电影,然后是有声电影,如《擒凶记》(*The Man Who Knew Too Much*, 1934)和《三十九级台阶》(*The Thirty-*

Nine Steps)。1939 年,他去了美国,并在那里度过了他多产的职业生涯。他总共拍摄了 50 部影片,很少拙劣之作,大多是经典之作:《美人计》(*Notorious*,1946)、《后窗》(*Rear Window*, 1954)、《西北偏北》(*North by Northwest*, 1959)、《惊魂记》(*Psycho*, 1960)和《群鸟》(*The Birds*, 1963)。在过去几十年里,影评人的问卷调查经常将《迷魂记》(*Vertigo*)列为十大最佳电影之一,一项权威调查将其列为第二名,仅次于《公民凯恩》(*Citizen Kane*)。把希区柯克当作严肃的艺术家和完美的流行艺人的倾向,受到一些法国评论家和未来的"新浪潮"导演盲目崇拜的文章所推动,特别是弗朗索瓦·特吕弗(François Truffaut)。作为导演,希区柯克没有真正的同行可匹敌;他被称为电影界的狄更斯[1]。

 **巴斯特·基顿**

巴斯特·基顿将他的精力转向制作故事片,其中一些——《待客之道》(*Our Hospitality*, 1923)、《福尔摩斯二世》(*Sherlock Jr.*, 1924),以及最重要的《将军》(*The General*, 1926)——经常被评为史上最伟大的喜剧。他的职业生涯经历了令人眩晕的起落,在他生命的最后阶段,他很高兴地客串了一些角色,其中最著名的是在《日落大道》中扮演自己。他最后的表演之一是在哲学短片《电影》(1965)中,由乔伊斯的年轻朋友塞缪尔·贝克特撰写。他于 1966 年 2 月 1 日去世。

1　狄更斯(Dickens),19 世纪英国小说大师。——译注

弗里茨·朗 ────────────────────────────── ★

　　弗里茨·朗是一个臭名昭著的散布自己职业神话的人,所谓纳粹上台后不久,戈培尔将整个德国电影业的控制权交给他,这个被反复提及的故事几乎可以肯定是不真实的。毫无争议的是他魏玛时期电影的质量和历史意义:《尼伯龙根之歌》(*Die Nibelungen*,1924)、《大都会》(*Metropolis*,1927),也许还有他的杰作《M》(1931)。1933 年,朗与妻子离婚,并于 1934 年离开德国。和其他许多有才华的难民一样,他最终来到好莱坞,在 1936 年至 1957 年间,在那里拍摄了许多电影,有时一年多达两部。其中很多都是硬汉惊悚片,但在评论界并没有太大的声誉,直到像希区柯克一样,朗爱到年轻的法国导演们的青睐。他后期职业生涯中最著名的时刻是他在让-吕克·戈达尔的《蔑视》(*Le Mépris*,1963)中的角色。他于 1976 年 8 月 2 日去世。

F. W. 茂瑙 ────────────────────────────── ★

　　1931 年 3 月 11 日,F. W. 茂瑙死于一场车祸,他的职业生涯因此而中断。《诺斯费拉图》仍然是他最著名的电影,但他至少制作了两部德国电影经典之作,分别是 1924 年的《最卑贱的人》(*Der Letzte Mann*)和 1926 年的《浮士德》。1927 年,他拍摄了好莱坞电影《日出》(*Sunrise*),这部电影票房惨淡,但现在被认为是最伟大的电影之一。他没有活着看到他的最后一部电影《禁忌》的首映式,这是他与罗伯特·弗拉哈迪合作而麻烦不断的电影。弗里茨·朗在茂瑙的葬礼上做了演讲。

★————————————— 埃里希·冯·施特罗海姆

埃里希·冯·施特罗海姆(死于 1957 年)与制片公司和制片人发生了激烈的争执,直到 1933 年永远放弃导演生涯。电影历史学家认为,他的电影《贪婪》(*Greed*)从最初十个小时的片长删减到五分之一的长度,随后在一场大火中失去了所有的片花,这是好莱坞最糟糕的艺术灾难之一。冯·施特罗海姆专注于他的演员生涯,他在《大幻影》和《日落大道》中扮演的角色常常被人们铭记。

思想家和精神导师

★————————————— 格雷戈里·贝特森

格雷戈里·贝特森继续在几个不同的领域从事研究工作:人类学、精神病学、符号学,以及正在发展中的系统理论和控制论,最后这两门学科都是他帮助创立的。从 1936 年到 1947 年,他与美国最著名的人类学家玛格丽特·米德(Margaret Mead)结婚。他的大部分成熟作品都是在美国完成的;1956 年,也就是他成为美国公民的那一年,他和他的三位同事提出了精神分裂症的"双重束缚"(double-bind)理论,这一理论在 1960 年代由激进治疗师 R. D. 莱恩(R. D. Laing)提出并流行开来,人们普遍认为贝特森是这个理论的发明者。贝特森广为人知的作品是《走向心灵生态学》

（*Steps to an Ecology of Mind*, 1972）。他于 1980 年 7 月 4 日去世。

阿尔伯特·爱因斯坦 ————————————★

1933 年，阿尔伯特·爱因斯坦逃离德国，不久之后，纳粹开始焚烧他的书，并悬赏 5000 美元要他的头颅。他在普林斯顿大学高等研究院安顿下来，在那里度过了余生，主要致力于发展统一场论（有时被称为"万有理论"）但没有成功，以及参与量子物理学的标准观点的争论。尽管他长期以来都是和平主义者，但德国可能发展核武器的威胁令他十分担忧，他游说罗斯福总统启动了"曼哈顿计划"。这可能是他所犯的最大的错误，他的余生因此而饱受折磨。早在他 1955 年 4 月 18 日去世之前，作为在世的辛勤工作的科学家，爱因斯坦已经成了一个神话：在大众想象中，他是最聪明、最善良的睿智老人，同时也是一位可爱的、心不在焉的教授。1952 年，以色列邀请他担任总统，但他礼貌地拒绝了；在美国，他支持许多左翼和进步运动，是种族平等的坚强捍卫者。1999 年，《时代》杂志提名他为世纪人物。

西格蒙德·弗洛伊德 ————————————★

西格蒙德·弗洛伊德 1922 年之后出版的主要著作是所谓的"元精神分析"论著《幻觉之未来》（*The Future of an Illusion*，1927，关于宗教信仰）、《文明及其不满》（1930）和《摩西与一神教》（*Moses and Monotheism*，1939）。1923 年 2 月，他发现嘴里长了一小块明显良性的肿块。这是他患下颚癌的初次征兆,与他吸烟过多有关,而在他生命的最后几年里,这病症一直折磨着他。1931 年,他被授予歌德文学奖,这是德国人文精神的最后一次绽放。一年后,纳粹掌权,开始焚烧他的书籍。尽管受到盖世太保的骚扰,他仍顽强地留在维也纳工作——以相当大的勇气面对欺凌。但 1938 年的吞并使他无法再待下去,所以他去英国避难,在汉普斯特德的马瑞斯菲尔德花园(Maresfield Gardens)20 号定居;如今,这里是弗洛伊德博物馆的所在地。1939 年秋,癌症带来的痛苦已无法忍受,在朋友马克斯·舒尔(Max Schur)医生的帮助下,他服用了致命剂量的吗啡,于 9 月 29 日去世。在某种程度上,他是幸运的:他的四个姐妹都被纳粹在集中营杀害了。在他死后的岁月里,弗洛伊德理论的胜利与消退是一个漫长而非凡的故事。战后许多年里,尤其在美国,精神分析学蓬勃发展,弗洛伊德理论的概念和思维方式并不总是被很好地理解,却渗透进生活的许多领域,从电影到文学评论,即使最狭隘的灵魂也对俄狄浦斯情结有所了解。在 20 世纪后期,部分由于神经学和相关科学的发展,部分由于精神分析界令人尴尬的丑闻,弗洛伊德的理论遭到严重损害,以至于被大多数科学家视为骗局或错觉。奇怪的是,这一揭露并没有削弱弗洛伊德在文学界的地位,他的基本概念——以及当代弗洛伊德学派,尤其是雅克·拉康(Jacques Lacan)——仍然被许多有识之士视为不言而喻的真理。近来一个不那么极端的观点是站得住脚的,即弗洛伊德作为一个科学家,其缺点丝毫无损于他作为一个欧洲古典意义上的道德家或一个高超的文体家的地位;无论以他的名义做了什么蠢事,他的理论的整体效果有助于培育一种比他所受教育更宽容、更富有同情心的文化。

G. I. 葛吉夫 ————————————————————————★

葛吉夫被不公正地称为"杀害了凯瑟琳·曼斯菲尔德的人"。从文献中可以完全清楚地看出,曼斯菲尔德到达他的学院时已经濒临死亡;即使他真的加速了她的死亡,那也只能是几天的事,而她很可能从他的治疗中还得到了一些安慰。参观该学院的其他人——包括克劳利——对他们的所见所闻印象深刻。1924 年,葛吉夫遭遇了一场几乎致命的车祸,在漫长的康复期间,他取消了学院的大部分活动,专心写作他的三部曲《所有的一切》(*All and Everything*)。直到他死后,三部曲才以英文出版:《魔王给孙子讲的故事》(*Beelzebub's Tales to his Grandson*, 1950)、《与奇人相遇》(*Meetings with Remarkable Men*, 1963),以及未完成的《唯我存在,生命方真》(*Life is Real Only Then, When 'I Am'*, 1974、1978)。在德国占领期间,他一直在巴黎生活和教书,并于 1949 年 10 月 29 日去世。葛吉夫的教义仍在许多国家的学院里得到讲授,其门徒名单也令人印象深刻,从弗兰克·劳埃德·赖特到《欢乐满人间》(*Mary Poppins*)的作者 P. L. 特拉弗斯(P. L. Travers)。

卡尔·荣格 ————————————————————————★

卡尔·荣格创造了许多术语,这些术语已经进入了各种语言的日常运用中。值得注意的是这样一些词语:情结(complex)、内向(introvert)、外向(extrovert),还有原型(archetype)、共时性(synchronicity)、阴影(shadow)、阿尼玛(anima)和集体无意识(collective unconscious)。随着研究的进行，他从分析治疗的概念转向对艺术、神话和神秘现象的探讨。例如，在他1944年出版的一本关于炼金术的书中，他声称，探寻"魔法石"(Philosopher's Stone)——通常被历史学家认为是对现代化学起源的困惑和不连贯的摸索——实际上是对灵魂在萌动和启蒙阶段的进展的描述。坦率地说，他后来的许多著作都很神秘，包括他那本既畅销、可读性又强的自传《回忆、梦幻和反思》(*Memories, Dreams, Reflections*)，此书于1962年出版——在他1961年6月6日去世的几个月后。荣格分析心理学至今仍然作为一种治疗方法被使用，但荣格的影响在文化领域最为深刻和普遍——这在一定程度上要归功于他的追随者约瑟夫·坎贝尔(他还评论过乔伊斯)所写的有关神话的通俗读物，他的《千面英雄》(*Hero With a Thousand Faces*)如今是剧本作家的案头书。

★─────────────────────── **约翰·梅纳德·凯恩斯**

约翰·梅纳德·凯恩斯，尽管在过去三十年左右的时间里不乏批评者，但他仍被广泛认为是20世纪最杰出，当然也是最有影响力的经济学家。他革命性的经济模式与亚当·斯密及其弟子的古典学派完全不同，在许多复杂而争论激烈的著作中得到了阐述，包括《货币论》(1930)和他的杰作《就业、利息和货币通论》(1936)。现在被称为"凯恩斯主义"(Keynesian)的经济体系在第二次世界大战期间被同盟国采用，并主导了从1945年到1970年代末期所有西方发达国家的经济发展。凯恩斯于1946年4月21日去世，因此他没有活着看到他的理论全面发展；但公众知道他是"拯救资本主义的人"。由于受到弗里德曼、哈耶克等人的启发,所谓的货币学派兴起,凯恩斯主义政策在一些国家遭到抛弃(顺便说一句,凯恩斯欣赏哈耶克的《通往奴役之路》,并很大程度上同意他的观点)。在有些权威人士和评论家眼中,他显然名誉扫地。但 2007 年开始的全球经济危机将他直接带回了经济论争的中心,美国、英国和其他国家在过去几年采取的许多紧缩政策都受到他的启发。凯恩斯的非专业著作清晰而雄辩,令人愉悦,但他经常被右翼斥为妖魔鬼怪。事实上,就政治而言,他是一个中间派——在许多方面,他都是老派的自由主义者——反感和蔑视共产主义。

布罗尼斯拉夫·马林诺夫斯基 ───────────────★

布罗尼斯拉夫·马林诺夫斯基的《西太平洋上的航海者》很快被公认为人类学的杰出成就之一,并使他享誉世界。在接下来二十年的大部分时间里,他在伦敦经济学院任教,并帮助该学院成为世界人类学中心。战争爆发后,他去了美国,并在耶鲁大学任教,直到 1942 年 5 月 16 日去世。

P. D. 乌斯宾斯基 ───────────────────★

1924 年,P. D. 乌斯宾斯基与葛吉夫分道扬镳,并继续教授他自己的智慧形式——只有受戒者才能将其与葛吉夫的形式区分开来。他 1947 年去世前发表的主要著作是《宇宙新模型》(*A New Model of the Universe*,1931)。自传《寻找奇迹》(*In Search of the Miraculous*)在他死后不久出版,详细描述了他与葛吉夫在一起的时光。最近的一些研究,尤其是加里·拉赫曼(Gary Lachman)的研究表明,乌斯宾斯基在 20 世纪二三十年代对文学界潜移默化的影响,远远超出了一般人的想象。

★———————————————— 威廉·赖希

    1957 年 11 月 3 日,威廉·赖希因心脏病发作死于缅因州监狱,他因藐视法庭罪被判刑两年,当时正在服刑。他的早期作品,包括《法西斯主义的大众心理学》(*The Mass Psychology of Fascism*, 1933),都是一项雄心勃勃的写作计划的一部分,目的是调和弗洛伊德和马克思明显不相容的学说;他的这部分著述对 1960 年代和 1970 年代的新左派影响很大。但他的作品开始出现更古怪的转向,进入的领域更像是科幻小说,而不是科学。1934年,他逃离纳粹,最终定居奥斯陆(Oslo),直到 1939 年。那一年,他移居美国,很快就建立了一家生意兴旺、利润丰厚的精神分析诊所。他还开始进行"实验"——真正的科学家会加以否认——以证实他对宇宙越来越奇怪的看法。他最著名的实验成果是所谓的"有机蓄能器":简单地说,就是一个金属内衬的木箱,用来捕捉"生命力"(orgones),一种原始的宇宙能量。赖希声称,坐在木箱里,病人不仅会体验到巨大的性欲刺激,而且可以治愈包括癌症在内的许多疾病。1941 年 1 月 13 日,他设法说服爱因斯坦参加他的"实验"。爱因斯坦最初承认,他们在蓄能器中测量到的温度的轻微上升可能会为赖希的世界观提供一些支持,但他很快就改变了主意。1942年,赖希用他的行医所得和越来越多的信徒的钱,买下了缅因州乡下的一个旧农场,并将它命名为"奥格农"(Orgonon)。联邦调查局(FBI)已经暗中监视他的奇怪行为,但他基本上没有受到干扰,直到《新共和》(*The New Republic*)上发表了一篇充满敌意的文章,称他为险恶的江湖骗子。随后有更多怀疑的文章发表,美国食品和药物管理局介入了,最终禁止他及其追随者跨越州界运送"有机蓄能器"。当赖希的一个门徒违抗禁令时,赖希被传唤到缅因州波特兰的法院。他进行了自我辩护,但被判藐视法庭,判处两年监禁。1957 年 8 月,美国食品和药物管理局还在纽约烧掉了约六吨他的图书和论文,显然没有意识到这种行为的不幸含义。赖希死后对科学的影响几乎为零,尽管他的理论在激进的心理治疗以及小说、电影和摇滚乐中得到了深刻的体现。杜尚·马卡维耶夫(Dušan Makavejev)的一部异类片《有机体的秘密》(*W.R.: Mysteries of the Organism*,1971)使威廉·赖希成了嬉皮士运动的另一个先驱性人物。

W. H. R. 里弗斯 ───────────────────────────★

1990 年代,W. H. R. 里弗斯因帕特·巴克获奖的三部曲《再生》而重新引起公众的注意,其中包括一幅感人的萨松接受富有同情心的医生治疗的肖像,以及他在托雷斯海峡(Torres Straits)探险的回忆。里弗斯的出版物很少重印;他的成就的范围和性质还有待充分探索,但显然是巨大的。

伯特兰·罗素 ───────────────────────────★

伯特兰·罗素广为人知的是他作为演说家和抗议运动——最重要的是核裁军运动——的发言人,而不是哲学家,尽管他的《西方哲学史》

（*Western Philosophy*，1945 年）是一本畅销书，为他生命的最后几十年提供了稳定的收入。他自己在哲学方面的工作已经因他以前的学生路德维希·维特根斯坦的成就而相形见绌。一些人对他 1950 年获得诺贝尔文学奖感到惊讶，因为他的散文并不那么出色，比如像凯恩斯那样。在罗素自己看来，他最伟大的成就是把世界从核战争中拯救了出来：1962 年古巴导弹危机期间，他打电话给赫鲁晓夫，让苏联领导人保证他们不会对西方发动攻击。

尼古拉·特斯拉

在 1890 年代和 1900 年代，尼古拉·特斯拉是美国最著名、最受人尊敬的电气工程师和发明家；1943 年 1 月 7 日，他在过去十年来一直居住的纽约旅馆的一个小房间里，孤独而贫困地死去，享年八十六岁。他早期成就的辉煌被他越来越古怪的名声所遮蔽；很多关于"疯狂科学家"的描述，例如早期的《超人漫画》（*Superman*），都受到特斯拉的启发。除了其他古怪的事情，他对鸽子很着迷，他会把鸽子从中央公园抱回家，把它们关在自己的房间里。特斯拉是独身主义者，最终成了城市隐士。在他死后的几年里，他重新获得了一种奇怪的新的名声，作为一个现实生活中的人物，他经常出现在公众的想象中，科学与阴谋论纠缠在一起。他的形象在无数电影、小说、戏剧、电子游戏中被刻画，其中最著名的是在克里斯托弗·诺兰（Christopher Nolan）的《致命魔术》（*The Prestige*，2006）中的一个配角，由大卫·鲍伊（David Bowie）饰演。

卫礼贤

卫礼贤翻译的《易经》出人意料地成了一部畅销书,它竟被嬉皮士们作为占卜的工具。他于 1930 年 3 月 2 日去世。

路德维希·维特根斯坦

路德维希·维特根斯坦对英语哲学产生了两次重大影响:先是《逻辑哲学论》;之后,他意识到此书在根本上是错误的,便有了最终在他死后出版的《哲学研究》(*Philosophical Investigations*,1953)。在《逻辑哲学论》出版后的四年里,他继续默默无闻地从事乡村学校教学工作,但在发生了几起他对迟钝的学生发脾气并严厉惩罚他们的事件后,于 1926 年辞职。接下来两年的大部分时间里,他回到维也纳,为妹妹玛格丽特(Margaret)设计和建造了"维特根斯坦之家"(Haus Wittgenstein)——她把盖房的任务交给他,因为她看到他迫切需要有事做。他以近乎狂热的完美主义态度全身心地投入这个项目中,尽管这座建筑受到建筑历史学家的推崇,玛格丽特却发现这是一个寒冷、缺乏温情的房子,更适合神而不是有血有肉的凡人。1929 年,维特根斯坦受罗素、凯恩斯等人的邀请回到剑桥,继续他的哲学研究,凭借《逻辑哲学论》很快获得了博士学位;他也成了英国公民。尽管他 1939 年接替了 G. E. 摩尔(G. E. Moore)的教授职位,但他在剑桥一直不太自在,于是他离开剑桥,长期隐居。战争期间,他在伦敦盖伊医院(Guy's Hospital)当医务员;见到他的许多人当中,很少有人意识到他是一位著名哲学家,而当病人偶尔认出他时,他也会感到害怕。他在剑桥大学工作了三年,专注地思考《哲学研究》中要解决的问题,此后,他似乎精神崩溃了,从1947年起就去爱尔兰休养。他得了前列腺癌,癌细胞扩散到身体的其他部位,1951年4月29日在剑桥去世。两年后,《哲学研究》的出版对英美哲学界产生了很大的影响,并掀起了一股出版浪潮,这股浪潮一直持续到今天。海德格尔(Heidegger)的追随者或其他所谓的"大陆"思想家可能会争论这个事实,但对于非大陆的人来说,维特根斯坦无疑是20世纪最重要的哲学家。他的影响已经远远超出了专业的哲学范畴,进入了艺术领域,尤其是因为他在撰写《哲学研究》时所使用的朴实无华的语言,使得这本书读起来平易近人——尽管要完全理解此书的含义可能需要数年,甚至是一生的努力。维特根斯坦奇怪的性格,与深沉的谦逊和傲慢、强烈的内疚和简单快乐的能力、孤独和冷漠——当然,还有他无与伦比的天才——矛盾地纠缠在一起,使他成为一个迷人的人物,即使对那些不能理解他的作品的人来说也是如此。在一个世纪以前,他可能是个圣人。

参考文献

信件、回忆录和主要文本

Acton, Harold, *Memoirs of an Aesthete* (1948, Methuen, London)

Brecht, Bertolt (ed. and trans. John Willett and Ralph Manheim), *Bertolt Brecht: Collected Plays, Volume I, 1918–1923* (1970, Methuen, London)

Brecht, Bertolt (ed. Herta Ramthun, trans. John Willett), *Diaries 1920–1922* (1987, Methuen, London)

Budgen, Frank, *James Joyce and the Making of Ulysses* (1934, Grayson & Grayson, London)

Buñuel, Luis (trans. Abigail Israel), *My Last Breath* (1984, Jonathan Cape, London)

Burns, Edward (ed.), *The Letters of Gertrude Stein and Carl Van Vechten, 1913–1946*, Volume I (1986, Columbia University Press, New York)

Cather, Willa, *Not Under Forty* (1936, Knopf, New York)

Chaplin, Charles, *My Autobiography* (1964, Simon & Schuster, New York)

Connolly, Cyril, *Enemies of Promise* (1938, Routledge & Kegan Paul, London)

Conrad, Joseph (ed. Laurence Davies and J. H. Stape), *The Collected Letters of Joseph Conrad, Volume 7, 1920–1922* (2005, CUP, Cambridge)

Eliot. T.S. (ed. Valerie Eliot), *The Waste Land: A Facsimile and Transcript of the Original Drafts including the Annotations of Ezra Pound* (1971)

Eliot, T.S. (ed. Christopher Ricks), *Inventions of the March Hare: Poems 1909–1917* (1996, Faber & Faber, London)

Eliot, T.S. (ed. Valerie Eliot and Hugh Haughton), *The Letters of T.S. Eliot, Volume I, 1898–1922, Revised Edition* (2009, Faber & Faber, London)

Eisenstein, Sergei (ed. and trans. Richard Taylor), *Writings 1922–1934* (1988, BFI, London)

Fitzgerald, F. Scott, *The Great Gatsby* (1925, Scribner's, New York)

Fitzgerald, F. Scott, 'Echoes of the Jazz Age', in *The Crack-Up*, ed. Edmund Wilson (1945, New Directions, New York)

Fitzgerald, F. Scott (ed. John Kuehl and Jackson Bryer), *Dear Scott/Dear Max: The Fitzgerald/Perkins Correspondence* (1971, Scribner's, New York)

Gimpel, René (trans. John Rosenberg), *Diary of an Art Dealer* (1963, 1966, Farrar, Straus and Giroux, New York)

Hemingway, Ernest, *A Moveable Feast* (1994 revision of 1964 edition, Arrow, London)

Hemingway, Ernest, *Dateline Toronto: The Complete 'Toronto Star' Despatches, 1920–1924*, ed. William White (1985, Scribner's, New York)

Hesse, Hermann (trans. Mark Harman), *Soul of the Age: Selected Letters of Hermann Hesse 1891–1962* (1991, Farrar, Straus and Giroux, New York)

Joyce, James (ed. Stuart Gilbert), *Letters of James Joyce* (1957, Viking, New York)

Joyce, James (ed. Richard Ellmann), *Letters of James Joyce, Volume Three* (1966, Faber & Faber, London)

Joyce, Stanislaus (ed. Richard Ellmann, preface by T.S. Eliot), *My Brother's Keeper* (1958, Faber & Faber, London)

Kafka, Franz (ed. Max Brod, trans. Joseph Kresh and Martin Greenberg), *The Diaries of Franz Kafka 1910–1923* (1949, Secker & Warburg, London)

Kafka, Franz (trans. Richard and Clara Winston), *Letters to Friends, Family and Editors* (1977, Schoken Books, New York)

Kessler, Count Harry (ed. and trans. Charles Kessler), *The Diaries of a Cosmopolitan, 1918–1937* (1971, Weidenfeld & Nicolson, London)

Keynes, John Maynard, and Lopokova, Lydia (ed. Polly Hill and
Richard Keynes), *Lydia & Maynard: The Letters of Lydia Lopokova
and John Maynard Keynes* (1989, Andre Deutsch, London)
Lawrence, T. E. (ed. Malcolm Brown), *The Letters of T. E. Lawrence*
(1991, OUP, Oxford)
Lawrence, T. E, (aka 352087 A/C Ross), *The Mint: The Complete
Unexpurgated Text* (1978, Penguin, Harmondsworth)
Lewis, Wyndham, *Blasting and Bombardiering: An Autobiography
1914–1926* (1937, Eyre & Spottiswoode, London)
Mansfield, Katherine (ed. Vincent O'Sullivan and Margaret
Scott), *The Collected Letters of Katherine Mansfield, Volume 5,
1922* (2008, OUP, Oxford)
McAlmon, Robert, and Boyle, Kay, *Being Geniuses Together,
1920–1930* (1970, Michael Joseph, London)
Nabokov, Vladimir (ed. Fredson Bowers), *Lectures on Literature*
(1980, Weidenfeld & Nicolson, London)
Nabokov, Vladimir, *Speak, Memory: An Autobiography Revisited*
(1967, Weidenfeld & Nicolson, London)
Nayman, Anatoly (trans. Wendy Rosslyn), *Remembering Anna
Akhmatova* (1991, Peter Halban, London)
Pound, Ezra, *Selected Letters 1907–1941* (1950, Faber & Faber,
London)
Pound, Ezra, *The Cantos of Ezra Pound* (1970, New Directions,
New York)
Pound, Ezra (ed. Forrest Read), *Pound/Joyce: The Letters of Ezra
Pound to James Joyce* (1970, New Directions, New York)
Pound, Ezra (ed. William Cookson), *Selected Prose 1909–1965*
(1973, Faber & Faber, London)
Pound, Ezra (ed. Brita Lindberg-Seyersted), *Pound/Ford: The
Story of a Literary Friendship* (1982, Faber & Faber, London)
Pound, Ezra (ed. Timothy Materer), *Pound/Lewis: The Letters of
Ezra Pound and Wyndham Lewis* (1985, Faber & Faber, London)
Pound, Ezra, and Shakespear, Dorothy, *Ezra Pound and Dorothy
Shakespear, Their Letters 1909–1914* (1985, Faber & Faber,
London)

Pound, Ezra, and Zukofsky, Louis, *Pound/Zukofsky, Selected Letters* (1987, Faber & Faber, London)

Pound, Ezra (ed. Thomas Scott, Melvin Friedman and Jackson Bryer), *Pound/The Little Review: The Letters of Ezra Pound to Margaret Anderson* (1988, Faber & Faber, London)

Pound, Ezra, *Early Writings, Poems and Prose* (2005, Penguin, New York)

Pound, Ezra (ed. Mary de Rachewiltz, A. David Moody and Joanna Moody), *Ezra Pound to his Parents: Letters 1895–1929* (2010, OUP, Oxford)

Power, Arthur, *Conversations with James Joyce* (1974, Millington, London)

Prokofiev, Sergey (trans. and ed. Anthony Phillips), *Sergey Prokofiev, Diaries 1915–1923: Behind The Mask* (2008, Faber, London)

Sassoon, Siegfried, *The Complete Memoirs of George Sherston* (*Memoirs of a Fox-Hunting Man, Memoirs of an Infantry Officer, Sherston's Progress*) (1937, Faber & Faber, London)

Schoenberg, Arnold (ed. Erwin Stern, trans. E. Wilkins and E. Kaiser), *Letters* (1964, Faber & Faber, London)

Schoenberg, Arnold, and Kandinsky, Wassily (ed. Jelena Hahl-Koch, trans. J. C. Crawford), *Schoenberg–Kandinsky: Letters, Pictures and Documents* (1984, Faber & Faber, London)

Stein, Gertrude, *The Autobiography of Alice B. Toklas* (1933, Harcourt, Brace & Company, New York)

Stein, Gertrude, and Van Vechten, Carl (ed. Edward Burns), *The Letters of Gertrude Stein and Carl Van Vechten 1913–1946* (1986, Columbia University Press, New York)

Svevo, Italo (trans. Stanislaus Joyce), *James Joyce* (1950, New Directions, New York)

Waugh, Evelyn, *A Little Learning: The First Volume of an Autobiography* (1990 revised edition from 1964 original, Penguin, London)

Wilson, Edmund, *Axel's Castle: A Study in the Imaginative Literature of 1870–1930* (1931, Scribner's, New York)

Wilson, Edmund, *Literary Essays and Reviews of the 1920s and 1930s* (2007, Library of America, New York)

Wilson, Edmund (ed. Leon Edel), *Edmund Wilson: The Twenties, From Notebooks and Diaries of the Period* (1975, Farrar, Straus and Giroux, New York)

Woolf, Virginia, *Mrs Dalloway* (1925, Hogarth Press, London)

Woolf, Virginia (ed. Anne Olivier Bell), *The Diaries of Virginia Woolf, 1920–1924* (1981, Penguin, Harmondsworth)

Wright, Frank Lloyd, *An Autobiography* (1977, Horizon Press, New York)

次要文本

Ackroyd, Peter, *T. S. Eliot* (1984, Hamish Hamilton, London)

Agee, James, *Agee on Film Volume I: Reviews and Comments* (1958, McDowell Obolensky, New York)

Allen, Frederick Lewis, *Only Yesterday: An Informal History of the 1920s* (1957, Harper Perennial, New York)

Appel, Alfred Jr, *Jazz Modernism: From Ellington and Armstrong to Matisse and Joyce* (2002, Knopf, New York)

Avery, Todd, *Radio Modernism: Literature, Ethics and the BBC, 1922–1938* (2006, Ashgate, Hampshire)

Banham, Rayner, *Theory and Design in the First Machine Age* (1960, The Architectural Press, London)

Barnouw, Eric, *Documentary: A History of the Non-Fiction Film* (1993 2nd revised edition, OUP, New York)

Baxter, John, *Buñuel* (1994, Fourth Estate, London)

Bedford, Sybille, *Aldous Huxley: A Biography* (originally two volumes, 1972, Chatto & Windus, London; one-volume edition 1993, Pan Macmillan, London)

Bell, Quentin, *Virginia Woolf: A Biography* (1972, Harcourt Brace Jovanovich, New York)

Bell, Quentin, *Bloomsbury* (1968, Weidenfeld & Nicolson, London)

Benstock, Shari, *No Gifts from Chance: Edith Wharton, a Biography* (1994, Scribner's, New York)

Bergreen, Lawrence, *Louis Armstrong, An Extravagant Life* (1997, Broadway Books, NY)

Booth, Martin, *A Magick Life: A Biography of Aleister Crowley* (2000, Hodder & Stoughton, London)

Bowker, Gordon, *James Joyce: A Biography* (2011, Weidenfeld & Nicolson, London)

Boyd, Brian, *Vladimir Nabokov, The Russian Years* (1990, Chatto & Windus, London)

Bradbury, Malcolm, and McFarlane, James (eds), *Modernism: A Guide to European Literature 1890–1930* (1976, Penguin, Harmondsworth)

Brocheux, Pierre, *Ho Chi Minh, A Biography* (2007, CUP, Cambridge)

Brownlow, Kevin, *The Parade's Gone By . . .* (1968, Secker & Warburg, London)

Carpenter, Humphrey, *A Serious Character: The Life of Ezra Pound* (1988, Faber & Faber, London)

Chang, Jung, and Halliday, Jon, *Mao, The Unknown Story* (2005, Jonathan Cape, London)

Cheney, Margaret, *Tesla: Man out of Time* (1981, Dell, New York)

Conrad, Peter, *Modern Times, Modern Places: Life & Art in the 20th Century* (1998, Thames & Hudson, London)

Crawford, Robert, *The Savage and the City in the Work of T. S. Eliot* (1990, Clarendon Press, Oxford)

Crick, Bernard, *George Orwell: A Life* (1980, Secker & Warburg, London)

Davenport-Hines, Richard, *A Night at the Majestic: Proust and the Great Modernist Dinner Party of 1922* (2006, Faber & Faber, London)

Delong, Thomas A., *Pops: Paul Whiteman, King of Jazz* (1983, New Century, New York)

Douglas, Ann, *Terrible Honesty: Mongrel Manhattan in the 1920s* (1995, Farrar Straus and Giroux, New York)

Eisner, Lotte H. (trans. Roger Greaves), *The Haunted Screen* (1969, Thames & Hudson, London)

Ellmann, Richard, *James Joyce* (1959, OUP, Oxford)

Ellmann, Richard, *The Consciousness of Joyce* (1977, OUP, New York)

Ellmann, Richard, *Four Dubliners: Wilde, Yeats, Joyce and Beckett* (1987, Hamish Hamilton, London)

Farr, Finis, *Frank Lloyd Wright* (1961, Scribner's, New York)

Fass, Paula S., *The Damned and the Beautiful: American Youth in the 1920s* (1979 revised edition, OUP, New York)

Fischer, Louis, *The Life of Mahatma Gandhi* (1950, Harper & Brothers, New York)

Foster, R. F., *W. B. Yeats: A Life; Volume I, The Apprentice Mage 1865–1914* (1998, OUP, Oxford)

Foster, R. F, *W. B. Yeats: A Life; Volume II, The Arch Poet 1915–1939* (2003, OUP, Oxford)

Frayling, Christopher, *The Face of Tutankhamun* (1992, Faber & Faber, London)

Freedman, Ralph, *Life of a Poet: Rainer Maria Rilke* (1996, Farrar, Straus and Giroux, New York)

Furbank, P. N., *E. M. Forster: A Life, Volume Two: Polycrates' Ring, 1914–1970* (1978, Secker & Warburg, London)

Gay, Peter, *Weimar Culture* (2002 revised edition of 1968 text, Norton, New York)

Gay, Peter, *Modernism: The Lure of Heresy – From Baudelaire to Beckett and Beyond* (2009, Vintage, New York)

Gelb, Arthur and Barbara, *O'Neill* (1960, Harper & Brothers, New York)

Gibson, Ian, *The Shameful Life of Salvador Dali* (1997, Faber & Faber, London)

Gibson, Ian, *Federico García Lorca: A Life* (1989, Pantheon Books, New York)

Gilbert, Martin, *Winston S. Churchill, Volume IV (1917–1922)* (1975, Heinemann, London)

Gordon, Lyndall, *Eliot's Early Life* (1977, OUP, Oxford)

Gordon, Lyndall, *T. S. Eliot: An Imperfect Life* (Norton, New York, 1999)

Grant, Michael (ed.), *T. S. Eliot: The Critical Heritage, Volume I* (1982, Routledge & Kegan Paul, London)

Graves, Robert, and Hodge, Alan, *The Long Weekend: A Social History of Great Britain, 1918–1939* (1941, Faber & Faber, London)

Hastings, Selina, *Evelyn Waugh: A Biography* (1994, Sinclair-Stevenson, London)

Hayman, Ronald, *K: A Biography of Kafka* (1981, Weidenfeld & Nicolson, London)

Hayman, Ronald, *Thomas Mann: A Biography* (1995, Scribner's, New York)

Hayman, Ronald, *A Life of Jung* (1999, Bloomsbury, London)

Hobsbawm, Eric, *Age of Extremes: The Short Twentieth Century, 1914–1991* (1994, Michael Joseph, London)

Hochman, Elaine S., *Bauhaus: Crucible of Modernism* (1997, Fromm International, New York)

Hone, Joseph, *W. B. Yeats* (1943, Macmillan, London)

Hussey, Andrew, *Paris: The Secret History* (2006, Penguin, London)

Isaacson, Walter, *Einstein: His Life and Universe* (2008 revised edition, Pocket Books, New York)

Jackson, John Wyse, and Costello, Peter, *John Stanislaus Joyce: The Voluminous Life and Genius of James Joyce's Father* (1997, Fourth Estate, London)

James, Lawrence, *The Golden Warrior: The Life and Legend of Lawrence of Arabia* (1990, Weidenfeld & Nicolson, London)

Jenkins, Roy, *Churchill* (2001, Macmillan, London)

Jones, Ernest (ed. Lionel Trilling and Steven Marcus), *The Life and Work of Sigmund Freud* (1962, Hogarth Press, London)

Jones, Max, and Chilton, John, *Louis: The Louis Armstrong Story* (1971, Little, Brown & Co., Boston)

Keats, John, *You Might as Well Live: The Life and Times of Dorothy Parker* (1970, Simon & Schuster, New York)

Kenner, Hugh, *The Pound Era: The Age of Ezra Pound, T. S. Eliot, James Joyce and Wyndham Lewis* (1972, Faber & Faber, London)

Kershaw, *Hitler: Volume I, 1889–1936: Hubris* (1998, Penguin, London)

Kibberd, Declan, *Ulysses and Us: The Art of Everyday Living* (2009, Faber & Faber, London)

King, Francis, *The Magical World of Aleister Crowley* (1977, Weidenfeld & Nicolson, London)

Kincaid-Weekes, Mark, *The Cambridge Biography of D. H. Lawrence, Volume II: Triumph to Exile 1912–1922* (2011, CUP, Cambridge)

Kracauer, Siegfried, *From Caligari to Hitler: A Psychological History of the German Cinema* (1947, Princeton University Press, Princeton)

Kurrzke, Hermann (trans. Leslie Wilson), *Thomas Mann: Life as a Work of Art* (2002, Princeton University Press, Princeton)

Lachman, Gary, *In Search of P. D. Ouspensky* (2004, Quest Books, Wheaton, Illinois)

Lancaster, Marie-Jaqueline, *Brian Howard: Portrait of a Failure* (2005, Timewell Press, London)

Lee, Hermione, *Virginia Woolf* (1997 revised edition, Vintage, London)

Levin, Harry, 'What was Modernism?', in *Refractions: Essays in Comparative Literature* (1966, OUP, New York)

Lewis, David Levering, *When Harlem was in Vogue* (1981, Knopf, New York)

Lewis, Jeremy, *Cyril Connolly: A Life* (1997, Jonathan Cape, London)

Mack, John E., *A Prince of Our Disorder: The Life of T. E. Lawrence* (1976, Harvard University Press, Boston)

Mackenzie, Norman and Jeanne, *H. G. Wells, A Biography* (1973, Simon & Schuster, New York)

Maddox, Brenda, *Nora: The Real Life of Molly Bloom* (1988, 2000, Mariner Books, New York)

McCormack, W. J., *Blood Kindred: The Politics of W. B. Yeats and His Death* (2005 edition, Pimlico, London)

McGilligan, Patrick, *Fritz Lang: The Nature of the Beast* (1997, Faber & Faber, London)

Meade, Marion, *Dorothy Parker: What Fresh Hell is This?* (1988, Villard Books, New York)

Meade, Marion, *Bobbed Hair and Bathtub Gin: Writers Running Wild in the Twenties* (2004, Doubleday, New York)

Mellow, James R., *Hemingway: A Life Without Consequences* (1992, Houghton Mifflin, Boston)

Meyers, Jeffrey, *The Enemy: A Biography of Wyndham Lewis* (1980, Routledge & Kegan Paul, London)

Meyers, Jeffrey, *D. H. Lawrence, A Biography* (1990, Macmillan, London)

Meyers, Jeffrey, *Edmund Wilson, A Biography* (1995, Houghton Mifflin, Boston)

Meyers, Jeffrey, *Orwell: Wintry Conscience of a Generation* (2000, Norton, New York)

Milton, Giles, *Paradise Lost: Smyrna 1922* (2008, Basic Books, New York)

Mitchell, Leslie, *Maurice Bowra, A Life* (2009, OUP, Oxford)

Mizener, Arthur, *The Far Side of Paradise: A Biography of F. Scott Fitzgerald* (1969 revised edition, Heinemann, London)

Mizener, Arthur, *Scott Fitzgerald and his World* (1972, Thames & Hudson, London)

Monk, Ray, *Ludwig Wittgenstein: The Duty of Genius* (1990, Jonathan Cape, London)

Monk, Ray, *Bertrand Russell: The Spirit of Solitude, 1872–1921* (1996, Jonathan Cape, London)

Monk, Ray, *Bertrand Russell: The Ghost of Madness, 1921–1970* (2000, Jonathan Cape, London)

Montefiore, Simon Sebag, *Stalin: The Court of the Red Tsar* (2003, Vintage, New York)

Moody, A. David, *Ezra Pound: Poet: A Portrait of the Man and his Work; Volume 1, The Young Genius 1885–1920* (2007, OUP, Oxford)

Moore, James, *Gurdjieff: Anatomy of a Myth: A Biography* (1991, Element Books, London)

Mundy, Jennifer (ed.), *Duchamp Man Ray Picabia* (2008, Tate Publishing, London)

Murray, Nicholas, *Kafka* (2004, Little, Brown, London)

Nicholson, Virginia, *Among The Bohemians: Experiments in Living 1900–1939* (2006, Penguin Books, London)

North, Michael, *Reading 1922: A Return to the Scene of the Modern* (2002, OUP, New York)

O'Brian, Patrick, *Pablo Ruiz Picasso: A Biography* (1976, Collins, London)

Page, Norman, *A. E. Housman, A Critical Biography* (1983, Macmillan, London)

Painter, George D., *Marcel Proust* (1965, Chatto & Windus, London)

Pais, Abraham, *Einstein Lived Here* (1994, Clarendon Press, Oxford)

Payne, Robert, *The Life and Death of Lenin* (1964, Simon & Schuster, New York)

Penrose, Roland, *Picasso: His Life and Work* (1958, Gollancz, London)

Polizzotti, Mark, *Revolution of the Mind: The Life of André Breton* (1995, Bloomsbury, London)

Prater, Donald, *Thomas Mann: A Life* (1995, OUP, New York)

Raine, Craig, 'The Waste Land', in *Haydn and the Valve Trumpet: Literary Essays* (1990, Faber & Faber, London)

Reeder, Roberta, *Anna Akhmatova, Poet & Prophet* (1995, Allison & Busby, London)

Richardson, John, *A Life of Picasso: Volume III: The Triumphant Years 1917–1932* (2007, Jonathan Cape, London)

Ricks, Christopher, *T. S. Eliot and Prejudice* (1988, Faber & Faber, London)

Rhode, Eric, *A History of the Cinema from its Origins to 1970* (1976, Allen Lane/Penguin, London)

Robinson, David, *Buster Keaton* (1970, BFI/Thames & Hudson, London)

Robinson, David, *Chaplin: His Life and Art* (1985, Collins, London)

Sawyer-Laucanno, Christopher, *E. E. Cummings, A Biography* (2005, Methuen, London)

Schnitzer, Luda and Jean (eds) (trans. David Robinson), *Cinema in Revolution: The Heroic Era of the Soviet Film* (1973, Secker & Warburg, London)

Schorer, Mark, *Sinclair Lewis: An American Life* (1961, McGraw-Hill, New York)

Seigel, Jerrold, *Bohemian Paris: Culture, Politics, and the Boundaries of Bourgeois Life, 1830–1930* (1986, Viking, New York)

Seymour-Smith, Martin, *Robert Graves – His Life and Work* (1982, revised edition 1987, Paladin, London)

Shelden, Michael, *Orwell: The Authorised Biography* (1991, Heinemann, London)

Shloss, Carol Loeb, *Lucia Joyce: To Dance in the Wake* (2004, Bloomsbury, London)

Skelton, Geoffrey, *Paul Hindemith, the Man behind the Music* (1975, Gollancz, London)

Skidelsky, Robert, *John Maynard Keynes 1883–1946: Economist, Philospher, Statesman* (2003, Macmillan, London)

Slobodin, Richard, *Rivers: Part I: Life* (1978, Columbia University Press, New York)

Spoto, Donald, *The Dark Side of Genius: The Life of Alfred Hitchcock* (1983, 1988, Frederick Muller, London)

Spurling, Hilary, *Matisse the Master: A Life of Henri Matisse: The Conquest of Colour, 1909–1954* (2005, Hamish Hamilton, London)

Squires, Michael, and Talbot, Lynn K., *Living at the Edge: A Biography of D. H. Lawrence and Frieda von Richthofen* (2002, Robert Hale, London)

Steegmuller, Francis, *Cocteau: A Biography* (1986, Constable, London)

Stock, Noel, *The Life of Ezra Pound* (Routledge & Kegan Paul, London, 1970)

Stravinsky, Vera, and Craft, Robert, *Stravinsky in Pictures and Documents* (1978, Simon & Schuster, New York)

Sultan, Stanley, *Eliot, Joyce and Company* (1987, OUP, New York)

Surya, Michel (trans. Krzysztof Fijalkowski and Michael

Richardson), *Georges Bataille: An Intellectual Biography* (2002, Verso, London)

Sykes, Christopher, *Evelyn Waugh: A Biography* (revised edition 1977, Penguin, Harmondsworth)

Symonds, John, *The Great Beast* (1971, revised 1973, Granada, Herts.)

Tomalin, Claire, *Katherine Mansfield: A Secret Life* (1987, Viking, London)

Truffaut, François, *Hitchcock* (1978 updated edition, Granada/Paladin, St Albans)

Turnbull, Andrew, *Scott Fitzgerald* (1962, The Bodley Head, London)

Twombly, Robert C., *Frank Lloyd Wright: An Interpretive Biography* (1973, Harper & Row, New York)

Von Salis, J. R. (trans. N. K. Cruikshank), *Rainer Maria Rilke: The Years in Switzerland* (1964, University of California Press, Berkeley)

Walker, Alexander, *Rudolf Valentino* (1976, Hamish Hamilton, London)

Walsh, Steven, *Stravinsky: A Creative Spring: Russia and France 1892–1934* (1999, Knopf, New York)

Ward, Geoffrey C., and Burns, Ken, *Jazz: A History of America's Music* (2000, Knopf, New York)

Webb, James, *The Occult Establishment, Volume II: The Age of the Irrational* (1981, Richard Drew Publishing, Glasgow)

Weber, Nicholas Fox, *The Bauhaus Group: Six Masters of Modernism* (2009, Alfred A. Knopf, New York)

Weber, Nicholas Fox, *Le Corbusier: A Life* (2008, Alfred A. Knopf, New York)

White, Eric Walter, *Stravinsky: The Composer and his Works* (1966, Faber & Faber, London)

Willett, John, *Art & Politics in the Weimar Era: The New Sobriety 1917–1933* (1978, Pantheon, New York)

William, Martin, *The Jazz Tradition* (1971, New American Library, New York)

Williams, James S., *Jean Cocteau* (2008, Reaktion Books, London)

Wilson, Jean Moorcroft, *Siegfried Sassoon: The Journey from the Trenches: A Biography 1918–1967* (2003, Duckworth, London)

Wilson, John Howard, *Evelyn Waugh, A Literary Biography 1903–1924* (1996, Associated University Presses, London)

译名对照

阿巴克尔,罗斯科("胖子") Arbuckle, Roscoe 'Fatty'

阿波利奈尔,纪尧姆 Apollinaire, Guillaume

阿尔巴雷,奥迪隆 Albaret, Odilon

阿尔巴雷,塞莱斯特 Albaret, Celeste

阿尔丁顿,理查德 Aldington, Richard

阿尔冈琴圆桌会 Algonquin Round Table

阿赫玛托娃,安娜 Akhmatova, Anna

阿拉贡,路易 Aragon, Louis

阿利卢耶娃,娜杰日达 Allilulyeva, Nadezhda

阿姆斯特朗,路易斯 Armstrong, Louis

阿塔图尔克,穆斯塔法·凯末尔 Atatürk, Mustapha Kemal

阿特金,威廉("加布里埃尔") Atkin, William ('Gabriel')

埃弗林,杰曼 Everling, Germaine

埃利斯,约翰 Ellis, John

埃舍尔,M. C. Escher, M. C.

艾伯特,弗里德里希 Ebert, Friedrich

艾格灵顿,约翰 Eglington, John

艾灵顿公爵 Ellington, Duke

艾伦,菲利斯 Allen, Phyllis

艾伦比勋爵 Allenby, Lord

艾吕雅,保罗 Éluard, Paul

艾吕雅,加拉(后嫁给达利) Éluard, Gala (later Dali)

艾略特,T. S. Eliot, T. S.

艾略特,薇薇安(娘家姓黑格-伍德) Eliot, Vivien (née Haigh-Wood)

艾瑟,赫尔曼 Esser, Hermann

艾斯纳,洛蒂 Eisner, Lotte

爱德华,威尔士亲王 Edward, Prince of Wales

爱森斯坦,谢尔盖 Eisenstein, Sergei

爱因斯坦,阿尔伯特 Einstein, Albert

爱因斯坦,埃尔莎 Einstein, Elsa

爱因斯坦,米列娃 Einstein, Mileva

安德拉德,马里奥·德 Andrade, Mário de

安德森,舍伍德 Anderson, Sherwood

比尔博姆,马克斯　Beerbohm, Max

比尔博姆,玛丽　Beerbohm, Marie

比尔兹利,门罗　Beardsley, Monroe

比弗布鲁克勋爵　Beaverbrook, Lord

比奇,西尔维娅　Beach, Sylvia

比沃特斯,弗雷德里克　Bywaters, Frederick

彼得罗夫-沃特金,库兹玛　Petrov-Vodkin,
　Kuzma

毕加索,奥尔加(娘家姓霍赫洛夫)
　Picasso, Olga (née Khokhlova)

毕加索,巴勃罗　Picasso, Pablo

毕加索,保罗　Picasso, Paolo

毕苏斯基,约瑟夫　Pilsudski, Josef

毕晓普,约翰·皮尔　Bishop, John Peale

庇护十一世,教皇(红衣主教阿基里·拉蒂)
　Pius XI, Pope (Cardinal Achille Ratti)

碧克馥,玛丽　Pickford, Mary

别雷,安德烈　Bely, Andrey

波德莱尔,夏尔　Baudelaire, Charles

波里尼亚克公主,埃德蒙　Polignac,
　Princesse Edmond de

波利佐蒂,马克　Polizzotti, Mark

波烈,保罗　Poiret, Paul

波伦克,弗朗西斯　Poulenc, Francis

波纳尔,皮埃尔　Bonnard, Pierre

玻尔,尼尔斯　Bohr, Niels

伯德,比尔　Bird, Bill

伯德,威廉　Bird, William

伯恩海姆-琼画廊,巴黎　Galerie Bernheim-
　Jeune, Paris

伯吉斯,安东尼　Burgess, Anthony

伯克哈特医生　Burkhardt, Dr

伯曼,路易斯　Berman, Louis

伯纳斯勋爵　Berners, Lord

勃洛克,亚历山大　Blok, Alexander

博尔赫斯,豪尔赫·路易斯　Borges, Jorge
　Luis

博尔特,罗伯特　Bolt, Robert

博尔希,路易斯　Borsch, Louis

博纳·劳,安德鲁　Bonar Law, Andrew

博诺米,伊万诺　Bonomi, Ivanoe

博舍尔,让·德　Bosschere, Jean de

布根,弗兰克　Budgen, Frank

布哈林,尼古拉　Bukharin, Nikolai

布拉德利,F. H.　Bradley, F. H.

布拉克,乔治　Braque, Georges

布拉奇,保罗　Brach, Paul

布莱,弗朗茨　Blei, Franz

布莱,皮埃尔　Boulez, Pierre

布莱顿,伊妮德　Blyton, Enid

布莱克,威廉　Blake, William

布莱克穆尔,R. P.　Blackmur, R. P.

布莱希特,贝托尔特　Brecht, Bertolt

布兰登,玛丽(后姓舍伍德)　Brandon,
　Mary (later Sherwood)

布朗库西,康斯坦丁　Brancusi, Constantin

布朗特,威尔弗里德·斯卡文　Blunt,
　Wilfrid Scawen

布朗肖,莫里斯　Blanchot, Maurice

布勒东,安德烈　Breton, André

591

593

金斯堡,艾伦　Ginsberg, Allen

卡恩,奥托　Kahn, Otto

卡恩维勒,丹尼尔-亨利　Kahnweiler,
　Daniel-Henry

卡夫卡,弗朗茨　Kafka, Franz

卡灵顿,朵拉　Carrington, Dora

卡罗,弗里达　Kahlo, Frida

卡罗尔,刘易斯　Carroll, Lewis

卡明斯,E. E.　Cummings, E. E.

卡明斯,南希　Cummings, Nancy

卡那封,乔治·赫伯特　Carnarvon,
　George Herbert

卡朋德,亨利　Carpender, Henry

卡彭,阿尔　Capone, Al

卡彭特,约翰·奥尔登　Carpenter, John
　Alden

卡特,霍华德　Carter, Howard

凯恩斯,约翰·梅纳德　Keynes, John
　Maynard

凯帕德,弗雷迪　Keppard, Freddie

凯瑟,薇拉　Cather, Willa

凯斯勒伯爵,哈里　Kessler, Count Harry

康定斯基,瓦西里　Kandinsky, Wassily

康拉德,约瑟夫　Conrad, Joseph

康诺利,西里尔　Connolly, Cyril

康普顿,里奇马尔　Crompton, Richmal

康斯坦丁,希腊国王　Constantine, King
　of Greece

康斯特布尔(出版社)　Constable

(publishers)

康泰纳仕公司　Condé Nast

柯比,罗林　Kirby, Rollin

柯林斯(出版商)　Collins (publishers)

柯林斯,迈克尔　Collins, Michael

柯林斯,威廉　Collins, William

柯林斯,约瑟夫　Collins, Joseph

科布登-桑德森,理查德　Cobden-
　Sanderson, Richard

科柯施卡,奥斯卡　Kokoschka, Oskar

科克,德斯蒙德　Coke, Desmond

科克托,让　Cocteau, Jean

科拉姆,玛丽　Colum, Mary

科什茨,尼娜　Koshetz, Nina

科斯格罗夫,W. T.　Cosgrove, W. T.

科特连斯基,S. S.　Koteliansky, S. S.

科希诺,鲍里斯　Kochno, Boris

克尔凯郭尔,索伦　Kierkegaard, Soren

克拉考尔,齐格弗里德　Kracauer, Siegfried

克拉万,阿瑟　Cravan, Arthur

克劳利,阿莱斯特　Crowley, Aleister

克雷格,爱德华·戈登　Craig, Edward
　Gordon

克雷格爵士,詹姆斯　Craig, Sir James

克里奥尔爵士乐队　Creole Jazz Band

克里斯滕森,本杰明　Christensen, Benjamin

克里维尔,勒内　Crevel, René

克利,保罗　Klee, Paul

克鲁特韦尔,C. R. M. F.　Cruttwell, C.
　R. M. F.

克罗斯比,哈里　Crosby, Harry

克罗斯比,玛丽("波莉",先叫皮博迪,后
　　称凯莱丝)　Crosby, Mary ('Polly';
　　previously Peabody, later Caresse)

克罗斯兰,艾伦　Crosland, Alan

克罗伊斯,休　Croise, Hugh

克诺夫,阿尔弗雷德　Knopf, Alfred

肯纳,休　Kenner, Hugh

库列舍夫,列夫　Kuleshev, Lev

库纳德,南希　Cunard, Nancy

库提乌斯,E. R.　Curtius, E. R.

库伊,埃米尔　Coué, Émile

奎因,约翰　Quinn, John

拉博,瓦莱里　Larbaud, Valéry

拉德纳,林　Lardner, Ring

拉吉,奥尔加　Rudge, Olga

拉吉,玛丽　Rudge, Mary

拉金,菲利普　Larkin, Philip

拉斯基,杰西　Lasky, Jesse

拉斯金,约翰　Ruskin, John

拉斯普京,格里高利　Rasputin, Grigori

拉特瑙,沃尔特　Rathenau, Walter

拉威尔,莫里斯　Ravel, Maurice

拉约诺夫,米歇尔　Laryonov, Michel

莱恩,R. D.　Laing, R. D.

莱姆勒,卡尔　Laemmle, Carl

莱热,费尔南　Léger, Fernand

莱斯利,肖恩　Leslie, Shane

莱特利埃,亨利　Letellier, Henri

莱文,哈里　Levin, Harry

赖斯神父,伊格内修斯　Rice, Father
　　Ignatius

赖特,奥尔加·拉扎维奇(娘家姓辛森伯格)
　　Wright, Olga Lazovich (née Hinzenberg)

赖特,弗兰克·劳埃德　Wright, Frank
　　Lloyd

赖特,基蒂　Wright, Kitty

赖特,理查德　Wright, Richard

赖特,莫德(娘家姓诺埃尔)　Wright,
　　Maude (née Noel)

赖希,威廉　Reich, Wilhelm

兰波,阿瑟　Rimbaud, Arthur

兰杜,亨利·德雷　Landru, Henri Désiré

兰多,沃尔特·萨维奇　Landor, Walter
　　Savage

朗,弗里茨　Lang, Fritz

朗,西娅(娘家姓冯·哈布)　Lang, Thea
　　(née von Harbou)

朗之万,保罗　Langevin, Paul

劳埃德,哈罗德　Lloyd, Harold

劳埃德,玛丽　Lloyd, Marie

劳埃德·乔治,大卫　Lloyd George, David

劳雷尔,斯坦　Laurel, Stan

劳伦斯,D. H.　Lawrence, D. H.

劳伦斯,T. E.　Lawrence, T. E.

劳伦斯,阿诺德　Lawrence, Arnold

劳伦斯,弗里达(娘家姓冯·里希特霍芬)
　　Lawrence, Frieda (née von Richthofen)

劳伦辛,玛丽　Laurencin, Marie

Sigismondo

马朗,勒内 Maran, René

马里昂,弗朗西斯 Marion, Francis

马里内蒂,F. T. Marinetti, F. T.

马里恰拉,安东尼奥 Marichalar, Antonio

马林诺夫斯基,布罗尼斯拉夫 Malinowski, Bronislaw

马苏德,赛义德·罗斯 Masood, Syed Ross

马西斯,琼 Mathis, June

马辛,莱昂内德 Massine, Leonide

马雅可夫斯基,弗拉基米尔 Mayakovsky, Vladimir

麦尔维尔,赫尔曼 Melville, Herman

麦卡锡,约瑟夫 McCarthy, Joseph

麦凯,克劳德 McKay, Claude

麦克阿瑟,查尔斯 MacArthur, Charles

麦克斯,基蒂 Maxse, Kitty

麦肯齐爵士,威廉 Mackenzie, Sir William

曼,托马斯 Mann, Thomas

曼德尔施塔姆,奥西普 Mandelstam, Osip

曼斯菲尔德,凯瑟琳 Mansfield, Katherine

毛姆,萨默塞特 Maugham, W. Somerset

茂瑙,弗里德里希·威廉 Murnau, Friedrich Wilhelm

梅尔福德,乔治 Melford, George

梅尔基奥,卡尔 Melchior, Carl

梅里格特雷尼,皮埃尔 Merigot de Treigny, Pierre

梅民,小 Koume, Tami

梅瑞狄斯,乔治 Meredith, George

梅瑞尔德,克努德 Merrild, Knud

梅斯,S. P. B. Mais, S. P. B.

梅特兰,塞西尔 Maitland, Cecil

梅特罗,阿尔弗雷德 Metraux, Alfred

梅西安,奥利维尔 Messiaen, Olivier

门吉欧,阿道夫 Menjou, Adolphe

门肯,H. L. Mencken, H. L.

门罗,哈丽特 Monroe, Harriet

蒙德里安,彼埃 Mondrian, Piet

蒙克,雷 Monk, Ray

蒙提瑟,罗伯特 Mountsier, Robert

孟席斯,威廉·卡梅隆 Menzies, William Cameron

米尔热,亨利 Murger, Henri（aka Henry）

米尔斯,埃莉诺 Mills, Eleanor

米高梅公司 MGM

米莱,埃德娜·圣文森特 Millay, Edna St Vincent

米莱,科拉 Millay, Cora

米留科夫,帕维尔 Miliukov, Pavel

米耶利,马克斯 Mieli, Max

米约,达瑞斯 Milhaud, Darius

摩尔,乔治 Moore, George

摩尔,斯特奇 Moore, T. Sturge

摩根,哈杰斯-希 Morgan, Harjes et Cie

摩根,小 J. P. Morgan, J. P., Jr

莫迪利亚尼,阿梅代奥 Modigliani, Amedeo

莫霍利-纳吉,拉斯洛 Moholy-Nagy, Laszlo

Karl-Heinz

施瓦布,查尔斯·M. Schwab, Charles M.

史蒂文森,罗伯特·路易斯 Stevenson, Robert Louis

史蒂文斯,华莱士 Stevens, Wallace

史蒂文斯,威利 Stevens, Willie

史瑞克,马克斯 Schreck, Max

仕女公司 Maidenform company

舒曼,罗伯特 Schumann, Robert

斯大林,约瑟夫 Stalin, Joseph

斯丹达尔 Stendhal

斯蒂芬斯,林肯 Steffens, Lincoln

斯金纳,莫丽 Skinner, Mollie

斯科塞斯,马丁 Scorsese, Martin

斯普林,希拉里 Spurling, Hilary

斯泰格穆勒,弗朗西斯 Steegmuller, Francis

斯坦因,格特鲁德因 Stein, Gertrude

斯特恩,梅布尔·道奇 Sterne, Mabel Dodge

斯特恩,莫里斯 Sterne, Maurice

斯特拉姆,奥古斯特 Stramm, August

斯特拉文斯基,卡捷琳娜 Stravinska, Katerina

斯特拉文斯基,薇拉(娘家姓德·博塞特) Stravinska, Vera (née de Bosset)

斯特拉文斯基,伊戈尔 Stravinsky, Igor

斯特雷奇,利顿 Strachey, Lytton

斯特普斯,玛丽 Stopes, Marie

斯托克,布拉姆 Stoker, Bram

斯托克,弗洛伦斯 Stoker, Florence

斯旺爵士,奥利弗 Swann, Sir Oliver

斯威普斯,赫伯特和玛姬 Swopes, Herbert and Maggie

斯温,马克 Swain, Mack

苏波,菲利普 Soupault, Philippe

苏里亚,米歇尔 Surya, Michel

索福克勒斯 Sophocles

塔塔姆,沃尔特 Tatam, Walter

泰勒,威廉·德斯蒙德 Taylor, William Desmond

泰勒费雷,杰曼 Tailleferre, Germaine

泰特,艾伦 Tate, Allen

汤普森,珀西 Thompson, Percy

汤普森,伊迪丝 Thompson, Edith

特拉弗斯,P. L. Travers, P. L.

特莱芙希斯,维奥莱特 Trefusis, Violet

特伦查德爵士,休 Trenchard, Sir Hugh

特伦德,约翰 Trend, John B.

特罗洛普,安东尼 Trollope, Anthony

特罗特,威廉 Trotter, William

特斯拉,尼古拉 Tesla, Nicola

图默,吉恩 Toomer, Jean

托尔斯泰,索菲亚 Tolstoya, Sofia

托尔斯泰伯爵,列夫 Tolstoy, Count Leo

托克拉斯,爱丽丝·B. Toklas, Alice B.

托洛茨基,列昂 Trotsky, Leon

托马斯,奥莉薇 Thomas, Olive

托马斯,迪伦 Thomas, Dylan

图书在版编目(CIP)数据

天才群星闪耀:1922:现代主义元年/(英)凯文·
杰克逊著;唐建清译. —南京:南京大学出版社,
2024.1
书名原文:Constellation of Genius:1922:
Modernism Year One
ISBN 978-7-305-26688-1

Ⅰ.①天… Ⅱ.①凯… ②唐… Ⅲ.①名人-列传-
世界-现代 Ⅳ.①K811

中国国家版本馆 CIP 数据核字(2023)第 017262 号

江苏省版权局著作权合同登记 图字:10-2019-672 号

出版发行 南京大学出版社
社　　址 南京市汉口路 22 号　　　　　　邮　编 210093

TIANCAI QUNXING SHANYAO:1922, XIANDAI ZHUYI YUANNIAN
书　　名　天才群星闪耀:1922,现代主义元年
著　　者　(英)凯文·杰克逊
译　　者　唐建清
责任编辑　沈卫娟

照　　排　南京紫藤制版印务中心
印　　刷　南京爱德印刷有限公司
开　　本　880 mm×1230 mm　1/32　印张 19.125　字数 386 千
版　　次　2024 年 1 月第 1 版　2024 年 1 月第 1 次印刷
ISBN　978-7-305-26688-1
定　　价　130.00 元

网　　址　http://www.njupco.com
官方微博　http://weibo.com/njupco
官方微信　njupress
销售咨询　(025)83594756

＊ 版权所有,侵权必究
＊ 凡购买南大版图书,如有印装质量问题,请与所购
　 图书销售部门联系调换